에드먼드 버크와 토머스 페인의 위대한 논쟁

The Great Debate

에드먼드 버크와 토머스 페인의 위대한 논쟁
보수와 진보의 탄생

초판 1쇄 인쇄일 2016년 11월 7일   초판 1쇄 발행일 2016년 11월 11일

지은이 유벌 레빈 | 옮긴이 조미현
펴낸이 박재환 | 편집 유은재 | 관리 조영란
펴낸곳 에코리브르 | 주소 서울시 마포구 동교로 15길 34 3층(04003) | 전화 702-2530 | 팩스 702-2532
이메일 ecolivres@hanmail.net | 블로그 http://blog.naver.com/ecolivres
출판등록 2001년 5월 7일 제10-2147호
종이 세종페이퍼 | 인쇄 · 제본 상지사 P&B

ISBN 978-89-6263-152-4 03300

에드먼드 버크와
토머스 페인의
위대한 논쟁

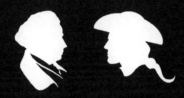

보수와 진보의 탄생

유벌 레빈 지음 | 조미현 옮김

에코리브르

사랑하는 세실리아에게

표면상 근래의 미국 정치는 말도 안 되게 복잡해 보일 수 있다. 우리는 즐비하게 늘어선 공공 정책 문제에 직면해 있다. 게다가 각각의 문제 자체는 헤쳐나갈 수 없으리만치 뒤얽혀 있는 데다 그 밖의 여러 문제와는 대체로 동떨어져 있다. 누가 우리의 복잡한 세법 내용, 복지 제도의 비효율성, 교통 인프라의 부족, 낙태 논쟁에서 나타난 도덕적 시련, 그리고 우리의 주목을 촉구하는 여타 수십 가지 주요 공공 문제의 자초지종을 한꺼번에 이해할 수 있겠는가?

필자는 이런 정책 논쟁 속에서 전투 대원을 업으로 삼고 있다. 국내 정책을 다루는 계간지의 편집자이자, 보건 복지 개혁과 연방 예산 및 비슷하게 꼼꼼함을 요하는 요금 체제를 연구하는 싱크탱크 학자이다. (조지 W. 부시 대통령 시절) 백악관 정책보좌관과 공화당 소속 여러 의원들의 참모로서 이런 안건들을 연구해왔다. 그러는 사이 이러한 논쟁을 이해하는 데는 기술적 세부 사항에 대한 몰두 그 이상이 필요하다는 것을 발견했다. 여기엔 우리 사회가 직면한 갖가지 정책 딜레마는 서로 어떻게 연관되어 있는지, 그리고 이러한 딜레마가 왜 그토록 자주 (딜레마 자체가 그런 것처럼) 우리를 분열시키는지에 대한 이해가 필요하다.

어쨌든 이러한 딜레마가 우리를 갈라놓는 방식은 결코 임의적이지 않다. 한 묶음의 쟁점(가령, 적자 처리 방법)을 놓고 서로 동의하는 경향을 보이는 사람들은 명백하게 연관되어 있지 않은 듯한 (미국 교육의 개혁 방법 같은) 다른 이슈에서도 역시 의견을 같이한다는 사실은 우연이 아니다. 물론 예외가 있긴 하지만 보수주의자와 자유주의자—이를테면 보통은 공화당파와 민주당파—는 경제 정책에서부터 사회 정책, 환경과 문화를 비롯한 그 밖의 수많은 공공 이슈에 이르기까지 매우 폭넓은 주제에 관한 시끄러운 논쟁에서 상당히 일관되게 반대편에 선다는 걸 알 수 있다. 정치에서 우파와 좌파는 이따금 정말 대조적인 관점을 대표하는 것처럼 보이며, 우리의 국민 생활은 사람들을 분열시키는 문제를 거의 일부러 표면화하는 듯싶다.

필자는 오랫동안 이러한 양분된 시각의 근원과 본질에 호기심을 가졌다. 그러나 전투의 한복판이 언제나 우리 정치를 움직이는 동력을 이해하는 최상의 지점은 아니다. 그래서 해답의 일부를 모색하던 중 잠시 워싱턴을 떠나 시카고 대학교에서 정치철학 박사 과정을 밟기로 했다. 위대한 서구 정치사상가들의 업적을 연구하다 보니, 우리 정치의 표면에서 일어나는 복잡한 정책 논쟁이 단지 당파적 열성이나 경제적 이익에 의해서가 아니라, 역설적이게도 일반 시민이 훨씬 쉽게 접근할 수 있는 더 깊은 문제들에 의해 작동된다는 생각이 확고해졌다. 이러한 논쟁은 우리 각자가 인간의 삶에서 진실하고 중요하다고 믿는 것은 무엇인지, 그리고 이것이 정치에 대한 우리의 기대에 어떤 영향을 미치는지에 관한 도덕적·철학적 질문을 제기한다. 당대의 정치적 사안을 접할 때마다 반드시 이런 심층적 질문을 던지는 것은 아니지만, 이와 같은 질문에 어떻게 대답하느냐가 우리 시대의 커다란 정치적 논쟁을 형성한다.

그러나 이런 질문이 정치 생활의 기저를 이룰 것이라는 사실 자체만으로는 미합중국 시민들이 분명히 식별 가능하고 명백하게 일관적인 일련의 두 갈래 해답을 왜 합치시켜야 하는지 설명할 수 없다. 그렇다면 왜 우리 정치에는 좌파와 우파가 있는 것일까? 이 책이 이런 질문에 대한 해답의 출발점을 제시했으면 하는 바람이다. 그 출발점은 역사적인 동시에 철학적이며, 이 책 또한 그러하다.

이 책은 우리의 과거를 고찰함으로써 현재를 이해하려 한다는 점에서 역사적이다. 그리고 우리의 특별한 정치적 전통 속에서 과거를 찾아낸다 함은 우리의 탐색을 18세기 말―근대 세계의 형성에 일조했던 미국 독립혁명과 프랑스혁명이 일어난 놀라운 시대―부터 시작할 것임을 의미한다.

아울러 이 책은 우리가 무엇보다도 그 시대로부터 배울 수 있는 것은 사회와 정치의 가장 기초적이고, 세월이 흘러도 변치 않는 딜레마에 관해 생각하는 방식이라고 주장하기 때문에 철학적이다. 따라서 이 책은 미국 건국 시기 영미(英美)의 정치―의당 사그라지지 않는 매력을 가진 주제―를 색다른 각도에서 살펴보고 그것의 일부 낯선 특징을 드러내고자 한다.

역사적인 것과 철학적인 것은 여기서 추상적 방식이 아니라, 본인들의 사상과 행동으로 우파와 좌파를 탄생시키고 규정지었던 두 인물의 진짜 삶 속에서 교차한다. 이 책은 그들의 생애와 시대에 관해 이야기하고, 조심스럽게 그들의 견해와 논지를 살펴본다. 에드먼드 버크(Edmund Burke)와 토머스 페인(Thomas Paine)은 외견상 극심한 정치적 위기의 끝없는 연속으로 정의할 수 있는 시대를 살았고, 두 사람 모두 사상가이자 행동가로서 대단히 많은 위기에 깊숙이 개입했다. 그 과정에서 각자는 세상에 대한 어떤 비전, 특히 정치적 변화에 관한 어떤 사고방식의 밑그림을 그렸다. 뭔가 중요한 방식으로 버크와 페인은 제각기 우파와 좌파의 태동을 펼쳐 보였다. 따라서 그들 사이의 내재적이면서도 종종 확연히 드러나는 논쟁은 우리 정치 분열의 기원을 얼핏 들여다볼 수 있게 해준다. 그러므로 이 책은 사상이 어떻게 역사를 움직이는지, 그리고 우리 역사를 과거부터 지금까지 움직여온 핵심 이념은 어디에서 비롯되었는지에 관한 사례 연구다.

미국 정치 논쟁의 역사적이고 철학적인 뿌리를 들먹이는 것은 그 논쟁으로부터 거리를 두거나 초월하려 함이 아니다. 그와 반대로 내가 이 책에 생기를 불어넣는 문제에 사로잡혀온 것은 바로 필자 스스로 일부 정치적 논쟁에 적게나마 일조해왔기 때문이다. 나는 보수주의자이며, 우리 정치 질서의 토대를 탐구하는 동안 내 세계관을 잠시 내려놓은 척하지는 않을 것이다. 그러나 보수주의자는 자신이 속한 사회의 전통에 관심을 가져야 하고, 우리의 정치적 전통은 언제나 좌파와 우파—각각 자기의 공동 이익에 대한 이해(understanding)를 열심히 발전시키고 있다—양쪽을 모두 포함해왔다. 그러므로 필자는 좌파와 우파를 있는 그대로 이해하는 데 깊은 관심을 가진 보수주의자로서, 현대 자유주의자와 보수주의자가 모두 의미 있으며 진실하다고 인식할 수 있는, 그리하여 양측이 자신과 정치적 맞수에 관해 뭔가 배울 수 있도록 여기서 그들에 대한 이야기를 해보려 한다.

물론 좌우 분열의 기원은 지금 구현된 모습과 같지 않다. 버크 및 페인 시대와 오늘날 정치적 분열 사이의 차이점은 적어도 그 유사성만큼이나 매우 흥미롭고 무수히 많다. 필자는 우리 정치적 분열의 양쪽 당사자로 하여금 우리가 탐사해온 경로를 되돌아보게 했으면 하는 바람이다. 우리 각자는 우리의 (그리고 우리 정적의) 이념적 조상들로부터 무엇을 배울 것인가? 시간이 지나면서 우리는 어떤 중요한 통찰을 망각해왔고, 그럼에도 불구하고 그것들을 상기하는 게 왜 온당한가? 그렇지만 다른 무엇보다도 필자는 이 이야기를 통해 어떤 정치적 신조를 지녔건 동료 시민들이 더욱 큰 이해와 확신을 가지고 미국 정치에 접근할 수 있었으면 한다. 비록 수면에서 들끓는 많은 논쟁이 전문적이고 복잡하긴 하지만, 그러한 논쟁을 움직이는 것은 중요할 뿐만 아니라 대단히 흥미로운, 깊고 영속적인 질문이라는 사실을 독자들이 깨닫는 데 도움을 주었으면 좋겠다.

차례

미국 정치사상의 족보를 캐는 사람이라면 누구라도 18세기 말엽의 중
요성에, 그 시기의 다사다난함 자체에 분명 압도당할 것이다. 여전히 우
리의 정치 생활을 규정하는 대다수 중요한 개념, 용어, 분열, 논지 등이
1770~1800년에 격렬하게 불붙듯 연달아 세상에 쏟아져 나온 듯싶다.

　때는 바야흐로 미국 독립혁명과 프랑스혁명의 시대였고, 우리는 오래
전부터 그 시기의 정치철학과 극적인 사건의 폭발을 저 기념비적인 격변
들 탓으로 돌리는 안일한 습관에 빠져버렸다. 미국 독립혁명—역사상 최
초로 성공한 식민지 반란—은 계몽주의적 이상의 구현을 신념으로 삼는
국가를 탄생시켰고, 반면 프랑스혁명은 비타협적인 철학적 원칙에 의거
힌 강경한 정치 행위를 통해 사회적 진보를 향한 근대적 탐색에 본격적으
로 착수했다. 요컨대 이 같은 어마어마한 혁명의 도가니 속에서 근대 정
치의 틀이 구축되었다는 주장이다.

　이런 상투적 문구에는 물론 많은 진실이 담겨 있지만, 부분적 또는 아
마도 몇 다리 걸쳐 전해진 진실일 것이다. 사실상 18세기 말은 영미권에
서 근대적 자유주의의 의미에 관한 대논쟁—그때 이후로 영국과 미국,
그리고 지금은 이들 국가를 넘어 갈수록 많은 인류의 정치 생활을 결정지

은 논쟁―이 펼쳐진 무대였다. 미국 독립혁명은 그 논쟁을 구현했고, 프랑스혁명은 이를 강화했다. 하지만 논쟁은 두 사건 이전에도 존재했고 그보다 오래 지속되었다.

미국 건국의 이상은 그 실질적 의의를 두고 내부적으로 견해 차이가 있던 정치가―혁명가들의 지지를 받았다. 그들의 의견 충돌은 오래지 않아 표면화했고, 신생 공화국의 정치판을 여러 방면에서 존속해온 뚜렷이 다른 진영들로 쪼개놓았다. 같은 시기 프랑스에서 투쟁하던 실제 정당, 요컨대 자코뱅당과 지롱드당 그리고 군주제 옹호자와 귀족에게는 사실상 현대 정치와의 유사점이 없다. 그러나 프랑스혁명에 **관한** 치열한 영미권 논쟁 속에 등장하는 정당―정의당과 질서당, 혹은 진보당과 보수당―은 누가 봐도 지금 미국을 포함해 많은 자유민주주의 국가의 정치를 구성하는 정당들과 부자지간처럼 닮은꼴이다. 두 사건 모두에서, 18세기 말의 대논쟁을 주도한 정당들은 우리 시대 좌우 분열의 핵심 요소를 분명히 예시했다. 그들의 논거는 미국 독립혁명이나 프랑스혁명의 특수한 가능성과 위험성을 뛰어넘어 훨씬 더 많은 것과 관련이 있었고, 현저성(salience)을 한 번도 상실한 적 없는 자유주의 내부의 견해차를 표면화시켰기 때문에 지속되었다.

그 시기 대논쟁에 나선 두 거대 정당의 완벽한 간판스타는 부재했지만, 틀림없이 에드먼드 버크와 토머스 페인보다 뛰어난 대표자는 없을 것이다. 버크는 아일랜드 출신의 영국 정치가이자 문필가로, 영향력이 막강한 견해를 갖춘 데다 그것을 정치적 수사로 표현해내는 독보적 재능을 겸비한 인물이었다. 그는 당대의 가장 헌신적이고 유능한 영국 헌법 전통의 옹호자였다. 인내심을 갖고 점진적으로 자국을 개혁하고자 했던 버크는 영국 정계에서 프랑스혁명의 급진주의를 최초이자 명백하게 가장 단호하고 효과적으로 비판한 사람에 속했다.

영국 태생의 미국 이민자였던 페인은 식민지 독립의 대의를 위해 싸운 가장 유창하고 중요한 목소리 중 하나였고, 이후 프랑스에서 혁명이 태동하자 파리와 런던에서 수필가 겸 운동가로 활동하며 혁명가들의 기치를 지지하는 유력한 인물이 되었다. 영어의 달인이었던 페인은 부패한 억압적 정권을 뿌리 뽑아 국민에게 책임지는 정부로 교체함으로써 정의와 평화라는 대의를 증진시킬 수 있는 계몽주의적 자유주의의 잠재력을 간절히 믿었다. 그는 명석하고 열정적인 자유와 평등의 옹호자였다.

두 사람은 모두 이념과 실천을 모두 갖춘─힘 있는 정치적 수사를 설파하고, 심도 깊고 지조 있게 대의에 헌신한─인물이었다. 그들은 또한 당대의 논쟁 속에서, 그러한 논쟁을 움트게 한 사건들의 세부 사항을 뛰어넘어 훨씬 많은 것을 포착했다. 두 사람은 서로에 대해 알았다. 몇 차례 만났고, 서신을 교환했고, 서로의 출판물에 공개적으로 응답했다. 프랑스혁명을 둘러싼 그들의 사적·공적 논쟁은 "아마도 이제껏 영어로 이뤄진 가장 중요한 이념 논쟁"[1]으로 불려왔다. 그러나 그들의 심오한 의견 충돌은 정면 대결을 넘어서까지 확장된다. 둘은 자유민주주의 정치사상의 가장 중요한 문제들을 두고 깊이 상충하는 세계관을 드러냈다. 분명 버크와 페인 사이의 논쟁에 그 시기의 급직한 수장들을 완전히 담을 수는 없었겠지만, 두 사람의 견해를 주의 깊게 살펴보면 시급하고도 중요했던 과제를 훨씬 잘 이해할 수 있다. 그렇다 하더라도 그들의 견해차(특히 프랑스혁명 이외의 사안들과 관계있을 때)에 관한 정확한 용어와 주제는 아직까지 놀랍도록 연구가 미진하다.

이 책은 버크와 페인의 견해차를 검토하고, 그로부터 그들의 시대와 우리 시대의 정치 모두에 대해 배우고자 한다. 프랑스혁명에 대한 두 사람의 공방뿐 아니라 둘의 매우 방대한 저술과 서한을 활용해 버크-페인 논쟁의 주제를 탐구한다. 아울러 역사·자연·사회·이성·정치 제도·자유·평등·권리 그리고 여타 핵심 주제에 관한 각각의 관점을 분석하며, 정치 생활에 대한 그들의 이해를 알려주는 전제를 찾아낼 것이다. 이 책은 버크와 페인이 사회와 정치의 특성에 대해 논리 정연하고 대부분 내적으로 일관된 주장을 내놓는다는 점, 그리고 각각의 주장이 상대와 대조할 때 매우 극명해진다는 점을 보여줄 것이다. 특히 정치 생활에서, 주어진 과거 권위에 관한 견해차가 버크와 페인의 다양한 주장을 한데 묶어준다는 점 그리고 이런 견해차에는 전통과 진보 사이의 고루하고 단순한 분쟁을 훨씬 뛰어넘는 것이 존재한다는 점을 입증할 것이다.

버크의 개혁하는 보수주의와 페인의 복원하는 진보주의는 처음 봤을 때보다 더욱 복잡하면서도 훨씬 일관적이다. 그리고 양쪽을 진중하게 고민할 때 우리 자신의 논쟁, 특히 미국 정치의 핵심인 경계선(dividing line)이라는 용어를 규명할 수 있다. 버크와 페인이 우리에게 보여주는 것처럼 진보주의자와 보수주의자라는 구분은 사실상 자유주의 사회에 존재하는 두 유형의 자유주의자와 두 가지 다른 관점을 나누는 것이다.[2]

일상의 정치에 그토록 깊이 관여한 두 사람의 말 속에서 철학적 논거를 찾는다는 게 이상해 보일 수 있다. 우리는 정치 이론가이기도 한 정치 행동가들에 익숙하지 않다. 그런 행동가들은 분명 버크와 페인의 시대―영국과 미국 두 곳에서 철학자처럼 글을 쓰고 사고했던 몇몇 정치인을 접할 수 있는 시기―에 조금 더 흔했겠지만, 당시에도 그런 사람은 여전히 굉장한 희귀종이었다. 그리고 버크와 페인의 거의 모든 소책자, 연설문, 편지, 저서는 더 큰 논지를 밝힐 때조차도 즉각적인 정치적 목적을 염두에 두고 쓴 것이기 때문에 둘의 견해를 연구하는 학자들은 매우 기초적인 몇 몇 질문을 놓고도 수세기 동안 옥신각신해왔다.

버크의 경우 주된 의문은 그가 평생 일관된 관점을 갖고 있었는지, 혹은 프랑스혁명이 그를 얼마나 변화시켰는지에 관한 것이었다. 앞으로 살펴보겠지만, 버크는 정치 경력의 초반 20년을 다양한 종류의 개혁(영국 정부의 재정, 종교적 소수자의 처우, 무역 정책 등등에 대한)을 옹호하면서 보냈다. 아울러 이 기간 동안 많은 시간을 영국 정치의 지속적인 타성에 대항했다. 그러나 프랑스혁명 발발 이후 버크는 무엇보다도 영국 정치 전통의 충실한 옹호자가 됐다. 프랑스혁명의 여파가 영국으로 유입될까봐 불안했기 때문이다. 그는 군주와 귀족의 권력을 약화시키려는 모든 노력에 강경하게 맞서며, 오래된 전통이라는 항구에 매어놓은 국가라는 배의 밧줄을 끊어버릴지도 모를 (더 큰 민주화를 향한 움직임 같은) 근본적 정치 개혁을 조심하라고 경고했다. 따라서 이따금 가장 기본적인 관점을 바꾸고 예전의 동료 당원과 친구들에게 등을 돌렸다는 비난을 받았다. 이러한 비난은 가장 먼저 그가 살아 있는 동안 (누구보다도 페인에 의해) 제기되었고, 이후에는 버크의 몇몇 전기 작가와 해설자들을 통해 반복되었다.

하지만 이 같은 비난은 버크의 초기 및 후기 선해 모두를 잘못 갖다 붙인 것이며, 영국 정치 전통의 개혁가이자 보존자로서 그가 제시했던 주장을 도외시한 것이다. 그의 주장은 언제나 안정과 변화 사이의 균형 찾기—앞으로 살펴보겠지만, 버크의 야망과 관련해 핵심적인 탐색—에 관한 것이었다. 일관적이지 않다는 비난이 이내 불어닥칠 것을 확실히 예견한 버크는 《프랑스혁명에 관한 성찰(Reflections on the Revolution in France)》의 맺음말에서 자신을 "일관성을 지키고 싶어 하되 그 목적의 통일성을 확보하기 위해 수단에 변화를 줌으로써 일관성을 유지하려 하며, 한쪽에 짐을 많이 실어 자신이 탄 선박의 평형 상태가 위험에 처했을 때 균형을 유지할 수 있도록 조금이라도 이성(reason)을 탑재하고픈 사람"[3]으로 묘사했다.

소중히 지켜온 평형 상태에 닥친 다양한 위협에 맞서 자신이 탄 배의 균형을 잡으려고—또는 험난한 바다에서 조국의 균형을 잡으려고—분투하는 사람이라는 이 이미지는 파란만장한 경력 내내 버크가 내건 다양한 대의와 주장에 비춰볼 때 딱 들어맞는다. 그는 영국 헌법의 일부 요소가 전체를 질식시키려 할 때는 개혁가였다. 그리고 데이비드 브로미치(David Bromwich)가 말한 것처럼 "혁명이 개혁의 궁극적인 적"[4]으로 보일 때는 보존자였다. 버크에게 평형이란 정체 상태가 아니라 오히려 변화와 개혁에 대해, 그리고 더 일반적으로는 정치 생활에 대해 생각하는 방식이다. 뒤에서 살펴보겠지만, 이는 그의 정치사상에서 핵심적 비유였다.

한편 토머스 페인과 관련해 학자들을 갈라놓은 주요 질문은 한층 더 심층적이다. 페인은 진정한 정치사상가인가, 아니면 그저 유난히 열정적인 소책자 저자요, 선동가인가? 페인의 수사학적 기량은 의심할 여지가 없는 반면, 그의 진지함—순수한 정치사상을 갖춘 언쟁—은 가끔 의혹을 불러왔다. 당대의 비판자들은 그를 과격한 선전 문구 제작자, 아니면 버크 본인이 말했듯 "보통 수준의 교육조차 일절 받지 않은"[5] 사람으로 일축하려 했다. 그리고 이후의 일부 학자들은 페인이 자기가 개진한 주제를 명확히 밝히기보다는 열을 올리는 데 더 치중했다는 비난을 반복해왔다.

그러나 이런 혐의에는 언제나 자신들도 모르게 삐져나오는 속물근성이 배어 있었다. 페인의 철학을 경박한 것으로 여기고, 따라서 그 옹호자들—특히 유식한 철학자라는 전통적 묘사에 적합하지 않은 사람들—까지 역시나 경박하게 보고 싶었던 정적들이 그런 혐의를 만들어왔다. 분명 페인은 버크 같은 박학다식한 지식인은 아니었다. 그가 받은 정규 교육은 잠깐에 불과했고, 서구 철학의 전통과 설전을 벌일 때는 독학자 특유의 다듬어지지 않은 면모를 감출 수 없었다. 혹자는 페인이 왕성하게 저술에 몰두한 몇 해 동안 "나는 책도 안 읽었고, 다른 사람들의 의견을 공부하지도 않았다. 나는 스스로 생각했다"[6]는 (분명코 사실과 다르지만) 기이한 자랑에서 그가 냉소적 쾌감을 느꼈을 거라는 인상을 받을 것이다. 〔토머스 제퍼슨(Thomas Jefferson)은 친구 페인이 언제나 "그가 읽은 것보다 더 많이 생각했다"[7]고 지적하며 이 에둘러 말하는 칭찬 버전을 반복했다.〕 실제로 페인의 글에는 위대한 과거 사상가들에 대한 명확한 언급이 (비록 완전히 없지는 않지만) 현저히 부족하다. 그에겐 또한 버크가 뽐낼 수 있었던 치열하고 오래된 실제 정치 경험도 없었다.

그럼에도 불구하고 미국 독립혁명은 물론 프랑스혁명에 대한 영어권 세계의 반응에서 페인이 차지하는 엄청난 역할은 우연이 아니었다. 단순히 운 좋은 타이밍의 문제였거나, 순전히 뛰어난 글 솜씨가 작용한 것도 아니었다. 오히려 그와 반대로 페인의 뛰어난 수사학적 힘은 평범한 교육을 받은 독자들까지도 심오한 철학적 문제로 끌어들이고, 아울러 그러한 문제에 어떤 정치사상가도 거의 맞추지 못한 속도와 강도를 제공하는 그의 능력에서 비롯된 것이었다. 페인은 정치를 원칙에 의해 움직이는 것으로 이해했고, 정치 체제는 올바른 철학적 이상—특히 평등과 자유—에 응답해야 한다고 생각했다. 아무리 제대로 수립하고 거창하다 해도, 그 뿌리가 제아무리 깊은 곳까지 뻗친다 해도 모든 정권은 이 기본적인 인류의 자산을 얼마나 잘 발전시켰는지에 따라 평가받아야 했다. 이렇게 정치적 원칙과 그것을 반영한 정치적 행동에서의 실증 사례는 페인의 가르침에 다가가는 열쇠이며, 심지어 버크에게서보다 그의 저술의 전경(前景, foreground)에 훨씬 더 두드러지게 나타난다. 1806년 편지에서 페인은 자신에 관해 이렇게 썼다. "최초로 발표한 《상식》에서 시작된 내 모든 정치적 저술의 동기와 목적은 전제 정치와 정부의 잘못된 시스템과 원칙으로부터 인간을 구제하는 것, 그리고 인간이 자유로워지고 스스로 정부를 수립하도록 하는 것이었다."[8] 페인은 정치 생활 기저에 있는 이론과 이념을 모색했고, 올바른 이론과 이념에 부합하는 정부만이 정통성을 주장할 수 있다고 말했다.

버크와 페인의 공방은 두 사람이 정치사상가이자 행동가였기 때문에 미국 정치 질서의 기원을 들여다보는 창을 열어준다. 그들은 정책 논쟁의 열기 속에서 제기한 유형의 논거들이 철학자의 조용한 서재에서 탄생한 논거들과 어떤 관련이 있는지를 알게끔 해준다. 그리고 우리의 일상 정치 속에서 드러나고 있는 분열이 어떻게 유래했는지 이해하도록 도와준다.

버크는 항상 자신을 페인과 한 묶음으로 이해해야만 한다는 생각에 기분이 상했다. 친구 윌리엄 엘리엇(William Elliot)에게 보낸 서신에서 그는 "세간의 말에 따르면 나와 짝이 되어 먹잇감을 찾는" 귀찮은 "시민 페인"에 대해 불만을 토로했다.[9] 그러나 서로에게 짜증이 났을지 몰라도, 버크와 페인은 경쟁자일 때 진정으로 가장 잘 이해받을 수 있다. 미국의 정치 공방과 관련한 2개의 거대 정당처럼 그들은 오늘날까지 계속 짝을 이뤄 먹잇감을 물색 중이다. 그러니 그 사냥에 합류해 그들의 시대와 지금 우리의 시대 모두에 관해 두 사람으로부터 무엇을 배울 수 있을지 살펴보자.

경기장의 두 인생

1788년 8월 18일 저녁, 혁명 시대의 정치 대논쟁에서 가장 치열했던 전투원 2명이 식사를 하려고 함께 앉았다. 10년이 훌쩍 넘도록 매우 상반된 정치 신념을 토로해왔으면서도 둘은 아직 자신들의 심각한 분쟁이 어느 정도인지 완전히 파악하지 못했고, 사람들의 말에 따르면 함께했던 시간은 즐겁고 화기애애했다고 한다. 에드먼드 버크는 그날 오전 한 친구에게 편지를 썼다. "이제 곧 포틀랜드 공작하고 페인이라는 대단한 미국인과 함께 저녁 식사를 할 예정이네."[1] 그리고 토머스 페인은 나중에 이렇게 썼다. "미국 독립혁명에서 버크 씨의 역할을 생각하면, 내가 그를 인류의 벗으로 여기는 것은 자연스럽다. 그리고 …… 우리의 친분은 그런 이유로 시작되었다."[2] 그러한 친분은 매우 다른 이유로 종말을 맞고, 그들의 의견 충돌―곧 프랑스혁명 즈음에 공공연하게 폭발한―은 당대 정치를 정의하는 데 도움을 줄 뿐만 아니라 수세기에 걸쳐 그리고 전 지구적으로 파문을 일으킬 터였다.

이 대목에서 그 여름날 저녁의 식사 친구들을 우리가 그들과 동일시하게 된 신념의 구현자로 간주하고 싶은 생각이 슬며시 고개를 쳐든다. 아울러 그들의 차이를 놓고 볼 때 어떻게 서로가 함께 있는 것을 견딜 수 있었는지 궁금해지기도 한다. 하지만 인간은 자신이 가진 생각들의 총합보다 큰 존재이며, 우리는 버크와 페인이 상징하는 바를 고려하기에 앞서 그들이 누구였는지 발견하고 그들이 살았던 시대의 특징을 알아야 한다. 그렇게 함으로써 그토록 뼛속 깊이 달랐던 위인들이 어떻게 첫눈에 서로를 같은 부류의 길벗으로, 아니면 진짜 동지로 마주했는지 이해할 수 있을 것이다.

버크와 페인은 모두 흔치 않은 시대의 흔치 않은 인물이었다. 둘 다 보잘것없는 집안 출신으로 유명한 전문가가 되었다. 둘 다 지성과 인격의 힘을 통해 자신이 태어나지 않은 사회 계층의 위대한 대변자로 변신한 주변인이었다. 둘 다 선동가이자 정치적 수사의 대가였으며, 논지의 위력만큼이나 웅변 능력 또한 유명했다. 그리고—당대의 징후와 정치의 방향을 두고 격렬하게 의견이 충돌했음에도 불구하고—모든 면에서 버크와 페인은 그 시대의 사람이었다.

우리의 정치적 상상 속에서 18세기 말은 종종 거의 신비스러운 오라(aura)로 뒤덮여 있다. 어찌 된 일인지 정치가이면서 동시에 철학자이고자 했던 걸출한 인물들이 쏟아져 나온 시대였다. 토머스 페인의 가까운 지인 및 친구로는 조지 워싱턴(George Washington), 토머스 제퍼슨, 제임스 매디슨(James Madison), 제임스 먼로(James Monroe) 등 미국 건국 세대의 많은 전설적 인물을 꼽을 수 있다. 그는 벤저민 프랭클린(Benjamin Franklin)을 일종의 후원자로 여겼고, 프랭클린은 언젠가 페인을 자신의 "정치적 양자"라고 표현했다. 버크 역시 프랭클린이 런던 주재 아메리카 식민지 대표로 재임하던 시절 알고 지낸 터라 친분이 두터웠다. 버크는 또한 위대한 작가이자 윤리학자 새뮤얼 존슨(Samuel Johnson), 역사가 에드워드 기번(Edward Gibbon), 철학자이자 경제학자 애덤 스미스(Adam Smith) 같은 영국 지식인 사회의 주요 인물을 비롯해 사실상 국왕 조지 3세 이하 당대의 모든 저명한 의회 및 정치계 인사들과 친분을 쌓았다.

철학적이고 실천적인 인재들이 다수 등장한 것은 결코 우연이 아니었다. 그들은 당대의 심오한 사회적·정치적 흐름에 대한 반응으로 부상했다. 영국 명예혁명이 런던에 안정적인 프로테스탄트 왕정을 재건하고 한 세기가 지나도록 영미권 전역에서는 종교 갈등이 들끓고 있었다. 그리고 미국과 프랑스에서 일어난 혁명이 유럽에 군림하던 질서를 산산조각 내기 전에도, 자유와 평등에 대한 계몽사상이 대륙의 정치적 전통에 제기한 도전 그리고 산업 생산 시스템의 점진적 출현이 귀족 경제 체제에 제기한 도전이 결합하면서, 대서양 양안에 심층적이고 지속적인 변화가 나타나리라는 것을 누구나 알 수 있었다.

그러한 변화의 본질과 특징은 버크와 페인이 주역을 담당할 논쟁의 심장부에 위치해 있었다. 하지만 둘 중 누구도 결코 자신이 결과적으로 맡게 된 배역의 당연한 후보는 아니었다.

"버크라는 젊은이"

에드먼드 버크는 아일랜드의 더블린에서 태어났다. 아마도 1729년 1월이었을 것이다.[3] 부친은 (부유하다고는 할 수 없지만) 저명한 변호사이자 신교도였고, 모친은 코크 자치주(County Cork)의 네이글(Nagle) 집안 출신 가톨릭교도였다. 그 시절 아일랜드에서 이런 혼종 결혼(混宗結婚, mixed marriage)을 들어본 적 없는 것은 아니지만 흔치는 않았다. 가톨릭교도 아내를 두었다는 것은 버크의 아버지 리처드가 더블린 사회의 최고 지위까지 올라갈 수 없음을 뜻했고, 아울러 아일랜드의 (아직도 그렇듯 정치경제적 분열로 해석되는) 종교 분열이 에드먼드 자신의 가치관 형성과 결코 무관하지 않을 것임을 의미했다. 그는 조너선 스위프트(Jonathan Swift)가 《겸손한 제안(A Modest Proposal)》에서 아일랜드 빈곤층의 비참한 운명을 묘사한 해에 태어났다. 버크의 가정은 언제나 웬만큼 넉넉했지만, 그는 주변에서 가난의 민낯을 목격했다. 특히 시골에 사는 외가 쪽 가톨릭교도 친척을 장기간 방문할 때면, 그가 이후의 삶에서 만나게 될 잉글랜드 귀족들은 거의 상상할 수 없을 정도로 진짜 끝없이 계속되는 빈곤을 목도했다.

당시 아일랜드 혼종 결혼 가정의 관습대로 버크와 두 형제는 아버지 쪽 영국국교회 신앙 속에서 자란 반면, 누이는 가톨릭교도로 성장했다. 버크의 조기 교육은 퀘이커교 기숙 학교에서 이뤄졌는데, 그는 거기서 일찌감치 시와 철학에 소질을 보였다. (잉글랜드와 아일랜드 양쪽에서) 공식적인 영국국교회, 가톨릭교, 국교에 반대하는 (퀘이커교 같은) 신교도 종파들 사이의 격렬한 분쟁이 다반사였던 시대에 버크는 세 영역을 넘나들며 삶의 첫 15년을 그럭저럭 지냈다. 교리의 차이가 실생활에서는 가족애와 이웃 간 존중이라는 유대로 인해 무색해지는 것을 지켜본 경험이 그의 성격 형성에 중요한 작용을 했다. 요컨대 삶이란 이론보다 실제가 더욱 복잡하다—아울러 이는 좋은 것이다—는 지속적인 느낌을 그에게 남겼을 것이다. 그리고 더블린의 유명한 트리니티 칼리지(Trinity College)에서 받은 대학 교육은 고전적 학문과 철학과 예술에 대한 세련된 이해와 더불어, 말로는 거의 형용할 수 없는 실제 생활 공동체의 복잡성에 대한 이런 감각의 기초를 마련해주었다.

남은 인생 대부분을 잉글랜드에서 보냈지만, 아일랜드에서의 이런 초년기 교육은 독특한 아일랜드식 악센트와 더불어 결코 버크의 곁을 떠나지 않았다. 그것은 추상적인 정치적 이상과 실제 삶 간의 차이를 항상 변별하도록 해줬다. 그는 신뢰, 온정, 중용을 비축함으로써 서서히 쌓아올린 관계가 어떻게 사람들로 하여금 사회적 긴장, 정치적 탄압, 경제적 위기에 직면해서도 함께 살아갈 수 있도록 해주는지에 대한 감각을 유지했다.

아일랜드식 양육과 교육은 버크에게 언어, 특히 문자 언어에 대한 깊은 사랑도 남겼다. 그는 트리니티를 졸업하자마자 아버지의 권유에 따라 (표면상으로는) 법을 공부하러 런던으로 떠났다. 하지만 중대한 공공 이슈를 다루는 저술가가 됨으로써 대도시 지식인 대열에 합류하겠다는 꿈을 좇기 위해 재빨리 법률 공부를 집어치웠다. 런던은 주로 소책자(pamphlet)—매우 싼값에 발행·판매하고, 부지런히 서로에게 화답하고, 당면한 정책 문제를 더욱 깊은 원칙에 근거해 찾고자 하는 장문의 의견 수필(opinion essay)—를 통해 계속 이어지는 철학적·정치적 논쟁의 온상이었다. 이 소책자들은 급성장 중이던 런던의 카페 문화를 빠르게 순화하며, 철학과 정치가 팽팽하게 교전하는 짜릿한 분위기에 일조했다.

세상에 내놓은 첫 번째 저술—1756년에 발간한 《자연적 시회의 옹호론(A Vindication of Natural Society)(원제는 A Vindication of Natural Society: Or, A View of the Miseries and Evils arising to Mankind from every Species of Artificial Society—옮긴이)이라는 장문의 소책자—에서 버크는 정치 생활의 기본 문제를 솔직하게 따져 물었고, 잠재적으로 부식성 있는(corrosive) 급진주의에 반발하는 성향을 드러냈다. 《자연적 사회의 옹호론》은 볼링브룩 경(Lord Bolingbroke)—몇 년 전 타계한 거물급 정치가이자 사상가로서 유작으로 《역사의 연구와 사용에 관한 편지(Letters on the Study and Use of History)》가 그때 막 출간되었던—이 썼던 논법을 조롱하는 풍자물이다. 볼 링브룩의 이 저서는 공식 국교를 포함한 종교 비판으로 주목을 받아온 터 였다. 그는 모든 조직화한 종교는 근본적으로 인위적이고 따라서 터무니 없으며, 드러난 진리에 대한 접근을 주장하지 않고 오직 자연 세계에 대해 신께 감사를 표하는 단순하고 자연스러운 종교〔혹은 이신론(理神論, Deism)〕 만이 정당할 수 있다고 주장했다. 그는 '자연스러운' 믿음과 '인위적' 믿음 을 명확하게 구별해, 전자를 합리적 과학의 이름으로 옹호하고 후자를 근 거 없는 신조라며 배척했다. 버크는 자신의 비판적 풍자물에서 볼링브룩 의 문체와 논거를 모방했지만, 그것을 정치학에 적용해 모든 인위적 사회 제도를 폐기해야 한다고 주장했다. 그는 이런 방식의 논법이 논리적 귀결 로 나아간다면 어디까지 도달할지 보여주고자 했다. 아울러 전통적 제도 에 반하는 자연이라는 단순한 개념에 호소함으로써 종교를 약화하려는 의 도를 가진 논거는 모든 정치적 권위와 사회적 충성 또한 약화시킬 것이며, 사회를 뭉치게 만드는 유대 역시 무너뜨릴 것이라고 주장했다.

19세기의 위대한 전기 작가 존 몰리(John Morley)는 이렇게 썼다. "버 크의 첫 작업에서 놀라운 점은 철학 영역의 지적 혼란과 신학 영역의 한 층 떠들썩한 소란이 벌어지는 동안, 시민 사회의 전체 구조 자체를 뒤흔 들 수 있는 어떤 세력이 조용히 그 뒤를 밟고 있다는 중요한 사실을 포착 한 그의 안목이다."[4] 모든 전통적 제도에 대한 신랄하고도 단순한 회의론 은 어쩌면 어느 것도 당연하게 받아들이지 않지만 사실은 의도적으로 사 회생활의 진정한 복잡성을 무시하는 과학적 이성에 뿌리를 둔 것이었다. 버크에게 이는 사회 연구에 턱없이 부합하지 않는 것 같고, 실제 적용할 때는 위험해 보이기까지 했다. 버크는 여생을 이런 세력에 대해 경고하고 그것과 싸웠다.

《자연적 사회의 옹호론》은 철학적으로 진지한 주제에 대해 사회적·정치적 함의를 갖고 쓰면서도 일상의 정치와는 한 걸음 떨어져 집필하는 버크의 초기 경향을 보여준다. 이는 이듬해인 1757년 버크의 저술 중 가장 확실한 이론적 작업이자 그의 유일한 진짜 책 《숭고와 미의 근원을 찾아서(A Philosophical Enquiry into the Origins of Our Ideas of the Sublime and the Beautiful)》를 출간할 때 한층 두드러졌다. 이 책은 독특하면서도 통찰력 있는 미학─인간의 미적 경험에 관한 학문─저술이었다. 버크는 아름다운 것(또는 외양이 좋은 것)과 숭고한 것(또는 눈을 뗄 수 없는 것) 사이의 차이는 사랑과 두려움 사이의 차이에 근거한다고 설명하려 했다. 그것은 영국의 철학자들 사이에서 벌어진 인간의 지각과 경험의 근원에 관한 장기적 논쟁에 놀랍도록 독창적인 공헌을 했고, 청년 버크의 움트는 정치적 감수성에 길을 열어준다. 버크는 인간의 본성은 이성적일 뿐 아니라 감정적인 교화와 지도를 필요로 한다─정부는 정의라는 추상적 원칙뿐 아니라 사회생활의 형식과 전통에 따라 작동해야 한다는 그의 주장에서 대단히 중요한 생각─고 역설한다. "인간의 열정을 창출하는 데 이성의 영향은 흔히 믿는 것처럼 결코 막대하지 않다."[5] 우리의 마음은 논리 이상의 것들에 의해 움직이며, 따라서 정치는 냉철한 논거 이상의 것들에 답해야만 한다.

두 저술은 모두 어느 정도 성공을 거뒀고, 런던 문단에 그의 이름을 떨치게 해줬다. 버크는 새뮤얼 존슨의 활기 넘치는 문학 모임─화가 조슈아 레이놀즈(Joshua Reynolds), 에드워드 기번, 배우 데이비드 개릭(David Garrick), 소설가 올리버 골드스미스(Oliver Goldsmith), (훗날 새뮤얼 존슨의 전기를 쓴 것으로 유명한) 제임스 보즈웰(James Boswell) 등 당대의 탁월한 여러 지식인이 포함되어 있었다—의 초창기 회원이었고, 글쓰기가 언제나 정치적이고 철학적인 문제 쪽으로 흐르긴 했지만 자신을 정치사상가라기보다는 문필가라고 생각했다. 저술가이자 정치가이던 호러스 월폴(Horace Walpole)은 1761년의 디너파티에서 아직 조숙한 청년이던 버크와 마주쳤을 당시를 생생하게 기술했다. 월폴은 자신의 일기에 손님들 중 "볼링브룩 경의 문체로 책을 하나 썼고, 그것으로 많은 찬사를 받은 버크라는 젊은이가 있었다. 그는 분별 있는 사람이지만 아직 작가주의(authorism)에 찌들지 않았고, 작가들만큼 그리고 작가가 되는 것만큼 매력적인 것은 없다고 생각한다. 머지않아 철이 들 것이다"[6]라고 썼다.

버크는 정치에 뛰어들면서 철이 드는데, 처음 그렇게 된 데는 현실적이유가 컸다. 1761년 말 이제 결혼도 하고 한 아이의 아버지이기도 했던그는 확실한 생계가 필요했고, 그래서 문필가적 야심을 접었다. 그리고 야심 있는 하원의원 윌리엄 제라드 해밀턴(William Gerard Hamilton)의 개인비서 자리를 맡았는데, 해밀턴은 곧 영국 정부의 아일랜드총독부 수석비서관이 되었다(그리고 버크를 데려갔다). 그 일자리는 버크를 잠시나마 고향으로 돌려보냈고, 그는 아일랜드의 혼을 짓찢는 극심한 종교 갈등을 한층더 직접적으로 목격했다. 영국 정치에 몸담은 긴 세월 동안 버크는 자신의 출신 성분으로 인해 아일랜드 문제에 지나치게 몰두하는 것으로 비칠까봐 항상 민감해했지만, 결코 그 문제를 놓아버릴 수도 없었다. 종교적으로 혼합된 가정사에 해밀턴의 측근으로서 경험이 결합하면서, 그는 자신에게 정치적 손실로 작용했음에도 불구하고 틈만 나면 아일랜드 가톨릭교도들의 기본권에 대한 헌신적 수호자를 자임했다.

3년간의 직책을 마친 버크는 해밀턴의 수하를 떠나 지인들의 도움으로 로킹엄 후작(Marquis of Rockingham)의 개인 비서가 되었다. 잠시 총리로도 복무한 휘그당의 거목 로킹엄은 버크의 가장 중요한 정치적 후원자이자 친구였다. 로킹엄은 즉시 버크의 어마어마한 재능과 가치—박학다식, 신중함, 뛰어난 수사학적 기량—를 알아봤다. 그는 버크를 휘그당 정치의 핵심 세력으로 끌어들였고, 1765년에는 향후 30년간 버크의 중요한 무대가 된 하원의원에 뽑히도록 주선했다.

그 시점부터 1797년 죽음에 이를 때까지 버크는 국가를 위한 정치적 삶에 깊이 몰두했다. 요컨대 아일랜드의 종교적·정치적 내분, 미국의 독립혁명과 그 여파, 영국의 인도 경영과 관리 부실, 말도 많았던 영국 의회와 선거 제도의 개혁, 프랑스혁명이라는 기념비적 시험대, 그에 이은 유럽의 전쟁 등 당대의 커다란 문제에 관한 격렬한 여론을 수렴하면서 영국이 충격적이고 가없는 위기 연속과 그 시기의 다른 시련들을 견디는 데 온몸을 바쳤다. 버크는 비록 행정부 요직을 맡으려 하지 않았고 사실상 반대 입장에 있는 의회에서 대부분의 시간을 보냈지만, 그의 목소리는 이내 영국 정계에서 가장 두드러지게 눈에 띄었으며, 그의 펜은 당대의 굵직한 사건들에서 결정적 역할을 하기에 이르렀다.

휘그당 지도자들의 고문으로서 버크는 당내 최고 발언권자로 자리 잡았고, 실제로 곧 영국 공직 생활에서 정당이 차지하는 역할을 옹호하는 대열의 선두에 섰다. 성부 관료 임명 및 공직에 대한 국왕 조지 3세의 과도한 개입 스캔들과 관련해 쓴 1770년 소책자 《현재 불만의 원인 고찰 (Thoughts on the Causes of the Present Discontents)》에서 버크는 정당이란 많은 이들이 주장하듯 자기들의 특정 이익을 위해 싸우는 파벌이 아니라, 국가 전체의 공익이라는 비전으로 뭉친 사람들의 조직이라고 주장했다. 그의 주장에 따르면, 당파성이란 불가피할 뿐만 아니라 유익하기도 하다. 서로 다른 중점 사항을 가지고 국가를 위한 최선이 무엇인지 규정하는 진영들로 정치판이 편성되도록 도와주기 때문이다. 인기 있는 이 소책자와 같은 시기에 나온 비슷한 다른 책자들은 독특한 버크식 정치철학의 뚜렷한 초기 징후를 보여준다. 요컨대 그는 신중한 정치력과 국민의 (물질적 요구뿐만 아니라) 정서 그리고 사회적·정치적 제도의 존경받는 지위에 대한 관심을 거론했다. 버크는 정치 개혁이란 이런 것들을 감안해야 하며, 그것들을 정중하고 점진적으로 고민하면서 진행해야 한다고 주장했다.

소책자는 또한 버크의 엄청난 수사학적 기량—매혹적인 경구를 뽑아내는 재능은 물론 인상적일 정도로 명료하고 일관되게 설계한 정치 생활과 사회에 대한 한결같고 논리 정연한 비전으로 표출된 기량—을 드러냈다. 이 비전은 버크가 훗날 정치인에게 필요한 능력을 기술하면서 언급했듯 "보존 성향과 개선 능력"[7]이 결합한 것이었다. 아울러 이를 언제나 이미지와 발상으로 독자들을 압도하는 강렬하고 기억에 남는 문자 언어로 강화했다.

버크는 이 기간 동안 의회와 금융 개혁에도 엄청난 시간과 에너지를 쏟았다. 공공 관리 부실과 부패를 드러낸 빈번한 스캔들이 이 나라의 정부에 대한 믿음을 약화시켰고, 버크는 스캔들에 대한 동료 의원들의 과도한 반응이 영국 혼합 정부의 통합성을 위협할 수 있다고 우려했다. 군주제 자체에 소요되는 낭비성 지출(특히 국왕 수하의 엄청나게 많은 직원과 값비싼 저택들)은 특히나 걱정이었고, 버크는 제도의 재원 조달 방식을 재편성함으로써 그러한 우려를 막아냈다. 또한 지극히 복잡한 영국 형법(그는 경범죄에 지나친 형벌을 부과한다고 생각했다)을 단순화하고, 채무자의 형벌을 감경하고자 했다. 버크는 사회는 항상 변화하고 있으며, 그런 사회의 법 또한 변화가 필요하다는 걸 예리하게 간파했다. 그러나 어느 경우든 급진적이거나 근본적이기보다 완만하고 점진적인 개혁을 진척시켰고, 항시 기존 제도 및 관례에 대한 존중을 요구했다. 건설적 변화란 안정을 필요로 하므로, 개혁가들은 언제나 주의를 기울여야 한다는 것이었다. 그는 하원에서 자신의 재정 개혁안에 대해 이렇게 말했다. "뼛속까지 흔드는 떨림으로 저는 그것을 향해 나아갑니다. 제 마음속의 자연스러운 흐름과 기분으로 상상하건대 최고로 불리한 …… 안건에 관여하고 있다는 느낌입니다."[8]

버크는 열렬한 민주주의 옹호자는 아니었다. 하원의원인 그는 자신을 의회로 보낸 사람들의 견해를 단순히 대변해야 한다는 관념을 거부했고, 심지어 1774년에는 유권자인 청중에게 자신은 그들에게 복종이 아니라 판단을 빚고 있다고 말했다.[9] 그러나 영국이 간직해온 제도를 보존해야 한다는 이유로 그가 내세운 열정적인 모든 표현에도 불구하고, 의회 생활 초기에 버크는 무엇보다도—재정 및 무역 정책에 대한, 가톨릭과 신교 반대자들의 자유를 제한하는 법에 대한, 형법에 대한—개혁자였다. 그는 노예 무역을 비인간적이고 부당하다며 반대했고, 국왕의 지나친 정치 간섭에도 저항했다.

버크는 이러한 보존과 개혁의 혼합 성향을 갖고 1770년대 중반 비등점까지 끓어오른 아메리카의 위기에 접근했다. 그가 목도한 대로 노스 경(Lord North)의 토리당 정부는 당사자와 아무런 상의도 없이 아메리카 식민지에 새로운 세금을 부과했다. 영국의 전쟁 채무금을 갚기 위해 무모하게 행동한 것이다. 의회가 아메리카 식민지에 과세할 권리를 갖고 있는지—사실상 논쟁의 양측에 있는 모든 사람이 제기한 질문—에 대해 토론하던 사람들은 엉뚱한 주제에 초점을 맞췄다. 버크는 제국을 통치하는 의회의 합법적 특권에는 의심할 여지가 없으므로 당연히 그럴 권리가 있다고 주장했다. 하지만 권리를 갖고 있다고 해서 의회가 그것을 행사해야만 한다거나 정부가 그렇게 하는 것이 현명하다는 걸 의미하지는 않았다.

그는 인간의 정부는 냉혹한 규칙이나 원칙의 적용 문제가 아니라, 가능한 한 가장 강하고 통합된 공동체를 만들기 위해 따뜻한 정서와 애착에 신경 쓰는 것이 관건이라고 주장했다. 런던은 분명 아메리카 식민지의 굴종을 강요하기보다 더 큰 수익이 생기도록 그들과 더불어 노력할 수 있을 터였다.

"정치란 인간의 논리적 사고가 아닌 인간의 본성에 맞춰야 한다. 인간의 본성에서 이성은 그저 일부일 뿐이지 절대 가장 큰 부분이 아니다"[10]라고 버크는 말했다. 《식민지와의 화해에 관한 연설(Speech on Conciliation with the Colonies)》에서 그는 아메리카 식민지가 시간이 흐르는 동안 자유에 대한 건강한 습성과 독립 정신을 발전시켜왔고, 만일 그들을 영국인처럼 통치해야 한다면 그들의 기질을 수용할 수 있는 어떤 합리적 노력을 기울여야 한다고 주장했다. 이런 식으로 권리와 원칙에 대한 아메리카 식민지의 가장 기초적인 요구—그 경우 틀렸기 때문뿐만 아니라 일반적인 정치적 판단에도 부적절하므로 그가 거부했던 요구—를 부정함으로써 버크는 독립을 열정적으로 옹호하는 (토머스 페인을 포함한) 미국인들과 대립각을 세우기에 이르렀다. 버크는 분명 정치적 권리의 핵심적 중요성을 믿었지만, 권리는 사회의 의무와 무관하지 않으며 따라서 특정 시기에 특정 사회의 특정 상황과 떨어뜨려놓고는 제대로 이해할 수 없다고 생각했다. 당시 한층 급진적인 자유주의자들은 정치를 일종의 철학적 기하학으로 다루며, 해결책을 찾기 위해 원칙과 공준(公準)을 적용했다. 하지만 그가 볼 때 진짜 사회란 그런 식으로 작동하지 않았다—혹은 적어도 제대로 돌아가지 않았다. 그럼에도 불구하고 그는 실질적 문제에서는 급진주의자 편에 서고, 결국 노스 정권이 아메리카 식민지를 신중하게 통치할 수 없다면 제국의 이익을 위해 그들을 자유롭게 놓아줘야 한다고 결론지었다.

이런 연설을 통해 우리는 사회와 정치에 관한 버크의 풍부한 이해에 다가갈 수 있다. 특히 두드러진 점은 어떻게 하면 정의를 향한 욕망과 사회 안정을 향한 욕구 사이의 균형을 맞추는 정치적 변화를 적절하게 꾀할지—뒤에서 살펴보겠지만, 버크의 머릿속에 가장 중요하게 각인된 주제—에 관한 그의 이해다. 미국 독립전쟁 이후 몇 년간 이런 시각은 버크로 하여금 정부의 권력 남용을 계속 제지하고, 거기에 맞서도록 몰고 갔다. 그는 이렇게 썼다. "정부는 일시적 불안을 자아내는 수단을 동원하더라도 결국에는 국민의 마음을 가라앉히고 그들의 지지를 얻어내는 경향이 있는 모든 것에 깊이 관심을 갖는다."[11] 과도하고 불필요하게 이뤄지는 권력 행사는 이런 지지를 약화시킬 수 있다. 이에 버크는 1760년대 초 국왕의 지나친 정치 참여, 같은 시기 후반부터 1770년대까지 아메리카 식민지에 대한 쓸데없는 자극, 그리고 1780년대 인도 원주민에 대한 영국인의 학대를 걱정하기에 이르렀다. 마지막 걱정 때문에 1787년에는 인도 총독 워런 헤이스팅스(Warren Hastings)에 대한 (비록 궁극적으로는 헛된 일이 되었지만) 기나긴 탄핵 활동에까지 착수했다. 같은 진영의 다른 동료들과는 다른 이유이긴 했지만, 이 모든 것이 버크를 눈에 띄는 개혁자로 만들었다. 그는 결코 일부 동료 휘그당원처럼 급진적 근대화의 기수는 아니었다. 하지만 그들의 노력이 권력 남용의 대항 세력이 되겠다 싶을 때는 좀 더 급진적인 이런 부류들과도 손을 잡았다.

그러나 권력 남용만이 강력하고 행복한 국민에게 필수적인 정서적 용매는 아니었다. 정치를 추상적 권리와 원칙으로 축소시킨 결과, 대중의 감정과 서로에 대한 믿음, 인간의 기본적 존엄성도 그만큼 부식성이 컸다. 사실 버크가 자신의 첫 번째 저술에서 예측했듯 이런 부식성은 정치에 급진적 성격을 부추기는 경향이 있기 때문에 결국 훨씬 더 위험할 수 있었다. 정치란 보편적 법칙의 실행이라기보다 우선 무엇보다도 특정 국민이 함께 살아가는 일에 관한 것이었다. 이러한 주안점이 버크로 하여금 당시의 다수 급진적 개혁자들이 장황하게 설명하던 부류의 자유주의에 반기를 들게끔 했다. 그들은 자연 상태의 개인에 대한 고찰에서 끌어온 자연권(natural rights)이란 용어를 설파하면서 그러한 접근법의 원칙을 정치 생활에 그대로 적용하고자 했다. 버크는 《아메리카 조세 제도에 관한 연설(Speech on American Taxation)》에서 이렇게 말했다. "나는 이런 형이상학적 구분에는 끼어들지 않겠다. 그 소리만 들어도 끔찍하다."[12]

정치에 대한 이런 사고방식은 버크를 급진적 변화를 꺼려 하는 결점 많은 제도에 대한 개혁자임과 동시에 권력 남용을 경계하는 존경스러운 전통의 수호자로 만들었다. 그가 자신을 해명하기 위해 제안한 논증이 아닌 특정 사안에 대한 그의 최종 입장에만 익숙한 사람들로서는 (토머스 페인과 조우했던 때인) 1780년대 말의 버크를 제대로 읽어내기 어려울뿐더러 오해하기 십상일 것이다. 아울러 페인 쪽도 명성을 얻기까지 그가 걸었던 독특한 행보 덕분에 파악하기가 그다지 쉽지는 않다.

"재능 많고 훌륭한 젊은이"

토머스 페인은 잉글랜드 남부 셋퍼드에서 1737년 1월에 태어났다. 직업이 코르셋 제조업자였던 부친은 퀘이커교도였고, 모친은 영국국교회 신도였다. 페인은 훗날 그에게 더 많은 기회를 열어줄 거라고 믿은 부모의 판단으로 어머니의 교회에서 세례를 받았다. 하지만 아버지가 종교적으로 더 충실했기 때문에 어린 토머스는 자주 퀘이커교 예배당에 따라갔다. 성인이 된 후 페인은 비록 퀘이커교의 금욕주의를 비판하곤 했지만(한 번은 하나님이 천지를 창조할 때 퀘이커교도에게 자문을 구했다면, 세상의 꽃은 온통 회색이었을 것이라는 농담을 한 적도 있다), 그들의 냉엄한 도덕주의가 그의 성격 형성에 깊은 영향을 준 것 또한 분명하다. 그는 정의의 법은 확실하고 단순하며, 강자보다 약자를 우선하며, 이를 소홀히 하는 데 변명은 있을 수 없다는 몸에 밴 의식을 일생에 걸쳐 간직했다.

버크의 종교적 혼합 혈통이 사회의 복잡성에 대한 감각을 남긴 반면, 페인의 경험은 종교 분쟁은 결국 무의미하고 진정 중요한 것은 도덕성—그가 종교와 구별할 수 있는 것이라고 여긴—이라는 생각을 남겼던 것 같다. 페인은 훗날 이렇게 썼다. "나의 종교는 선을 행하는 것이다."[13]

페인의 아버지는 평생 일정한 직업을 가졌지만, 기껏해야 가난의 벼랑 끝에서 가족을 지켜낼 정도였다. 지적이고 책을 좋아했던 페인은 일곱 살 때 중등학교에 입학했다. 부모는 외아들이 계속 학교에 다닐 수 있도록 허리띠를 졸라맸지만, 그가 받은 교육은 5년도 채 되지 않았다. 그리고 이 기간이 그가 받은 유일한 정규 교육이 되었다(비록 그때부터 열심히 독학을 했지만 말이다).[14] 아버지의 공방에서 견습생으로 일한 후에는 잠시 런던에서 지내며 낮에는 무역 일을 하고, 밤에는 도시의 문학 카페 문화를 즐겼다. 7년 전쟁 때는 사나포선(私拿捕船, privateer: 교전국 정부로부터 적선을 공격하고 나포할 권리를 인정받은 민간인 무장 선박—옮긴이)에서 수개월을 복무하며 가욋돈을 벌기도 했다. 좀더 안정적인 일자리가 필요했던 그는 런던을 떠나 도버로 갔다가, 이후 잉글랜드 남서부의 샌드위치라는 마을에서 소규모 보트 당김줄 제작업을 시작한다. 페인은 자신의 직업을 그다지 좋아하지 않았으나 그것으로 생활비를 충당할 수 있었다. 그는 일을 하고 남는 시간을 모조리 독서에 투자했다. 특히 시, 역사, 과학에 관한 책을 많이 읽었다. 1759년에는 마을에서 가정부로 일하던 메리 램버트(Mary Lambert)와 결혼했다.

이렇게 해서 페인은 노동자 계급으로서 삶의 여정을 시작하는 듯했다. 그러나 1762년 출산 도중 아내와 아이가 비극적 죽음을 맞이한 후 모든 게 바뀌었다. 참담한 슬픔을 가누지 못한 그는 직업과 텅 빈 집을 버리고 물품 세무관—커피, 홍차, 주류 같은 물품에 부과한 세금을 걷는 순회 징수원—이 되었다.

당시 물품세 업무의 부패는 악명 높았다. 징수원들은 형편없는 보수를 받으면서 잘나가는 상점주들과 체납세 때문에 부딪치고, 심지어 밀수 및 암거래 시장에서의 폭리와도 싸우는 보람 없고 힘겨운 임무를 수행해야 했다. 동료 징수원 대다수가 뇌물을 받았다. (페인 자신도 관할 구역 상점주로부터 방을 빌렸다가 범법 행위로 몰린 적이 있다). 이때의 경험은 페인에게 정부의 부패와 노동자 착취 가능성에 대한 깨달음—그가 계속해서 견지할 의식—을 남겼다.

이 직업을 통해 페인은 자신의 삶을 새로 세우기 시작했다. (동료들 속에서 친구를 만났고, 1771년에는 두 번째 결혼을 했다.) 그러나 힘든 노동 조건은 견딜 수 없는 지경에 이르렀다. 이스트서식스에서 일할 때인 1772년, 페인은 보수와 처우 개선에 대한 의회 로비를 위해 동료 징수원들이 착수한 활동에 합류했다. 그는 보기 드물게 박식하고 말 잘하는 세금 징수원으로 이름을 날리던 터였다. 동료들은 그런 그에게 자신들의 실정을 서면으로 작성해 정부 관리에게 보내는 작업을 맡겼다. 이때 그는 정치적 행동의 전율을 처음 맛봤고, 이는 최초의 정치적 저술로 이어졌다. 약 20쪽에 달하는 《물품세 관리들의 사례(The Case of the Officers of Excise)》라는 제목의 소책자는 동료들로부터 열화와 같은 지지를 받았다.

좀더 유명한 나중의 저술들과 마찬가지로 이 소책자에는 변호사처럼 신중한 논거, 상세한 사실과 수치, 그리고 열정적이고 강렬하고 유려한 수사적 문구가 매혹적으로 섞여 있었다. 페인 자신의 가난했던 경험과 첫 아내와 사별한 비통함까지 분명하게 드러냈다. 물품 세무관 정도면 정부가 지불한 돈으로 그럭저럭 생활을 꾸려갈 방법을 찾을 수 있지 않느냐는 주장에 대한 페인의 대응은 우레와 같았다. "한 번도 굶주려보지 않은 자는 자신의 식욕 억제에 대해 멋지게 논할 수 있다. 그리고 한 번도 괴로워하지 않은 자는 원칙의 힘에 대해 아름답게 장광설을 늘어놓을 수 있다. 그러나 가난은 큰 슬픔처럼 결코 듣지 못하는 불치의 난청을 갖고 있다. 연설은 날카로움을 온통 잃는다. 그리고 '죽느냐 사느냐'만이 유일한 문제가 된다."[15]

역사를 움직일 목소리가 여기에 있었다. 하지만 의회는 이런 움직임에 반응하지 않았다. 1773~1774년에 이르는 겨울 동안, 페인은 (일을 내팽개친 채) 런던에서 소책자 복사본을 나눠주고 하원의원들에게 로비를 하는 데 꼬박 매달렸다. 이런 헛된 노력으로 일자리는 날아가고, 빚에 내몰렸다. 결국에는 아내마저 인내심이 극에 달해 결혼 생활도 파경을 맞았다.

그러나 이런 참담한 편집광적 행동이 페인을 완전히 파멸시키지는 않았다. 파산 후 런던에서 지내던 그는 한 친구를 통해 당시 영국 주재 아메리카 식민지 대표로 있던 벤저민 프랭클린을 소개받았다. 자국을 위해 인재를 발굴하던 프랭클린은 페인의 지성과 투지에 탄복했고, 아메리카로 가서 새롭게 출발해보라고 조언했다—그의 앞길이 수월하도록 너그러운 소개장을 써주기도 했다. 프랭클린은 소개장에 이렇게 썼다. "이 소개장을 지닌 사람은 제가 추천하기에 충분할 만큼 재능 많고 훌륭한 청년

입니다."[16] 1774년 11월 30일, 페인은 필라델피아에 도착했다. 이전과 이후에 정말 많은 이들에게 그랬던 것처럼 아메리카는 페인에게 새로운 출발을 선물했다. 노동자 계급의 뿌리가 출생에 의해 자리매김하는 곳이 아닌, 철학과 정치학에 대한 아주 인상적인 장시간의 독학이 자신을 움직일 땅에서 페인은 새로 시작할 열망에 가득 찼다. 다시 태어난 페인은 매우 빨리 공인(公人)의 반열에 올랐다.

몇 주 지나지 않아 페인은 필라델피아의 인쇄업자이자 〈펜실베이니아 매거진〉의 발행인 로버트 에이킨(Robert Aitken)과 일하기 시작했고, 미국으로 온 지 반년 만인 1775년 봄에는 이 잡지의 편집자이자 정기 기고가가 되었다. 페인은 광범위한 사회정치적 사안―지방의 스캔들부터 국제적 이슈에 이르기까지―에 펜을 들었는데, 그의 글엔 항상 어렵고 약한 이들을 보호하는 데 여념이 없는 직선적 도덕주의가 깔려 있었다. 특히 노예 무역을 통렬하게 비난한 그의 기사는 벤저민 러시(Benjamin Rush)―훌륭한 외과 의사이자 정치가로서 소규모이지만 매우 인상적인 활동을 편 필라델피아 지식인 공동체의 비공식적 창시자―의 관심을 끌었다. 러시는 페인을 그 도시의 정치계와 문학계 엘리트들의 핵심 세력 안으로 끌어들였고, 거기서 페인의 저술은 한층 큰 유명세를 얻었다.

이러한 초기 저작들은 페인의 뛰어난 수사학적 기량은 물론 그 시대에 퍼져 있던 계몽주의적 자유주의 시각―개인의 권리에 대한 헌신, 정부를 이 권리의 수호자로 여기는 이론, 권리를 침해하는 모든 것에 대한 정당한 분노, 그리고 강자의 군홧발에 신음하는 약자를 위한 정의를 지향하는 굽힐 줄 모르는 열정―에 대한 그의 완벽한 이해를 내비친다. 때로는 순전히 수사적 기량만으로도 버크의 저술이 그러했듯 독자들을 압도한다. 그러나 버크의 특출 난 표현 능력이 대체로 사회적·정치적 생활의 복잡성을 전달하는 데 사용된 반면, 페인의 그것은 주로 단순성—중심 원칙을 제대로 적용함으로써 공정하고 올바르게 나아갈 길을 포착할 수 있으며, 우리에겐 그것을 감지하고 따라갈 의무가 있다는 의미—을 전달한다. 여기서 나타나기 시작하듯 페인의 견해는 아주 독창적인 것이 아니라, 당대의 계몽주의적 자유주의(혹은 급진주의) 시각을 상당히 믿음직스럽게 대표한다. 훗날 자신의 더욱 유명한 저술에서와 마찬가지로 페인은 이러한 초기에 다수를, 어느 때보다도 한층 더 효과적으로 대변했다.

페인의 잡지는 당시 확산하고 있던 커다란 정치적 이슈—영국과의 단절 가능성—는 대체로 비켜갔다. 발행인이 국왕과 구독자들의 반감을 살까 두려워했고, 페인 자신은 당초 그 쟁점에 관한 견해가 확실하지 않았기 때문이다. 하지만 각종 사건이 아메리카의 반란으로 구체화함에 따라 공정하고 명예로운 방식으로는 더 이상 영국과의 화해를 얻을 수 없다고 판단한 페인은 독립을 위해 펜을 들기 시작했다. 처음에는 익명으로 〈펜실베이니아 매거진〉이 아닌 다른 매체에 발표했다. 첫 결과물인 두 영국 장군 사이의 상상 속 대화는 1775년 1월 〈펜실베이니아 저널〉에 실렸는데, 영국인들은 화해에 관심이 없다는 게 그 내용이었다.[17] 페인은 뒤이어 다양한 수필과 논평을 비롯해 아메리카에 대한 지지 의도를 담은 시까지 내놓았다. 처음에는 부드러운 어조로 영국과의 화해 가능성을 염두에 뒀지만, 시간이 갈수록 강하게 점점 더 독립에 무게를 실었다. 1775년 10월에는 짧은 수필 〈진지한 생각(A Serious Thought)〉을 발표했다. 아메리카를 포함해 대영제국 곳곳에서 영국이 자행한 개인의 권리 침해 문제를 다룬 수필이다. 이 글은 다음과 같이 끝을 맺는다. "이것들을 곰곰이 생각할 때 마침내 전능하신 하나님은 아메리카를 영국에서 분리할 것이라고 한순간도 주저 없이 믿게 된다. 그것을 독립 혹은 무엇이라 부르건 만일 그게 신과 인류의 뜻이라면 일어나고야 말 것이다."[18]

이런 단문을 발표할 무렵, 페인은 독립에 대한 더욱 지속적이고 확장된 문건 작업에 돌입했다. 아메리카와 영국 병력 간의 초기 전투와 조지 워싱턴의 군사령관 임명에 자극받은 페인은 사람들이 싸우도록 만들 방법, 그리고 (아마도 훨씬 더 그랬겠지만) 식민지 엘리트들이 독립을 위한 행동에 동참하도록 설득할 방법을 모색했다. 1775년의 마지막 날까지 그런 목적으로 장문의 소책자를 작성한 페인은 그 제목을 '엄연한 진리(Plain Truth)'라고 지을 생각이었다. 그런데 친구 러시가 원고를 읽고는 서둘러 출간하라고 권하며 더 나은 제목―《상식(Common Sense)》―을 제안했다.

50쪽으로 이뤄진 소책자는 영국 왕위 그리고 사실상 세습군주제라는 개념과 영국 정치의 관습 및 전제(前提, premise)를 향한 전면적 공격이었다. 이는 또한 하나의 정치철학이 출발하는 밑그림이기도 했다. 초판본 속표지의 첫머리에서 페인은 독자를 위해 이 책이 다음 네 가지 주제를 다룬다고 기술한다. "정부 일반의 기원과 취지 및 영국 헌법에 관한 간략한 언급, 군주제와 세습적 승계, 아메리카의 현재 상태에 관한 고찰, 〔그리고〕 아메리카의 현재 능력 및 다양한 생각." 소책자는 정당한 통치와 그 정당성을 결여한 통치를 구별하는 원칙을 설정하면서 시작한다. 즉 정부는 평등한 시민의 자유와 안전을 지키기 위해 존재하며, 그렇게 하는 데 실패한 정부는 그 계보와 무관하게 정부라고 부를 만한 가치가 없다는 것이다.

독립을 위한 페인의 논거는 이렇게 극명하고 본질적인 원칙에 근거를 두었고, 《상식》은 이런 원칙과 권리로부터 추론하는 것만이 정치에 접근하는 적절한 방식이라고 역설한다. 모든 독자가 다가갈 수 있는 쉬운 문체로 페인은 식민지를 통치하는 영국의 권위에 맞서고(식민지 주민은 자신들의 상황을 설명할 대표자가 의회에 없으므로), 영국 내 정치 제도의 정통성에 반대하고(정부가 섬겨야 할 시민에 대한 절대 권력을 왕에게 부여하고 있으므로), 국민에 의해 선출되어 국민을 책임지는 공화정(republican)에 찬성하는 길고 논리적인 이유를 제시한다.[19] 여기서 페인은 이렇게 결론 맺는다. "누군가에게 그것이 얼마나 이상해 보일지, 혹은 그들이 얼마나 그렇게 생각하고 싶어하지 않는지는 중요하지 않다. 독립을 향한 솔직하고 단호한 선언만큼 우리 문제를 신속하게 해결할 수 있는 것은 아무것도 없다는 걸 입증할 강력하고 두드러진 이유를 얼마든지 제시할 수 있다."[20]

페인의 초창기 활동도 분명 주목을 받았지만, 《상식》은 그야말로 돌풍을 일으켰다. 이 책은 몇 주 만에 식민지 전역에 퍼졌고, 신문들은 일부 내용을 발췌해 싣고, 수천수만 권이 팔려나갔다.[21] 신중한 식민지 주민 다수가 자신의 지도자들이 세계 최강의 군대와 대적하는 통에 자기들을 참담한 상황으로 경솔하게 끌고 들어가는 건 아닌지 걱정하던 바로 그 순간에 말이다. 영국과의 이러한 충돌은 그저 부유한 엘리트들에 의한 납세자 반란에 불과한가? 《상식》은 강하게 '아니'라고 답했다. 그것은 옳은 대의(大義)이며, 투쟁할 만한 가치가 있다는 것이었다. 소책자는 관망하던 이들에게 냉철하고 논리적인 논거를 제시할 뿐 아니라, 이미 독립 쪽으로 기울었던 이들에게도 대담하고 열화와 같은 선언을 제시할 만큼 신심으로 설득력이 있어 보였다. 조지 워싱턴은 1776년 4월 친구 조지프 리드(Joseph Reed)에게 이렇게 썼다. "최근 버지니아에서 받은 친서들을 보고 '상식'이 많은 이들의 마음속에 변화를 일으키고 있다는 것을 알았네."[22]

뒤이은 몇 개월간 페인은 빠르게 독립을 향한 수사적(rhetorical) 투쟁의 선두에 섰다. 《상식》을 비판하는 사람들에게 대응하는 일련의 편지를 발간하고, 펜실베이니아 새 헌법의 초안을 도우면서 혁명의 추동력으로 드러난 원칙—시민을 자유롭고 평등하게 대하는 대의정치(代議政治) 정부—을 실천에 옮기고자 애썼다. 페인은 또한 전쟁 물자를 확보하는 일에 직접적으로 참여해 몇몇 장교의 비서로 일하는가 하면, 그러한 활동을 기념하기 위해 군대와 함께 이동하기도 했다. 1776년 가을은 워싱턴 휘하 부대에 매우 어려운 시기였고, 독립 옹호자들의 사기는 크게 떨어져 있었다. 전투원과 지지자들의 사기를 고무하기 위한 노력으로 페인은 뉴저지에서 군대와 함께 이동하던 중 《아메리카의 위기(American Crisis)》라고 알려진 수필을 썼다. 뒤에 이어진 이른바 '위기' 문건 1호인 이 글은 어쩌면 페인의 가장 유명한 문장일지도 모르는 것으로 시작된다. "지금은 인간의 영혼을 시험하는 시대다. 이 위기 속에서 여름인 병사와 햇빛인 애국자는 국가의 부름을 겁내고 있다. 그러나 이제 국가를 지키는 자는 사람들의 사랑과 감사를 받을 자격이 있다. 압제는 지옥처럼 쉽사리 정복되지 않는다. 하지만 우리에겐 싸움이 힘들면 힘들수록 승리는 더욱 영예롭다는 위안이 있다. 너무 값싸게 얻은 것은 가볍게 여겨진다. 모든 것에 가치를 부여하는 것은 소중함뿐이다."[23]

페인은 이후 7년간 이어진 전쟁 동안 16편의 '위기' 문건을 발표하는데, 각각의 글은 그 시기의 어떤 특별한 긴급 사태를 다루려는 의도가 있었다. 어떤 문서는 사실과 숫자로 가득 차 있고, 다른 문서는 단지 부대를 위한 격려 연설이기도 했다. 어떤 문서는 식민지에 대한 영국 정부 주장의 위법성에 관해 굵직한 필치로 큰 논지를 증명해 보였다. 그러나 모든 글은 페인이 《상식》에서 제시한 논거 및 세계관에 기반을 두고 있었다. 한편, 페인은 전시 내각에도 활발하게 참여했다. 대륙회의의 국제관계위원회 비서로, 후에는 펜실베이니아 주 입법부 서기로도 일했다. 또한 전쟁 물자를 지원하기 위해 좀더 강력한 중앙 정부의 요구와 노예제 종식에 대한 논지를 포함해 공공 문제에 관한 수필과 소책자를 지속적으로 출간했다.

전쟁이 끝나자 뉴욕 주 입법부는 대의에 크게 이바지한 보상으로 페인에게 국왕파 가문으로부터 몰수한 뉴로셸(New Rochelle)의 농장을 주었다. 페인은 1787년까지 그곳에서 살며 주로 과학적 소일거리와 발명, 특히 아메리카와 유럽의 하천 교통에서 점점 더 빈번해진 대형 상업 선박들의 통행을 막지 않으면서도 하천의 폭을 가로지를 수 있는 대형 싱글 아치 구조의 철교를 위한 새로운 설계에 전념했다. 정치는 잊은 것처럼 보였다. 물론 나중에 밝혀졌듯 오랫동안 멀리할 수는 없었지만 말이다.

1787년 봄, 페인은 자신의 교량 설계를 위한 자금을 구하기 위해 나섰다. 그가 알기에 그러한 자금은 유럽에서만 나올 수 있었다. 그래서 1년을 작정하고 프랑스와 영국으로 여행을 떠났다. 몇몇 영국인 투자자를 찾은 그는 마침내 영국 북부의 위어(Wear) 강에 자신의 설계를 적용해 다리를 세웠다. 〔그로부터 몇십 년 후 지은 또 다른 교량은 지금도 여전히 펜실베이니아 브라운스빌에 있는 던랩 만(Dunlap Creek)을 가로지르고 있다.〕 한편, 그도 충분히 예상했겠지만 페인은 여행 도중 엄청난 정치적 혼란과 조우했다. 프랑스에서는 혁명의 조짐이 무겁게 감돌고, 그 불안감은 영국에서도 손에 만져질 듯했다.

대서양 양안의 어느 누구 못지않게 페인은 항상 아메리카의 독립혁명이 세계 역사의 혁명에 서곡이 될 것이라고 믿었다. 평등과 자유라는 보편적 원칙이 언제까지 눌려 있을 리는 없었다. "정부의 원칙과 관습에서의 혁명을 동반하지 않았다면 아메리카 독립은 단순히 영국으로부터의 분리로 여겨져 거의 중요하지 않은 사안이 되었을 것이다. 아메리카는 자신만을 위해서뿐만 아니라 세계를 위해 저항했고, 자신이 얻을 수 있는 이익 그 너머를 보았다."²⁴ 혁명의 이상이 영국과 유럽 대륙에 퍼져 나갈 것을 완벽하게 예상한 것이다.

페인은 1787년 늦은 여름까지 프랑스에 있었다—그의 교량 설계는 (비록 재정적 투자까지는 아니었지만) 프랑스에서 큰 관심을 받았고, 그의 명성은 급진파와 혁명가들 사이에서 크게 번졌다. 당시 파리는 전쟁이 발발하기 1년 전의 필라델피아 같았다. 페인은 커다란 사건이 다가오고 있음을 직감했다. 아울러 그에 대한 기대도 높았다. 가을이 되자 페인은 교량 투자자를 찾아, 그리고 아메리카의 대의를 지지했던 몇몇 사람—페인이 꼽은 사람 중엔 에드먼드 버크도 분명 있었다—을 만나기 위해 영국으로 건너갔다.

미국 독립혁명의 사상적 기반을 너무나도 확신하고 다른 나라에서 민중 봉기를 촉발시킬 가능성에 한껏 고무된 페인은 버크를 비롯한 영국 휘그당 지도부가 동지라는 의식을 갖고 버크와 회동했다. 버크의 본질적 관심사와 우선 사항에 관해 한참을 잘못 짚은 것이다. 한편 서로 만나기 전에 《상식》을 읽었는지 확실하진 않지만 버크도 페인의 역할과 그로 인한 명성을 익히 알고 있었다. 1777년 《브리스톨의 주(州)장관들에게 보내는 편지(Letter to the Sheriffs of Bristol)》에서 버크는 "민중의 가슴속에 독립을 준비시킨 유명한 소책자의 저자"를 잠깐 언급한 적이 있고, 그 저자가 영국 정부의 도를 넘는 행위로 인해 그러한 사상에 빠져든 것이라고 약간 정당화하기도 했다.²⁵ 그러나 《상식》에 나타난 급진적인 정치적 견해와 씨름하는 대목은 어디에도 없다. 만일 버크가 그런 견해와 마주쳤다면 좋은 반응을 보였을 것 같지는 않다.

최초의 만남

버크와 페인은 1787년 말에 아주 잠깐 처음으로 만났을 수도 있다.[26] 그후 1788년 여름 그들은 식사를 위해 만났을 뿐 아니라 버크의 집에서 며칠을 함께 보내기도 했다. 버크는 "《상식》과 '위기' 문건 등의 저자이자 국제관계위원회 비서인 그 유명한 페인 씨"를 손님으로 모셨다며, 자신이 "그런 중요한 분야에서 활약한 사내를 만나게 된 게 유감스럽지 않았다"고 적었다.[27] 페인은 주로 자신의 교량 사업을 진척시키는 데 관심이 있었고, 두 사람은 정치 이야기는 대체로 피해갔음에 분명하다. 그럼에도 둘은 상당히 죽이 잘 맞았고, 이후에도 계속 연락을 하며 지냈다. 1789년 1월 (당시 아직 파리에 있던) 제퍼슨에게 보낸 편지에서 페인은 "버크 씨와 약간 친하다"[28]고 썼다.

파리에서 보낸 시간은 페인을 프랑스 정계의 급진파 지도자들에게 노출시켰다. (문필가를 높이 평가하는 문화권에서) 페인의 명성·인맥·정치는 자연스럽게 들어맞았고, 그는 파리의 시대 분위기—혁명이 분출하려 일렁이고 있었다—에 흠뻑 매료됐다. 그는 1년 후 미국으로 돌아가려던 계획을 재빨리 접고 아메리카를 대표해, 혹은 아메리카의 이상을 대표해 프랑스나 영국에서 사신이 어떤 역할을 맡을 수도 있겠다고 결론지었다.

한편, 버크는 영국의 내정을 심히 걱정하고 있었다. 1788년 11월 국왕 조지 3세가 중병이 걸렸다. (근대의 몇몇 연구자들이 식단의 비소 성분에 장기간 노출되어 나타났다고 주장한) 그의 상태는 무엇보다도 심각한 정신 불균형의 징후에서 드러났다. 그는 몇 시간이고 특정 대화 상대도 없이 입에 거품을 문 채 영어와 독일어로 쉬지 않고 지껄이곤 했다. 업무도 일절 수행할 수 없었다. 곧이어 섭정—혹은 일시적인 왕의 대리인—에 대한 논의가 시작됐고, 섭정자의 권력과 관련해 폭발적인 정치 위기가 발생했다.

가장 타당해 보이는 섭정자는 만일 조지 3세의 병세가 치명적이라고 판명 날 경우 그 뒤를 잇게 될 인물, 즉 왕의 아들인 26세의 조지 왕자였다. 왕자는 토리파 총리 윌리엄 피트(William Pitt)에게 깊은 적대감을 품은 것으로 알려진 데다 사실상 휘그파 당수 찰스 제임스 폭스(Charles James Fox)와는 친구 사이였다. 자신의 내각이 붕괴되는 걸 막기 위해 피트는 기존 정부를 반드시 유지할 것과 대부분의 왕권 행사를 제한하는 등 섭정자의 권한에 지대한 영향을 미치는 섭정 법안을 도입했다. 한편 폭스는 왕자의 완벽한 세습 권력 승계를 주창했다. 그리하여 양측은 기묘한 역할 반전에 빠졌다. (평소 군주의 특권을 수호하던) 토리당은 왕이 의회에 책임을 져야 한다고 주장하고, (제한된 군주제에서 의회의 권리를 옹호하던) 휘그당은 통치자의 세습적 권력을 언명했다. 기념비적인 헌정 위기를 가져올지도 모를 피트 법안이 당장이라도 처리될 것 같던 바로 그때 왕은 회복했고 위기는 종식됐다. 1788년 3월의 일이다.

알려진 대로 이른바 이 섭정 위기(Regency Crisis)는 버크에게 깊은 충격과 불안을 남겼다. 앞서 언급했듯 버크는 예외적인 휘그파였다. 그를 근본적으로 움직이는 것은 (당시 대부분의 휘그파가 그랬던 것처럼) 법률 개혁 성향이 아닌, 자신이 속한 사회의 안정과 통합을 지속하려는 욕망이었다. 그는 휘그당이 1688년 명예혁명의 유산을 상징했기 때문에 휘그당원이 되었다. 그러나 버크가 (의회가 가톨릭교도인 국왕 제임스 2세를 타도하고, 신교도 왕위 계승을 재언명하면서 처참한 종교 전쟁을 피하고자 윌리엄과 메리를 공동 군주로 취임시킨) 혁명에 가치를 둔 것은 체제를 보존했기 때문이지, 일부 더욱 급진적인 휘그파의 주장대로 공화정을 지향하는 의회지상주의의 새 원칙을 수용했기 때문은 아니었다. 이는 버크의 표현대로 "일어난 혁명이 아니라, 예방된 혁명"[29]이었다. 그래서 1760년대와 1770년대 초 버크의 큰 걱정거리는 과도한 왕권이었지만, 이제 영국 체제에서 군주의 역할이 위협받고 있음을 알고 나서는 똑같은 우려를 갖고 대응했다. 자기 당의 이익 또한 섭정에 걸려 있다는 사실이 그를 한층 더 완강하게 만든 것은 분명하다. 하지만 섭정 위기 때 취한 행동을 보면, 버크는 영국 체제의 근본적 안정에 극심한 불안감을 느끼기 시작했다. 토리당이 왕좌의 권위를 논박하는 광경—아울러 동료 휘그당원 다수가 서서히 그 주장의 장점을 수긍하는 광경—은 영국에 파멸을 가져올 공화제 혁명에 대한 진짜 우려를 자아냈고, 이는 여러모로 프랑스에서 조만간 발생할 사건들에 대한 그의 대응에 영향을 미쳤다.

버크의 집을 방문한 이래 간단하고 다정한 서신을 몇 차례 교환한 토머스 페인은 아무런 도움이 되지 않았다. 위기가 한창일 때 페인은 프랑스에서 버크에게 편지를 보내 "국가의 상태를 고민하기 위해 공정하게 선출한 전국 대회(national convention)를 제안"하고 근본적으로 원점에서부터 정권을 다시 조직할 것을 주장했다.[30] 이런 생각은 버크의 보존주의적 성향과 가장 동떨어진 것이었을 테고, 버크로부터 답신이 있었는지에 대한 증거는 없지만 아마도 그가 자신과 페인의 정치관 사이에 놓인 진정한 격차를 파악하기 시작한 건 이때였을 것이다.

하지만 섭정 위기 때 토리당의 책략에 대한 그의 격렬한 반대는 대가를 치렀다. 버크는 하원에서 벌어진 섭정 공방 도중 자기주장의 열기에 휩쓸린 나머지, 피트가 왕좌를 두고 황태자에 대적할 경쟁자로 스스로를 세웠다고 비난했다. 사실상 의회에서 총리를 반역죄로 기소한 셈이었다. 그 발언은 하원의원들로부터 공식적인 힐책을 받았고, 같은 당 지도부에는 막대한 좌절을 안겼다. 이를 결정적인 순간 자신들의 입지를 약화시킬 발언으로 여겼던 것이다. 게다가 그들의 좌절은 많은 당원이 워런 헤이스팅스—버크는 인도 총독인 그가 지역민들을 지독하게 학대했다고 믿었다—의 탄핵 재판에 지나치게 집착한다고 여긴 버크의 행동으로 인해 심화되었다. 버크가 그 재판에 몰두한 것은 영국 정권의 보전과 관련한 그의 우려에 전적으로 맞아떨어지는 것이었다. 하지만 재판은 당 지도부의 예상보다 오래 걸렸고(실제로는 훨씬 더 오래 끌다가 1794년에야 무죄 선고로 끝났다), 그들은 이것이 당의 이미지에 나쁜 영향을 줄 거라고 염려했다. 여기에는 그 사건의 기소에 대한 버크의 열의가 적지 않은 역할을 했다.

1789년 여름, 이러한 여러 가지 차질에 의욕을 상실한 데다 영국 헌법 유지에 대한 동료 휘그당원들의 공약도 걱정스러웠던 버크는 진지하게 정계 은퇴를 고려했다. 당시 그는 친구인 찰러몬트 백작(Earl of Charlemont)에게 다음과 같은 편지를 보냈다. "자신의 활동을 지원할 수 있고 끊임없이 몸부림치지 않고도 유용한 목표를 달성하도록 만들 수 있는, 왕자나 국민으로부터의 확신에서 비롯된 어느 정도의 권력에 도달할 수 없다면 활동을 많이 늦추는 편이 그 사람에게 어울리는 그런 시기가 인생에는 있게 마련일세."[31]

하지만 은퇴는 이뤄지지 않았다. 찰러몬트에게 보낸 의기소침한 편지에는 1789년 7월 10일이라는 날짜가 적혀 있었다—이는 바스티유 습격 나흘 전이며, 버크의 정치 생활에서 가장 유명하고 가장 치열했던 시기, 아울러 페인과의 충돌에 가장 직접적으로 몰입하는 시기가 열리고 있었다.

프랑스혁명

파리의 사건들은 억눌린 에너지의 폭발로 시작됐다. 기나긴 재정적·정치적 위기 속에서 일반 국민은 경제난에 빠졌고 왕과 정부를 향한 분노가 쌓였다. 어떤 식으로든 분출이 불가피했다. 1789년 7월 둘째 주에 전례 없는 폭동, 약탈, 정부군과 민중의 대치가 일어났고 바스티유—국왕의 권력을 상징하던 감옥이자 요새—습격으로 대미를 장식했다. 불법 무장단체의 작전이라기보다 군중의 전투였던 바스티유 점령은 감옥 소장이 공개적으로 참수당하고, 군중이 그의 머리를 창에 꾀어 파리의 주요 간선도로를 따라 행진하는 것으로 마무리되며 혁명 초반의 분위기를 몰고 갔다. 하지만 이러한 분노 표출에는 언제나 정의에 대한 요구와 평등 및 자유라는 계몽주의적 이상에 기초한 새로운 정부 체제에 대한 요구가 수반되었다.

8월 말경 혁명 지도자들은 상황을 다시금 통제하기 시작했고 (부분적으로 미국 독립선언서를 본떠 만든) 자신들의 원칙을 담은 성명서를 공표했다. '인간과 시민의 권리 선언(Declaration of the Rights of Man and of the Citizen: 프랑스 인권선언—옮긴이)'으로 알려진 이 성명서는 대의 정부와 인간의 존엄성에 대한 존중을 촉구했다. 유럽 심장부에서 일어난 이 격변의 성격이 가진 미스터리는 서구 전역에 시대의 화두로 급속히 떠올랐다. 파리는 광기 어린 폭력적 테러에 휩쓸린 것인가, 아니면 계몽적이고 이성적인 새로운 정치 질서를 목전에 둔 것인가?

혁명 초기에 대한 영국의 반응은 압도적으로 긍정적이었다. 특히 버크의 동료들인 휘그파는 프랑스인이 영국의 자유를 거울삼아 자국 정부를 자유화하기 위해 행동한다고 믿었다. 당수인 찰스 제임스 폭스는 바스티유 습격에 열광과 환호로 응답했다. "이제까지 세상에서 일어난 가장 큰 사건이다! 정말 엄청난 사건이다!"[32] 애초부터 버크 본인의 반응은 훨씬 더 신중했다. 그는 구정권의 부당성은 인정했지만 혁명가들의 격렬한 열의를 걱정했다. "영국은 자유를 향한 프랑스인의 투쟁을 놀라운 눈으로 지켜보고 있네. 비난을 해야 할지 박수를 쳐야 할지 모른 채 말일세." 8월 9일, 버크가 한 친구에게 보낸 편지는 이렇게 이어진다.

그 정신은 존경하지 않을 수 없네. 하지만 그 옛날 파리의 흉포함이 끔찍한 방식으로 터져 나왔어. 이것이 한낱 갑작스러운 폭발일 수도 있네. 만일 그렇다고 한다면, 거기선 아무런 조짐도 얻을 수 없겠지. 하지만 그게 만일 단순한 사고라기보다 어떤 **성격**을 가졌다면, 군중은 자유를 감당할 수 없고 그에 따라 완력을 가져야만 할 걸세. 그들의 이전 지배자처럼, 그들을 억누르기 위해서 말이야. 인간이 자유를 누릴 자격을 얻기 위해서는 자연스러운 절제를 어느 정도 축적해야 하네. 그렇지 않으면 자유가 그 자신에게는 독이 되고, 다른 모든 이에게는 완벽한 골칫거리가 되지. 나는 아직 그 사건에 이런저런 말을 하기는 어렵다고 생각하네.[33]

이러한 감상은 버크가 혁명에 대해 내린 가장 덜 부정적인 판단이었음이 밝혀졌다. 시간이 지남에 따라 혁명가들의 성향(그리고 특히 철학적 야심)이 한층 뚜렷해지면서, 버크는 회의주의자에서 확고부동한 반대자로 돌아섰다. 1789년 10월, 군중이 젊은 왕비를 공격해 하마터면 죽일 뻔한 베르사유 폭력 사태를 보면서 버크는 혁명이 통제 불능일 뿐 아니라 국민 결속에 필수적인 뿌리 깊은 정서와 사회적 애착을 허물어뜨리는 데 열중한다고 확신하기에 이르렀다. 그는 혁명이 프랑스뿐 아니라 그 주변국들에도 심각한 위협이 될까봐 우려했다. 뒤에서 살펴보겠지만, 이 사건은 훗날 혁명에 관한 버크의 저술 중에서 가장 유명하고 유창한 수사를 끌어낸다. 그해 10월의 서신들은 훗날 표현한 감정이 어떤 효과를 바라고 지어낸 게 아니라 그가 진심으로 그렇게 느낀 것임을 분명하게 보여준다. 10월 10일, 버크는 프랑스의 최근 뉴스들에 대해 아들에게 쓴 편지에서 이렇게 결론 내린다. "인간 사회를 구성하는 요소는 모두 소멸하고 그 자리에 괴물들의 세상이 만들어진 것 같다."³⁴ 섭정 위기 바로 뒤에 버크는 프랑스인이 중우정치와 삭막하고 냉혹한 정치철학(최초로 공적인 글을 세상에 발표한 이래 자신이 우려해왔던 종류의 정치철학)을 결합시키는 걸 지켜봤다. 이런 관찰은 그에게 자유에 꼭 필요하다고 믿었던 정치적 안정의 운명에 대한 걱정을 남겼다.

하지만 버크가 혼돈과 테러를 보았던 곳에서, 토머스 페인은 아메리카의 혁명과 더불어 합법적인 정부와 제국의 권리가 자연스럽게 확대되고 있는 것을 보았다. 휘그파와 더 넓게는 영국 사회가 급진적 민주화를 향한 의욕이 없음을 드러냈을 뿐이라고 생각한 섭정 위기로 인해 허탈해진 나머지, 페인은 자신의 야심과 희망을 프랑스로 돌린 터였다. 그리고 혁명이 발발하기 몇 개월 전 프랑스로 돌아갔다. 그즈음 페인은 〔특히 미국 독립혁명에서 중요한 역할을 한 라파예트 후작(Marquis de Lafayette)을 포함해〕 혁명 초기의 지도자들과 친분이 있었다. 그들의 심의회에 몇 번 참여했고, '인간과 시민의 권리 선언'의 초안을 작성하는 데 조금이나마 도움을 주기도 했다. 그해 여름의 사건들은 페인을 고무시켰고, 그는 앵글로-아메리카 세계에서 혁명가들의 지지를 구축할 책임을 떠맡기에 이르렀다.

혁명에 대한 버크의 시각이 자신과 전혀 다르다는 것을 모른 채, 페인은 예전의 초대자에게 상황을 설명하는 대여섯 장의 편지를 프랑스에서 부쳤다. 버크가 혁명가들의 대의에 동조하는 런던의 중요한 친구가 될 수도 있다는 희망을 품고 말이다. 그 과정에서 페인은 분명 버크를 매우 불안하게 만들었을 온갖 종류의 소식을 전했다. 가장 눈에 띄는 것은 1790년 1월 17일에 쓴 마지막 편지로, (막 아메리카로 돌아갔지만 파리에서 일어난 사건들을 훤히 꿰뚫고 있던) 토머스 제퍼슨이 보낸 정보를 전달하는 내용이었다. 제퍼슨은 열의에 차서 국민의회가 기꺼이 "왕국의 구석구석에 불을 지르고, 그들의 총체적인 정부 개혁안을 한 치라도 양보하느니 차라리 자폭"하려 한다고 썼다. 페인은 제퍼슨의 생생한 묘사에 이렇게 덧붙였다. "국민의회는 현재 국가 구분의 경계를 위도 및 경도에 따라 83개 지역으로 고치고 있다. 이런 방식을 통해 주(州)의 명칭을 완전히 없애고, 그럼으로써 지역적 구분을 제거하기 위함이다."[35] 페인은 오래된 지역적 편견과 애착을 극복하고 새로운 프랑스의 국가적 정체성을 원점에서부터 이성적으로 수립하려는 이런 적극적인 노력을 지혜로우면서도 고무적인 일이라고 굳게 믿었다. 이는 프랑스 사회를 새롭고 더 나은 원칙 위에 재건하겠다는 새 정부의 약속 같은 징표였다.

페인은 이런 얘기가 버크를 기쁘게 하거나 혁명의 대의를 지지하도록 할 것으로 기대했다. 하지만 "프랑스에서의 혁명은 분명 유럽에서 일어날 다른 혁명들의 전조"[36]라는, 희망의 취지로 언급했겠지만 아마도 버크에게는 불길했을 페인의 장담을 제외하면, 그런 극단주의와 굳게 자리 잡은 지역적 애착을 지우려는 계획적 활동에 대한 소식보다 버크를 더 속상하게 만든 것은 없었으리라. 이 편지는 버크의 걱정을 확인시키고, 프랑스혁명에 관한 최악의 공포를 부추기는 데 확실히 한몫했다. 무엇보다도 그를 불안하게 한 것은 철학적 가식과 혁명의 야만성이 결합하는 것—중우정치가 형이상학적 관념 안에서 그 정당성을 인정받는 것—이었다. 페인은 틀림없이 중우정치를 옹호하지 않았지만, 혁명에 대한 그의 논지─계몽주의 정치철학을 그대로 적용하고 개인주의적 평등주의의 이상을 예시한 논지─는 국민이 사회의 정치 제도와 전통에 대해 갖고 있는 존경을 갉아먹는 효과가 있기에 버크를 큰 두려움에 떨게 했다.

아울러 이런 철학이 전염─특히 혁명적 정서의 영국 내 확산─될 것이라는 전망이 저명하고 존경받는 유니테리언교(Unitarian: 그리스도교의 정통 교의인 삼위일체론에 반해 그리스도의 신성을 부정하고 하나님의 신성만을 인정하는 교파─옮긴이) 반체제 인사 리처드 프라이스(Richard Price)의 1789년 11월 연설을 읽고 난 뒤 버크의 마음에 크게 다가왔다. 프라이스는 혁명기념협회(1688년의 명예혁명, 곧 영국혁명을 기념하는 협회) 연설에서 영국적 원칙을 더 분명히 하기 위해 프랑스혁명을 거론했다. 그는 영국 헌법에는─계몽주의적 자유주의의 용어로 이해할 수 있는─개인적 권리가 존중받지 못할 경우 국민이 정권을 무너뜨릴 권리를 본질적으로 포함하고 있으며, 이런 고유의 원칙을 실천함에 있어 영국 정치는 프랑스에 뒤떨어져왔다고 주장했다. 열의를 내뿜으며 그는 청중들에게 이렇게 말했다.

이 얼마나 다사다난한 시대입니까! 제가 살아서 그것을 볼 수 있다니 감사할 뿐입니다. ……무려 3000만 명이 분개해서 떨쳐 일어나고, 노에 제도를 걷어차고, 압도적인 목소리로 자유를 요구하고, 의기양양하게 그들의 왕을 끌어내고, 전제 군주가 국민에게 투항하는 것을 저는 살아서 보게 되었습니다─한 혁명의 혜택을 공유한 이후 아무런 고생도 겪지 않고 2개의 또 다른, 둘 모두 영광스러운 혁명을 복도하고 있습니다. 그리고 지금 생각하건대, 자유를 향한 사랑이 감염되듯 퍼져나가는 것이 보입니다.[37]

협회는 이 연설을 소책자로 발간했고, 그중 한 권을 프라이스의 주제에 기반을 둔 편지 한 통과 함께 프랑스 국민의회에 보냈다. 편지에는 특히 이렇게 씌어 있었다. "프랑스에서 보여준 영예로운 사례는 다른 국가들로 하여금 양도할 수 없는 인간의 권리를 확고히 하도록 고무했습니다. 아울러 그럼으로써 유럽의 정부에 보편적 개혁을 도입해 세계를 자유롭고 행복하게 만들도록 해주었습니다."[38]

버크는 훗날 매우 절제된 표현으로 프라이스의 연설과 첨부한 그 편지를 읽는 것이 자신에게 "상당한 불쾌감"[39]을 불러일으켰다고 썼다. 프랑스에서 일어난 사건을 축하할 뿐만 아니라, 특히 프랑스혁명의 틀 안에서 영국 역사를 재구성하려는 프라이스의 시도에 버크는 깜짝 놀랐다. 프라이스는 명예혁명 자체가 군주제는 대중의 선택 대상이라는 원칙을 수립한 것이며(정확히 버크가 섭정 위기 때 반대했던 바로 그 관점), 실제로 명예혁명은 "양도할 수 없는 권리"를 두고 싸운 것이라고 주장해왔다. 버크는 혁명적 대의를 위해 영국 헌법을 소환하려는 이런 시도가 동료 휘그당원들의 생각에 점차 영향을 주기 시작했다고 판단했다. 그는 프랑스에 대해 집필하면서 가장 완강하게 이런 노력에 반기를 들었다.

버크는 자신의 당과 나라 전체에 팽배한 분위기에도 불구하고 프라이스의 강연에 답신을 보내기로, 아울러 기회가 닿는 한 프랑스혁명에 대한 반론을 제기하겠노라 결심했다. 군비를 둘러싼 1790년 2월의 하원 토론이 그 첫 번째 기회였다. 연례 토론은 언제나 국제 정세에 관한 일반적 논의를 포함했는데(국제 정치 상황이 군사적 필요성에 관한 정부의 전망을 결정할 것이므로), 버크는 프랑스 사태가 크게 부각되리라는 것을 알았다. 프랑스에서는 정부가 점차 사유재산을 몰수하고 구정권의 구조와 제도를 무너뜨리는 조치를 취하는 등 혁명이 빠른 속도로 진행되고 있었다.

토론이 개시되자 폭스를 비롯한 대여섯 명의 다른 동료 휘그당원은 물론 토리당의 총리 윌리엄 피트까지도 혁명에 대해 신중하지만 굳건한 지지 의사를 표명했다. 버크의 견해는 가까운 친구들 이외에 아직 의회에 널리 알려지지 않은 터였다. 연단에 올랐을 때, 버크는 자신의 발언이 논란을 일으키리라는 것을 알았다. 그는 프랑스인이 기존 정권의 근간을 뿌리째 뽑고 교회 재산을 몰수함으로써, 정치의 균형과 민중의 자유를 모두 무너뜨림으로써 파국을 향해 치닫고 있다고 역설했다. 게다가 골칫거리는 단지 엉망이 된 행정과 집행의 문제가 아니었다―혁명의 근본적 이상이 그 원인이었다. 버크는 '인간과 시민의 권리 선언'이 어리석게도 "어린 학생에게조차 망신을 당할 초보적 원칙의 오용"으로 가득 차 있다고 말했다. 그것은 "무정부주의에 관한 일종의 연구소이자 요약본"이고, 정치적 재앙의 씨앗을 품고 있었다. 버크는 "이 정신 나간 선언문은" 일반적으로 교전 중인 나라만 겪는 상처를 프랑스에 입히는 원인이며, 사실상 그 선언문은 "결국 그런 전쟁을, 어쩌면 그와 같은 많은 전쟁을 양산할지도 모른다"고 말했다.[40] 혁명은 자유에 치명적 위험이고, 자유를 옹호하는 사람이라면 누구도 이를 환대해서는 안 되었다.

버크는 자신의 표식(marker)을 정하고 이 시점부터―당내의 지위와 많은 친구의 엄청난 노여움이라는 크나큰 대가를 치르면서―매우 공개적이고 굽히지 않는 프랑스혁명 반대자가 되었다. 그는 상상할 수 있는 거의 모든 근거를 대며 극도의 거친 용어로 이를 비판했고, 오래된 모든 사회 제도 및 관습을 근절하고자 하는 이론 정치의 맹습에 맞서 영국 정권의 단호한 방어자를 자처했다.

하원에서의 논란 이후, 버크는 반론을 자기식 용어로 충분히 상세하게 설명할 수 있도록 프라이스에 대한 공식 대응을 마무리할 필요가 있다는 것 역시 깨달았다. 이를 위한 최상의 방법을 고안하던 중 1789년 샤를 장 프랑수아 드퐁(Charles-Jean-François Depont)이라는 이름의 프랑스 청년에게서 받은, 혁명에 대한 견해를 구하던 편지가 생각났다. 드퐁은 분명 혁명에 대한 찬사를 기대했겠지만, 그 대신 혁명에 반대하는 버크식 논거의 간결한 초기 버전을 응답으로 받았다. 드퐁에게 보낸 답장에서 버크는 극단적 개인주의, 제멋대로인 권력, 사회 제도의 사멸, 그리고 형이상학적 이론 정치에 반대하는 논지를 펼쳤다. "당신들의 자유 획득에 대한 축하 인사는 미뤄야겠습니다. 당신들은 혁명을 했는지는 모르지만 개혁은 하지 못했습니다. 군주제를 전복시켰는지는 몰라도, 자유를 되찾지는 못했습니다."[41]

1790년 중반, 버크는 프라이스에 대한 최선의 대응은 드퐁에게 보낸 두 번째 편지의 형식을 취하는 것이라고 결정했다(책자로 발간할 것이므로 수취인은 익명으로 남겨두더라도). 편지 형식은 자신의 논지를 체계화하는 데 한층 많은 자유를 허용할 것이고, 그걸 설명하는 데도 격식이 덜 필요할 터였다. 버크는 수개월 동안 편지를 구성하고 편집했다. 그는 이를 《프랑스혁명 그리고 그 사건에 대해 런던의 몇몇 협회가 취한 행동에 관한 성찰: 파리의 한 신사에게 보내려 했던 편지에서(Reflections on the Revolution in France and on the Proceedings of Certain Societies in London Relative to that Event: In a Letter Intended to Have Been Sent to a Gentleman in Paris)》라는 긴 제목의 소책자로 발간해 배부하기로 했다. 무수한 초안과 수정을 거친 다음, 훗날 간단하게 《프랑스혁명에 관한 성찰》(이하 《성찰》—옮긴이)로 알려진 소책자가 마침내 1790년 11월 1일 모습을 드러냈다.

《성찰》은 수사학의 걸작이었다. 문체, 운율, 이미지, 그것이 환기시키는 비유에 있어 아마 버크의 저술을 통틀어 최고작이었다. 그러나 이는 또한 정치사상에 대한 심오하고 진지한 작업이었으며, 혁명 시대의 자유주의적 급진주의 주장에 대한 최초의 일관된 평가이자 해부였다. 버크는 프라이스와 그 동료들의 왜곡으로부터 영국 체제를 방어하는 데서 시작한다. 명예혁명이 "선거로 선출한 군주제"를 시행했기 때문에 영국 정부를 적법하게 만들었다고 주장함으로써 프라이스와 다른 이들이 이전의 모든 영국 역사를 비합법화한다고 버크는 말한다.[42]

버크는 프랑스혁명을 영국 자유주의의 확장으로 설명하려는 노력은 프랑스인과 영국인 모두를 기만하고 위험천만한 급진적 참신함을 상대편의 선물로 받아들이게끔 한다고 프랑스인 수신자에게 경고한다. "대서양 양안에 있는 우리는 어떤 사람들이 이중 사기를 쳐서 우리 토양에는 전적으로 맞지 않음에도 불구하고 영국산 원료라면서 불법 선박으로 당신에게 수출하는 위조품에 당하지 않도록 해야 합니다."[43]

버크는 군주제를 지속시키는 데 있어서뿐만 아니라 국민의 자유와 법에 대한 충성을 확보하는 데 있어서도 영국 체제에 전해 내려온 원칙의 중요성을 표명한다. 그리고 국민의 변화하는 요구에 부응하도록 하기 위해 서서히 진화하는 동안 안정적이고 성공적인 국민 생활을 제공한 데서 이뤄온 막대한 성과로 볼 때 영국의 혼합 체제는 정당하다는 묘사로 마음을 뒤흔든다. 그의 주장에 따르면 과격파는 화기 니서 대영제국의 나머지 국민들보다 더 큰 소리로 강력하게 발언한다―하지만 그렇기 때문에 그들이 모두를 대변한다고 여겨서는 결코 안 된다. "메뚜기 대여섯 마리가 양치식물 아래서 성가시게 잘랑대는 소리로 들판을 가득 채우는 사이, 수천 마리 소 떼는 묵묵히 되새김질하며 브리티시오크나무 그늘 아래서 휴식을 취한다고 해서 시끄러운 놈들이 들판의 유일한 거주자라고 부디 상상하지 마십시오."[44]

일종의 뿌리 깊은 평온에 힘입은 영국의 이런 이미지는 《성찰》의 버크식 수사에 매번 등장한다. 그리고 자신들의 위대한 국가에 맞지도 않는 유치한 사회생활에 대한 이론의 영향으로 오래된 사회 제도를 근절하려는 프랑스인의 시도를 직설적으로 조롱한다. 버크는 당대에 우세했던 개인주의와 자연 상태 이론화(state of nature theorizing)에 이의를 제기한다. 그리고 혁명의 근저를 이루는 자연권 이론에 대한 답변으로 자신의 정치 이론—이 책에서 계속적으로 다룰 이론—을 펼친다. 버크는 프랑스와 영국의 정부 시스템, 경제, 사회 질서를 길게 비교하는 것으로 마무리한다. 이러한 비교는 자국민한테 프랑스를 따라 하는 것이 엄청난 불행을 초래하리라는 걸 암시하고자, 프랑스혁명파의 지혜를 매우 허술하게 고찰하고 영국의 상대적인 안정·번영·안락함을 강조한다. 영국 헌법의 점진주의를 칭송하는 반면, 혁명기 프랑스의 계몽주의적 급진주의로 추정되는 것을 조소함으로써, 버크는 인간의 이성과 능력의 한계에 관한 자신의 생각을 압축해서 보여준다.

외관상의 소심함보다는 현명한 주의(caution), 신중한 경계, 도덕률이 우리 선조가 가장 결정적인 행동을 할 때의 통치 원리였습니다. 프랑스 신사들은 자신들이 그토록 풍족한 몫을 받았다고 우리에게 말하는 그 빛〔계몽(enlightenment)이 프랑스어로 '빛'을 뜻하는 Lumière인 것을 비꼬는 표현—옮긴이〕으로도 밝혀지지 않았는지, 인류의 무지와 오류를 강하게 믿으며 행동했습니다. ……그들의 재산을 받을 자격이 있기를 바라거나 혹은 그들의 유산을 보유하고 싶다면 그들의 경고를 모방합시다. ……필사적으로 비행하고 있는 프랑스 조종사들을 따라가려 시도하기보다 존경하는 것으로 만족합시다.[45]

《성찰》에서 버크의 독자는 분명 영국인이며, 그의 서간체 양식이 보여 주듯 프랑스 신사는 아니었다. 만일 진짜로 한 명의 프랑스인에게 보내는 편지였다면, 과시하고 조롱하는 《성찰》은 극도로 부적절했을 것이다. 하지만 자국민에게 보내는 편지로서 《성찰》은 그들에게 영국의 사회적·정치적 제도의 기원과 원칙을 상기(또는 설득)시키려—그러한 제도가 이미 어떠한지를 주장함으로써 어떠해야 할 것인지를 보여주기 위해—한 만큼 프랑스인에 대한 반론을 제기하려 했다. 아울러 모든 것은 혁명의 자극에 대한 저항을 구축하는 데 목적이 있었다.

버크의 장문의 서간문 발행은 엄청난 관심과 논쟁을 불러일으켰다. "우리가 기억하는 한 어떤 출판물도 이보다 더 걱정스러운 호기심을 불러일으킨 적이 없다." 〈런던 크로니클(London Chronicle)〉은 출간 며칠 후 이렇게 적었다.[46] 이 책은 일주일 만에 약 7000부가 팔려나간 것으로 추정되는데, 이는 그 시대의 초대박 베스트셀러였다.[47] 서간문은 곧 영국 급진파들로부터 일련의 답장을 끌어내기도 했다. 그들은 책의 요지와 어조에 경악했다. 특히 그것이 자신들과 어딘가 같은 부류라고 생각해온 버크한테서 나왔다는 것을 알고 놀랐다.

버크의 거센 혁명 반대론은 1790년 2월 버크의 격분한 의회 연설이 있고 얼마 지나지 않아 프랑스에 있는 페인에게 도달했다. 페인은 즉각 대응해야 한다는 것을 깨달았다. 그 시대의 열띤 논쟁 문화에서, 유명하고 효과적인 비판자의 공격을 계속 들끓게 놔둘 수는 없었다. 버크가 반(反)혁명 소책자를 발간할 거라는 소식을 들었을 때, 페인은 영어권 세계에서 자신들 주장의 정당성을 입증할 답장을 집필하겠노라고 프랑스 친구들에게 약속한 터였다. 일단 버크의 서간문이 나오자 페인은 혁명에 대해 쓰고 있던 수필을 그에 대한 답신으로 바꾸기로 했다.

그 결과 나온, 페인이 평소 솜씨대로 《인권(Rights of Man)》이라는 제목을 붙인 책은 부분적으로는 버크에게 보내는 답장이며, 부분적으로는 프랑스혁명의 원칙에 대한 독자적인 방어였다. 이 책은 논리적이고, 일관적이고, 집중적이고, 열정적이고, 강력한 논지를 제공하며 종종 놀라운 수사학적 위력을 발휘했다. 또한 혁명의 바탕을 이루는 근본적 세계관에 관해 틀림없이 가장 완벽하고 가장 널리 읽혔다. 아울러 페인의 저서 중 가장 명확하게 이론적이기도 하다. 여기서 페인은 자신의 정치적 가르침─이 책 곳곳에 스며 있는 일련의 견해─을 가장 온전하게 제시한다. 이는 분명 버크의 《성찰》에 대한 회신이었기에, 혁명의 시대에 두 거물이 서로에게 확실히 등을 돌릴 때가, 또한 그들이 불붙인 대논쟁이 진정한 평가를 받게 될 순간이 왔음을 보여준다.

1791년 3월 출간한 《인권》은 버크와 그의 견해에 맹렬한 공격을 개시한다. 심지어 버크의 재정 비리에 관한 추측성 소문을 언급하고, 《성찰》과 특히 그 편지 형태의 문체를 "자기 모순적 광시곡을 거칠고 체계 없이 드러낸다"[48]고 표현했다. 버크는 프랑스 사회와 정치를 사실상 전혀 파악하고 있지 못하기 때문에 혁명의 원인과 성격 모두를 완벽하게 곡해했다고 페인은 말한다. "지혜로운 자들은 어리석은 것에 놀라고 다른 이들은 지혜로운 것에 놀랄진대, 나는 어떤 근거로 버크 씨의 경악스러운 행동을 설명해야 할지 모르겠다. 그러나 분명한 것은 그가 프랑스혁명을 전혀 이해하지 못한다는 점이다."[49]

혁명에 대한 페인의 논거는 눈에 띄게 철학적이다. 그는 구정권 치하 프랑스 하층민의 고통이나 프랑스 귀족층의 폐단과 방종에 대해서는 분량을 거의 할애하지 않는다. 버크의 요점을 반박 또는 일축하려는 체계적인 시도로 시작해 재빨리 인간의 자유에 대한 열렬한 주장으로 옮겨간다.

페인은 정치 생활에서 이성의 효험에 대한 확고한 믿음을 갖고 쓴다. 혁명은 정치에서 피해갈 수 없는 원칙의 작용이며, 따라서 그 성공과 확대는 본질적으로 불가피하다고 역설한다. 버크를 포함해 반대파의 반론은 단지 그들의 낡고 부당한 특권과 억압적인 제도가 위험에 처해 있음을 깨달은 자들의 불안을 드러낼 뿐이다.

현재 유럽의 정부들이 불공평과 억압의 현장이 아니라면 도대체 무엇인가? 영국 정부는 어떠한가? 돈으로 매수당하지 않는 사람이 없고 현혹된 국민의 희생으로 부패가 공공연하게 이뤄지는 시장이라고 그곳에 사는 사람들이 말하지 않던가? 그렇다면 프랑스혁명을 비방하는 것도 놀랄 일은 아니다. 만일 혁명이 단순히 노골적인 압제의 파괴에만 국한되었다면, 아마도 버크 씨와 다른 이들은 입을 다물었을 것이다. 지금 그들의 외침은 "혁명이 도를 넘었다"는 것이다—바꿔 말하면, 그들 입장에서는 너무 멀리 나아갔다는 얘기다.[50]

페인이 말하는 것은 원칙을 응용한 정치다. 그는 잘못된 원칙 위에 세워진 정치적 조직체를 구제하는 유일한 방법은 그것을 해체하고 원점에서부터 재건하는 것이라고 생각한다. 수년 전 《상식》에서 썼듯 그는 "우리에겐 세상을 다시 시작할 수 있는 힘이 있다"[51]고 분명히 믿는다. 《인권》에서는 사실상 이것이 공평한 사회를 건설하는 단 하나의 방법이라고 주장한다. 또한 세습적 지배와 귀족 제도(이성적인 정치에 부적합한 "단순한 동물적 제도")에 맞서고, 한 세대가 자신의 관념과 방식을 다음 세대에 부과하는 권리에 대항하는 빈틈없고 활기찬 논리도 제공한다. 세습 정권의 시대는 왔다가 사라졌다고 그는 주장한다.

세습 정권은 쇠퇴하고 있으며, 유럽에서는 국민 주권과 대의 정부라는 넓은 기반 위에서 혁명이 전진하고 있다. 이를 감지하는 것은 인류의 계몽 상태로 보건대 어렵지 않다.[52]

페인은 《인권》에서 어떤 초기작보다 상세하게 자신의 정치적 비전을 펼친다. 요컨대 진정한 공화제 이념에 부합하는 정부에 의해 모든 것이 가능해지는 개인주의와 자연권 그리고 평등한 정의라는 비전이 그것이다. 페인은 이 모든 게 그 시기에 가능해졌다고 확신한다. "지금 우리 눈앞에 펼쳐진 현상으로 보건대, 정치 세계의 어떤 개혁이라도 일어날 법하지 않다고 간주해서는 안 된다. ……지금은 모든 것을 기대해도 좋을 혁명의 시대다."[53]

여기서 미국 독립전쟁 중 페인이 집필한 것들과 일맥상통하면서도 더욱 철저하고 철학적으로 단련된, 그래서 이제는 버크의 세계관과 더욱 극명하게 상충하는 일련의 원칙이 등장한다. 그러나 버크와 마찬가지로 페인은 영국 독자들에게 말을 걸었고, 영국 정권의 문제―그 과거와 특히 미래―를 제기하기 위해 프랑스 문제를 활용했다. 아울러 페인은 영국 독자층에게 다가가는 데 확실하게 성공했다. 《인권》은 아마도 수만 부가 팔렸고, 런던의 엘리트를 훨씬 뛰어넘어(그리고 버크의 독자층을 성큼 뛰어넘어) 광범위한 독자를 사로잡았다.[54]

책들의 전투

이제 전선(戰線)은 그어졌고, 영국 독서계는 토론으로 온통 시끄러웠다.

그 공방은 아메리카에서도 강렬한 관심을 끌어 모았고, 지속적인 정치적 전선을 그리기 시작했다. 현직 부통령의 아들(아울러 미래의 대통령) 존 퀸시 애덤스(John Quincy Adams)는 푸블리콜라(Publicola)라는 필명으로 보스턴의 한 신문에 일련의 수필을 발표했는데, 이것들이 버크-페인 논쟁(페인보다는 버크 쪽을 훨씬 편들었다)에 일종의 서사(narrative) 시리즈를 제공했다. 버지니아의 상원의원 제임스 먼로(페인 측 지지자이자 또 다른 미래의 대통령)는 토머스 제퍼슨에게 보낸 서한에서 "버크와 페인의 논쟁이 …… 우리 주 전역에서 많은 토론의 주제가 되고 있네"[55]라고 적었다.

페인의 책은 버크의 《성찰》에 대한 가장 의미심장한 답장이었다. 물론 그것이 유일한 답장은 결코 아니었다. 사실상 수십 권의 반대 소책자가 곧이어 등장했다. 대부분 영국 급진파 및 반대파에게서 나온 것으로 버크가 휘그당의 원칙은 물론 그 자신의 원칙도 모두 유기했다고 비난했다. 또한 버크의 아메리카 혁명 옹호와 전체 인구의 깊은 불만은 국가에 진지한 개혁이 필요한 증거라던 과거 주장(《현재 불만의 원인 고찰》이라는 1770년의 소책자에 나왔던)을 놓고 볼 때 심각한 모순이라며 그를 공격했다. 토머스 제퍼슨이 《성찰》을 읽자마자 "프랑스의 혁명은 버크 씨의 혁명만큼 나를 놀라게 하지 않는다"[56]고 한 발언은 많은 이를 대변한 말이었다. 일관성 부재리는 이 주제는 버크의 여생에서, 그리고 사실은 그것을 초월해 역사가들 사이에서 그를 따라다닐 터였다.

버크는 그런 비난에 기분이 상했고, 페인의 《인권》이 널리 퍼지고 있다는 사실을 잘 알고 있었다. 또한 폭스와의 급격한 결별로 인해 자신이 휘그당원들 사이에서 초래한 커져가는 균열도 경계했다. 그 때문에 또다시 글을 써서 자신의 주장이 정당하다는 걸 입증하기로 결심했다. 1791년 8월 이 모든 다양한 도전을 한꺼번에 다루기 위해 그는 《신휘그가 구휘그에 올리는 항소(An Appeal from the New to the Old Whigs)》(이하 《항소》—옮긴이)를 발표했다. 《항소》는 《성찰》 및 초기 저술에서 볼 수 있는 내용과 동일한 생각을 대부분 담고 있지만, 한층 밝고 차분하게 그 원인을 기본적인 정치적·철학적 문제의식을 가진 한층 심오한 논거에서 찾는다. 버크는 자신이 위대한 휘그당의 전통을 지키는 역할을 맡고 있다고 주장하면서, 당내에 있는 자신의 적을 과격한 민주주의에 굶주린 자들이라고 묘사한다. 아울러 직접적으로 페인의 많은 주장을 다루는데, 《인권》의 내용을 길게 인용하면서도 페인의 이름을 일절 거론하지 않는다. 《성찰》과 마찬가지로 《항소》는 세대들 사이의 관계에 깊은 관심을 갖는다. 하지만 데이비드 브로미치가 빈틈없이 기록했듯 《성찰》이 훨씬 더 보수적인 분위기로 대개 과거와 현재 사이의 연결 고리—앞으로 살펴보겠지만 이는 미묘하면서도 중요한 차이다—를 다룬 데 반해, 《항소》는 현재와 미래 사이의 본질적 연관성을 강조한다.[57] 다른 어떤 저술보다도 《항소》는 버크가 수호하고자 했던 종류의 사회적·정치적 생활에 관한 강건한 시각을 보여준다.

한편, 1791년 7월 영국으로 돌아간 페인은 자신의 이념을 전파하느라 여념이 없었다. 대부분 자신에게 보낸 답장이라고 (정확히) 감지한 버크의 《항소》가 출판된 후, 페인은 추가적 응답에 착수했다. 《인권》의 2부 형식으로 1792년 2월에 발표한 저서가 그것이다. 이 책은 많은 측면에서 전작보다 한층 더 야심만만하고, 모든 면에서 한층 더 과격했다. 버크와 페인은 서로의 핵심적 차이, 즉 정부를 정당하게 만드는 것은 무엇인가, 더 큰 사회 안에서 개인의 위치는 무엇인가, 그리고 각각의 세대는 자기 이전 세대와 이후 세대를 어떻게 생각해야 하는가라는 문제에 대해 상대를 몰아붙였다.

우선 이《인권》2부는 군주제 정부에 관한 총공세였으며, 극명하게 영국 왕정도 포함시켰다. 이는 또한 가난의 원인과 하층민의 참상에 대한 성찰이었고, 그런 의미에서 계몽주의적 자유주의 이론가들의 근본 사상이 급진적 정치 이후의 형태를 어떻게 시사하고, 그것과 어떻게 연결되어야 하는지에 대해 지극히 유용한 모델을 제공한다. 페인은 자유주의가 가야 할 길에서 그다음 단계를 밟기 시작한다. 요컨대 빈곤층을 위한 공공 연금 제도, 무상 공교육, 부모를 위한 공공 보조금, 하층민을 대변하는 더 많은 의회 대표, 그리고 혁신적인 소득세를 제창한다. 아울러 이성과 지식의 확장을 통한 세계 평화 계획까지 제시한다. "인간이 이성적 존재가 의당 그래야 하듯 스스로 생각하도록 허락한다면" 군비 지출에 공금을 낭비하는 것보다 "더 터무니없고 부조리해 보이는 건 없을 것이다".[58] 페인은 버크의 모든 전제를 부정하고, 논쟁에서 강수를 둔다.

　그러나 페인의 후속편이 출간된 1792년 2월 무렵, 많은 영국인에게 프랑스의 상황은 훨씬 더 불길해 보이기 시작했다. 입헌군주제를 지속시키려는 시도가 수포로 돌아가 국왕이 수감되었으며, 그러는 사이 국민의회는 파리의 질서를 유지하고 국가 재정을 통제하는 데 명백히 실패했다. 혁명가들 사이의 파벌 싸움이 심화함에 따라 권력 장악력은 갈수록 불확실해졌다. 영국의 정권을 뒤엎으려는 노골적인 페인의 요구—어떤 조건에서도 위험한 행동—는 이런 우려가 증대하는 시점에서는 특히나 현명하지 못한 것임이 드러났다. 1792년 5월, 피트의 토리당 정부는 상당수 휘그파의 지지를 받으며(동료들이 페인을 향한 개인적 적대감을 잘 알고 있으므로 법안에 관한 논쟁에서 눈에 띄게 침묵을 지키긴 했지만 버크의 지지도 포함해) 불온한 저술—명백하게 페인을 겨냥한 처사—에 반대하는 포고령을 제정했다. 법안은 그의 이름을 언급하지 않았지만, 총리는 그 목적에 대해 거리낌이 없었다. 피트는 하원에서 이렇게 말했다. "페인 씨에 의해 세습 귀족을 공격하고 왕정과 종교의 말살로 나아가는 신조가 생겨났습니다."[59] 런던에 있던 페인은 새 법률 아래 기소되었고, 9월에는 재판을 받는 대신 다시 프랑스로 떠났다. 부재중 재판에서 유죄 판결을 받은 그는 두 번 다시 영국 땅을 밟지 못했다.

더욱 극렬한 파벌들이 파리를 장악함에 따라 영국의 여론은 꾸준히 프랑스에 반대하는 쪽으로, 그리고 소책자와 연설을 통해 줄곧 표명했던 버크의 혁명 비판 시각을 찬성하는 쪽으로 옮겨갔다. 유럽 열강은 혁명 정권에 반대하기 시작했고, 대륙에서 전쟁이 발발할 공산은 점점 커지는 듯했다. 그러는 사이 프랑스에서는 혁명이 공포로 변질됐다. 1793년 1월 프랑스 국왕의 처형은 런던의 결정적 태도 변화를 초래했고, 영국의 여론과 정치 수뇌부는 이내 똑같이 반(反)프랑스로 급선회했다. 그해 말이 되자 영국은 공식적으로 프랑스와 교전에 돌입했고, 버크가 추구해온 민심의 반전은 대부분(물론 단순하게, 또는 전적으로 그런 것은 아니지만) 이뤄졌다—그러기까지 혁명 자체의 처참한 진행 과정이 많은 도움을 줬다.

하지만 프랑스에 반대하는 이러한 변화는 혁명에 의해 표면화하고 버크와 페인이 그토록 열정을 다해 끄집어냈던 심오한 문제들을 해결해주지 못했다. 혁명 철학은 핵심에서 오도됐던 것일까, 아니면 단지 프랑스 혁명분자들이 그에 맞춰 행동하지 못했던 것일까? 혁명 철학에 대한 질문—근대 자유민주주의 정부의 성격에 관한 질문—은 혁명 초기의 특수한 영향력과 더불어 강조됐지만, 그것은 파리의 격변과 함께 시작된 것도 끝난 것도 아니었다. 프랑스혁명의 결과, 확실히 이 질문은 근대 정치 생활을 결정짓는 중요한 경계선이 되었다.

《국왕 시해 집정관 정부와의 화해에 관한 편지(Letters on a Regicide Peace)》

(원제는《Two Letters Addressed to A Member of the Present Parliament, on the Proposals for Peace with the Regicide Directory of France》ㅡ옮긴이)라는 제목의 1796년 소책자에서 버크는 영국 정치에서 '왕의 특권' 정당과 '의회 권력' 정당이라는 낡은 구분이 사라지고 있다고 말했다. "서로 간의 알력으로 왕국을 그토록 자주 혼란에 빠뜨렸고, 서로 간의 연합으로 한 차례 왕국을 지켜냈고, 충돌과 상호 적대로 통일성 속에서도 이 나라 헌법의 다양성을 보존해온 이러한 당들은 새로운 정당들의 성장으로 거의 멸종 위기에 처했다."[60] 그가 보수주의자들의 당과 자코뱅(파리에서 가장 과격한 분파의 이름)의 당이라고 칭한 이들 새로운 정당은 프랑스혁명에서 드러난 새로운 축을 따라 나뉘었다ㅡ이는 사실상 버크와 페인의 당들이었다.

미국에서도 역시 프랑스혁명은 독립혁명으로 인해 모호해진 경향이 있던 일련의 차이점을 부각시켰고, 1790년대 중반 무렵 아메리카합중국의 정치는 프랑스에서 일어난 사건을 바라보는 두 가지 전혀 다른 시각을 가진 양대 분파로 뚜렷하게 갈렸다. 두 가지 시각에 따라 국내외 다양한 문제에 관해 그에 상응하는 차이가 생겨났다. 여기서도 역시 우파와 좌파는 버크와 페인이 개괄해온 노선을 많은 부분 따르면서 존재를 드러내기 시작했다.

본인들의 이념이 추종자와 분파를 양산한 반면, 버크와 페인은 대결의 마지막 막이 내린 뒤 현역을 떠난 지 오래였다. 페인은 혁명의 나머지 기간 대부분ㅡ1802년 가을까지 줄곧ㅡ을 프랑스에서 머물렀다. 그러나 혁명 지도자들이 점점 과격해지고 자신의 친구들이 갈수록 배후로 물러나면서, 페인은 권력 실세로부터 멀어졌다. (심지어 열의가 부족하다고 비난받은 온건파 반역자와 연루되었다는 죄목으로 수개월 동안 감옥에 갇히기도 했다.) 페인은 자신의 지적(intellectual) 프로젝트의 다음 장으로 타당하다고 생각한 것에 몰두했다. 바로 이신론—신의 존재와 창조 행위는 계시나 종교 조직의 필요 없이 이성적으로 접근 가능하다는 시각으로서, 대부분의 기성 종교에 반대하는 관점—을 옹호하는 책이었다. 이 마지막 저서에서 페인은 버크가 수십 년 전 처음 발표한 글에서 반대하려 들고 일어났던 바로 그 주장을 펼쳤다.

페인은 계몽주의적 자유주의 정부 시대에는 그토록 오랫동안 유럽을 갈기갈기 찢어온 종파 간 갈등을 잠재울 계몽주의적 자유주의 종교관이 수반될 것이라고 믿었다. "정부 체제의 혁명 뒤에는 종교 제도의 혁명이 이어질 것이다."[61] 그러나 《이성의 시대(The Age of Reason)》라는 제목의 이 책은 페인이 정치적 저술에서 선보였던 것과 같은 격한 감정으로 전통적 형태의 종교 조직을 비판하는 등 기독교에 지나치리만큼 단호하게 대립각을 세운 나머지 논란을 불러일으킬 수밖에 없었다. 이는 특히 미국에서 페인의 명성에 그림자를 드리웠다. 그는 이렇게 썼다. "이제까지 발명된 모든 종교 체계 중에서 기독교라고 일컫는 것보다 전능하신 신을 더 경멸하고, 인간에게 더 볼썽사납고, 이성에 더 혐오감을 안기고, 더 자기모순적인 것은 없다."[62] 이런 문장들을 쓰면서 페인은 대서양 양안에서 자신의 책에 대해 즉각 쏟아진 적대적 반응 말고 도대체 무엇을 기대했던 걸까?

1802년 새 대통령, 곧 친애하는 벗 토머스 제퍼슨의 초대로 미국에 돌아왔을 때, 페인은 자신이 기독교 공격과 정치적 급진주의로 인해 동네북 같은 존재가 되었음을 알았다. 이후에도 그는 집필을 계속했지만 정치계의 현역은 아니었고, 가끔씩 제퍼슨과 동료들에게 조언할 뿐이었다. 이윽고 건강과 경제 사정이 나빠지자 페인은 뉴욕시티의 하숙집에서 비교적 가난하게 여생을 보냈다. 1809년 6월 8일 숨을 거둔 그는 뉴욕 주의 뉴로셸에 묻혔다.

버크 역시 페인과의 대립이 극에 달한 1790년대 중반에 정치적 과제를 마무리하고 있었다. 7년간 끌어온 헤이스팅스 재판은 실망스럽게도 무죄 방면으로 1794년에 끝났다. 버크는 이미 재판 종료와 함께 의회를 떠나겠다는 의향을 발표한 터였다. 나이도 64세나 되었고 반혁명 운동의 정당성 또한 대부분 입증했기에 기꺼이 정계를 떠날 수 있었다.

버크의 희망은 아들인 리처드에게 넘어갔다. 버크는 아들이 하원에서 자신의 빈자리를 차지할 수 있을 거라고 생각했다. 이런 계획이 성공할 즈음이던 1794년 여름, 리처드가 갑자기 중병에 걸렸다. 리처드는 그해 8월에 숨졌고, 낙담한 버크는 실의에 빠졌다. 버크는 애도 속에서 3년을 보내는 동안, 연금을 둘러싼 말도 안 되는 부정부패 혐의로부터 자신의 명예를 지키고 프랑스에 반대하는 영국의 결의를 다지는 데 전념했다. 버크는 마지막까지 영국의 미래에 관한 이념 전쟁에 활발히 관여하며 1797년 7월 9일 눈을 감았다. 의회는 웨스트민스터 성당의 영국 위인들 묘역에 안장할 채비를 했으나, 유언에 따라 버크는 비콘스필드에 있는 집 근처에 묻혔다.

전기를 넘어서

극도로 파란만장한 두 가지 정치적·지적 이력을 살펴보면서, 우리는 그 시대의 영미권 정치에 맞선 도전의 범위와 다양성에 놀라지 않을 수 없다. 그럼에도 불구하고 버크와 페인이 가졌던 관점의 실체를 잘 생각해보면, 두드러진 것은 논의된 사안의 다양성이 아니라 둘의 필생의 업적 안에 등장하는 핵심 주제와 논지의 일관성 그리고 장시간 동안 둘의 의견 충돌을 지배한 통일성이다. 그들의 핵심 관심사, 신념, 주장은 30년 넘는 혼란기 동안 눈에 띄게 균형을 유지했다. 그리고 각자 전혀 다른 결론에 도달하긴 했지만, 상대방과 본질적으로 똑같은 일련의 문제와 씨름했다.

이런 측면에서 그들 분쟁의 역사적 연대기는 시급한 이슈를 이해하는 데는 중요할지 몰라도 논쟁의 진정한 모습을 궁극적으로 밝혀내지는 못한다. 대논쟁의 철학적 개괄은 그런 역사적 윤곽으로는 완전히 포착할 수 없다. 대신 일상의 지적·정치적 전투의 격렬한 스타카토로부터 두 인물의 가장 깊은 논지를 조심스럽게 끄집어냄으로써 그들의 가정과 추론을 고려하는 방식으로 논쟁을 정돈하고, 그런 다음 우리가 얻은 교훈을 정치 생활의 패턴에 다시 적용함으로써 그 윤곽을 찾아야 한다. 이는 전혀 역사적이지 않은—우리로 하여금 미칠 듯이 쇄도하는 사건들의 심층을 들여다보게 하고, 사상이 정치를 어떻게 움직이는지 생각하게끔 하는—정치철학적 작업이다.

다음 장들에서 버크와 페인의 심오한 논쟁에 이 방법론을 적용하고, 여전히 우리 시대를 형성하고 있는 논쟁의 층위를 벗겨내고자 한다. 우리는 버크와 페인 모두가 시작한 지점에서 출발할 것이다. 즉 자연과 인간의 본성에 관한 어떤 생각이 정치적 추론과 판단이 발생하는 배경으로서 역할을 하며, 그런 판단 속에서 역사는 어떤 자리를 차지해야 하는가라는 질문이 그것이다. 그런 다음 자연권과 정치적 권리에 관한 두 사람의 매우 다른 생각을 살펴보고, 사회적·정치적 관계에 대한 각각의 관점을 분석할 것이다. 이어서 그들이 정치사상에서 이성의 지위를 어떻게 다뤘는지, 아울러 그와 같은 사상의 적절한 수단과 타당한 목적에 대한 그들의 시각을 다룰 것이다. 둘의 깊은 의견차에 대한 이런 측면을 검토한 후에야 우리는 비로소 버크와 페인에 관한 논의에서 일반적으로 가장 먼저 언급하는 주제, 즉 정치적 변화·개혁·혁명에 대한 그들의 견해에 접근할 수 있을 것이다. 그리고 마지막으로, 논쟁의 이런 측면을 훑어보고 나서 우리는 버크와 페인 사이의 거대하고 다양한 논쟁 안에서 결정적인 공통된 맥락에 초점을 맞출 것이다. 정치 생활에서 과거의 지위와 미래의 의미에 관한 논쟁─오늘날까지 종종 우리 정치의 중심에 말없이 자리 잡고 있는 특이하고도 낯선 문제─이 바로 그것이다.

2 자연과 역사

정치적 논쟁의 철학적 기반을 파헤치기 위해서는 우선 정치에서 벌어지는 일이 국민의 일시적 선호와 물질적 이익 이상의 것에 대답한다고 가정해야 한다. 정치 이념이 철학사상—삶에서 무엇이 옳고 선한가에 관한 어떤 이해—의 적용이라고 한다면, 진지한 정치적 논쟁은 서로 다른 철학적 가정에 뿌리를 둔 것이어야 한다. 아울러 그러한 차이는 사건과 주장의 표면 아래 존재하는 것을 포함하기 때문에, 그것은 결국 우리가 인간에 대해 본래 옳다고 여기는 것에 관한 인정으로 종종 귀결된다. 정치철학에 관한 논쟁이 흔히 자연과 인간의 본성에 관한 논쟁에서 시작되는 것은 바로 그 때문이다. 그러나 이런 용어의 의미—자연과 인간의 본성—는 단순하거나 자명하지 않다. 이런 용어는 그 자체로 격렬한 논쟁으로 흐르게 마련이고, 자연스럽다는 것이 무엇을 의미하는지에 대한 우선적인 논쟁은 흔히 우리의 정치적 사고를 이끄는 가정(assumption)과 관련한 지표이기도 하다.

이와 같은 차이는 버크-페인 논쟁에서 강력하게 눈에 띄며, 두 사람 모두 그것에 대해 유독 잘 알고 있었다. 버크와 페인은 각각 자연과 인간의 본성은 무엇이며, 그것이 정치 생활에서 무엇을 의미해야 하는가라는 생각에서—가장 초기의 저작들부터 계속 이어진—자신의 논거를 찾고자 했다. 사실상 그들의 분쟁은 자연 및 역사와 자연의 관계에 관한 논쟁으로 시작된다. 따라서 그들의 관점에 대한 연구 역시 거기서 출발해야 한다.

페인의 자연적 사회

페인의 《상식》을 읽는 현대 독자에게 이 소책자의 도입부는 놀라움으로 다가올 수밖에 없다. 아메리카 독립에 대해 페인이 제기한 논거의 막대한 영향력과 탁월하고 강렬한 수사라는 저자의 명성을 놓고 볼 때, 열렬한 무기 요청과 영국의 악행 목록이 우리를 반겨줄 것으로 기대한다. 그러나 페인은 아메리카의 위기(소책자의 세 번째 단락까지 실제로 언급하지 않는다)를 다룰 때까지 서두르지 않으며, 대신 자신이 어떤 정치 이론을 근거로 삼을 때 필수적이라고 주장하는 사고 실험에 착수한다. "정부의 설계와 목표에 대한 명확하고 옳은 생각을 얻기 위해, 나머지 세상과는 무관하게 지구상의 어떤 격리된 지역에 정착한 소수의 사람들을 가정해보자. 그렇다면 그들은 어떤 국가 혹은 세계의 최초 주민에 해당할 것이다. 이런 자연스러운 자유 상태에서 그들은 사회를 가장 먼저 염두에 둘 것이다."[1]

페인은 가장 본질적인 정치적 원칙에서 출발함으로써—이 소책자에서 비롯된 기나긴 이력 내내 다양한 정치적 대의를 위해 변론하는 것처럼—

영국과 아메리카 분쟁의 공정한 해결을 위해 변론한다. 정치적·사회적 제도를 이해하고자 한다면 그것들의 최초 기원과 가장 깊은 뿌리를 모색해야 한다고 그는 말한다. 그것들이 어디서 왔는지 알아야만 진정으로 이해할 수 있다는 얘기다. 페인은 《인권》에서 이렇게 설명한다. "인권 존중의 선례를 고대로부터 가져와 추론하는 자들이 범하는 오류는 그들이 고대로 충분히 더 들어가지 않는다는 것이다. 그들은 *끝까지* 가지 않는다."[2]

페인이 반복적으로 명확히 하듯 "끝까지 간다"는 것은 역사가 아니라 역사를 넘어 자연까지 생각하는 것을 포함한다. 아울러 페인에게 "자연"이라 함은 모든 사회적·정치적 제도에 선행하는 상태, 그리하여 사회적 혹은 정치적 상황과 무관하게 모든 인간에게 존재하는 것과 관련한 사실을 의미한다. 우리의 본성은 인류의 시초에 그랬듯 여전히 남아 있다. 우리의 다양한 사회적 제도가 타고난 우리 자신—모든 인간이 언제나 그래왔고 앞으로도 그러할 본질—을 바꾸지는 못하기 때문이다. 그렇기 때문에 우리의 기초적 본성은 우리의 정치적 사고(인간이란 무엇인가, 그리고 인간은 어떻게 함께 살아야 하는가를 이해하는 것에 대한 사고)의 기반으로 남아 있음에 틀림없다.

페인은 자신의 거의 모든 주요 저술을 이런 기초적 논거, 즉 토머스 홉스(Thomas Hobbes)와 존 로크(John Locke) 등 여러 계몽주의 정치사상가들로부터 가져온 핵심 특성을 재천명하는 것으로 시작한다. 이것이 페인의 정치철학에서 근본적인 출발점이다. 즉 정치에 관한 성찰은 인간에 대한 영속적인 자연적 사실에서 시작해야 하며, 이는 사회와 무관하게 (따라서 본질적으로 사회 이전의) 인간 자신으로부터 출발해야 한다는 것을 의미한다.[3] 유일하게 신뢰할 수 있는 권력의 근원은 본래적인 것에 있다. "인권에 관한 분쟁이 천지창조로부터 100년의 차이를 두고 발생했다면, 그게 가리킨 것은 틀림없이 이런 권력의 근원이며, 우리가 지금 언급해야 하는 것도 바로 이와 동일한 권력의 기원이다."[4] 페인은 이런 식으로—마치 인간의 모든 역사가 결코 일어나지 않았던 것처럼—정치를 볼 때 "우리는 마치 태초에 살기라도 한 것처럼 정부가 시작되는 것을 지켜보는 시점(point)으로 즉시 나아간다. 역사가 아닌, 사실들로 이뤄진 살아 있는 책이 억지로 짜 맞춘 흔적이나 전통의 오류로 사지가 절단되지 않은 채 즉각 우리 앞에 나타난다"[5]고 주장한다.

그렇다면 자연이 제공하는 이러한 사실이란 도대체 무엇인가? 역사를 거슬러 인간의 자연적 출발점을 생각할 때 페인은 무엇을 보는가? 이런 식으로 자연적인 인간의 조건을 추구하는 바로 그 방법이 다른 무엇보다도 인간에 대해 한 가지 피할 수 없는 사실을 페인에게 제시한다. 요컨대 인간은 근본적으로 한 개인이라는 사실이다. 아울러 인간에게는 애초 아무런 사회적 관계가 없기 때문에 어떤 사회적 차별도 떠안지 않으며, 따라서 인간은 모든 다른 인간처럼 평등하다. 사회적 위계질서에는 자연적 토대가 없다.

모든 창조의 역사는 …… 특정 세부 사항에 관한 그들의 의견 또는 믿음이 아무리 다양하다 하더라도, 한 가지 요점, 즉 인류의 통일성을 수립하는 데 모두 동의한다. 아울러 이것이 의미하는 바는 인간은 모두 똑같은 하나의 계급이라는 것이다. 또한 결과적으로 모든 인간은 평등하게 태어났고, 마치 후손들이 세대(generation) 대신 창조에 의해 지속된 것과 같은 방식으로 동등한 자연적 권리를 갖는다는 것이다. 세대는 단지 창조가 다음 장으로 이월되는 방식일 뿐이다. 그리하여 결과적으로 세상에 태어난 모든 아이는 신으로부터 현존하는 것으로 간주해야 한다. 세상은 최초에 존재했던 인간에게 그러했듯 아이에게

도 새로운 것이며, 그 세계 안에서 아이의 자연적 권리 또한 똑같다.[6]

여기서 페인은 여느 자유주의 이론가들이 하지 못하는 경향이 있던 어떤 것을 명확히 한다. 우리가 태고 이래로 변치 않는다고 여기는 것은 인간 세대의 온갖 방법과 세월을 거쳐온 세대들의 행렬(procession)이 인간의 삶에서 아주 중요한 것에 대해서는 전혀 말해주는 게 없다는 믿음이다. 다시 말해, 여러 세대를 거치며 축적해온 사회적 관계와 차별은 아무런 천부적 권위도 갖지 않는다.

아울러 이는 또한 인간이란 언제나 서로 다른 동등한 개인으로서 가장 온전하게 이해받아야 한다는 걸 의미한다. 사회와 정부는 그런 개인들의 집합—개인들에 의해 그들의 이익을 위해 조직된—을 포함하지만, 이런 무리 짓기는 결코 인간 개인의 본질적으로 고립적인 성격을 완전히 초월하지는 못한다. 페인은 이렇게 쓴다. "국가는 서로 다른, 무관한 개개인으로 구성되어 있다. 〔그리고〕 …… 공익은 개인들의 이익에 반하는 용어가 아니다. 오히려 반대로 개인들 모두의 이익을 합친 것이다."[7]

게다가 그 이익을 추구하기 위해 개인들은 집단으로 모이기 시작한다. 인간이 그 근원에 의해 가장 잘 이해받는 것처럼, 사회와 정부 역시 마찬가지다. 그런 이유로 페인은 사회와 성부를 별개의 두 가지로 여긴다. 인간은 본디 필요에 의해 그리고 함께 있고자 하는 욕망으로 어우러진다. "사회의 도움 없이 어느 한 사람도 자신의 욕구를 충족할 수 없으며, 모든 개인에게 영향을 미치는 그 욕구는 그들 전부를 중력이 중심에 작용하듯 자연스럽게 사회 속으로 밀어붙인다"고 페인은 쓴다. 아울러 사회가 필요를 충족시키는 것과 마찬가지로 자연 또한 사회에 대한 욕망을 충족시킨다. "자연은 서로서로의 상호 원조가 충족시킬 수 있는 다양한 욕구에 의해 인간을 사회로 어쩔 수 없이 밀어 넣었을 뿐만 아니라, 존재 자체에는 필요하지 않음에도 불구하고 존재의 행복에 필수적인 사회적 애착이라는 장치를 인간 안에 심어놓았다."[8] 따라서 인간이란 자신의 범위를 넘어서는 필요와 욕구를 가진 사회적 동물이다. 하지만 사회성을 가늠하고자 하는 목적일지라도 인간은 동등하고 분리된 개개인일 때 가장 제대로 이해할 수 있다.

이러한 자연적 인간 상태에 관한 기술(description)에서, 페인은 확실히 당대의 계몽주의적 자유주의 이론가 및 그들이 의지한 존 로크와 흡사한 것처럼 보인다. 개인의 인권과 사회적 평등을 입증하기 위해 이들 사상가는 개인들이 어떻게 처음 사회를 형성했는지에 관한 이론을 기반으로 삼았다. 그러나 페인은 대부분의 사상가보다 더욱 그리고 분명 로크보다 많이 인간의 사회로의 수렴―욕구를 충족시킬 필요성과 함께 있으려는 욕망에 이끌려―과 이러한 사회들 위에 정부를 수립하는 것 사이의 차이점을 강조한다.

페인에게 자연 상태와 정치적 공동체 사이에는 결정적 중간 단계가 있다. 즉 애초 정부 없이 존재하는 자연적 사회다. 최초로 사회를 이루었을 때, 인간을 한데 모이도록 한 동기와 필요가 자연스럽게 그들의 협력을 이끌었고, 사람들은 엄밀한 의미의 정부가 필요 없는 나름 정교한 수준의 사회생활을 영위했다. 그러나 시간이 흐르면서 필요를 극복하는 데 성공함에 따라 그들은 의무에 해이해졌고, 악행을 억누르기 위해 어떤 형태의 정부가 필요했다.

페인은 이전의 많은 자유주의 이론가보다 사회와 정부 사이의 이런 차이를 더욱 중시하는데, 그것이 미국과 프랑스 두 나라의 혁명을 위한 그의 논거에 중차대하기 때문이다.[9] 전면적인 혁명이 사회 자체의 와해를 초래할 것이며, 그리하여 뒤이을 어떤 정부라도 불법으로 만들 것이라는 (누구보다도 특히 에드먼드 버크가 했던) 비난에 대해 페인은 답안을 갖고 있었다. 첫째, 그는 사회가 정부보다 오래됐고 더욱 중요하다고 말한다. 둘째, 혁명이란 구정부와 똑같은 기원에서 비롯되지만 더욱 정당하게 형성 및 조직된 새 정부를 수립할 목적을 가진 자연적 사회로 회귀한다. "인류를 통치하는 질서 대부분은 정부의 영향이 아니다"라고 페인은 《인권》에서 주장한다. "그것은 사회의 원칙과 인간의 자연법에 그 기원을 두고 있다. 그것은 정부 이전에 존재했으며, 정부라는 의례적 형식을 폐지한다 하더라도 존재할 것이다."[10] 페인은 본래의 사회를 인간 본성의 작용으로 여기는 반면, 정부란 인간의 의지에 의해 창조된 인공적 장치이며, 따라서 불완전한 판단, 특히 권력과 탐욕에 의한 부패에 약하다고 간주한다.

그러나 이 자연적 사회는 여전히 영구불변하게 접근할 수 있다. 그것이 본질적으로 인간 본성의 작용이기 때문에, 우리는 인습적인 정부가 그 기능을 수행하지 못할 때나 시민의 권리를 침해할 때는 언제라도 거기로 되돌아갈 수 있다. 그러한 회귀는—페인이 말하듯—사회가 "정보 (information)를 찾아 자연으로 되돌아가"도록 하고 스스로를 "재건"하도록 한다.[11] 따라서 페인의 유명한 선언처럼 "세상을 다시 시작할 수 있는 힘은 우리 안에 있다".[12] 정부를 떨쳐버림으로써 우리는 본래 사회를 회생시킬 수 있고 "마치 우리가 태초에 살고 있는 것처럼 정부가 시작되는 것을 볼"[13] 수 있다.

이것이 페인에게 혁명이 의미하는 바다—그 핵심은 다시 시작하고 더 나아지기 위한 머나먼 과거로의 회귀다. 그는 《인권》에서 우리에게 말한다. "예전에 혁명이라 일컬었던 것들은 인적 변화 혹은 지역적 상황의 개조에 지나지 않았다. ……그러나 우리가 현재 아메리카와 프랑스의 혁명에서, 세상에서 보고 있는 것은 사물의 자연적 질서, 진리만큼 보편적인 원칙의 체계, 인간이란 존재의 혁신이며, 도덕이 정치적 행복 및 국가적 번영과 결합하는 것이다."[14]

하지만 페인이 염두에 뒀던 회복은 인간이 기록한 역사의 어느 옛 시기로 돌아가는 것이 아니다. 오히려 자연의 순수성으로 회귀하는 걸 추구하는데, 이는 우리의 정치 생활에 분명 영향을 미쳐야 함에도 불구하고 정부의 조직 원리로 제대로 실행에 옮긴 적이 결코 없었다. 이런 측면에서 정치의 최초 시점을 되돌아봄에도 불구하고 페인의 혁명 윤리는 참으로 진보적이다. 혁명은 전에는 얻은 적 없던 자연의 지식에서 출발하기 때문에 스스로를 혁신적이라고 이해한다. 자연 자체는 항상 그대로였지만, 페인은 자신의 시대에 와서야 처음으로 그것을 이해하기에 이르렀다고 믿었다. "지금 새롭다고 일컫는 정부 체계는 기존의 모든 원칙 면에서 고유한 인간의 권리라는 근본 위에 세워진 가장 오래된 것임을 입증할 수 있음에도 불구하고, 압제와 무력이 과거 수세기 동안 권리의 행사를 중단시켜온 이상 그것을 옛것이라고 부를 권리를 주장하느니 새롭다고 부르는 편이 차라리 구별의 목적에 더 유익하다."[15]

페인은 자신이 속한 계몽 시대까지의 인간 역사 대부분을 정부의 올바른 원칙을 이해하려는 노력의 전환점으로 간주한다. "[사람들은] 최선을 발견하기 위한 목적으로 정부의 방식과 원칙에 필요한 실험을 해볼 기회가 너무나도 없었다. 그 때문에 정부는 지금에야 막 알려지기 시작했다."[16]

자연 자체가 그의 시대에 와서야 제대로 알려지기 시작했으므로 정부도 이제야 알려지기 시작했다고 페인은 믿었다. 계몽주의 시대 말의 대부분 동시대인처럼 페인은 자연에 대한 생각을 체계화하는 데 새로운 자연과학의 세계관에 매우 의존했다. 페인이 살았던 시대(아이작 뉴턴 사후 이제 막 반세기가 지난 시기)는 여전히 물리학 혁명—자연 정복과 인간의 역량에 무한한 가능성을 열어준 듯했던 혁명—에 대단히 사로잡혀 있었다. 이 신(新)과학의 근본 원칙은 자연이 합리적 규칙에 따라 별개의 분리 가능한 사물들에 영향을 미치는 별개의 분리 가능한 힘들로 구성—(신과학이 몰아낸 아리스토텔레스의 고대 과학에서처럼) 달성할 수밖에 없는 목적에 따라 정의한 유기적 통일체로 구성된 게 아니라—되었다고 이해했다.

많은 동시대인과 마찬가지로 페인은 자신의 정치철학을 자연을 이해하는 이 새로운 방식의 응용으로 생각했다. 이것이 그가 정부의 기원까지 거슬러 올라가는 데 그토록 중점을 둔 한 가지 이유다. 아울러 그가 자연의 "사실"을 말할 때 상호 작용하는 복잡한 통일체라는 유기적 모델보다 행동의 경계를 설정하는 원칙—합리적 법칙과 규칙—을 염두에 둔 것처럼 보이는 이유이기도 하다. 페인은 이렇게 쓴다. "정부 유형에 대한 내 생각은 어떤 인공(art)으로도 뒤집을 수 없는 자연의 원칙에서 끌어온 것이다. 즉 더 단순하면 할수록 쉽게 무질서화하지 않고, 질서가 무너진다 해도 더 쉽게 바로잡을 수 있다."[17]

자연과 "인공" 혹은 의도적인 인간 행동 사이의 구분은 페인에게 중요하고 확고하다. 즉 자연이란 인간에 내재해 있는, 모든 노력과 의지가 부재한 것인 반면, 인공은 인간 노력의 신물이다. 자연은 이해받기 위해 거기에 존재하고, 자연에 대한 이해는 우리의 선택을 이끌어줄 일련의 규칙을 생산해낸다. 스스로를 일반화 가능한 일련의 법칙으로 나타냄으로써 자연은 모든 면에서 추상적 개념이 된다.

따라서 자연이란 페인의 관점에서 볼 때, 인간과 인간 자신이 창조하지 않은 것 전부를 기술하는 인간의 세계 모두에 관한 사실 및 공리의 집합이다. 자연은 질서 정연하고, 이성적이며, 보편적으로 적용할 수 있는 추상적 규칙의 지배를 받는다. 자연을 가장 잘 이해할 수 있으려면 그것을 가능한 한 가장 단순한 부분들로 나누고, 그 부분들을 가장 손쉽게 식별할 수 있는 가능한 한 가장 최초의 시점까지 거슬러 올라가야 한다.

요컨대 페인이 정의한 대로 사회는 자연의 작용인 반면, 정부는 인공의 산물이다. 그러나 정부의 목적은 인간의 자연권과 자연적 한계에 의해 정의되며, 따라서 인간은 정부를 창조하더라도 자연의 사실을 염두에 두고 개별 인간의 특권과 권리를 보호하며 모두의 자연적 자유와 최선의 이익을 확보할 수 있는 방식으로 만들어야 한다. 그러므로 행정학은 이성을 통한 자연에 관한 지식에서 비롯되며, 정부는 얼마나 실질적으로 인간 개개인의 자유와 평등을 존중하느냐로 평가받을 수 있다.

이러한 이해에 따라 정부를 만들지 못한 것이 자신의 시대까지 정치가 실패한 원인이라고 페인은 믿는다. 그는 이렇게 궁금해한다. "만일 정부가 올바른 원칙에서 비롯되었고 그릇된 원칙을 추구하는 데 관심이 없었다 해도, 세상이 우리가 봐왔듯 형편없고 걸핏하면 싸우는 상황에 놓였을 거라고 상상할 수 있겠는가?"[18]

따라서 현존하는 정부의 정당성을 평가하기 위해 페인은 우리가 자연의 계율—특히 각각의 인간에게 다른 모든 이들과 함께 정부의 진로를 결정할 수 있는 동등한 권리를 부여하는 평등과 개별성의 원칙—을 생각해봐야 한다고 주장한다. 이는 오직 인정받은 권력만이 합법적이고, 오직 국민의 동의를 얻은 정부만이 정당함을 의미한다. 페인은 이렇게 쓴다. "국가에 행사하는 모든 권력은 틀림없이 어떤 출발점을 갖고 있다. 그것은 반드시 위임받거나 혹은 차지하거나 둘 중 하나다. 그 밖에 다른 출처는 없다. 위임받은 모든 권력은 신뢰이며, 차지한 모든 권력은 강탈이다. 시간이 둘의 본성과 특징을 바꾸지는 않는다."[19] 아무리 멀리 떨어져 있더라도 우리는 우리 사회가 어떤 유형인지 결정하기 위해 그 출발점을 돌아봐야 하며, 그러기를 거부하는 자들은 정당성과 관련한 판단을 내릴 수 없다.

원천적으로 정당한 정부란 국민의 선택으로 수립된다. 정권 창출의 필요를 느낄 때 국민 모두가 나서서 "자연권에 의해" 모든 시민이 자신의 의석을 갖는 일종의 의회를 형성한다. 그러나 시간이 지나 공동체가 성장함에 따라 모두가 항시 공공의 관심사를 직접 처리하는 게 불가능해지고, 그래서 그들은 "조직 전체가 참석했을 때처럼 똑같은 방식으로 행동할"[20] 대표자들을 임명한다. 페인에 따르면, 이러한 대의민주주의는 자연에 가장 잘 부합하는 정부 유형이다.

그러나 이는 물론 페인의 시대에 세상에서 가장 흔히 볼 수 있는 유형은 아니었다. 그는 당시 더 흔한 유형이었던 군주제가 어느 모로 보나 무력으로 타인들보다 우위를 차지한 몇몇 강탈자에게서 유래했다고 믿었다. 자연에 그런 불공평한 권력을 위한 정당한 이유가 있을 리 만무하고, 따라서 실제적으로도 명분이 없었다. 페인은 묻는다. "인간을 왕과 신하라고 부르거나, 정부를 군주제·귀족제·민주제라는 별개의 또는 결합된 수뇌부라고 언급할 때, 이러한 용어에서 인간이 이해할 수 있는 추론은 도대체 무엇인가? 만일 정말로 세상의 인간 권력에 둘 혹은 그 이상의 서로 다른 별개 요소가 존재한다면, 그런 용어들을 기술적으로(descriptively) 적용할 수 있는 몇몇 기원을 살펴봐야 할 것이다. 그러나 인간은 한 종밖에 없으므로 인간 권력에는 단 하나의 요소만이 있을 수 있으며, 그 요소란 인간 자신이다."[21] 따라서 그는 《상식》에서 왕들을 노골적으로 조롱하며 이렇게 단언한다. "자연이 그들을 알지 못하듯 그들도 자연을 알지 못한다. 아울러 그들은 우리 자신이 만들어낸 존재이긴 하나 우리를 알지 못한 채 자기들을 창조한 이들의 신이 되었다."[22]

왕과 귀족은 흔히 스스로를 역사의 안개 너머 깊숙한 곳의 고상한 혈통을 지녔다고 묘사하려 하지만 페인은 그것을 용인하려 하지 않는다. "만일 우리가 그 옛날의 어두운 장막을 벗겨내고 그들의 최초 발흥까지 추적해 들어갈 수 있다면, 야만적 관습이나 그중 좀더 나은 출중함으로 약탈자들 사이에서 우두머리 칭호를 쟁취한, 잠시도 가만있지 못하는 어떤 패거리의 으뜸 불한당에 지나지 않는 최초의 그들을 십중팔구 발견할 수 있을 것이다."[23] 설상가상으로 군주들은 불법 권력을 자손에게 세습하면서 그들 자신의 삶을 초월해 국민의 자연권을 부정한다. 근원의 중요성을 강조함으로써 페인은 세습의 원칙을 모든 악의 뿌리에 가깝다고 여긴다. 인간으로 하여금 이전 세대의 결정을 수용하도록 강제함으로써 자기 결정(self-determination)이라는 그들의 자연권을 부정하는 것은 정부의 지극히 부자연스러운 원칙이다.

이렇게 페인은 (정치에 올바른 원칙을 적용하지 못한 인간의 실패 목록으로 이해할 수 있는) 역사에 대한 (이성에 접근 가능한 원칙이라는 관점에서 이해할 수 있는) 자연의 우위를 일관되게 역설한다. 자연이 인간이란 존재에 관해 우리에게 가르쳐주는 사실은 왜 사회가 생겨났는지를 설명해준다. 그리고 인간의 타고난 불완전함은 왜 정당한 정부가 필요한지를 설명해준다. 반면 불법적인 정부의 존재는 왜 전쟁, 가난, 끝없는 다른 골칫거리가 발생해왔는지를 설명해준다. 해결책은 불법적인 정부를 인간의 본성에 대한 최근의 이해와 좀더 연계된 정부로 대체하고, 그렇게 함으로써 자연스러운 평화라는 대의를 앞당기는 것이다. 그리고 정치적 혁명의 목표는—제대로 이해한다면—이런 목적을 가진 자연적 사회로의 회귀다. 페인의 정치사상 대부분은 자연에 대한 이런 성찰에서 비롯되었으며, 그것이 함축하는 바를 계속적으로 추구한다.

버크의 역사적 사회

앞서 살펴봤듯 에드먼드 버크는 방금 페인이 제시한 자연과 정치의 관계에 관한 시각을 배척하면서 공인으로서 경력을 시작했다. 1756년 발간한 그의 첫 대표작 《자연적 사회의 옹호론》은 과거의 모든 인습적 체제를 직시하지 않고 (추상적 규칙의 집합으로 협소하게 이해한) 자연만을 권위나 인간사에 관한 통찰의 근원으로 받아들이는 것은 결국 정치적·사회적 생활을 깊게 부식시킬 것이라고 주장한다.

《자연적 사회의 옹호론》의 풍자적 어조를 통해 버크는 사람들이 모든 현존하는 정부가 우리의 원래 자연적 상태를 변질시켜왔기 때문에 본질적으로 모든 인간의 역사는 실패였다고 가정함으로써 진보를 이룩할 수 있다는 생각을 비웃는다. 페인이 이러한 방법론을 군주제와 귀족제의 공격에 사용하려 한 데 반해, 버크는 《자연적 사회의 옹호론》과 그 밖의 다른 저작에서 그런 방법론은 어떤 다른 유형의 정부도 그리고 사실상 어떤 다른 인간의 체제도 아주 손쉽게 훼손할 수 있다고 주장한다.

무엇보다 버크는 이런 방법론이 사회적·정치적 출발점을 지나치게 중시하기 때문에 틀렸다고 믿는다. 근원을 파헤치는 것은 오판이며 불필요하고 잠재적으로 파괴적인 기획이라고 그는 생각한다. 정부는 자연에서 끌어온 올바른 원칙에서 시작하는 것으로 정당성을 얻지 않는다. 대신 정부는 국민의 필요와 행복에 기여하고, 따라서 이익이라는 어떤 자연스러운 생각을 지향하는 방식으로 시간을 거치며 발전한다.

버크는 어떤 사회의 출발점이라도 거의 분명 어떤 유형의 야만(범죄를 말하는 게 아니라)을 포함하게 마련이라고 쓴다. 그러나 시간의 흐름과 더불어 서서히 급박한 상황에 대응하면서 사회는 더 성숙한 형태—버크가 《프랑스혁명에 관한 성찰》에서 말하듯 "최초에는 폭력적이었지만 합법적 정부로 연화(軟化)하는"[24] 과정—로 발전한다. 그러므로 출발점으로의 귀환은 온당한 원칙 위에서 새롭게 시작할 기회를 제공하는 게 아니라, 야만으로의 회귀라는 위험을 감수하게 할 것이다. "모든 정부의 시작에는 신성한 베일이 드리워 있다"고 버크는 말한다. 왜냐하면 출발점을 노출해서 얻는 것은 거의 없고, 노출 자체로 인해 손해를 보는 매우 현실적인 위험—특히 그 불완전한 기원을 드러냄으로써 정권에 대한 국민의 충성을 약화시킬 위험—이 도사리고 있기 때문이다.[25]

출발점의 중요성에 대한 이런 거부는 서구 전통 안에 있는 대다수 정치사상가—플라톤과 아리스토텔레스로부터 홉스와 로크 및 그들의 근대 계승자에 이르기까지—로부터 버크를 분리시킨다. 이들 사상가는 창립은 중요한 정치적 시점으로서 그때 정권의 성격이 결정적으로 체계화한다고 주장했다.[26] 뒷장들에서 상세히 설명하겠지만, 버크는 오히려 정권은 시간이 흐르면서 형체를 갖추며, 사실 "단 하나의 즉각적인 규제의 결과"는 절대 아니라고 주장한다. 따라서 그 최초의 형태(모든 정치적 사회의 기원은 말할 것도 없이)는 현재의 형태와 기능 그리고 지금 시점까지의 발전만큼 중요하지 않다.[27]

페인은 버크의 출발점 폄하를 신랄하게 비판하면서, 그것은 단지 영국의 특정한 불법적 기원과 대면하는 것을 거부하려는 노력에 지나지 않는다고 주장했다. "막연한 뭔가가 그로 하여금 출발점을 되돌아보는 걸 금하고 있다. 어떤 도둑이나 로빈 후드 같은 자가 시간의 오랜 암흑 속에서 나타나 '내가 그 기원이오'라고 말할까봐 말이다."[28] 버크는 이런 종류의 염려를 시인하면서, 정권의 야만적 기원에 대한 친근한 익숙함이 국민의 애국심을 약화시킬 수 있다고 말한다. 하지만 그의 더 큰 걱정거리는 국민이 자연을 추구하느라 역사를 등한시하다 보면 지혜와 교훈에 관한 최고의 출처는 놔두고 정치 생활에 대한 유용한 지식이라고는 거의 없는 근원을 고민하려 들 것이라는 점이다.

버크는 페인과 다른 자유주의 이론가들이 인간의 전(前) 사회적 본성이 우리에게 들려줄 수 있는 것에 대해 내세우는 특정 주장을 반박하는 데 그다지 신경 쓰지 않는다. 왜냐하면 무엇보다 전(前) 사회적 인간에 대해 생각하는 게 터무니없다고 보기 때문이다.[29] 그렇다고 인간의 본성을 이해하는 게 사회와 정치를 이해하는 데 중요하지 않다는 걸 의미하는 것은 아니지만, 버크는 인간의 본성을 알기 위해서는 인간을 그 자체로, 아울러 적어도 언제나 그래왔듯 우리가 아는 지식대로 이해할 필요가 있다고 주장한다. 즉 인간은 정부가 있는 조직 사회에서 타인과 더불어 살아가는 사회적 생물이라는 것이다. 인간을 고립된 반사회적 존재로 여기는 것은 배울 것이라고는 거의 없는 추상을 좇느라 인간 자체를 간과하는 짓이다. "내가 생각할 때 시민 사회적 인간이 있을 뿐 다른 것은 없다"[30]고 버크는 쓴다.

사회 체제는 확실히 관습적이라고 그는 말한다. 사회 체제는 "종종 심오한 인간의 지혜(내가 볼 때 몇몇 사람이 그다지 현명하지 않게 이야기하는 인간의 권리가 아니라)가 만들어낸 장치다".[31] 하지만 그런 관습에 영향을 미치는 것은 바로 인간의 본성이다. 만일 인간사에서 자연적인 것과 인공적인 것을 엄격하게 구별 짓고, 그 본성을 이해하고자 할 때 인간이 세상에서 하는 모든 것을 경시한다면, 우리는 중대한 실수를 범하는 셈이다. "인공은 인간의 본성이다. 우리는 적어도 미성숙하고 무력한 유아기처럼 형성된 성년의 자연 상태에 있기도 하다. ……시민 사회의 상태란 …… 자연 상태이며, 야만적이고 비논리적인 생활양식보다 진정으로 훨씬 더 그러하다."[32] 자연과 인공 사이의 모호한 구분은 버크에게는 중대한 조치로, 페인을 비롯한 동시대 다른 계몽주의적 자유주의 이론가들과 그를 확연하게 구별짓는다. 데이비드 브로미치의 적절한 표현처럼 버크는 "단일한 인간 환경의 요소로서 사회와 자연에 대한 존경"[33]을 보여준다.

앞서 살펴보았듯 인공과 자연 사이의 구분은 토머스 페인의 세계관에서 중차대하다. 그가 부패한 정권—귀족제와 군주제—은 주로 자연과 인간 사이에 인위적 장벽을 쌓아 모든 개개 인간에게 선천적으로 주어진 권리를 부정한다고 비난하기 때문이다. 페인의 관점에서, 혁명은 회생시키고 처음부터 다시 시작하기 위해 모든 인습을 내던지고 정권이 출현하는 최초의 상황으로 되돌아간다. 자연스러운 것과 인공적인 혹은 인습적인 것 사이의 극명한 구별을 거부함으로써 버크는 그런 회귀의 가능성을 차단한다. 정권은 애초 관습 위에 세워지며, 기교와 인공은 인간에게 자연적이라는 의미에서 자연적이라고 그는 말한다. 사회는 사회 바깥에서만 존재하는 권리에 근거할 수 없다.

버크는 1791년 페인에 대한 직접적 대응으로 프랑스혁명에 관해 이렇게 쓴다. "이런 큰 혼란을 양산해온 허세뿐인 **인권**이 국민의 권리일 리 없다. 국민이 되는 것과 이런 권리를 갖는 것은 양립할 수 없는 일이기 때문이다. 전자는 존재를 가정하고, 후자는 시민 사회 상태의 부재를 상정한다."[34] 국민은 따라서 그런 권리가 효력 있는 전(前) 사회적 상태로 복귀할 수 없다. 그렇게 할 때 그들은 국민이 아니기 때문이다. 버크는 계속 말한다.

국민의 생각은 법인(corporation)의 생각이다. 그것은 전적으로 인공적이며, 공통의 합의에 의한 다른 모든 법적 의제처럼 만들어졌다. ……따라서 사람들이 국가에 그 법인적 형태와 능력을 제공하는 원래의 계약과 합의를 어길 때, 그들은 더 이상 국민이 아니다. 그들은 더 이상 법인으로 존속할 수 없다. 그들은 더 이상 귀속될 법적 강제력도 없고, 국외에서 인정받을 권리도 없다. 그들은 다수의 막연한 소속 없는 개개인이며, 그 이상은 아니다.[35]

따라서 혁명에 대한 페인의 생각이 버크에게는 사회적 자살행위나 다름없는 방안으로 보인다. 왜냐하면 혁명은 정권이 사라져도 사물의 본성에 의해 사회는 지속될 것이라는 — 버크가 틀렸다고 생각하는 — 추정에 의거하고 있기 때문이다. 그러한 소멸의 뒤를 이어 새로운 정권을 형성할 수 있는 어떤 규칙도, 어떤 방법도 없을 것이라고 버크는 주장한다. 재산이나 인명의 보호도 없고, 지도자를 따르거나 다수결 원칙을 고수할 이유도 없고, "재건"의 수단도 없다는 것이다.

사실 버크는 인간이 속한 사회의 그런 재건에 대한 욕망 자체를 끔찍하다고 생각한다. "어떻게 누군가가 자기 나라를 고작 제멋대로 휘갈길 수 있는 백지수표로 여기는 지경에까지 도달했는지 나는 상상조차 할 수 없다"고 버크는 쓴다. "따뜻하고 속 깊은 인정으로 가득 찬 사람이 자신의 사회를 현재와 다른 방법으로 조직하기를 소망할 수는 있다. 그러나 선한 애국자와 진정한 정치가라면 언제나 현존하는 국가의 재료를 어떻게 하면 최대한 활용할까 생각한다."[36] 세상을 다시 시작할 수 있는 힘이 우리 안에는 없다고 버크는 주장한다.

기존의 재료를 활용하고 기존의 형태를 토대로 한다는 것은 추상적 자연 탐구가 아닌, 그 사회의 역사와 성격에 대한 매우 특별한 이해를 필요로 한다. 정부란 관습적이기 때문에, 그리고 추상적인 인간의 권리는 직접적으로 정치 생활을 위한 명확한 규칙을 제공하지 않기 때문에 정치력은 거의 언제나 신중함의 문제이며, 버크가 얘기하듯 "실험과학"이다.[37] 그런 실험의 결과는 즉각적으로 눈에 띄지 않으므로, 그것들로부터 배우자면 시간이 걸린다—흔히 한 사람의 생애보다 오래. 이런 이유 때문에 자연뿐만 아니라 역사도 정치 생활에 영향을 미치게 마련이고, 기존의 정치 유형을 가볍게 버려서는 안 된다.[38] 그렇다고 역사가 언제나 위대하고 지혜로운 업적의 우등생 명부(an honor roll)라는 의미는 아니다. 버크는 《프랑스혁명에 관한 성찰》에서 이렇게 쓴다. 인간의 역사는 "대부분 자만, 야망, 탐욕, 복수, 욕망, 선동, 위선, 제어되지 않은 열의와 끝도 없는 무질서한 욕구가 세상에 초래한 불행으로 이뤄져 있다". 그렇지만 인간의 역사는 또한 이런 악덕을 다루려는 노력으로 이뤄진다. 그리고 최선과 최악의 발현 속에서 역사는 어떤 정치가도 지나칠 수 없는 교훈을 준다.[39]

이와 같이 버크는 페인과 좀더 급진적인 자유주의 철학자들에게 영향을 미친 논법 및 자연이라는 개념에 전적으로 동의하지 않는다. 그러나 다른 사람에 대한 비평으로 자신의 견해를 나타내는 성향 때문에 자기주장의 기저를 이루는 자연에 대한 긍정적 가르침이 퇴색하는 경향이 있다. 페인의 자연관에 대한 버크의 날카로운 거부는 자기 자신의 매우 다른 개념을 향하기 시작한다.

버크는 계몽주의 철학자들이 "인간의 권리에 관한 이론에 지나치게 얽매인 나머지 인간의 본성을 완전히 망각해왔다"[40]고 염려한다. 그들이 그 본성(단순히 운동 중인 물질이나 가동 중인 이성이 아닌 부분)과 관련해 놓친 것에 대해 버크는 상당히 구체적이다. 인간의 본성에 적응한 정치는 인간을 동물적 존재, 이성적 존재, 그리고 공감과 정서를 가진 생물체로 이해한다.[41] 페인을 비롯한 급진적 자유주의 사상가들은 인간의 감정과 상상력의 역할을 자신들의 인간 본성 이해에서 제외한다. 버크는 그들이 인간의 동물적 요소와 이성적 요소를 지나치게 강조함으로써 사실상 인간 본성 및 정치 질서의 열쇠인 감정을 무시할 뿐 아니라 약화시킨다고 우려한다.

혁명가들은 인간은 근본적으로 이성적 동물이므로 단순한 욕구(음식과 안전에 대한)를 충족하면 이성이 인간을 지배할 것이라고 여겼다.[42] 물론 페인을 비롯해 그와 다른 생각을 갖고 있던 사람들도 인간 본성에는 다른 부분이 있다는 사실을 부인하지 않았다. 하지만 버크는 그들이 이성의 노력만으로 그런 다른 요소—특히 열정과 감성—를 다스리는 걸 과신한다고 믿었다.

젊어서부터 버크는 인간사에서 열정이 차지하는 역할에 신경을 썼고, 《자연적 사회의 옹호론》을 출판하고 1년 뒤인 겨우 28세 때 쓴 《숭고와 미의 근원을 찾아서》를 그 주제에 바쳤다. 그는 특히 인간이 죽음에 대해 동시에 갖는 공포와 매혹에 의지하는 숭고가 인간의 상상력에 막대한 힘을 행사한다고 주장했다. 그 힘은 만일 질서와 사회적 평화(다시 말해, 아름다움)에 대한 인간의 동시적 (흔히 더 약하긴 하지만) 끌림의 매력으로 적절하게 관리하지 않을 경우 격렬한 에너지를 억수같이 사회생활에 퍼부을 수 있다. 공동체의 일반적 삶은 바로 이 아름다움과 질서의 사랑을 향한 정서적 애착과 함축적 매력에 상당 부분 의존하고 있으며, 버크의 시각으로 볼 때 이것들은 사회의 정치적 폭력 예방과 따뜻하고 평화로운 관계를 유지하는 데 필수적이지만 일반적으로 그 역할을 인정받지 못하고 있다. 버크에게 이는 사회의 안정된 질서를 쓸데없이 교란하지 말아야 하고 의례, 의식, 사회적·정치적 생활에 흔히 수반되는 전면적인 장관(壯觀, pomp)의 중요성을 묵살해서는 안 되는 한 가지 이유다.

그러나 버크는 감상주의자가 아니었다.[43] 그는 이렇게 썼다. "인간을 그의 열정에 맡겨둬라. 그것은 야수를 야만적이고 변덕스러운 자연에 내버려두는 셈이 될 것이다."[44] 더 정확히 말하면, 정치가 확실히 이성에 답하는 반면, 인간의 이성은 직접적으로 세계와 상호 작용하지 않고 언제나 우리의 상상에 의해 매개된다고 그는 주장했다. 상상은 우리가 감각으로부터 끌어온 데이터에 질서와 형태를 부여하도록 도와준다. 어쨌든 이성은 감성과 열정을 거쳐 적용되고, 그래서 버크가 "도덕적 상상"이라고 부르는 것을 배려하는 게 중요하다. 그것을 방치했을 때 우리의 이성은 폭력과 무질서로 향할 것이기 때문이다.[45]

우리 감성의 어두운 면은 순수 이성이 아니라 더욱 선한 감성들로 완화된다. 우리의 악덕을 멈추도록 간단히 설득할 수는 없다. 하지만 이웃들 사이에서 발전하는 신뢰와 사랑으로, 확고하게 자리 잡은 질서와 평화의 습관으로, 그리고 우리가 속한 공동체 혹은 국가에 대한 자부심으로 마음껏 자행하는 악덕을 단념시킬 수 있다. 정치가의 어려운 책무 중 일부는 이성의 한계에 대한 이런 이해에 따라 합리적으로 행동하면서 이러한 균형을 함께 유지하는 것이다. "따라서 자신이 관장하는 국민의 성향이 정치가의 첫 번째 연구 과제여야 한다"[46]고 버크는 단호하게 말한다. 버크에게 이것은 정치를 논리적 공리의 단순한 적용으로 축소해서는 안 되는 또 다른 이유다. 버크와 동시대를 살았던 윌리엄 해즐릿(William Hazlitt)이 말했듯 "[버크는] 인간이 배고픔, 목마름, 더위와 추위에 대한 감각은 물론 애정과 정열과 상상의 힘을 가졌음을 알았다. ……그는 개인적 도덕성의 기초를 형성하는 규칙은 이성, 즉 그 규칙의 대상인 사물의 추상적 속성이 아니라, 인간의 본성과 이성은 물론 습관·상상·감성에서 비롯된 어떤 것에 영향을 받는 인간의 수용력에서 발견할 수 있다는 것

을 이해했다".[47]

자연스러운 열정에 대한 이러한 평생의 관심은 버크로 하여금 정치 생활에서 습관과 감성의 역할에, 그리고 평화의 습성을 깨거나 또는 걷잡을 수 없는 테러나 무력의 습성을 생성하는 위험 요인에 기민하게 대응하도록 만들었다. 따라서 그는 아메리카에서의 영국의 조치가 미국인의 권리를 침해한 것은 아닐지라도 미국인의 습관과 정서에 대한 모욕이었기에 반대했던 것이다. 같은 이유로 그는 인도에 파견한 젊은 영국인들이 현지인에게 행사하도록 부여받은 무제한적 권력에 얼마나 영향을 받을지 걱정했다. 아울러 프랑스의 혁명 세력이 사회생활을 미화한 모든 신화를 깨뜨림으로써 관련된 모든 이를 묶어놓았던 습관과 통제의 밧줄을 풀어버릴 가공할 공포의 파문을 일으키리라는 것을 누구보다도 일찍 두려워했다.

이런 측면에서 버크는 혁명가들의 행동은—인간 본성의 정서적 측면을 부정함으로써—극도로 부자연스럽고 반자연적이라고 주장했다. 그는 페인 및 영국과 프랑스 급진주의자들에게 정치에서 쓰는 자연의 언어를 양도하길 거부했다. 과격한 정치적 혼란에 반대하는 그의 논거는 급진주의자들의 그것과는 사뭇 다른 자연 개념에 뿌리를 두고 있었다. 프랑스혁명에 관한 저술에서 버크는 혁명가들이 "자연과 전쟁을 벌이고" 있다거나 "자연의 질서"를 뒤집고 있다고 거듭 말했다.[48] 하지만 혁명 전 프랑스의 특정 체제나 제도 자체가 자연스럽다고는 주장하지 않았다. 그것은 질서의 전복이 아니었다. 오히려 혁명 세력은 인간의 본성과 싸우고 있었다. 그들은 민심을 간과하거나 제어하는 데 실패함으로써 위험천만하게도 사회에 그러한 열정의 가장 사악한 구폐를 풀어놓으려 했다. 이들리 국민을 테러와 폭력 행위에 완전히 둔감해지도록 몰아갔고, 그렇게 해서 혁명 이후의 질서 정연한 사회생활이 불가능하게끔 만들었다.

이것이 버크가 혁명을 특징짓는 어떤 특정 행동에 대한 자연스러운 혐오라고 표현한 것을 그토록 힘주어 강조했던 이유다. 끔찍한 권력에 대한 자연스러운 반감은 기능적 사회라는 버크의 비전에 절대적으로 중요하다. 혁명 세력의 이런 자연적 반응의 결핍은 버크가 그들을 맹렬히 반대한 것과 상당한 관련이 있었다. 혁명의 집단 폭력을 찬양하는 리처드 프라이스의 연설(버크로 하여금 처음 《성찰》을 쓰게 만든)에 대해 그는 못마땅하다는 듯 이렇게 설명한다.

내가 목사인 프라이스 박사와 그 담론의 감성을 기꺼이 채택할 그의 평신도 무리와 왜 그리 다르게 느끼느냐고? 그 이유는 분명하다―내가 그러는 게 **자연스럽기** 때문이다. 우리는 언젠가 스러질 번영의 불안정한 조건과 인간의 위대함이라는 엄청난 불확실성에 대해 우울한 기분을 느끼게끔 하는 그런 광경을 보면 영향을 받도록 생겨먹었기 때문이다. 그런 자연스러운 감정 속에서 우리는 커다란 교훈을 얻기 때문이며, 이 같은 사건 속에서 우리의 열정이 이성에 지시를 하기 때문이다. ……만일 그런 광경을 무대 위에서 상연한다면, 내게서 눈물을 끄집어낼지도 모른다. 실생활에서는 거기에 대해 기뻐 어쩔 줄 모를 것이면서도, 나 자신 안에서 과장된 고통의 저 피상적이고 연극적인 느낌을 발견한다는 게 진심으로 나는 수치스럽다.[49]

버크는 혁명의 광경에 대한 그와 같은 자연스러운 반응의 부재 속에서 확실한 문제의 징후―재앙으로 끝나고 말 규제의 결핍―를 발견했다. 극단적으로 부자연스러운 이 규제의 결핍은 버크가 보기에 누군가가 가르쳐줘야 했다. 자연과 상충하는 정치 이론의 산물, 그것은 폭력을 정당화하고 대중을 폭력에 둔감하게 만들 조짐을 보였다. "이것은 인권 승리의 영광에 도취해 옳고 그름에 대한 모든 **자연적인** 감각을 상실한 결과임에 틀림없다"[50]고 버크는 걱정한다. 집단 폭동을 위해 복무하는 정교한 이론은 세상에서 가장 위험한 것이나 다름없다.

　그와 대조적으로 대부분의 영국인은 아직 그들의 평화적 습성을 벗어나 교육받은 적이 없다고 버크는 믿었다. 그는 자신의 동포는 "일반적으로 배우지 않고 터득한 감정을 가진 사람들"이어서 혁명가의 급진주의보다 인간 본성에 대해 더욱 진실 되게 말한다고 썼다. 《성찰》의 가장 유명한 구절 중 한 대목에서 버크는 영국인의 평화로운 습성에 대해 자세히 설명한다.

　영국에서 우리는 …… 아직 타고난 창자(entrails)까지 완전히 내주지는 않았다. 우리는 우리 내부에서 여전히 느끼고, 간직하고, 쌓아간다. 충실한 수호자이자, 우리 의무의 활발한 감시 장치이자, 모든 자유주의적이고 인간적인 도덕의 진정한 지지자인 저 선천적인 감수성을. ……우리는 박물관의 박제된 새처럼 야유와 소란 그리고 인권에 관한 시시껄렁한 빛바랜 종잇조각들로 가득 채워지기 위해 사지를 묶인 채 질질 끌려간 적이 없다. ……우리에게는 가슴속에 펄떡이는 피와 살로 된 진짜 심장이 있다. 우리는 신을 두려워한다. 우리는 경외심으로 왕을 우러른다. 의회에는 애정을, 치안 판사에게는 의무를, 성직자에게는 공경을, 귀족에게는 존경을 갖는다. 왜일까? 그런 생각이 우리 머릿속에 깃들 때 거기에 영향을 받는 것은 자연스럽기 때문이다. 모든 다른 감정은 가짜이고 거짓되며, 우리 정신을 타락시키고 우리의 기본 도덕을 헛되게 하고 우리를 합리적 자유에 맞지 않게끔 만드는 경향이 있기 때문이다.[51]

　그의 설명에 따르면 도덕·습성·관습이라는 전체 시스템은 사회에 우호적인 감성을 지원하기 위해 발생해왔고, 그 시스템을 뒤집으려는 시도는 그러한 감성을 송두리째 제거함으로써 사회적 평화와 개인의 안전을 위태롭게 만든다.

그 시스템은 일반적으로 "기사도"라는 옛날식 이름을 길잡이로 삼아왔다고 버크는 말한다. 그것은 중요하면서도 종종 위험한 두 묶음의 관계를 진정시키고 미화하려는 일련의 습성이다. 남성과 여성 사이의 관계가 그 하나이고, 지배자와 피지배자 간의 관계가 다른 하나다. 기사도 체제는 고귀한 정서와 감정(한쪽에는 상냥함·헌신·성실함, 다른 한쪽에는 의무·임무·충성)으로 그것들을 승격시킴으로써 두 묶음의 관계에 기품을 부여했다.[52] 그러나 버크가 근대 유럽의 특징을 이뤄왔다고 믿은 이 전통이 혁명 세력들로부터 공격을 받고 있었다.

모든 게 변하려 한다. 권력을 온화하게, 복종을 자유롭게, 삶의 다양한 차이를 일치하게, 사적인 집단을 아름답고 부드럽게 하는 감정을 단조로운 흡수를 통해 정치에 통합시켰던 모든 기분 좋은 환상이 빛과 이성에 정복당한 이 새로운 제국에 의해 무너지려 한다. 삶이라는 옷감의 모든 품위 있는 주름이 무례하게 찢기려 한다. 심장이 소유하고 있는, 벌거벗은 채 오슬오슬 떠는 우리 본성의 결함을 덮어주고, 그것을 우리 자신의 판단 안에서 품위로까지 끌어올리는 데 필요하다고 이해심이 승인한, 도덕적 상상력의 옷장으로부터 공급된 모든 덧붙여진 생각이 터무니없고 우스꽝스럽고 시대에 뒤떨어졌다며 산산이 부서지려 한다.[53]

급진주의자들이 생각하는 본성은 단지 우리의 벌거벗은 동물적 본성과 그것을 폭로하는 노골적 이성이다. 아울러 이 삭막한 철학은 아름다움에 대한 호소를 벗겨냄으로써 급진주의와 폭력을 가로막는 모든 장벽을 뿌리 뽑는다고 버크는 주장한다. "이런 세상의 도식 위에서 왕은 그냥 남자다. 왕비는 그저 여자다. 여자는 한낱 동물이다. 최상위에 있지 않은 동물이다."[54] 이런 의미에서 급진주의는 그야말로 인간성을 말살한다.

그리고 기사도의 부재—통탄할 만한 침해와 남용에 격노하지 않는 것—는 사회에 끔찍한 결과를 가져온다. 이것이 프랑스에 관한 버크의 저술 중에서 가장 유명하고 가장 거센 비판을 받은 과장된 수식이 나온 배경이다. 마리 앙투아네트를 향한 장엄하고 낭만적인 찬양이 바로 그것이다. 이는 폭도들이 루이 16세의 왕궁을 공격하고 하마터면 왕비를 시해할 뻔했던 1789년 10월 6일 사건에 대한 대응으로 쓴 것이다. 버크는 언젠가 반(半)공식적인 베르사유 방문 중 왕비를 알현한 일을 반추하면서 글을 시작한다.

프랑스 왕비를 뵌 지 이제 16년 혹은 17년. 손도 대지 않았을 보주(寶珠: 왕관 꼭대기에 십자가가 붙은 구체—옮긴이)의 광채가 그녀를 비춘 것은 분명 아니었으나, 당시 베르사유 왕비는 더욱 유쾌한 빛을 발하는 미(美)의 강림이었다. 지평선 바로 위에 선 그녀를 보았다. 이제 갓 진입한 저 높은 세계를 장식하고 환호하는—생기와 광휘와 환희로 가득 차 샛별처럼 반짝거리는—그녀를. 오! 혁명이라니! 도대체 어떤 심장을 가져야 저 격상(elevation)과 저 몰락(fall)을 아무런 감정 없이 볼 수 있단 말인가! 열렬하면서도 감히 가까이 가지 못하는 정중한 연모의 작위에 숭배의 작위가 그녀에게 더해졌기에 나는 꿈에도 생각지 못했다. 그녀가 급성 불명예 해독제를 그 가슴속에 품고 다니게 될 줄은.

버크는 왕비의 목숨이 위태로울 때 프랑스 국민이 그녀를 보호하지 않으려 했고, 심지어 그런 공격에 특별히 반응하지도 않는 것 같아 몹시 불안했다. 《성찰》의 유명하고 (거의 고통스러울 정도로) 현란한 구절에서 이렇게 적은 것처럼.

꿈에도 난 생각지 못했다. 용맹한 사내들의 나라, 신사와 기사들의 나라에서 그런 참사가 그녀를 덮치는 걸 살아서 보게 될 줄은. 분명 수만 개의 검이 그녀를 모욕으로 위협하는 눈초리를 하나라도 응징하겠노라며 칼집에서 뛰어내릴 것이라고 생각했다. 하지만 기사도의 시대는 갔다. 궤변가, 경제학자, 회계사들의 시대가 찾아왔다. 그리고 유럽의 영광은 영원히 소멸했다. 다시는, 두 번 다시 우리는 지위와 이성(異性)에 대한 저 너그러운 충성심을, 저 위풍당당한 굴복을, 저 품위 있는 순종을, 노예 상태 속에서도 고양된 자유의 영혼을 살아 있게 했던 마음의 복종을 보지 못할 것이다. 매수되지 않는 삶의 기품, 값비싼 비용이 들지 않는 국가 방위, 남자다운 정조와 영웅적 기상의 배양은 사라졌다! 오점을 상처처럼 느끼고, 잔인함은 가라앉으면서 용기를 북돋고, 손대는 것마다 품격을 높이고, 그 아래에서는 악덕마저도 무례함을 온통 잃어 독기를 절반은 상실하고 마는 저 순결한 명예가, 저 원칙의 감성이 사라진 것이다.[55]

이 구절은 순전히 미사여구만으로도 경멸의 대상이 되었고, 그런 일은 곧바로 벌어졌다. 버크의 친한 친구 필립 프랜시스(Philip Francis)가 논평을 위한 초기 원고를 받았다. 《성찰》의 최초 독자인 프랜시스는 이 수필이 전체적으로 매우 강렬하긴 하지만 "내 생각에 자네가 왕비에 대해 말하는 것은 전부 순전한 겉치레네. 그녀가 완벽한 여성 캐릭터라면, 자네는 그녀의 미덕을 근거로 삼아야 하네. 그 여자가 만일 정반대라면, 연인도 아닌 누군가가 그녀의 죄악과 반대되는 개인적 매력을 늘어놓는 것은 웃기는 일이지"[56]라고 버크에게 썼다.

페인의 비평은 훨씬 더 가혹해서, 버크가 독자들에게 프랑스의 낡은 정권이 자행한 끔찍한 짓을 감추는 "비극적 그림"을 스케치했다고 비난하며, 그를 사라진 기사도의 시대를 찾아 풍차를 뒤쫓는 일종의 돈키호테 같은 기사로 묘사했다.[57] 이 비평은 어떤 점에서 프랜시스보다 훨씬 정확했다. 버크가 프랜시스에게 보낸 회신에서 명료하게 밝혔듯 왕비를 보호하기 위해 수천의 검들이 뛰어내렸어야 했다는 말은 왕비란 인물에 대한 고찰이 아니었다. 그것은 기사도라는 체제 아래 살았고 여성이 학대당하도록 방치하지 말아야 할 사람들의 됨됨이에 대한 성찰이었다. 남성은 세련된 냉소주의에 자리를 내주기보다 연민과 공경에 대한 자연스러운 반응이 행동을 지배하도록 충분히 교양을 갖춰야 한다. 올바른 목표에 맞춰 인간의 자연스러운 감정을 교육하려는 노력을 내던진 정치 제도란 이내 독재로 타락하고 만다. 총칼의 위협 말고는 국민의 충성심을 장악하지 못할 것이기 때문이다. 버크는 《성찰》에서 이렇게 썼다. "차디찬 가슴과 흐릿한 이해의 성과이자 취향과 우아함이 일체 거세된 만큼이나 견고한 지혜도 결여한 이 상스러운 철학의 책략 위에서, 법은 오로지 스스로의 공포에 의해 뒷받침될 뿐이다. ……**그러한** 학문의 수풀 속에서 모든 전망의 끝에 당신에게 보이는 것은 오지 교수대뿐이다. 영국언방으로서는 정이 갈 만한 게 아무것도 남아 있지 않다."[58]

버크는 이렇게 처음에는 자연에 대한 격렬한 호소를 잠재적으로 파괴적인 것으로서 거부하다가, 다음에는 자신이 보기에 정확히 급진주의자에 의해 허물어질지도 모를 것들을 참조해서 인간의 본성에 대해 긍정적으로 기술하기 시작한다. 이성마저 인도할 인간의 상상력에 의지하는 것은 정치 생활과 결정적으로 관련 있는 엄연한 사실이다. 성공적인 정치 질서란 "도덕적 상상력의 옷장"을 보호하고 유지해야 하며, 결코 그 중요성을 잊어서는 안 된다.

하지만 정확히 어떻게 그런 정치적 질서를 시간의 경과와 더불어 구축하고 지속할 수 있을까? 토머스 페인의 자연 모델은—개인주의와 평등에서 비롯된 일련의 이성적 규칙을 받아들이는—자연에 대한 특정한 이해를 시간이 흐름과 함께 변화를 구체화하는 정당성의 기준으로 제시함으로써 결국에는 정치적 행동의 수단과 목표를 모두 제시한다. 버크의 인간본성에 대한 이해는 인간 본성에 관한 긍정적 가르침에 기반을 둔 이성을 포함해 페인 모델의 적용에 따른 실제적 결과를 우려하는 이성(reason)을 제시한다. 그러나 버크 자신의 대안적 시각은 정치적 변화에 대해 어떻게 말할까? 여기서 버크는 그에 대한 해답으로 가장 명쾌하게 자연에 의지한다.

버크는 어떤 특정한 정치 제도는 인간에게 어느 정도 자연 발생적이라는 것을 부인하지만, 어떻게 하면 시간의 흐름에 따른 정치적 변화를 가장 잘 관리하고 이끌어나갈지 생각할 때 자연에서 어떤 변화가 발생하는지 그 **모델**을 주시하며 선택적으로 따르는 게 지혜롭다고 믿는다. 버크가 말하는 자연 모델은 페인식의 근대 물리학에 가까운 합리적 규칙의 제도가 아니라, 세대를 거듭하며 자신의 특성을 전달하는 생물학적 유기체의 사례, 즉 유전 시스템에 더 가깝다. 《성찰》의 한 비범한 구절에서, 버크는 자연의 사례가 정치 생활에 대한 좀더 폭넓은 그의 관점에서 왜 중요한지를 보여준다.

합헌적 정책으로 자연의 귀감을 따라 일하면서, 우리는 우리의 재산과 삶을 누리며 전달하는 것과 똑같은 방식으로 우리 정부와 특권을 수용하고, 유지하고,

전달한다. 정책의 제도, 행운으로 얻은 재산, 신이 내린 재능은 우리에게 대물림되고 그 똑같은 경로와 질서로 우리로부터 전해 내려간다. 우리의 정치 체제는 세계의 질서, 그리고 일시적인 부분들로 이뤄진 영구적인 조직에 결정되어 있는 존재 양식과 정확한 일치 및 대칭을 이룬다. 거기서 엄청난 지혜를 발휘해 인류의 위대하고도 불가사의한 결합을 빚어내면서 전체(the whole)는 결코 한꺼번에 늙지도, 중년이 되지도, 어려지지도 않고 불변하는 항상성의 상태 속에서 끊임없이 계속되는 부패와 타락과 혁신과 진보의 다양한 행로를 거치며 앞으로 나아간다. 국가 경영에 이렇게 자연의 방식을 간직함으로써 우리가 개선하는 것에는 전적으로 새로운 것도 없고, 우리가 보유한 것에는 전적으로 낡은 것도 없다.[59]

이 비유는 버크의 자연관에 대해 많은 것을 우리에게 가르쳐준다. 그것은 탄생과 죽음이라는 사실, 그리고 변화, 부패, 개선, 진보를 관리할 필요성에 대한 그의 집중을 보여준다. 또한 개인보다는 일종의 생물학적 종(種) 모델을 염두에 두고 있다. 그래서 자연에 대한 그의 호소는 페인과 사뭇 다르게 개인주의가 아닌 더 넓은 맥락 안에 뿌리박힌, 무조건적이고 피할 수 없는 모든 개인이라는 논거를 드러낸다.

그러나 버크는 이런 해석을 모델로서만 여긴다고 분명히 밝힌다. 정치에 대한 이런 접근법은 일종의 선택이지 당연한 진리는 아니다. 자연과 정치 사이의 대비는 "추론이 비롯되는 유추를 공급하기보다는 예시하거나 장식하는(adorn) 유사성을 제공한다".[60] 영국인은 정치 생활에서 자연 모델―부드럽고 점진적인 변화를 가능케 하는 전달과 상속의 모델―에 대한 신봉을 **선택한다**고 버크는 주장한다. 영국인은 다른 선택을 할 수도 있었다. 하지만 자연 모델은 진보에 이르는 어떤 복잡하고 필연적인 자연 발생적 장벽을 다루는 데 있어 자연 세계에서 분명히 드러나는 장점에 의지하기 때문에 영국인은 지혜롭게 이 모델을 따른다. 무엇보다 대표적인 장벽은 인간은 태어나고 죽으며, 따라서 인류는 언제나 단절의 위협을 받는다는 것이다. 정보를 찾기 위해 모든 세대를 인류 최초의 기원으로 돌려보내기보다 세대를 또 다른 세대와 연결시킴으로써, 버크의 모델은 우리 인간에게 선택의 여지가 없는 생애 주기를 감안하는 문화 전승의 수단을 확보한다.

그것은 또한 책임 있는 변화를 가능케 한다. 우리 자신을 언제나 유산을 이월하고 개선하는 존재로 봄으로써, 우리가 뭔가를 하는 최초의 존재라고 느낄 필요가 없고 새로운 사상조차 옛 사상의 양식에 어울리게 된다고 버크는 판단한다―그렇게 해서 혁신가들의 통상적인 무례함 없이도 점진적 혁신이 개선을 가져올 수 있다. 나이와 세월에 대한 감각은 또한 사회에 대한 존경을 심어주며 평화롭고 너그러운 정서적 애착을 북돋운다. "이런 방법으로 우리의 방임된 자유는 고결한 자율이 된다. 그것은 웅장하고 인상적인 양상을 수반한다. 거기에는 혈통과 그것을 예중하는 선조들이 있다."[61]

기존의 정치 체제와 관습을 상속된 유산으로 다룸으로써, 시민은 그것을 일종의 책임―보존하고 적절히 개선하면 미래에 혜택을 볼 수 있는 과거로부터의 선물―으로 생각하게 되고, 따라서 가볍게 묵살하지 않는다. 버크는 인간이 선천적으로 새로움과 흥분에 끌린다는 사실을 우려하는데, 주어진 것의 아름다움에 자극을 받음으로써만 인간은 그것의 장점을 깨닫고, 그럼으로써 그것을 뒤집는 데 마땅히 회의적이고 신중해진다.[62] 물론 옛날부터 시도한 모델이 항상 효과적인 것은 아니다. 하지만 그것이 실패했을 때 사회는 검증되지 않은 아이디어로 새롭게 출발하기보다 점진적으로 정말 효과적인 것을 기반으로 일을 처리하는 게 현명할 것이다.

버크는 따라서 점진적 변화—혁명보다는 진화—의 모델을 제시한다. 어떤 면에서 그는 전통을 현대 생물학이 자연 진화의 결과로 간주하는 어떤 특성을 가진 과정으로 여긴다. 그 과정의 산물은 소중하다. 그것이 오래되어서가 아니라 진일보한—수년간의 시행착오를 거쳐 발전하고 환경에 적응해온—것이기 때문이다. 버크가 종종 "처방(prescription)"이라 일컫는 이 모델에 기반을 둔 정치 생활 접근법은 처음부터 다시 시작하느라 나이와 경험의 장점을 잃어버리기보다 안정된 관습과 제도를 변화하는 시대상에 맞춰 조정하는 하나의 방식이다. 뒤에서 살펴보겠지만 이 자연 모델은 버크식 처방 개념의 토대일 뿐 결코 전부가 아니다.

그러나 버크가 과거의 관습을 변함없이 고수하는 데 찬성하는 것은 아니다. 반대로 그는 인류 공동체가 마땅히 교훈을 얻어야 할 방식을 통해 변화에 대적하는 것이야말로 자연 세계의 가장 큰 힘 중 하나라고 믿는다. "우리 모두는 변화의 대법칙을 따라야 한다. 그것은 가장 강력한 자연의 법칙이고, 어쩌면 자연의 보존 수단이다. 우리가 할 수 있는, 그리고 인간의 지혜가 할 수 있는 모든 것은 그저 변화가 의식하지 못할 정도로 진행된다는 사실을 규정하는 것이다. 여기에는 돌연변이에 따른 불편이 전혀 없고, 변화에서 얻을 수 있는 모든 혜택이 있다."[63] 아울러 이는 주어진 세계에서 자연 모델을 따라 국민에게 투자함으로써 성취된다. 따라서 버크에게 자연은 원칙과 공리의 원천이 아니라, 변화의 살아 있는 모델을 제시한다. 그것도 상상력과 감성에 의존하는 인간의 본성 그리고 인간의 삶과 죽음이라는 자연적 사실에 특히 알맞은 모델을 말이다.

그러나 변화는 점진적으로 이뤄져야 한다는 버크의 강행 규범은 그와 페인 사이에 또 다른 깊은 분열을 보여주는 성가신 질문을 제기한다. 사회적 평화와 정치적 정당성을 위해 가장 중요한 것은 변화의 **속도**인가? 본질 혹은 방향 역시 중요하지 않은가? 그것을 점진적으로 이행하고 선례를 존중하는 한 어떤 종류의 변화는 다른 변화만큼 좋은 것인가?

페인이 역사보다 자연을 강조하는 것은 적절한 행동 원칙에 대한, 따라서 정의에 대한 호소다. 역사를 통해 이해한 버크의 자연에 대한 탄원은 신중하고 점진적인 변화 모델을 촉구하는 것이며, 따라서 질서에 대한 호소다. 그러나 정의에 대한 호소는 너무나 급진적이고 혁명적인 나머지 정치적·사회적 질서에 대한 모든 희망을 허물어야 하는 정치적·사회적 변화의 수단을 필요로 하는가? 그리고 질서에 대한 호소에는 이 세상의 행동에 대한 적절한 지침으로서 정의의 원칙을 위한 여지가 없는가? 그러므로 정치에 있어 적절한 자연 모델에 대한 버크와 페인의 의견차는 정의와 질서에 관한 분쟁으로 어김없이 이어진다.

3 정의와 질서

버크와 페인은 모두 자신의 정치사상과 특히 정치적 변화에 대한 이해의 근거를 제시하고자 자연 모델을 끌어온다. 그러나 그 모델 사이의 차이가 그들이 좋은 변화와 나쁜 변화를 어떻게 구분하는지에 엄청난 영향을 미친다.

페인에게 자연에 대한 호소란 주로 정의에 대한 호소다. 다소 추상적이고 이론적인 표현 방식에도 불구하고, 페인의 열정은 언제나 불평등과 인간의 고통을 향한 분노에서 나온다. 그는 버크가 정치 원칙의 자연적 뿌리를 부정하는 데서 도덕적 공백을 감지하고, 상류층과 권력층에 대한 낭만적 축사(celebration) 속에서 하층민과 약자를 위한 연민이 현저하게 결핍되어 있음을 발견한다. 왕비가 군중에게 공격당할 때 매우 비극적으로 그 장면을 묘사하는 게 더 쉬울지는 몰라도, 국민 전체가 부패한 정권에 짓밟힐 때 도움을 주는 게 더욱 중요하다고 페인은 말한다. "그는 깃털을 가여워하면서 죽어가는 새는 잊고 있다."[1] 버크에 관해 페인이 쓴 유명한 구절이다. 그리고 페인은 정치에서 도덕적 상상력이 차지하는 위상에 대한 (페인이 보기에 너무 지나친) 강조에 눈이 멀어 버크가 프랑스 국민에게 만연한 불평등을 보지 못했다고 믿는다.

아름다움과 질서, 우리가 물려받은 뿌리 깊은 관습의 멋들어진 장엄함에 대한 버크의 모든 호소가 페인에게는 불평등·무관심·부당함에 대한 변명으로 비친다. 그는 사람들이 선천적으로 너무 사악하기 때문에 이를 억누르기 위해 아름다운 환상이 필요하다고 생각하지 않는다. 페인은 그런 환상은 국민이 자신의 권리를 빼앗겨왔음을 알지 못하게끔 하는 데 필요할 뿐이라고 주장한다. 그렇다면 어떤 면에서 버크와 페인은 서로를 똑같은 악덕으로 비난하는 셈이다. 둘은 모두 상대방이 자연과 정치에 대한 자신의 이론 때문에 인간의 고통에 냉담해졌다고 말한다.

프랑스에 관한 저술에서 버크는 지배자의 손아귀에 있는 국민의 고통보다 군중의 손에 놓인 권력자의 고통을 명백하게 훨씬 더 중시한다. 아울러 자신이 그러는 것은 귀족이나 성직자의 재산에 대한 염려 때문이 아니라, 군중의 도덕적 타락에 대한 걱정 때문이라고 주장한다. 그는 군중이 잘못된 이론 때문에 폭력적 과격주의로 빠졌다고 여겼다.[2] 아주 드물게 프랑스 국민의 고통을 인정할 때조차 버크는 혁명의 평등화 철학이 국민에게 훨씬 더 많은 해를 끼칠 것이며, 사회를 뒤엎지 않고도 상황을 처리할 방법이 있다고 주장한다. 버크는 구체제를 그다지 옹호하지 않지만, 신체제가 진보는 아니라고 생각한다. 그는 혁명이 "야만의 일부를 다른 일부로, 그것도 더 나쁜 일부로 교체"[3]하는 일을 수반한다고 쓴다. 버크의 관심사는 명확하게 인도주의적이지는 않으며, 그가 변호하는 자연 모델은 정의 모델이 아니라 점진적 변화 모델이다.

페인이 강제로 권력을 빼앗긴 이들의 고통에 냉담할 뿐만 아니라, 가끔은 그들의 몰락과 학대에 노골적으로 들떴다는 것 또한 의심의 여지가 없다. 버크를 그토록 고통스럽게 하는 군중의 행동이 페인에게는 정당할 뿐 아니라 명백히 정권의 극단적 폭정과 불의로 인해 초래된 것이다.[4]

그런 까닭에 각각 상대방이 자신의 정치 이론(실제로는 자연에 관한 이론)으로 말미암아 어떤 종류의 불의를 눈뜨고도 못 보게 됐다며 비난하는 것은 부분적으로 옳다. 그러나 두 사람은 비난에 대한 답변 역시 갖고 있다. 페인의 대답은 우렁차고 또렷하다. 그에게 정의는 자유주의 정치의 합리적 원칙 안에서 구체화한다. 국민의 선택과 찬성을 얻은 정부—국민의 권리를 존중하고 국민의 관심사를 대변하는 정부—외에는 부당한 정권이며, 그러한 정부는 뻔뻔한 범행을 통해서만 살아남을 수 있다. 페인의 정치는 도덕규범에 확고하게 닻을 내리고 있다. 그러나 버크식 정치의 도덕적 기반은 사뭇 더 복잡한 문제다.

도덕적 질서와 도덕적 법

버크의 정의 개념에 대해, 특히 자연에 대한 그의 이해를 놓고 볼 때, 우리는 무슨 말을 할 것인가? 그는 사회적·정치적 조직을 인도하는 자연 모델에 호소하지만, 정치적 행동을 판단할 때도 자연의 **규범**에 호소하는가? 그에게 정의의 규범이 있기나 한가? 혹은 정치적 사회의 관례적 특성을 강조하는 것은 그에게 법 자체 말고 외면적인 척도는 보이지 않는다는 뜻인가? 버크는 이 중요한 질문에 간단한 해답을 내놓지 않으며, 그의 업적을 연구하는 학자들은 2세기 동안 그것에 대한 버크의 시각을 두고 분열되었다.

한쪽에는 버크를 일종의 복잡한 공리주의자 혹은 "절차적 보수주의자"
로 해석하는 이들이 있다. 그가 사회적 평화와 효과적인 정부에 관심을
가졌고 관리 부실한 정치적 변화의 위험을 우려했지만, 정치 생활을 규정
할 강력한 도덕률은 부족했다는 것이다.[5] 추상적 이론을 정치 생활에 곧
바로 적용하는 데 대한 격렬한 반대, 처방(관습과 제도를 효과로써 재단하는)과
신중함과 정치적 판단의 편의성, 그리고 정치 공동체는 본질적으로 인습
적이라는 주장 같은 게 이 방면의 학자들로 하여금 버크가 목표를 배제한
수단에 관심을 두며, 그래서 정치적 판단에 있어서는 거의 순수한 편의주
의의 집행자라고 보게끔 만든다.[6] 그는 변화의 속도에 대해서는 걱정하지
만 그 방향에 대해서는 걱정하지 않는다.

어떤 이들은 버크가 프랑스혁명의 합리주의 아래 놓인 실질적 목표와
근본적으로 의견이 다르지 않다고 주장하기까지 한다. "그는 단지 덜 급
하게 목표를 이루고 싶어 할 뿐이다."[7] 이 연구자들이 보는 것처럼 자유
를 수호하고 인간의 존엄성 침해에 반대하는 버크의 이유(가령 아메리카와의
갈등 및 인도에서 일어난 영국인의 비리에 대한 그의 시각에서 뚜렷이 나타나는 이유)는
정치 생활을 규정하는 도덕적 원칙이 아니라, 영국의 집권 체제 및 사회
적 결속의 통합과 관련이 있다. 그러므로 버크는 단순히 주어진 것의 파
수꾼이 아닌, 성공적이고 효과적인 것의 수호자이며, 그에게서 성공이라
함은 대단히 절차적이다.

그러나 버크를 이렇게 해석하는 이들은 그가 손수 집필한 저술 속에서
몇몇 심각한 난관에 봉착한다. 정치 체제의 전통적 근원이라 함은 사회의
보편적 절차에 따라 만들어진 법은 무엇이건 본래 도덕적으로 정당하다
는 것을 뜻한다는 관념에 대해 버크는 확고부동한 비난을 던진다.

인간 사회의 모든 질서와 아름다움 중에서, 모든 평화와 행복 중에서, 일단의 사람들이 자기가 하고 싶은 대로 법을 만들 권리가 있다는 견해, 혹은 법이 그 내용의 질과 관계없이 단지 그 체제로부터 어떤 권위를 끌어낼 수 있다는 견해보다 진정으로 더 체제 전복적인 오류를 지적하기는 힘들 것 같다. 어떤 정책 공방이나 국가적 이유 또는 헌법의 보전도 이러한 관행에 찬성한다면 옹호할 수 없다. 실제로 그 헌법의 틀에 의혹을 제기할 수도 있지만, 이 요지부동인 원칙에 손댈 수는 없다. 사실상 이는 홉스가 지난 세기에 발의했던, 그리고 당시 그토록 빈번하고도 능숙하게 반박당했던 원칙인 듯싶다.[8]

분명 버크는 부당한 법은 존재할 수 있으며, 효과적이라고 해서 특정 정책이 도덕적이거나 옳게 되지는 않는다고 믿었다. 그는 명쾌하게 "악행의 성공을 결백의 기준으로 만들"[9]려 하길 거부했고, 그의 저술은 이런 부인을 뒷받침한다. "인간의 모든 법은 제대로 말하면 선언적일 뿐이다. 그것은 양식과 적용을 바꿀 수는 있지만 근본적 정의의 본질을 마음대로 하지는 못한다."[10] 그는 정치 생활이 타고난 혹은 조물주에 의해 인간에게 심어진 어떤 성향을 실현시켜준다는 개념 역시 반박하지 않는다. 아울러 이런 문제를 거론할 때 극도로 모호하긴 하지만, 스스로 자신의 정치적 성전(聖戰)에서 도덕적 비전의 성낭성을 입증한다고 생각한다.

실제로 그의 도덕주의(적어도 분위기상으로는 그랬다)는 일부 버크 연구자들로 하여금 버크가 공리주의자나 순수한 절차주의자가 아니라 사실은 자연법 철학자—즉 자연에서 명명백백해지거나 계시를 통해 접근 가능한, 인간 삶에 대한 모델이자 기준으로서 역할을 하는 명백한 도덕적 규범의 신봉자— 였다고 주장하도록 만들었다.[11] 그들의 주장에 따르면, 버크는 "국정 운영이란 올바른 이성의 눈에 뚜렷하게 드러나는 주요 도덕 원칙을 구체적 인간사에 실질적으로 적용한 것이라고 생각했다".[12] 이런 관점을 뒷받침하기 위해 그들은 특히 인도와 아일랜드에 관한 버크의 글에 나타난 신, 종교, 자연의 질서에 대한 거듭된 언급을 지적한다.

그리고 정말로 버크는 마지막 두 가지 주제를 다루면서 정치에서의 판단 기준이 효과를 넘어 어떤 정의의 이념에까지 도달해야 한다고 매우 분명하게 단언한다. 1787년 (대영제국의 중요한 지역에서 정부의 이익을 대변하던) 동인도회사가 비열하게 자행한 인도 원주민 학대 소식이 런던에 도달한 후, 버크는 워런 헤이스팅스―인도의 영국인 총독―의 탄핵 소송 절차에 착수했다. 버크는 그 소송이 성장하는 제국의 성격을 구축하는 데 중차대하다고 여겼다. 결국 상원에 의해 헤이스팅스가 무혐의로 풀려나긴 했지만, 버크는 훗날 그 재판에서의 역할을 자신의 가장 중요한 업적으로 거론했다.[13] 자신의 논거를 입증할 실정법이 거의 없었기 때문에 당시 그는 열정적이고 강렬한 호소의 근거를 도덕률에서 찾았다. 버크는 헤이스팅스와 관련해 상원에서 이렇게 말했다. "그가 위반해온 저 영원한 정의라는 법의 이름으로, 그리고 그것의 힘을 빌려 저는 그를 탄핵합니다. 성별과 연령과 지위와 상황과 삶의 환경이 다른 모든 사람을 무자비하게 능욕하고, 상처 입히고, 짓밟은 인간 본성, 그것의 이름으로 저는 그를 탄핵합니다."[14]

이와 비슷하게 고향인 아일랜드에서 가톨릭교도의 권리와 특혜를 제한한 법에 대해서도 버크는 정책이 "인간 본성의 모든 권리를 박탈"[15]하는 데까지 이르렀다고 주장했다. 한 사적인 편지에서, 그는 아일랜드 가톨릭교도와 신교도 사이의 혼합 결혼 금지(당연히 버크에게는 꽤 개인적인 주제) 법안을 "인류의 권리와 자연의 법칙에 대한 잔학 행위"[16]로 가득 찼다고 묘사했다. 그리고 아일랜드적인 문맥 안에서 사실상 정부와 정치 생활의 분명한 목적에 대한 자신의 이해에 가장 근접한 정의를 내린다. "우리가 가진 자연권의 보존과 안전한 향유가 시민 사회의 중요하고도 궁극적인 목적이라는 사실, 아울러 그러한 까닭에 어떤 유형의 정부건 그보다 상위의 목적에 고개를 숙일 때만 좋은 정부가 된다는 사실을 우리 모두는 확신한다."[17]

이는 마치 페인과 프랑스 혁명가들의 말투처럼 들린다. 그리고 언뜻 버크가 시민 사회의 삶과 자연권의 직접적 연관성을 자주 부인한 것과 모순되는 것처럼 보인다. 일부 해석자들이 왜 이러한 진술을 버크가 접근하기 쉬운 자연법을 실정법의 상위 개념으로 보는 증거라고 생각했는지 이해하는 것은 어렵지 않다. 그러나 이런 시각은 버크가 공리주의자라는 비난만큼이나 문제가 있다. 특히 버크의 자연법 해석자들이 대표적으로 거론하는 바로 그 주제(버크가 빈번하게 언급한 종교 문제)를 고려할 때 그렇다.

《프랑스혁명에 관한 성찰》에서 가장 광범위하게 표명한, 공적 생활에서 종교의 적절한 위치에 대한 버크의 견해는 사실 도드라지게 공리주의적이다. 그 주제에 관한 최초의 의견―《자연적 사회의 옹호론》―에서 버크는 종교적 제도와 관습을 단순히 "인공적" 혹은 인습적이라고 공격하는 자들은 시민 사회를 무너뜨릴 위험이 있다고 우려했다. 그의 주장에 따르면, 조직화한 종교에 대한 반대론은 필시 전통에 기반을 둔 모든 사회 제도에 대한 반대론일 수 있다. 《성찰》에서는 거의 똑같은 의견을 긍정적인 방향으로 제시한다. 즉 종교에 대한 공격이 사회적 평화에 유해한 것과 마찬가지로, 종교적 관습과 신념에 대한 공적인 거양(elevation)과 찬동은 사회적 화합과 시민 사회를 강화할 수 있다는 것이다. 요컨대 종교란 확대된 기사도(chivalry) 체제의 한 요소로서 정치권력 사용에 기품을 부여하고 그 사용자들을 온건하게끔 해준다. 버크는 영국국교회 아래 살아가는 시민에 대해 이렇게 기술한다. "그들이 본질적으로 선한 사람이라면 행동이건 문서상에서건 어떤 악도 용인할 수 없음을 습관적으로 확신할 때, 완전히 치안 판사의 정신으로 민간인이든 기독교도든 군인이든 오만하고 무법자적인 군림에 티끌만큼이라도 닮은 것이 있다면 더 잘 뿌리 뽑을 수 있을 것이다."[18]

게다가 종교는 국가에 "축성(consecrating)"을 내림으로써 국민이 정권을 존경하고 거기에 관심을 가질 원동력을 더해준다.[19] 종교, 특히 국교회는 세대 간 연속성과 처방에 기반을 둔 정치 질서를 지속하는 데 필요한 감성적 애착과 평화적 습관을 국민이 갖게끔 하는 데 일조한다.[20] 국가에 신성한 의복을 입히는 것은 또한 그 기원의 방패막이 되고 무분별하고 극단적인 개혁이나 혁명으로부터 국가를 보호하도록 도와준다.[21] 그리고 최종적으로 종교는 가난한 이들로 하여금 자신이 처한 상황을 감당하도록 돕기도 한다. 그들에게서 이러한 위안의 원천을 빼앗는 것은 스스로 "잔인한 압제자요, 불쌍하고 비참한 이들의 무자비한 적"[22]이 되는 것이다.

따라서 버크는 신성한 진리에 이르는 길이 아닌, 거의 오로지 사회와 국가에 유용한가라는 관점에서 종교를 다룬다. 그는 종교 예식의 위력과 아름다움을 대중적 충성과 결속을 구축하는 수단으로 언급한다.[23] 이런 견해에 따르면, 대성당의 장엄함과 화려함은 그게 진정 하나님이 계시한 정의를 기념하는지 여부와 별도로 사회적 유대를 강화할 수 있다. 버크는 이렇게 쓴다. "우리는 알고 있다, 인간은 체질적으로 종교적 동물이라는 사실을. 이를 안다는 것이 우리의 자랑이다." 이런 이유로 그에게 무신론은 사회적 불안을 초래하는 것으로, 종교는 평화에 필수적인 버팀목으로 보인다.[24] 하지만 버크의 정치사상에서 종교가 중심적 위치를 배정받는 것은 명확하게 그것이 특별하고 궁극적인 판단 기준이라서가 아니라,

바로 하나의 버팀목이기 때문이다. 그는 기독교의 진리를 부인하지 않는다—버크의 사생활과 편지들을 보면 그가 비교적 정통파 신자였다고 생각할 만한 근거가 있다. 하지만 정치가 기독교의 도덕적 주장에 직접적으로 뿌리를 둘 수 있다고는 생각하지 않는다. 오히려 정치는 이런 주장이 신자들에게서 만들어내는 신앙심에 기반을 둘 수 있을 뿐이다.

사실 버크는 종교적 신앙심의 사회적 가치와 그 아래 놓인 이론적 진실 사이의 필연적 연관성을 부인하는 데 대단히 직설적이다. 그는 프랑스 가톨릭교도에 관해 얘기하면서 그들의 믿음은 분명 단지 미신에 불과하지만, 그럼에도 불구하고 이것이 그들의 오래된 종교인 이상 사회적·정치적 생활을 지탱하는 데 결정적 역할을 한다고 쓴다.[25] 그의 주장에 따르면, 영국에서조차 궁극적 진리에 대한 의식과 무관하게 정치가들이 국교회의 규정과 관습을 따르는 것은 일리가 있다. "만일 그들의 행위(거짓말을 거의 하지 않는 유일한 언어)로 인해 그들이 도덕적이고 자연적인 세계의 거대한 지도 원칙을 계속해서 저속함을 무릎 꿇릴 수 있는 한낱 발명품으로 여기는 것처럼 보인다면, 그들은 그와 같은 행위에 의해 그들이 품고 있는 현명한 목적이 무산되리라는 걸 깨달을 것이다. 그들은 스스로도 확연하게 믿지 않는 제도를 타인들로 하여금 믿게끔 만드는 일이 어렵다는 걸 알게 될 것이다."[26]

이는 신성한 국교에 대한 옹호론이긴 하지만, 절대 최종적으로 신의 기준에까지 부합하는 정치를 옹호하는 것은 아니다. 사실상 버크의 좀더 큰 정치적 교리의 또 다른 요소가 그의 철학적 바탕인 자연법 옹호론까지 무너뜨린다. 정치적 행위를 가늠해야 할 실정법 바깥의 기준을 재차 역설함에도 불구하고, 그는 권위와 이해의 궁극적 원천으로서 출발점을 거부함으로써 결국 자연법이 지향하는 인류 역사의 시초에서 그 기준을 찾지 않으리라는 것임을 시사한다. 우리가 살펴보았듯 버크는 시작은 베일에 싸여 있어야 하며, 우리는 전통과 관습이라는 긴 사슬(chain)의 결과—안정, 번영, 충성, 애국심, 고귀함 같은 결과—를 지키려 노력해야 한다고 주장한다. 따라서 그 긴 사슬 자체는 지켜져야 하지만, 이는 그 기원이 완벽해서가 아니다. 그는 그런 기원이 있었다는 걸 믿지도 않는다고 솔직히 말한다. 이는 기독교적 전통주의가 아니다. 사회 발전에 관한 매우 특이하고 상당히 획기적인 사고방식이다.

그러므로 버크는 공리주의적 절차주의자도, 자연법 철학자도 아니라는 게 드러난다. 그는 인간이 만든 법이 최종적 권위를 갖는다고도, 결과만이 중요하다고도 믿지 않는다. 하물며 정치 생활이 불변의 기독교적 진리의 표현이라고도 믿지 않는다. 정권은 신에게서 직접 정당성을 부여받은 게 아니며, 왕의 온갖 변덕 역시 정당하지 않다고 주장한다. 그보다는 정확히 자신의 자연 모델과 (좀더 참신한) 처방이라는 개념에 등장하는 정치적 변화에 대한 새로운 개념을 제안한다. 그럼에도 불구하고 이러한 개념은 시간이 갈수록 순수한 유용성을 넘어선 정의와 판단의 기준으로 향한다.

버크의 생각은 페인의 견해 혹은 정의의 기준이 정치 생활을 이끌어야 한다는 자연법학파의 견해와 다르지 않다. 오히려 그 기준을 **알고** 발견하는 우리의 능력에 대한 관점에서 그들과 다르다. 페인은 자연에 대한 이해의 전제로부터 합리적 추론을 함으로써 그 기준을 알 수 있다고 주장한다. 가령 전(前) 사회적 인간에 대한 지식을 통해 모든 인간은 평등하다—정치 생활을 규정해야 하는 이해—는 것을 알 수 있다. 자연법 전통은 우리가 이론적 혹은 철학적 전제(대부분 자연의 작용 속에서 뚜렷하게 드러난다)에 대한 철학적 성찰을 통해 그 기준을 알 수 있다고 주장한다. 그러나 버크는 이런 고차원적 정의의 기준을 발견하고 정치에 바로 적용하는 우리의 능력에 훨씬 더 회의적이다. 그는 일반적으로 사람은 어떤 창의적 상황 없이 추상적 개념에 대해 곧바로 추론할 수 없기 때문에, 그리고 사회생활이란 전(前) 사회적인 자연적 전제에서 비롯된 단순한 작용이 아니기 때문에 이성이 수준 높은 기준을 곧장 이해하기는 쉽지 않다고 주장한다. 자연과 인간 본성에 대한 버크의 관점은 정치 생활을 이끌어나갈 정의의 기준은 오히려 정치 생활 자체를 경험함으로써 알게 모르게 발견―어쨌든 우리가 알 수 있는 정도까지―할 수 있다고 주장한다.

그러므로 버크는 영국의 사회적·정치적 체제(그가 "영국 헌법"이라 묘사하는 것) 속에서 구현된 전통은 자연 생성 모델 위에 구축된 것으로 영국인이 정부에 관한 탁월한 기준에 도달하는 최상의 수단이라고 믿는다. 헌법적 전통은 한 목소리를 내지 않으며, 그것이 인권을 규정한 인류의 시발점에 기대는 단순한 일련의 근본 원칙에서 출발하지 않았음을 그는 인정한다. 하지만 (언제나 예외는 있다 할지라도) 전통은 그것이 축적하는 규범 안에서 단순한 관례를 넘어 차츰차츰 진정한 기준에 근접해간다. 이런 견해는 자연법 철학도, 표준 없는 공리주의도 아니다. 버크의 자연적 변화 모델에 근거를 둔 이런 접근법은 전통적 관습을 존중한다. 그게 오래전에 시작됐기 때문이 아니라, 시행착오 과정을 거치면서 오랜 세월 살아남고 진화해왔기 때문이다.

(그 장점을 기반으로 사회를 개선하는) 처방은 자연의 유사성과 더불어 이러한 시행착오를 가능하게 만들고, 우리로 하여금 성공과 오류를 구별하도록 한다. 이는 그야말로 변화의 모델이지만, 우리가 어떤 정의에 잠재된 영원한 원칙의 보편적 양상을 식별하는 데 적합한 모델이다. 사회적·정치적 생활의 역사적 경험이란 본질적으로 자연적 정의의 원칙에 대한 일종의 접촉(rubbing)으로 구성되어 있으며, 그 경험을 통해 살아남은 제도

와 관습은 그러한 원칙의 일면을 띠게 된다. 이러한 양상을 가진 것들만 정말로 생존하기 때문이다. 그러므로 시간이 지나면서 그것들이 처방 모델에 따라 발전한다면 사회는 그 제도, 헌장, 전통 그리고 습관 내에서 정의의 기준에 대한 복제품을 표현하기에 이른다. 따라서 사회는 그토록 기나긴 경험 뒤에 존재하듯 앞으로 존재해야 할 사회의 근사치를 제공한다. 사회적·정치적 변화는 속도가 느리기만 하다면 한 사회를 서서히 그 기준에 근접하게 할 수 있다. 하지만 그런 진보는 변화가 기존의 사회 규범 및 질서의 분위기와 일치할 때에만 일어날 것이다. 추구하는 기준이 무엇과 같은지에 관해 우리가 가질 수 있는 진정한 감각을 유일하게 제공하기 때문이다. 우리는 조상들을 모방해야 한다고 버크는 말한다. "그들은 앞날을 내다보는 것은 물론 과거도 되돌아보면서 계속 나아갔다. ……결코 근본 원칙에서 벗어나지 않음으로써, 그리고 법규·헌법·왕국의 관례에 존속적인 뿌리 없는 수정을 도입하지 않음으로써 이 나라 헌법을 부지불식간에 조금씩 완벽에 가깝게 움직여갔다."[27] 이런 의미에서 버크는 과거 회고적이 아닌, 미래를 내다보는 전통주의자다. 요컨대 그는 현재가 과거보다 낫다고 믿으며, 더 나은 진전을 촉진하도록 좀더 훌륭한 방법을 유지하는 데 전념한다.

버크의 관점에서 최상의 정치적 변화란 주어진 세계에서 최악의 것을 개선하기 위해 최선인 것을 기반으로 삼으며 사회를 원래 상태로, 아니 더욱 그대로 내버려둔다. 이것이 최상급 변화인 이유는 전통적 제도가 우리 정치의 기준을 규정하기 때문이 아니라, 세월의 시험을 거쳐 살아남은 관습이 어느 정도 그 기준에 부합하기 때문이다. "이런 대법칙은 우리의 관습 혹은 합의에서 유래하지 않는다. 반대로, 관습과 합의에 그것들이 가진 모든 영향력과 승인을 부여한다."[28] 이것이 처방이 그토록 효과적인 변화의 모델인 이유다. 시간이 흐르면서 그것은 "처음에는 폭력적이었던 정부를 부드럽게 만들어 합법적이 되게끔 한다".[29]

사회 변화는 이처럼 제대로 관리하면 완전히 혁신적이지는 않을지라도 전반적으로 개량적일 수 있다. 사회는 단 하나의 방향으로 움직이지 않는다. 공정한 사회에 대한 버크의 개념은 모든 정치적 변화의 궁극적 목표인 종결 상태가 아니다. 공정한 사회란 그보다 질서와 자유의 어떤 균형을 고려함으로써 헌법의 테두리 내에서 개인 생활과 국민 생활이 번창할 공간을 제공한다. 정치 생활은 그 공간 안에서 발생하고, 정치 변화는 그 공간을 유지하고 방어하며, 따라서 각 사건들이 보증하는 대로—어떤 때는 헌법의 한 요소를, 다른 때는 다른 요소를 억제하거나 강화하면서—다양한 방향으로 움직인다. 정치 변화는 헌법이 서서히 완벽을 향해 가도록 이끌지만, 그 변화는 결코 한 방향이거나 간단하지 않다. 바로 인간 사회의 세대 간 특성 때문에 정치 변화는 온전한 완벽함을 달성할 수 없다. 그러므로 사회는 언제나 인간 본성의 가장 기초적인 결함과 싸우고 있다. 우리 인간은 언제나 인간이기에, 우리가 경험에서 배우듯 우리의 사회 체제가 시간이 경과하면서 개선된다 해도 그러한 기초적 결함은 극복할 수 없다.[30] 정치가의 임무란 따라서 사회를 어떤 특정한 궁극적이고 공정한 환경으로 몰고 가는 게 아니라, 국민이 자신의 자유를 행사하고 사회에서 생활의 혜택을 향유할 수 있는 공간을 만들고 항상 유지하는 일이다.

이렇게 버크의 관점에서 성공적인 정치 변화는 사회의 과거 및 특성과 철저하게 연관되어 있다. 이러한 성공적 변화를 계획하고, 운영하고, 판단하고, 완수하기 위해서는 따라서 그 사회의 역사·의식·규범·관례·전통에 대한 심오한 이해가 필요하며, 성공적인 정치는—신중(prudence)이라는 이름으로 통하는—이런 종류의 이해에 이끌린다. 신중함은 원칙 혹은 이론의 반대말이 아니다. 오히려 신중함은 일반적 경험을 특정한 실제 문제에 적용하는 것이다. 버크의 관점에서, 신중한 사람은 우리 사회의 경험이 일반적으로 정의(그리고 자연)의 근저에 있는 원칙을 지향한다고 믿으며, 그래서 페인이 도매금으로 실제 정치에 도입하려는 자연권 자유주의 같은 추상적 이론보다는 비록 덜 구체적이긴 하지만 훨씬 믿을 만한 지침을 제공한다.

"역사는 원칙이 아닌, 신중함의 교사"라고 버크는 쓴다. 역사는 정확하거나 추상적인 규칙에 대한 직접적 지식을 제공하지 않는다는 것이다.[31] 그러나 역사는 우리에게 일반적 규칙을 반드시 부여하며, 분명 그러한 규칙은 대개 충분히 만족스럽다. 초기 소책자에서 버크는 시민 사회의 혹은 정치의 지혜에 정확한 공식은 없다고 말한다.

> 그것은 정확히 정의 내릴 수 없는 사안이다. 하지만 누구도 낮과 밤의 경계에 획을 그을 수 없다 해도 무릇 빛과 어둠은 그럭저럭 구별할 수 있다. 저 추상적이고 보편적이고 완벽한 조화에 대한 호기심 많고 염려스러운 연구가 없더라도, 한 군주가 국민에게 높은 수준의 만족을 안겨줄 정부 유형과 그것을 운영할 인재를 발견하는 것 역시 불가능하지는 않을 것이다. 그런데 군주는 완벽한 조화를 찾는 동안 아무런 연구도 하지 않고 자기 세력 범위 안에 있는 저 일상적 평온이라는 수단을 단념한다.[32]

하지만 제대로 기능하는 사회가 시간이 흐르면서 정의의 기준에 근접한다는 사실은 모든 사회가 똑같은 제도와 유형으로 인력처럼 끌려간다는 뜻이 아니다. 정확히 말하면 결코 곧바로 온전히 거기에 접근할 수 없기 때문에 정의의 기준에 서서히 근접하는 많은 방법이 있다. 버크는 이렇게 쓴다. "자유는 일부 분별 있는 대상에 내재되어 있다. 그리고 모든 국가는 어떤 선호하는 시각을 자체적으로 형성해왔다. 그것은 명망 있는 방법을 통해 행복의 기준이 된다."[33] 유럽의 각 나라가 여러 다른 방식으로 이런 이상에 접근할 뿐 아니라, 영국인의 서로 다른 공동체조차도 별개의 접근법을 취한다. 버크는 아메리카 식민지 주민들을 한 가지 사례로 거론한다. 몇 세대에 걸쳐 영국과 떨어져 살면서, 아메리카 사람들은 개인의 자유와 만족할 줄 모르는 기업가 정신에 대한 강력한 애착을 발전시켜왔다고 그는 말한다. 그들의 정치 체제는 필연적으로 이를 반영할 것이다. 그에 비해 본국의 영국인은 견고하고 안정적인 권위에 더 애착을 갖는다.[34]

그러나 만약 행복에 대한 이런 각각의 기준이 자유·품위·번영·명예를 고려하는 사회를 가져왔다면, 이러한 기준이 문제 되는 국가의 판단과 변화에 정당한 규범을 만들며, 이는 각각 그 나라의 정치적 전통 안에서 표현된다. "국민이 행복하고, 단결하고, 유복하고, 강하다면 우리는 그 나머지를 추정할 수 있다"고 버크는 쓴다. "우리는 그것이 선이 말미암은 곳에서 왔기에 선하다고 결론짓는다. 오래된 체제에서는 이론으로부터 벗어난 다양한 수정 사항을 발견해왔다. 사실 그것들은 다양한 욕구와 편의의 결과다. 대개는 어떤 이론에 따라 구축된 것이 아니다. 오히려 거기에서 이론이 도출된다."[35]

대부분의 정치 문제는 헌법에 의해 설정된 범위 **안에서** 나타나며, 따라서 자연적 정의라는 근본 문제가 아닌, 오히려 신중함에 대한 도전을 제기한다. 그렇기에 그것들은 헌법적 전례의 지도를 받는 편의주의적 판단으로 해결해야 하며, 만약 그 판단이 틀렸다는 게 확인되면 다시 한 번 신중한 정치력으로 교정할 수 있다. 따라서 합리적으로 돌아가는 사회의 정치 생활 대부분은 솔직한 신중함의 문제이며, 그것을 버크는 "정치 미덕 중 최우선"[36]이라고 쓴다. 하지만 이런 편의주의에는 두 가지 중요한 예외가 있다.

첫째, 특정 정책은 이따금 헌법적 전통과 너무나 맞지 않고, 따라서 정치 생활을 이끄는 정의의 기준과 충돌할 가능성이 매우 높으므로 신중한 이유 때문뿐만 아니라 정의와 옳은 것에 대한 직접적 의지를 갖고 반대해야 한다. "정의는 그 자체로 시민 사회의 위대한 불변의 정책이다. 그리고 어떤 상황에서건 거기서 눈에 띄게 벗어나는 것은 무엇이든 전혀 정책이 아니라는 혐의를 받는다."[37] 대부분의 정책 문제는 정의라는 근본 문제의 수준까지 올라서지 않는다. 그러나 거기까지 가는 문제라면 뭔가 유례없는 도전을 나타내며, 헌법적 전통과 잘 맞지 않으므로 특별한 관심과 절박감이 필요할 것이다. 인도와 아일랜드에서 영국이 저지른 짓은 버크가 보기에 너무도 명백하게 영국 역사의 패턴을 위반했으므로 자연적 정의를 위배한 것이라고 확실히 말할 수 있었다. 버크는 동인도회사의 헌장을 1215년에 영국인의 권리를 제시한 마그나 카르타(Magna Carta)를 비롯해 자신이 영국 역사의 위대한 헌장이라고 부르는 것들과 대비한다. "**마그나 카르타**는 권력을 제지하고 독점을 파괴하는 헌장이다. 동인도회사의 헌장은 독점을 수립하고 권력을 창출하는 헌장이다. 정치권력과 상업적 독점은 인간의 권리가 **아니다**."[38] 버크는 비슷한 근거로 노예 무역에 반대했다.

순수한 신중함의 정치에서 두 번째 예외는 헌법의 전통이 아니라 헌법의 발전을 가능케 해온 변화의 양식에 도전장을 내민다. 버크가 프랑스에서 감지했던 전면적 혁명의 가능성은 여러 세대 동안 처방을 통해 힘들게 쌓아온 모든 것을 내던지고 처음부터 시작하겠다며 으름장을 놓는다. 이는 자연에서 영감을 얻은 버크의 변화 모델에 가장 심각하고 유해한 위협이다. 그는 프랑스혁명이 무수한 세대를 거치며 축적해온 제도는 물론이고 (그 결과) 정의의 기준 자체로부터 사회를 단절시키려 위협하며, 철학으로 가장한 벌거벗은 권력 말고는 정치를 판단하는 어떤 다른 기준도 남겨두지 않는다고 믿었다. 이게 버크가 파리의 폭도들에게서 감지한 것이다. 그가 무엇이 위협을 당한다고 믿었는지 그리고 그 이유가 무엇인지 깨달을 때, 우리는 비로소 버크가 혁명을 매우 이른 시기에 얼마나 반대했는지 훨씬 더 쉽게 이해할 수 있다.

버크에게는 따라서 자연, 역사, 정의, 질서가 불가분하게 연결되어 있다. 그의 관점에서 자연의 기준은 아주 보편적으로, 그리고 오직 역사의 경험을 통해서만 알 수 있다. 반면 페인의 시각에서는 정확히, 그러나 오로지 우리 자신을 역사의 부담에서 해방시키고 자연적 원칙의 직접적인 이성적 이해를 추구함으로써만 그것을 알 수 있다. 버크에게 역사에 대한 호소는 자연의 모델이다. 페인에게 있어 자연은 역사라는 방해물 뒤에서 우리를 기다리며, 그 역사란 단지 오류·범죄·오해로 이뤄진 유감스러운 이야기일 뿐이다. 페인의 자연 모델은 정치 생활의 적절한 배치를 위한 원칙을 우리에게 제공하는 영원한 정의의 모델이다. 그리고 버크의 자연 모델은 사회를 옳은 방향으로 향하게 할 가능성을 가진 점진적 변화의 모델이다.

자연적 평등과 사회의 질서

페인과 버크의 자연이 각각 의미하는 것과 그것이 정의와 정치 생활에 미치는 영향을 살펴보았으므로, 이제 그들을 갈라놓은 깊은 차이에 대한 이해를 시작할 수 있겠다. 우리가 알고 있듯 자연, 역사, 정의에 대한 그들의 의견차는 정치 변화에 대한 견해차라는 더욱 중요한 다른 의견 충돌과 아주 많은 관련이 있다. 그러나 버크와 페인의 자연 및 정의에 대한 시각과 관련해 가장 직접적인 영향은 사회적 관계와 인맥—그리고 아마도 가장 두드러지게는 두 인물의 매우 다른 평등 개념—에 대한 그들의 이해와 관련이 있다.

버크의 자연 모델은 사회적 평등을 지향하지 않는다. 상속에 의해 유지되는 사회에서 사회적 명망과 거대한 부는 특정 가문에만 머물고 다른 사람이 접할 수 있는 범주 너머에 있는 경향이 있다. 변화와 개혁이 일어날 수 없거나, 사회에서 부상할 수 있는 이들이 왠지 그럴 가치를 느끼지 못해서가 아니다. 평등 자체가 정치의 최우선 목표여서는 안 되기 때문이다. 사회적 평화·번영·안정은 모두에게 더욱 중요한데, 보통 평등을 추구하다 보면—특히 진정한 사회적 평등은 결코 도달할 수 없는 목표이기 때문에—그런 가치는 제대로 대접을 받지 못한다.

버크는 이렇게 쓴다. "모든 것을 인위적 평등의 상황으로 밀어 넣으려는 생각에는 언뜻 보기에 마음을 확 사로잡는 뭔가가 있다. 거기에는 정의와 질서 정연함에 대해 상상해볼 수 있는 모든 것이 모습을 드러낸다. 그리고 아주 많은 사람이 부분적인 목적 하나 없이 그런 도식을 수용하고, 그것을 대단히 진지하고 열성적으로 추구하도록 이끌려왔다."[39] 그러나 궁극적으로 이는 오판이요, 비현실적이다. 그는 《성찰》에서 "나를 믿으시오, 여러분"이라고 쓴다. "그들이 대등하게 만들려고 시도한다 해서 결코 평등해지지 않는다. 온갖 부류의 시민으로 구성된 모든 사회에서 어떤 부류는 최상층이게 마련이다."[40] 이제 남은 문제는 어떤 요소가 우위를 차지할 것이냐인데, 동등과 평등을 그 중심 원칙으로 두는 사회에서는 다수의 중간층이 부자와 빈자 모두를 압도하며 우세한 경향을 보일 것이다. 그러나 이 중간 그룹은 특히 평등화에 초점을 맞춘 사회에서는 규칙에 제대로 맞추지 않는 경향이 있다. "따라서 평등론자들은 세상의 자연적 질서를 변질시키고 왜곡할 뿐이다. 그들은 구조의 견고함 때문에 대지에 있어야 마땅한 것들을 공중에 세우고는 사회라는 건물을 꽉 채운다. 공화국(예를 들어 파리의 공화국)을 구성하고 있는 재단사와 목수 협회가 당신이 최악의 약탈, 즉 자연이 주는 특권에 대한 강탈로 그들을 몰아넣고자 하는 상황과 대등할 수는 없다."⁴¹

이 구절이 보여주듯 버크에게 정치적 평등의 문제―혹은 누구에게 지배할 권리가 있느냐는 문제―는 사회적 또는 경제적 평등의 문제보다 훨씬 더 중요하다. 평등주의적 통치 이념을 가진 사회에서는 진정한 평등이 아니라 도리어 부적격자들에 의한 무질서한 통치가 있게 마련이다. 그런 사회는 절대 진정으로 성취할 수 없는 평등이라는 개념에 맞춰 스스로를 조직할 것이므로 또한 항상 혼란스럽고 유동적일 것이다. 사회에서 모든 사회적 차이를 제거하겠다는 생각은 버크의 주장에 의하면 "힘겨운 인생의 모호한 산책로를 여행하도록 운명 지어진 인간들에게 그릇된 생각과 헛된 기대를 불어넣음으로써 저 현실의 불평등을 악화하고 고통스럽게 만드는 데 기여할 뿐인 말도 안 되는 허구다. 그것은 불평등을 절대 제거할 수 없다. 또한 초라한 상태로 놔둬야 하는 자들을 위해서도, 더 호화롭지만 더 행복하지는 않은 조건으로 격상시킬 수 있는 자들을 위해서도 시민 생활의 질서는 불평등을 확립한다".⁴²

분명 버크는 특권층에서 태어난 자들과 노동자 집안에서 태어난 이들이 지금 그대로 남아 있는, 단순한 사회 현상 유지를 변호하고 있지는 않다. 그는 "권력, 권위, 탁월한 능력을 혈통, 명성, 작위에 국한"[43]하려는 의도가 아니라고 분명히 밝힌다. 오히려 탁월한 능력은 권력에 가장 적합한 사람들이 갖춰야 한다. 버크는 그 적합성의 한 가지 중요한 요소는 자산 및 여가와 관련이 있다고 믿는데, 이는 상속되는 경향이 있다. 그들이 (실제로 버크 자신이 그랬던 것처럼) 만일 자신을 입증할 수 있다면, 지배 계급으로 진입하는 게 가능해야 하지만 너무 쉬워서도 안 된다. 그러나 일반적 사안으로서 "점잖고 정제된 걸출함, 출생 당시 받은 어떤 (독점적 도용이 아닌) 우선권은 부자연스럽지도, 부당하지도, 무분별하지도 않다"[44]고 그는 쓴다.

(버크가 주장하듯) 타고난 능력 자체가 상속되지 않는다면 왜 이런 우선권이 주어져야 하는가? 한 가지 주된 이유는 버크가 정치 생활에서 신중함에 부여하는 중요성과 관련이 있다. 간단하게 말하면, 통치란 매우 어렵고 모두가 그걸 할 수 있는 것은 아니다. 그리고 처방에 의해 형성된 사회에서 통치는 다듬어지지 않은 지성보다 역사와 전통에 대한 지식, 국민 의식, 의사 결정에서의 냉철한 신중함을 필요로 한다. 통치란 대중적 선호도를 표현하거나 기하학 원칙을 적용하는 것 이상이기 때문에, 양보다는 질―판단을 구축하는 경험과 연구를 통해 개발되므로 어떤 직업과 생활 방식을 가진 사람에게는 다른 이들보다 한층 획득하기 어려운 질―이 요구된다.[45] 버크는 《신휘그가 구휘그에 올리는 항소》에서 "합리적이고 경험 많은 사람들이라면 진정한 자유와 가짜 자유 사이의 차이, 그리고 진리에 대한 순수한 고수와 그릇된 가식 사이의 차이를―언제나 그렇듯―웬만하면 잘 알고 있다"고 쓴다. "그러나 깊이 연구해온 이들을 제외하면 공권력과, 질서와, 평화와, 정의와, 그리고 무엇보다도 매우 귀중한 이 전체에 수세기 동안 영속성과 안정을 선사하기 위해 형성된 제도를 사

적·공적 자유와 통합시키는 데 알맞은 구조의 정교한 장치를 누구도 파악할 수 없다."[46]

인간이 갖고 있는 이런 능력은 각기 다르다. 어떤 이들이 다른 사람보다 더 신중하게 태어나서가 아니라, 신중함은 경험과 교육의 작용이기 때문이다. 사실 이런 정치적 불평등에 대한 찬성은 바로 자연적 평등에 대한 믿음이 동기인 것 같다. "야만인은 자기 내부에 논리학자, 풍류와 예절을 아는 사람, 웅변가, 정치가, 군자 그리고 성인의 씨앗을 갖고 있다"고 버크는 쓴다. "그 씨앗이 본래 그의 정신 속에 심어졌음에도 불구하고, 문화와 수련의 결핍으로 말미암아 영원히 묻혀 그 자신에게도 또는 타인에게도 거의 인지할 수 없게끔 되고 만다."[47] 이런 씨앗을 경작하는 데는 특정 유형의 삶이 필요하다. 그런 삶을 살고 거기서 혜택을 보는 사람은 일종의 타고난 귀족으로, 필수적인 판단력을 소유하고 있기 때문에 통치 자격을 부여받는다. 《항소》의 독특한 구절에서, 버크는 타고난 귀족의 구성원이 되도록 해주는 15개 이상의 자질 또는 능력 리스트(예를 들면 "유아기부터 수준 낮고 추악한 성향이 전혀 보이지 않음", "명예와 임무를 추구하는 데 위험을 무릅쓰도록 배움", "독서하고, 사색하고, 대화하는 여가를 가짐", "수준 높은 학문 또는 인문학과 순수 예술에 조예가 깊음")를 제시한다.[48]

그런 사람들은 당연히 특정한 사회적 조건 아래서만 형성될 수 있다. 아울러 판단을 더 잘 내릴 수 있는 사람을 통치자로 선호하는 것은 수치스럽거나 부당한 일이 아니라고 버크는 말한다. 사회는 단순히 정치적 평등이라는 추상적 이상의 영향을 유발하기보다 잘 다스려지도록 해야 하고, 잘 다스려지기 위해서는 좀더 제대로 통치할 수 있는 자들에게 더 많은 권력을 줄 필요가 있다.[49] 핵심 관심사가 사회적 평등인 사회는 가치 있는 이들을 등용하지 못할뿐더러 심지어 통치 자격이 가장 부족한 자들

을 등용하고 찬양하는 경향이 있게 마련이다.[50]

이런 이유로 사회는 스스로를 상속을 통해 유지시킬 때, 그 자체의 이익을 위해 어떤 사회적·정치적 불평등 역시 유지할 것이다. 그리고 이런 불평등에는 최적임자의 등용을 뛰어넘는 또 하나의 중대한 장점이 있다. 그것은 권력이 울퉁불퉁한 사회적 지형을 이루는 깊이 파인 수로(channel)를 통해 흐르도록 요구함으로써 권력 남용을 방지하고 그에 맞설 수단도 제공한다는 것이다. 버크는 시민을 뚜렷이 구별되는 그룹과 계층으로 구분하는 것은 사회의 그룹과 계층의 관계 속에 기반을 둔 규제의 습관과 의무를 통치자와 피치자에게 똑같이 설정함으로써 "전제주의의 과도함에 대항할 강력한 옹벽을 만든다"[51]고 쓴다. 개인과 국가 모두를 억제하는 이런 전통적 규제를 제거하는 것은 국가에만 개인을 규제할 권한을 주고 결과적으로 국가를 단지 원칙과 법칙과 종잇장 같은 장벽으로만 규제할 것임을 뜻한다. 어느 것도 집단 정체성과 충성심에서 비롯된 습관과 관례의 규제보다 더 강하거나 효과적이지 않다고 버크는 생각했다. 버크의 소대(小隊)에 대한 유명한 언급―"세분화한 집단에 애착을 갖는 것, 사회에서 우리가 속한 작은 소대를 사랑하는 것이 공공의 애착과 관련한 첫 번째 원칙(이를테면 기원)이다"―은 지방자치 정부 또는 지역에 대한 충성의 논거로 자주 인용되지만, 《성찰》의 문맥에서 보면 이 구절은 아주 명확하게 사회 계층에 대한 언급이다.[52]

개인과 국가 사이에 존재하는 모든 연결 고리를 무너뜨리고 개개인을 평등하지만 분리된 존재로 남겨두는 것은 그들 모두를 국가의 원초적 권력에 노출시키는 것이다. 그런 상황에서 국민은 상호 간에 또는 다수의 시민들로부터 아무런 보호도 받지 못할 것이다. 버크는 이것이 그들로 하여금 자신의 자유를 지킬 수 없게끔, 그리고 고대의 전제주의가 그럴 수 있었던 것보다 한층 더 잔인하고 위험한 권력 남용에 시달리게끔 내버려 둘 것이라고 우려한다. 개인과 정부 사이에 놓인 사회 제도는 관료들의 무자비함과 이따금 일어나는 다수의 횡포에 대한 중요한 보호막이다. 이는 자유에 필수적이다.[53]

한편 버크는 상류층과 권력층에게서 권력과 위상을 빼앗는 과정 자체가 사회의 구조화한 평화를 쉽사리 파괴할 수 있는 힘을 풀어놓는 위험이 있다고 믿는다. 가령 그는 프랑스 군인들의 불충과 반란을 귀족이 굴욕당하는 걸 보았던 탓으로 돌린다.[54] 대등함을 경험한 효과로 인해 모든 존경과 의무 의식이 사라지고, 국민은 정치 생활은 물론 시민 사회에서조차 평화와 질서에 어울리지 않게 방치된다고 버크는 염려한다. 2장에서 언급했듯 "이런 세상의 도식 위에서 왕은 그냥 남자다. 왕비는 그저 여자다. 여자는 한낱 동물이다. 최상위에 있지 않은 동물이다".[55] 야만으로의 추락은 왕과 왕비를 한낱 남자와 여자로 강등시키면서 시작된다.

그러나 사회적·정치적 평등화에 대한 전적인 반대에도 불구하고, 버크는 인간의 천부적 평등을 부정하지 않는다.[56] 그가 제대로 교육받고 수련한 자들만이 통치하길 바라는 이유는 바로 인간은 타고난 능력에서 평등하다고 생각하기 때문이다. 그러므로 타고난 평등은 (페인이 필요하다고 주장하는 것과 같은) 사회적 평등을 불필요하게 만들 뿐 아니라, 어떤 사회적 불평등을 필요하게 만든다. 사회는 인간에게 자연스러운 것이고, 그 안에 사는 국민은 어떤 물질적·사회적 측면에서 필연적으로 불평등하다. 하지만 사회는 더 심오한 유형의 평등을 가능하게끔 만드는데, 이는 버크가 자연 모델이 지향하는 방향이라고 생각하는 이상 중 하나다. 버크는 "시간, 관습, 계승, 축재, 교환 그리고 자산의 개선에 의해 만물의 이치로부터 커져가는 불평등은 인간 기술의 비법과 장치가 고안해낼 수 있는 그 어떤 것보다도 공정함과 정당한 정책의 토대인 저 진정한 평등에 훨씬 더 가깝다"[57]고 쓴다. 그가 "도덕적 평등"이라고 묘사하는 이 "진정한 평등"은 동등한 통치권의 형태를 띠는 게 아니라 사회적 신분에 대한 동등한 권리에 더 가깝다. "모든 사람은 동등한 권리를 갖는다. 그러나 동일한 것들에 관한 권리는 아니다."[58]

오래된 기사도에서 유래한 이 도덕적 평등과 평화적 감성에 대한 호소는 근대 유럽 문명을 모든 다른 문명, 나아가 과거의 가장 위대한 문명들과 구별되게끔 한다. 버크는 이렇게 적는다. "계급을 타파하지 않은 채 고귀한 평등을 생산해왔고, 사회생활의 모든 계층에 걸쳐 대물림해온 게 바로 이것이다."[59] 사회적 평화의 감성을 옹호하도록 지시받고 처방적 변화 모델을 통해 유지된 정치 양식은 실제 모든 사회적 차이를 근절하거나, 또는 사회를 그저 이질적인 개인들로 원자화하지 않고도 하층민을 승격시키고 상류층을 굴복하게 하는 경향이 있을 것이다. 이는 비록 똑같은 역할은 아니더라도 모두가 동등하게 부분을 이루는 전체를 구성한다. 아울러 이를 통해 모든 사람은 "어떤 상황에서도 미덕에 의해 발견할 수 있는 행복을 더 잘 추구하고 알아볼" 수 있다고 버크는 쓴다. "인류의 진정한 도덕적 평등은 거기에 달려 있다."[60] 그런 행복은 정치적으로 안정된 사회에서만 가능하며, 그런 사회는 결국 특정 유형의 사회적·정치적 불평등에 의해서만 가능해진다.

물론 토머스 페인은 이런 점에 대해 버크에게 전적으로 동의할 수 없었다. 페인의 저술은 바로 버크가 두려워했던 급진적 평등주의의 전형이었다. 페인은 모든 사람은 다른 사람과 근본적으로 동등한 관계에 있으며, 따라서 누구도 어떻게든 최고 권력을 장악할 자격을 부여받지 않는다고 믿었다. "차이 없는 곳에 우월함은 없다"[61]고 페인은 《상식》에서 쓴다.

"모든 인간은 근본적으로 동등"하므로 "누구에게도 태어날 때부터 자기 가문이 다른 가문보다 영구적 우위를 점하도록 정해놓을 권리는 있을 수 없다".[62] 상속된 사회적 지위는 모든 새로운 세대의 권리를 침해한다. 따라서 결코 잘 다스릴 수 없는 불공정한 사회를 만드는 비결이다. 왕과 신하 사이의 구분에는 "진실로 자연적이거나 종교적인 이유가 없다"고 그는 주장한다. "남성과 여성은 자연의 구분이며 선과 악은 천국의 구분이다. 하지만 어떻게 인간 중에서 한 혈통이 나머지 인간보다 그토록 고귀하게 세상에 나왔고 어떤 새로운 종자인 양 구별되는지, 아울러 그들이 과연 인류 행복의 방도인지 아니면 고통의 원인인지는 탐구해볼 만한 가치가 있다."[63] 다른 말로 하면, 왕은 너무나 명백하게 그냥 사람**이다**. 사회적 지위 또는 통치권이 재산처럼 세대를 통해 어떻게든 전해져야 한다는 생각은 따라서 페인에게 인간과 정치 생활의 본질에 대한 심각한 오해라는 인상을 준다.

"한 국가의 사안을 관리하는 것 말고 정부가 할 일은 무엇이란 말인가?"라고 페인은 《인권》에서 묻는다. "그것은 특정한 인물 혹은 가문의 소유물이 아니라(본질상 그럴 수도 없다) 공동체 전체의 것으로서 그 공동체가 투자한 비용을 지원 받는다. 그리고 비록 무력과 계략으로 찬탈해 승계해오긴 했지만, 그러한 찬탈이 만물의 이치를 바꿀 수는 없다."[64]

페인은 귀족 가문의 통치라는 특혜가 자연적 권리에서 비롯된 게 아니라 그들이 물려받은 여가 시간에 대한 접근권이 허락한 신중함과 정치적 수완에서 기인했다는 버크의 주장을 잘 알고 있었다. 그러나 페인은 자연 및 인간의 본성과 맺는 정치 관계에 대해 매우 다른 관점을 갖고 있었다. 요컨대 정부란 버크가 주장하는 것처럼 복잡하지 않고, 따라서 여가와 학습의 삶은 필요하지 않다고 확신했다. "인류를 노예화하고, 약탈하고, 이용할 목적으로 행정학(science of government)을 뒤덮어온 미스터리에도 불구하고, 무엇보다 정부는 가장 덜 신비롭고 가장 이해하기 쉽다"[65]고 페인은 《정부의 첫 번째 원칙에 관한 논문》에서 적고 있다. 정부를 복잡하다고 말하는 이들은 그저 자기 속임수를 보호하려는 마술사처럼 자신의 이익을 지킬 뿐이다. 《인권》에서 그는 프랑스 구정권의 이런 부정직한 책략을 비난한다. "그들은 언제나 정부를 신비로운 것들로 이뤄진 것으로 보이려 신경 썼는데, 그 미스터리는 자기들만 이해하는 것이었다. 아울러 그들은 국가와 관련한 이해(understanding)에서 알아두면 좋은 단 하나, 즉 정부란 사회의 원칙에 따라 행동하는 전국적 연합에 불과하다는 것을 숨겼다."[66] 자연에 대한 성찰을 통해 접근할 수 있는 이런 원칙은 심도 깊은 역사 연구를 필요로 하지 않으며, 시대와 장소가 달라진다고 변하지 않는다.[67]

페인은 정부가 궁극적으로 역사나 철학에 대한 지식이 아닌 날것의 정보를 요구하는 일종의 지적(intellectual) 행위이며, 가공되지 않은 정보는 자연에 의해 거의 무작위로 분배된다고 주장한다. 흥미롭게도 버크는 사회적 평등 반대론의 근거를 능력의 거의 동등한 자연적 분배에서 찾으며, 그 능력을 연마하고 발전시키려면 여가 시간과 교육—동등하게 이용할 수 없는 혜택—이 필요하다고 주장한다. 이에 반해 페인은 사회적 평등 찬성론의 근거를 동등하지는 않지만 무작위적인 자연적 능력의 배분에서 찾는다. "자연이 정신적 능력을 배분하는 것을 제어하기는 불가능하다"고 페인은 쓴다. "자연은 정신적 능력을 제멋대로 배분한다. 만일 그것이 세습된다고 했을 때 문학과 모든 학문이 빠져들 터무니없는 무가치함을 생각하면 절로 웃음이 나온다. 정부에 대해서도 마찬가지다."[68]

페인에 따르면, 통치란 따라서 예술적 또는 과학적 성취와 같다—이 경우에는 타고난 재능, 곧 자연의 법칙과 권리를 가장 잘 이해하고 그것을 적용할 수 있게끔 하는 "정신적 능력"이 필요하다. 어떤 인간 계급도 특출 나게 그런 능력을 갖고 태어나지 않으며, 이를 갖춘 사람이라도 반드시 그것을 자기 자녀들에게 물려주는 것은 아니다. 평등한 사회만이 이러한 능력을 드러내고 행정 조직의 이익에 기여하도록 허용할 수 있다. 동등한 통치권은 이와 같이 사회의 성공과 번영에 필수적이다. 페인은 버크가 이따금 비난하는 것처럼 재산의 평등론자가 아니라 권력의 평등론자다.[69]

비록 자연과 정의에 관한 두 사람의 상이한 견해가 그들의 더 큰 논쟁을 빠짐없이 설명해주는 것은 아니지만, 버크와 페인 모두 이런 질문에서부터 출발하며 그 주제에 관한 견해가 그들의 더 큰 정치철학을 드러내기 시작한다. 페인은 타고난 자유(정부가 짓밟았다고 그가 믿는)를 되찾기 위해 혁명 찬성론을 펴고, 버크는 세상의 자연적 질서(정치 생활에 표현되어 있다고 그가 믿는)를 수호하기 위해 혁명 반대론을 편다. 그들 논쟁의 일부는 과연 자연이 정치 체제를 판단하는 데 근본 원칙을 제공하느냐, 아니면 그런 제도가 이루는 질서와 구조를 공급하느냐에 관한 것이다. 두 사람 모두 자연에 대해서는 만고불변의 뭔가를 지향하지만, 버크에게 그 영속성이란 변화(탄생, 성장, 죽음은 물론 그것들에 대한 정치적 대응물)인 반면, 페인에게 영속성은 불변의 원칙이다. 이런 의미에서 버크는 끊임없는 변화의 전망을 다루며, 페인의 급진적 자유주의는 시간이 흘러도 변함이 없다. 그러나 변화에 관한 성찰을 통해 버크는 안정과 일관성이 지속 가능한 사회에 필수적이라고 결론짓는다. 페인은 이와 대조적으로 총체적이고 급진적인 변화가 언제나 선택 사항으로 존재하는, 영원함에 관한 성찰로부터 결론을 내린다.

버크는 또한 인간은 변화의 한가운데서 연관을 맺으며, 어떤 유대는 시공을 뛰어넘어 필연적으로 우리를 결속시킨다는 의식을 자신의 성찰을 통해 도출한다. 반면 페인에게 불변하는 원칙과의 조우는 개별적이고 직접적이다. 따라서 버크-페인 논쟁을 전체적으로 고려함으로써 자연에 대한 질문 및 자연이 질서와 정의에 끼친 영향에 대한 질문은 우리를 필연적으로 사회적·정치적 관계와 책무라는 문제, 즉 선택과 의무의 문제로 향하게끔 한다.

4 선택과 의무

선택과 의무

자연과 정의에 관한 버크와 페인의 공방은 정치의 목적 자체에 대한 심오한 의견차를 생성한다. 페인에게 모든 인간이 타고난 평등은 완벽한 정치적 평등, 따라서 자기 결정의 권리를 의미한다. 사회 형성은 그 자체가 자유로운 개개인에 의한 선택이므로, 사람들이 사회에서 갖는 자연권은 강압 없이 개인이 선택하는 대로 행동할 권리다. 모든 사람에게는 자기 선택이 타인의 동등한 권리 및 자유에 지장을 주지 않는 한 자신이 선택한 대로 행동할 권리가 있다. 아울러 그린 일이 일어날 때─전체로서 사회가 일부 구성원의 자유를 통제하기 위해 정부를 거쳐 행동해야만 할 때─정부는 오직 정치적 과정을 거쳐 집계한 다수의 바람(wish)에 맞춰서만 행동할 수 있다. 이런 시각에서 볼 때 정치란 근본적으로 선택의 행사를 위한 각축장이며, 우리의 유일한 실제 정치적 의무는 다른 사람의 자유와 선택을 존중하는 것이다.

버크에게 인간의 본성은 사회 안에서, 따라서 모든 사람이 속한 복잡한

4 선택과 의무　135

관계망 안에서만 이해할 수 있다. 우리 중 누구도 자신이 태어난 국가, 공동체, 혹은 가문을 선택하지 않으며, 나이가 들면서 어느 정도 환경을 바꾸려 선택할 수는 있지만 언제나 자기가 선택하지 않은 어떤 중요한 의무 및 관계들로 규정된다. 올바르고 건전한 정치란 좀더 나은 쪽으로 변화할 수 있도록 하기 이전에, 이러한 의무 및 관계들을 인식해 있는 그대로의 사회에 반응해야 한다. 이런 관점에서 볼 때 정치는 사회를 배제한 채 자유를 정의하기보다 우리를 사회 내에서 자유로울 수 있게끔 하고, 과거와 미래 세대에 대한 의무 수행을 가능하게끔 해주는 국민 결속의 유대 또한 강화시켜야 한다. 의무를 지키는 것은 선택하는 것만큼이나 우리의 행복과 본성에 필수적이다.

정치 목적에 관한 페인의 공식화는 표면적으로 볼 때 오늘날의 미국인에게 훨씬 더 익숙하다. 아마도 세상에 있는 계몽주의적 자유주의 시각의 모든 요소 중에서 가장 익숙할 것이다―그러나 우리는 그와 같은 공식화의 전제와 결과에 대해서는 거의 생각하지 않는다. 버크의 관념은 정부 이론으로서는 거의 알려지지 않은 반면, 우리가 실제 살아가고 있는 어떤 중요한 방식으로 말한다. 두 견해 모두 생각 이상으로 훨씬 복잡하고 문제가 많다―아울러 근대 자유민주주의를 규정하는 논쟁의 심장부로 우리를 데려간다.

선택의 정치

권리라는 개념은 토머스 페인의 정치철학에서 중심에 위치한다. 권리는 페인 사상의 구성 원칙이며 정부에 관한 그의 모든 저술에서 주요 관심사다. 그러나 페인의 권리 개념에 대한 가장 명확하고 이해하기 쉬운 설명은 정치적·자연적 권리라는 어떤 관념을 당연시하는 정치적 문제에 관한 수필이 아닌, 1789년이라는 중요한 해에 토머스 제퍼슨에게 쓴 한 특이한 편지에서 등장한다.

둘 사이에 오간 토론의 후속편임이 분명한 그 서신은 프랑스혁명의 혼돈과 흥분의 한복판에서 권리 문제에 관한 페인 자신의 견해를 요약한다. 혁명가들은 자신이 "인권"에 헌신한다고 말하지만, 그것은 정확히 무엇을 의미하는가? 페인은 위대한 계몽주의적 자유주의 전통 안에서 창시자들을 상상하는 것으로 시작한다.

전에는 아무도 살지 않던 나라에서 만난, 서로 처음 보는 20명의 사람이 있다고 합시다. 각자는 자기 자신의 자연권 안에서 최고 권력일 것입니다. 그의 의지가 그의 법이겠지만, 많은 경우 그 권력은 자기 권리에는 못 미칠 것입니다. 아울러 각각의 결과는 서로에게뿐 아니라 다른 19명에게도 노출될 것입니다. 그런 일이 벌어질 때 저 양적 위험을 아주 많은 보호책으로 바꿀 어떤 방법을 고안할 수 있다면 상황이 훨씬 나아질 거라는 생각이 그들에게 떠오를 것입니다. 그렇게 되면 각각의 개인은 전체 인원만큼의 힘을 소유할 수 있을 것입니다.

이런 상황에서 사람들은 자유를 보호책과 맞바꿀 거라고 페인은 주장한다. 그러나 그들은 자신의 기본적인 전(前) 사회적 권리를 그다지 포기하지 않으려 할 것이다. 대신 그것들을 기반으로 삼으려 할 것이다.

우선 그들의 모든 권리는 자연권이므로, 아울러 그 권리의 행사는 자신의 타고난 개인적 힘에 의해서만 뒷받침되므로 그들은 자신이 온전하고 완벽하게 개인적으로 행사할 수 있는 권리와 그럴 수 없는 것을 구분하는 데서 출발할 것입니다. 첫 번째 유형에는 생각하고, 말하고, 의견을 숙고해서 내놓는 권리가 있고, 아마도 외부의 도움 없이 개개인에 의해 완전하게 행사할 수 있는 것, 혹은 다른 말로 하면 개인적 역량의 권리가 있을 것입니다. 두 번째 유형에는 개인 보호, 재산 획득 및 소유의 권리가 있는데, 그것을 행사할 때 개개인의 힘은 자연권보다 작습니다. ……이것들을 저는 시민권 혹은 협약의 권리로 간주하며 자연권과는 구별합니다. 후자의 경우는 전적으로 개인 자격으로 행동을 취하고, 전자의 경우 우리는 사회의 보장 아래 행동을 취하더라도 그렇게 하지 않는 데 동의하기 때문입니다.[1]

이 설득력 있는 설명은 권리의 기반을 시민에 대한 매우 개인주의적인 이해에서 찾는다. 그것은 사회적·정치적 유대를 유용성과 필요성이라는 계산에 따른 개인 선택의 산물로 본다. 모든 시민은 행동의 자유에 대한 권리가 있고, 개인의 권리를 개인적으로 행사할 수 없을 때 시민은 자신의 권리를 실행에 옮기기 위해 국가의 힘에 의존한다. 이 힘은 사회의 기증품이 아니다. 그것은 공식적인 자격이다—그것에 대한 접근권이 우리가 사회에 편입하는 이유다. 우리는 기존의 자연권을 보호하고 주장하기 위해 사회를 형성하며, 우리가 시민권이라 부르는 것은 자연권을 실행할 수 있도록 사회의 공유 자산에 의지하는 수단이다. 《인권》에서 페인이 말하듯 "사회는 〔시민들에게〕 아무것도 허락하지 않는다. 모든 사람은 사회의 소유주이며, 권리로서 자본에 의지한다".[2]

이는 우리가 사회에서 갖고 있는 권리와 태생적으로 가진 권리는 본질적으로 같은 것들에 대한—특히 선택의 자유에 대한—권리임을 의미한다. "인간은 이전보다 더 나빠지기 위해 혹은 예전보다 더 적은 권리를 갖기 위해서가 아니라, 그러한 권리를 더 잘 보장받기 위해 사회에 진입했다"고 페인은 쓴다. 그리하여 그는 자연 상태에 있던 인간이 자신의 권리를 보호받고자 시민으로 바뀌었다고 이해한다. 아울러 사회를 명백하게 이런 공리주의적 약정의 산물로 묘사한다. 《인권》에서는 자기 정치사상의 세 가지 기본 전제라는 형식으로 이를 설명한다.

첫째, 모든 시민권은 자연권에서 발달한다. 혹은 다른 말로 하면, 변환된 자연권이다. 둘째, 이와 같이 적절하게 숙고한 시민의 권력은 그런 부류의 자연적 인권의 총합으로 이뤄져 있는데, 이는 힘의 관점에서 볼 때 개인 안에서는 불완전해 그 목적에 부합하지 않지만, 하나의 중심으로 모였을 때는 모든 사람의 목적을 충족한다. 셋째, 개인 안에서 불완전한 자연권의 총합으로 생성된 권력을 개개인이 보유하고 행사할 권력이 그 속에 있을 때 권리 자체만큼 완벽해지는 자연권을 침해하는 데 적용해서는 안 된다. 우리는 지금 요컨대 자연적 개인에서 사회의 구성원이 된 인간의 기원을 추적하고, 보유한 자연권 그리고 시민권과 맞바꾼 자연권의 질(quality)을 제시했다—적어도 제시하려고 노력했다.[3]

따라서 사회는 각각의 개인이 권리는 갖고 있되 성취할 수 없는 것을 성취하는 수단이다. 이는 무엇보다 페인에게 **선택** 또는 강제되지 않은 우리 자신의 미래를 만들어갈 자유를 가능케 하는 수단—환경, 주어진 본성, 동료 인간이라는 부담으로부터 개인이 급진적으로 자유로울 수단—을 의미한다. 평등, 개인주의, 자연권(일부 시민권으로 변환된)은 인간의 조건에 관한 기술적(descriptive)이고 규범적인 사실이지만, 개인적 자유(선택할 권리)는 우리가 정치에서 겨냥하는 목표다. 사회는 한편으로는 동물적 필요를 충족시켜줌으로써 그리고 다른 한편으로는 개개인을 강압으로부터 지킴으로써 선택이란 행위를 보호하기 위해 존재한다. 이는 정부 자체를 개개인의 권리를 보호하고 실행하는 데 있어 명확한 계약상의 규칙에 의해 규정된 선택적인 약정으로 이해해야 함을 의미한다.

당대의 대부분 정치사상가들과 마찬가지로 페인은 종종 사회를 계약이라고 언급한다. 단, 언제나 국민과 통치 권력 사이의 계약이 아니라 국민 자신들 간의 계약을 뜻한다고 반드시 강조한다. 페인은 《인권》에서 이렇게 쓴다. "정부는 통치자와 피통치자 사이의 협약이라고 말하는 자유의 원칙을 수립하는 데 상당한 발전이 있었던 것으로 여겨졌다. 그러나 이는 사실일 리 없다. 원인보다 결과를 먼저 내밀고 있기 때문이다. 즉 정부의 존재 이전에 분명 인간이 존재했으므로 반드시 정부가 존재하지 않았던 때가 있었고, 결과적으로 그런 협약을 함께 만들어낼 통치자가 애초 존재할 수 없기 때문이다."[4] 추론을 위해 늘 하던 대로 태초를 돌이켜보면서, 페인은 사회 계약을 완전히 개인주의적 방식으로 기술한다. "따라서 각각의 주권을 가진 개개인 스스로가 정부를 탄생시키는 상호 협약에 들어갔다는 게 틀림없는 사실일 것이다. 이것이 정부가 부상할 권리를 갖는 유일한 방식이자, 정부가 존재할 권리를 갖는 유일한 원칙이다."[5]

어느 정권이건 그 창립 세대만 이런 명시적 의미의 진정한 합의를 행사할 수 있다. 그러나 페인은 다음 세대로 하여금 법의 번복을 삼가도록 하는 결정 속에 표현된 것과 같은 내포된 합의가 정권이 보유한 정통성의 유일한 원천이라고 주장한다.[6] 모든 적법한 정치적 사회는 따라서 그 안에 살고 있는 구성원 사이의 계약이지, 그들과 정부와의 또는 어느 정도 그들을 한데 묶어주는 선조들과의 합의가 아니다.

하나의 계약으로서 사회는 구성원에게 혜택을 제공할 뿐 아니라, 그 대신 어떤 의무를 요구한다. 물론 이런 의무조차 결국은 선택의 여지가 있다. 페인은 그것을 명료하게 설명한다. "내가 향유하는 권리는 그것을 다른 사람에게 보장하기 위해 내 의무가 되고, 다른 사람의 권리 또한 그런 식으로 의무가 된다. 그 의무를 위반하는 자들은 마땅히 권리를 박탈당한다."[7] 우리의 사회적 의무는 따라서 다른 이들이 우리의 것을 존중하듯 다른 이들의 권리를 존중하기에 이르고, 그리하여 사회를 규정하는 의무는 개별 구성원의 선택의 자유에 대한 의무가 된다. 그것은 선택을 보호하고자 선택받은 의무다.

그러면 이런 사회는 어떻게 이끌어져야 하는가? 페인의 대답―국민주권과 지도자 선출이 모든 정당한 정권의 필수적 특징이다―은 개인의 선택에 대한 그의 신념으로부터 곧바로 나온다. 세습된 정부는 몇 세대 이전에, 처음에는 대중의 선택으로 이뤄졌다 하더라도 피치자들의 권리를 침해한다. 국민이 광범위한 권력을 가진 왕의 통치를 선택할 수는 있지만, 그 왕의 자녀와 손자들이 국민의 자손들 위에 영원히 군림할 권한을 부여하는 것을 선택할 리는 없다. "만일 현세대 혹은 어떤 다른 세대가 예속적인 경향이 있다 하더라도, 그것이 후속 세대의 자유로울 권리를 줄이지는 못한다"[8]고 페인은 주장한다.

페인은 《인권》에서 이 점을 설파하는 데 매우 많은 부분을 할애한다. 에드먼드 버크의 프랑스혁명 관련 저술에 대한 직접적 응답으로 말이나. 버크는 프랑스인이 그들의 정부를 불법적 방식으로 없애버렸다고 했을 뿐만 아니라, 국민은 언제나 그들의 정부를 제거하고 통치자를 선택할 권리를 갖고 있다는 개념 자체가 잘못이라고 주장했다. 선택이 모든 정치사상의 중심에 놓여 있다는 생각이 그에겐 오류로 비춰졌다. 페인이 다른 어떤 주제보다도 더욱 버크에게 정면으로 대적하는 건 자신들의 정권과 통치자를 선택할 국민의 권리라는 바로 이 문제에 대해서다. 버크 역시 차기작들에서 이 사안에 대해 페인에게 가장 극명한 답변을 내놓는다. 사회적 의무와 개인적 권리의 본질에 관한 그들의 매우 다른 관점은 합의―바로 정치 생활에서 선택이 실제로 얼마나 중차대한지에 대한 합의―의 문제에서 정점을 이룬다.

의무의 윤리학

합의에 관한 버크의 견해는 페인을 도발할 수밖에 없었다. 《프랑스혁명에 관한 성찰》을 읽어본 현대 민주주의 지지자라면, 국민은 자신의 통치자를 선택할 기본 권리가 있다는 일반 명제에 대한 버크의 극렬한 거부에 멈칫할 게 틀림없다. 《성찰》은 반(反)혁명 서적이자, 버크가 프랑스에서 연출되고 있다고 생각한 극단주의에 대한 공격, 또는 기존의 관습과 방식에 대한 방어로 알려져 있다. 하지만 그것은 사실 유명한 국교회 반대자인 신교도 목사 리처드 프라이스가 1688년의 영국혁명에 대해 내놓은 주장에 맞선 결연한 공격에서 출발한다. 프라이스는 명예혁명이 세 가지 기본 권리 위에 영국 정권을 수립했다고 주장했다. "우리의 통치자를 선택한다. 위법 행위에 대해서는 통치자를 징계·면직한다. [그리고] 우리 힘으로 정부의 틀을 잡는다."9 프랑스에서 일어나는 일은 이러한 영국의 자유를 따라잡으려는 노력이라고 프라이스는 말했다. 버크는 자신의 수필 도입부를 이런 주장에 대한 무참한 공격에 할애한다. "이 새롭고 이제까지 들어본 적 없는 권리 선언은 비록 국민 전체의 이름 아래 만들어지긴 했지만 저 신사들과 그들의 분파에게만 해당한다. 영국 국민 다수는 그와 무관하다. 그들은 전적으로 이를 부인한다. 그들은 자신의 목숨과 재산을 걸고 그것의 실질적 행사에 저항할 것이다."[10] 버크는 이처럼 광분한 파리 폭도의 망령뿐 아니라 계몽주의적 자유주의의 심장부에 있는, 합의에 따른 통치 이론도 두려워한다.

　지도자를 선택할 국민의 권리에 대한 이러한 가차 없는 거부는 언뜻 보기에는 주로 영국 헌정을 방어하는 것처럼 보인다. 만일 프라이스(그리고 페인)의 원칙이 타당하다면 영국 역사 대부분은 정당하지 않은 통치로 이뤄져왔다는 뜻이기 때문이다. "그들은 우리 국왕들의 모든 계보와 함께 자기들이 지금 강탈자로 취급하는 자들이 통과시킨 성문법의 대부분을 무효화하거나, 폐지하거나, 문제 삼을 셈인가?"[11]라고 버크는 묻는다. 1784년, 의회 개혁에 관한 연설에서 버크는 급진적 개혁자의 원칙은 그야말로 영국 정부 체제와 공존할 수 없다고 주장했다. "그들에게 영국 헌법의 일부, 아니 모든 토대에 대해 얘기하는 것은 어처구니없는 짓이다. 그들은 모든 사람이 스스로를 통치해야 하고, 자기가 갈 수 없는 곳에는 대표를 보내야 하며, 다른 모든 정부는 찬탈이라고 규정하기 때문이다. ……만일 이런 주장을 원칙으로 세운다면, 어떻게 흘러갈지 뻔하다."[12] 버크는 그것이 영국 헌법의 완전한 거부로 이어져 선동과 혁명으로의 길을 열어주지 않을까 걱정했다.

　공화제 원칙을 옹호하는 리처드 프라이스 같은 영국인은 정확히 1688년의 혁명을 거론하면서 선동이라는 이러한 비난에 대응했다. 그들의 주장에 의하면, 명예혁명은 국민의 선택에 따라 군주제를 수립했다. 전 세계 대부분의 군주가 국민의 합의 없이 통치하므로 사실상 불법적이다. 하지만 영국의 군주제는 1688년 의회에 의해 선택이라는 행위로 재건되었고, 그리하여 국민이 자신들의 의지대로 통치자를 세우고 내릴 수 있다는 원칙에 따라 다스려졌다는 얘기다. 버크는 이런 변호를 단칼에 거부한다.

그는 명예혁명은 극심한 위기의 순간이었지만, 그것을 통해 국가의 앞날을 내다본 영국인들(버크의 관심을 끄는 '구휘그파')은 바로 그 위기가 영국에 공화제를 수립할 기회로 전환되는 것을 피해가는 걸 택했다고 주장했다. 옛 계보의 혈통인 군주를 찾고, 기존 토대 위에 그들의 정권을 지속시킴으로써 말이다. 버크는 이렇게 주장한다. "명예혁명은 반론의 여지없는, **유서 깊은** 우리의 법과 자유를 보존하기 위해, 그리고 법과 자유를 유일하게 보장할 정부의 저 **유서 깊은** 헌법을 보존하기 위해 일어났다. 새로운 정부의 구성이라는 생각만으로도 우리를 혐오와 경악으로 채우기에 충분하다. 혁명의 시대에 우리는 소망했고, 지금도 정말로 바란다. 우리가 간직한 모든 게 **우리 선조들로부터 비롯된 유산이길**."[13]

이런 유산에는 분명 선택 및 국민 주권의 요소가 다른 요소들과 함께 내포되어 있다. 그의 시대만 해도 버크가 매우 소중히 여겼던 하원은 결국 혼합 정권 안에서 상대적으로 민주주의적 요소였고, 버크는 보통선거와 민주 정치를 반대하지 않는다. 페인을 비롯해 21세기 비평가들에게서 버크는 종종 반(反)민주주의적 낡은 특권의 수호자라는 비난을 받았다. 그러나 이런 비난을 하려면 마땅히 합의, 선거, 대의제에 대한 그의 견해를 대략적으로라도 분석해볼 필요가 있다. 그는 대의 정치 제도를 자주 옹호했으며, 이것이 군주제와 귀족 정치의 방종에 꼭 필요한 평형추라고 주장했다. 그러나 대의 정치 제도는 정권의 목적이 아니라, 그 일부분일 뿐이다. 좋은 정부란 그 국민의 성향에서 실마리를 얻어야 한다. "대중의 성향을 강제하는 게 아니라 실제로 따라가는 것, 그리고 보편적 공동체 의식에 방향, 형태, 구체적 세부 사항, 특별한 인가를 부여하는 것이 입법부의 진정한 목적이다"라고 그는 쓴다. 아울러 여기에는 국민이 발언권을 갖게 할 수단과 대중의 의지를 신중한 리더십과 현명한 규제 아래 둘 수단 역시 필요하다.[14] 버크의 주장에 따르면, 문제는 합의를 정권을 정의하는 필수적 원리로 생각할 때 생겨난다. 버크는 "단지 추상적 원칙에 근거한 정부라면 나는 어떤 유형이든 비난하지 않는다"고 쓴다. 민주주의는 분명 합법적 정부의 부분일 수 있다. 그러나 그에게 순도 100퍼센트의 민주주의, 선택을 최우선으로 받들기 위해 형성된 정권이란 이론과 실제에서 재앙을 초래하는 것으로 보인다. 확실한 규제의 원칙을 지니고 있지 않기 때문이다.[15]

플라톤부터 몽테스키외, 그리고 정확히 버크가 살던 시대에 이르기까지 오랜 철학적 전통은 절대적 민주주의의 위험한 방종을 언급해왔고, 버크는 이런 위험을 거론하면서 여느 때와 달리 노골적으로 철학에 호소한다. "[민주주의적] 헌법을 가장 많이 봐왔고 그걸 가장 잘 이해한 저자들에 대한 학식이 완전히 없지는 않은 나로서는 절대적 민주주의가 합법적 정부 유형 중에서 절대적 군주제 이상으로 여겨지지 않을 것이라는 그들의 의견에 동조할 수밖에 없다. ……내 기억이 맞는다면, 아리스토텔레스는 민주주의에서 독재와 두드러지게 닮은 많은 요소를 관찰한다."[16] 프랑스 혁명 시대에 버크의 머릿속에 생생히 살아 있던 이 독재 개념, 제멋대로인 다수가 소수에 군림하는 독재는 방기된 민주주의를 향한 그의 비판의 기저를 이룬다. 《성찰》에서 표현했듯 말이나.

이에 대해 나는 확신한다. 민주주의에서는—그런 종류의 정부 형태에서는 반드시 그렇듯—강한 분열이 팽배할 때마다 다수의 시민이 소수에게 가장 잔인한 탄압을 행사할 수 있다는 것을. 그리고 소수에 대한 억압은 훨씬 더 큰 무리에까지 미칠 것이며, 단일 왕조의 영토에서 항시 우려되는 것 이상으로 한층 더 무지막지한 광포함으로 밀고 나가리라는 것을. 그런 만인의 박해 속에서 개별 피해자들은 그 어떤 때보다 훨씬 더 비참한 상황에 처한다.

잔인한 왕 아래 억압받는 소수의 구성원에게는 "상처의 쓰라림을 달래 줄 인류의 훈훈한 동정심이 있다"고 버크는 주장한다. 그러나 독재적인 민주주의 아래서 전체로서 대중은 그들에게 등을 돌린다. "그들은 전체 종(species)의 음모에 사로잡힌 인류에게서 버림받은 것처럼 보인다."17 그들의 억압은 왠지 정당한 듯싶다.

이런 다수의 독재뿐 아니라 적법한 정부에 대한 한층 더 큰 위협은 아마도 민주주의의 독단적 통치—국민의 이름으로 수행하기 때문에 그 행동에 절대 책임질 필요가 없는 정부에 의한 통치—라는 위험일 것이다. 버크는《신휘그가 구휘그에 올리는 항소》에서 선거가 권위의 유일한 합법적 원천이라는 페인의 주장을 자세히 인용한 다음, 거기서 발견한 태도를 다른 말로 바꿔 표현한다. "그들의 책략 중 아무것이나 논의해보자. 그들의 답변은 '그것은 **국민**의 행동이다'이며 그것으로 족하다. 만일 그들을 즐겁게 한다 해도, 우리는 국민 **다수**가 사회의 전체 틀까지 변화시킬 권리를 불허할 수 있을 것인가? 그들은 이를테면 오늘은 군주제에서 공화제로, 내일은 다시 공화제에서 군주제로 바꿀지도 모른다. 그리하여 자기들 좋을 대로 툭하면 뒤로 갔다 앞으로 갔다 할 것이다."18

만일 지금 이 순간의 대중적 의지 말고는 권력의 원천이 없다고 할 때, 사회의 어떤 약정이나 제도들이 다수가 바라는 것 이상으로 한순간이라도 더 오래 남아 있길 기대할 수는 없다. 이는 비실용적일 뿐 아니라(국가를 약화시키는 불확실성으로 이어질 테고, 시민의 자기 미래 설계를 불가능하게 만들 것이기 때문에), 원칙에서도 오점이라고 버크는 주장한다. "임무, 신뢰, 공약, 의무와 관련한 사안에서 단지 자신의 의지에 따라 행동할 권리는 소수건 다수건 어느 쪽에도 없다." 다수의 선택 여부는 문제가 아니다. "우리 인간 중 어느 누구도 공적 또는 사적 신념 없이, 혹은 도덕적 의무 같은 다른 유대 관계 없이 살 수 없다. 그건 우리가 몇 명이든 마찬가지다."[19] 선택이 단순히 옵션은 아닌 중요한 순간이 있다.

여기서 우리는 버크가 합의와 마찰을 빚는 핵심에 도달한다. 영국 헌법에 대한 위협과 다수 독재의 위험 요인이 걱정스럽기는 하지만, 더욱 심각하고 본질적인 문제는 선택에 집중하면서 인간 조건에 대한 본질적 착오에까지 이르는 것이라고 버크는 말한다. 선택의 정치는 오류에서 시작된다.

버크가 살펴본 대로 모든 사람은 선택에 의해서가 아니라 선천적으로 사회 안에 있다. 그리고 선천적인 사실─가문, 지위 그리고 태어난 국가─은 한 사람에게 피할 수 없는 요구를 부담 지우는 한편, 갓난아이가 아무런 일도 하지 않고 획득한 어떤 특혜와 보호 장치 또한 부여받는다. 인간은 자신의 환경을 바꿀 수 있고 살아가면서 특혜와 의무를 얻을 수도, 상실할 수도 있다. 하지만 그럴 때조차도 인간은 자기의 새로운 지위 안에서 자기 의지대로 쉽사리 선택하거나 버릴 수 없는 새로운 의무를 떠맡는다. "모든 사람의 위치가 자신의 임무를 결정한다."[20] 가장 중요한 인간의 의무와 관계 특히 가족에 내포된 관계는 물론 공동체, 국가 및 종교적 신념에 포함된 관계─는 선택한 것이 아니고, 실제로 절대 선택할 수도 없다. 그리고 정치적·사회적 생활은 의지의 행위가 아니라 이런 것들에서부터 시작된다. 버크는 이렇게 쓴다. "우리에게는 어떤 특정한 자발적 조약의 결과가 아닌, 인류 전체에 대한 의무가 있다. 그것들은 인간 대 인간의 관계, 인간 대 신의 관계로부터 발생하며, 이러한 관계는 선택 사안이 아니다. 오히려 반대로, 우리가 사람들 사이에서 특정한 개인이나 다수의 개인과 맺는 모든 조약의 힘은 앞선 의무에 의존한다. 종속적 관계는 자발적일 때도 있고, 필연적일 때도 있다—하지만 임무는 모두 강박적이다."²¹ 완벽하게 독립적인 사람들이 선택에 의해 사회를 설립하는 매우 믿기 어려운 사고 실험에서 정치 이론을 시작해야만 철저하게 선택이 중심인 사회를 상상할 수 있다. 실제로 인간이 살아가는 방식을 들여다보면, 강제적 의무의 중요성과 가치를 간과하기는 불가능하다.

아마도 우리 삶에서 가장 완벽하게 피할 수 없는 것은 모든 인간은 이미 존재하는 세계—자신을 책임지는 특정 가족과 공동체에 속하는 세계, 그리고 그에 대한 대가로 의무를 갖는 세계—로 진입한다는 사실일 것이다. 페인의 오류는 본래적인 자유와 독립이라는, 결함 있는 개념에서 비롯된다고 버크는 말한다. 《신휘그가 구휘그에 올리는 항소》에서 버크는 페인에 대한 직접적 응답으로 인간관계에 관한 보기 드문 묘사를 통해 자기만의 인류학적 핵심을 드러낸다. 이는 틀림없이 수십 년에 걸친 버크의 글쓰기에서 가장 중요한 단락이므로 자세히 인용할 만한 가치가 있다.

비밀스럽고 헤아릴 수 없는 것이 우리가 이 세상에 온 방식이다. 자연의 이 신비스러운 과정을 일으키는 본능은 우리가 만든 것이 아니다. 그러나 우리에게 알려지지 않은, 어쩌면 알 수 없는 신체적 원인으로부터 우리가 완벽하게 이해할 수 있기에 반드시 수행해야 하는 도덕적 임무가 생겨난다. 부모는 그들의 도덕적 관계에 합의를 하지 않을 수도 있다. 그러나 합의하건 안 하건 그들은 결코 어떤 종류의 조약도 체결한 적 없는 것들을 향해 꼬리를 물고 길게 이어진 힘겨운 임무에 구속된다. 자녀는 그들의 관계에 대해 합의하고 있지 않지만, 실질적 합의 없는 관계가 그들을 그 관계의 임무에 묶어놓는다. 아니, 그보다는 모든 이성적 피조물의 추정된 합의가 그런 성향을 만든 만물의 질서와 일치하는 까닭에 이는 그들의 합의를 암시한다. 인간은 그런 방식으로 부모의 사회적 지위와 함께 모든 혜택을 부여받고, 그들의 상황 속에서 모든 임무를 잔뜩 안은 채 공동체에 입성한다. 영국연방의 요소인 그런 신체적 관계들로부터 만들어진 사회적 유대와 연결 고리가 대개 우리의 의지와 무관하게 시작되었고 앞으로도 쭉 이어진다면, 마찬가지로 어떤 규정은 없지만 (앞에서 충분히 말한 것처럼) "세상의 모든 자애"를 이해하는 우리나라라는 저 관계에 의해 우리도 묶여 있다. 이런 임무는 끔찍하고 강압적이다. 하지만 이런 임무를 소중하고 감사하게끔 만들 강력한 본능이 우리에게 남아 있지 않은 것도 아니다.[22]

권리와 선택에 대한 이해가 페인 정치사상의 중심에 놓여 있는 것처럼, 선택하지 않았음에도 불구하고 구속력 있는 의무라는 이러한 비전이 에드먼드 버크의 도덕적·정치적 철학의 최고 핵심을 이룬다. 버크식 (그리고 보수주의자들의) 세계관 대부분은 그가 인류의 번식이라는 기초적 사실과 특성에 부여하는 중요성의 관점에서 보면 더욱 명확해지고, 페인식 (그리고 진보주의자들의) 세계관 대부분은 그러한 사실과 특성의 영향에서 해방되고자 하는 욕망의 관점에서 보면 더욱 또렷해진다. 우리가 막연히 "사회문제"라고 부르는 거의 모든 것은 그런 해방이 가능하고 바람직한지 여부에 관한 분쟁과 관련 있으며, (7장에서 살펴보겠지만) 세대 간 관계의 문제를 제기하기 때문에 그러한 분쟁은 우리의 다른 유명한 논쟁에서 또한 뜻밖에 많은 부분을 이룬다. 버크는 사람의 인격이 우리 삶에 형태를 부여하는 의무라는 거미줄 속에 내장되어 있다고 여긴다.

사회에 대한 이런 관점에서 보면, 합의의 역할은 기껏해야 부차적이다. 사회적 관계는 자연적 관계에서 흘러나오고, 그것을 표현할 수 없는 곳에서 합의를 가정한다. 개인이 자신의 의무를 수용하겠다고 선택하기 때문이 아니라, 모든 이성적 피조물의 합의는 "사전에 배치된 사물의 질서"와 일치한다고 가정되기 때문이다. 이런 사회관은 가족—개인이 아니라—으로 시작해 사회를 향해 움직인다.

버크는 프랑스혁명 세력이 의도적이고 노골적으로 이런 의무의 끈을 약화시키길—우선 가족을 약화시키고, 그리하여 혁명 윤리에 대한 저항의 가장 깊은 원천을 약화시키길—원했다고 믿는다. 1791년 쓴《국민의회 의원에게 보내는 편지(Letter to a Member of the National Assembly)》에서 버크는 루소를 따르는 혁명가들이 "사회 협약에서 찾을 수 없고 인권의 관점에서 구속력이 없기 때문에, 요컨대 관계는 당연히 자유선거의 결과—절대 자녀들 편이 아니고 항상 부모의 편도 아닌—가 아니라는 이유 때문에"[23] 가족의 임무를 거부하려 애쓴다고 주장한다. 가족은 선택의 윤리에서 기본적인 장애물이며, 따라서 급진적 자유주의 혁명가들의 주요 타깃이 된다.

페인이 정부의 최우선 의무를 개인 선택의 보호와 대중의 의지에 대한 권위 부여로 보았다면, 버크의 자연적 관계에서 등장하는 의무는 사회적 관계 및 유산이라는 그물망을 보살피고 보호하는 것이다. 선거로 선출된 하원의원이 지역적 사안에 대한 왕의 지나친 간섭을 제지할 때처럼 이따금 선택이 이런 의무를 충족하는 최고의 수단이 될 수도 있지만, 버크에게 선택이란 결코 의무 자체의 본질이거나 받들고 있어야 할 목적이 아니다. 목적은 자연과 사회적 질서의 형태에 의해 창조된 사회적 관계와 임무로 정의되며, 처방—사회 자체의 본질을 본떠 만들었으므로 점진적이고 거듭되는 개선에 가장 적합한 처방—에 기반을 둔 정치 제도를 통해 더 잘 이해하고 구현할 수 있다. 버크는 처방이 개인의 선택보다 더 선호되는 세대 간 선택의 유형이라고 주장한다. 그것이 자신으로 하여금 폭정을 감수하지 않고도 합의의 원칙을 부인할 수 있도록 한다고 그는 믿는다.

이것은 하루아침의 선택이나 한 집단의 선택이 아니며, 법도 질서도 없는 경박한 선택이 아니다. 수많은 시대 및 세대가 심사숙고한 선택이다. 그것은 선택보다 1만 배 더 나은 것에 의해 만들어진 헌법이다. 그것은 특정한 상황, 이유, 기분, 성향과 장시간이 지나야만 스스로를 드러내는 도덕적이고 시민적이고 사회적인 국민의 습성에 의해 만들어진다. 그것은 몸에 순응하는 제의(祭衣)다. 또한 정부의 처방은 맹목적이고 부질없는 편견—인간은 가장 우둔한 존재이면서 가장 지혜로운 존재이기 때문이다—으로 형성되지도 않는다. 개인은 어리석다. 다수는 충분한 고민 없이 행동하는 잠시 동안은 어리석다. 그러나 인간이란 종은 현명하다. 그리고 시간이 주어질 때, 종으로서 인간은 언제나 옳게 행동한다.[24]

특정한 시민 질서가 역사적으로 자발적인 행동에서 비롯할 수 있고 어떤 헌법은 명확히 지배자와 피지배자 간 협약일 수도 있다는 걸 인정하면서도, 버크는 그런 기원이 계몽주의적 자유주의자들이 짐작하는 것만큼 그다지 중요하지 않다고 믿는다. 사회는 정당성을 놓고 그런 원천에 기대지 않으며, 정치 생활의 모든 게 선택의 문제가 되지는 않는다. 인간 사회에 관한 가장 중요한 사실은 누군가의 선택의 결과가 아니고, 그런 선택으로 바뀔 리도 없기 때문이다.

버크와 페인의 가장 극심한 차이 대부분은 바로 사회적 관계가 작동하는 방식에 관한 다음의 상이한 견해를 비춰보면 명백해진다. 버크의 관점은 모든 새로운 세대의 "신비롭고 헤아릴 수 없는" 생물학적 기원에서 비롯되며, 따라서 정치 생활의 성격을 확실히 이해하고 분명하게 표현하는 우리 능력에 한계를 상정한다. 정치가 선택에서 비롯되지 않았으므로 선택하는 것은 온전히 우리 몫이 아니다. 우리는 정치 이론의 원칙을 기반으로 사회를 건설하기보다 우리 사회에 맞춰 정치를 구축해야 한다. 버크의 위대한 전기 작가 존 몰리는 이렇게 말했다. "버크에게 사회에서 인간의 응집력, 정치적 순종, 계약의 신성함 안에는, 그리고 성문화했건 아니건 문명과 야만 사이의 은신처 같은 성벽인 법과 헌장과 의무의 모든 구조 안에는 수수께끼 요소가 있었다. 이성과 역사가 이를 설명하기 위해 모든 걸 동원해왔지만, 버크에게는 마치 생명력, 조직의 비밀, 결합하는 틀이 여전히 추리와 역사를 뛰어넘는 불가침의 지대에서 나오는 게 틀림없어 보였다."[25]

다른 말로 하면, 사회에 대한 버크의 기술은 절대 페인 및 다른 급진주의자들이 권리와 자유에 대한 이론을 통해 얻을 수 있을 거라 믿었던 딱딱하고 전체적인 설명을 지향하지 않는다. 버크의 정치학에서 개인의 권리·이익·의무·선택·행위에 대한 계산은 결국 합계가 아닌, 관계에 대한 일종의 그림일 뿐이다. 버크의 사회적 관계는 개인적 관계에서 흘러나와 굴러가고 정서적 애착과 정(情)의 습성에 의해 유지된다. 버크는 이렇게 쓴다. "세상을 향한 우리의 애착은 가정 안에서 시작된다. 그것은 이웃과 일상적인 우리 지역의 인간관계로 옮아간다. 이런 애착은 숙소이자 쉼터다. 갑작스럽게 권력이 잡아끌어서가 아니라, 습관에 의해 형성되어온 우리나라의 그와 같은 지역은 위대한 나라의 수없이 많은 작은 이미지였다. 그 나라에서 마음은 스스로를 채워줄 무언가를 찾아낸다."[26]

다층적 의무의 집합체로서 사회라는 개념이 자신과 버크의 결정적 견해차를 표시하는 지점이라는 것을 페인은 버크의 《성찰》을 통해 잘 알고 있었다. 페인이 생각하기에 사회적 관계는 개인(사회는 그 부분들의 총합이므로)을 연구함으로써 가장 잘 이해할 수 있고, 버크가 개별적 인간과 인류의 애초 권리 사이에 놓았던 여러 겹의 사회적 관계는 억압적 전통을 정당화하기 위해 사용한 불필요한 방해물이거나 의도적인 차단이었다. 《인권》에서 페인은 그것을 이런 식으로 설명한다.

인간이 인간으로 여겨져 다시 그 조물주로부터 멀리 내던져지고, 인위적 틈이 일련의 장벽 또는 인간이 통과해야만 하는 일종의 고속도로 게이트로 채워지는 것은 바로 유럽 전역에 현존하는 정부들의 폐해가 최소한일 때 그런 게 아니다. 나는 버크 씨가 인간과 조물주 사이에 설정해온 장벽의 목록을 인용하려 한다. 스스로를 전령관 역할로 설정한 그는 이렇게 말한다. "우리는 신을 두려워한다. 우리는 경외심으로 왕을 우러른다. 의회에 애정을, 치안 판사에게는 의무를, 성직자에게는 공경을, 귀족에게는 존경을 갖는다." 버크 씨는 '기사도'를 넣는 걸 잊었다. 베드로를 넣는 것도 잊어버렸다. 인간의 임무는 통행권을 갖고 한 곳에서 다른 곳으로 통과하도록 되어 있는 고속도로 게이트 같은 광야가 아니다. 그것은 단순하고 간단하며 두 가지 요점만으로 구성되어 있다. 모두가 필시 느끼고 있을 신에 대한 인간의 임무, 그리고 자기가 대접받고 싶은 대로 이웃에게 하기.[27]

그러나 버크가 생각에 이런 장벽과 "고속도로 게이트"―개인과 국가 사이의 다층적 관계와 제도―는 사회적 질서**이다**. 사회에는 이렇게 '정권'이나 정부의 공식적 제도 말고 많은 것이 있으며, 정치적·사회적 질서를 멋대로 무효화하고 개조하면 반드시 사회에 큰 악영향을 끼친다.

따라서 버크에게 '사회 계약'은 국민 사이에 이뤄진 **합의**―그들의 정치적 약정의 형태에 처방을 내리는 합의―가 아니라, 구속력 있는 관계의 기술(description)이다. 버크의 1790년대 저술들에서 이 점은 갈수록 더 명확해진다. 특히 페인의 비판 등으로 자극을 받은 그는 합의, 계약, 사회적 관계의 의미에 관한 이 논란이 프랑스 문제를 놓고 자신과 적들이 결별한 가장 깊은 요지라는 사실을 깨닫기에 이르렀다. 버크는 1791년에 이렇게 썼다. "내가 아무리 자주 시민 사회가 도덕의 관할 구역 내에 있다고 생각하는 모든 사람을 진지하게 고려하도록 권고한다 해도 지나치지 않다." 그리고 이렇게 덧붙인다.

만일 우리가 거기에 어떤 임무를 빚지고 있다면, 그것은 우리 의지대로 되지 않는다. 임무는 자발적이지 않다. 임무와 의지는 심지어 모순적인 용어다. 시민 사회가 언뜻 보면 자발적 행위일지 몰라도(많은 경우 의심할 바 없이 그러했지만), 그걸 유지하는 것은 사회와 공존하는, 영구적으로 지속되는 약관에 따르므로, 그리고 사회의 모든 개인에게 본인들의 요식 행위 없이도 부여되므로…… 인간은 선택 없이 저 연계로부터 혜택을 끌어낸다. 선택 없이 이런 혜택의 결과, 임무에 예속된다. 그리고 선택 없이 실재하는 어떤 것만큼이나 구속력 있는 사실상의 의무로 진입한다. 삶 전체와 임무 체계 전체를 죽 훑어보라. 최강의 도덕적 의무는 대부분 우리의 선택에 따른 결과가 절대 아니다.[28]

버크는 이렇게 해서 정치에 대한 자신의 그림에 맞게 사회 계약의 개념을 재정의하려 한다.

버크의 계약은 자신들에게 가장 좋은 것을 선택하는 자유로운 국민이 권리를 의무와 맞바꾼 일련의 보상이 아니라, 피할 수 없을뿐더러 구속력 있는 관계의 기술이다. 사회는 합의가 아니라 약정(그가 말했듯 "인류의 위대한 약정")이며, 계약은 우리가 선택하는 게 아니라 한눈에 보도록 그것을 정리한다.[29] 버크의 사회 계약 개념은 이렇게 페인을 비롯한 일반적인 계몽주의적 자유주의자들의 사회 계약 사상과 확연히 구별된다. 그는 《성찰》의 유명한 단락에서 이를 가장 극명하게 표현한다.

사회는 실제로 계약이다. 단순히 일시적 이익이라는 목적을 위한 부차적 계약은 언제 사라질지 모른다. 그러나 국가란 후추와 커피 무역의 파트너십 협정 …… 혹은 계약 당사자의 욕망으로 인해 파기되는 …… 다른 저급한 관심사 정도로 여겨서는 안 된다. 반대로 존경을 갖고 지켜봐야 한다. ……그것은 모든 과학과 파트너십 관계다. 모든 예술과 파트너십 관계이며, 모든 미덕 및 모든 완벽함과 파트너십 관계다. 그런 파트너십의 목표는 많은 세대 속에서 성취할 수 없으므로, 살아 있는 세대 사이에서뿐 아니라 살아 있는 세대와 죽은 세대 그리고 태어날 세대 사이의 파트너십 관계가 된다. ……전 세계적인 왕국의 지방자치 단체가 기본 원칙이라는 비사회적이고 무례하고 맥락 없는 혼돈으로 그것을 해체하기에 …… 그들은 도덕적으로 자유롭지 못하다. 최초이자 최고의 필요성, 선택당하는 게 아니라 선택하는 필요성, 심사숙고에서 가장 중요한 필요성은 오직 논의도 인정하지 않고 무정부주의에 대한 호소를 단독으로 정당화할 증거도 요구하지 않는 것이다.[30]

버크는 이렇게 페인과 거의 반대 목적으로 사회 계약 개념을 사용한다. 그리고 계약에 관한 버크의 논의는 일반적으로 계몽주의적 자유주의 계약 이론가들(아울러 그 문제에 관해서는 일반적인 정치철학자들)의 가장 큰 관심사, 즉 정권의 구조와 그 제도에 대해서는 거의 손도 대지 않는다. 그는 사회에 제공해야 하는 서비스 관점에서 정부의 적절한 기능을 제시하지만 "모든 나라의 상황과 관습이 …… 정부의 유형을 결정짓는다"면서 이런 유형

은 점차 상황의 필요에 따라 시간이 흐르면서 변할 수 있다고 주장한다.[31]

버크는 사회의 본성을 기술하는 것이 사회의 역사를 기술하는 걸 의미한다고—통상 정치 생활에 대한 근대적(아마도 과학적) 접근법이 그렇게 하려는 것처럼—생각하지도 않는다. 대신 사회생활의 근본 성격에 좀더 근접한 무언가를 추구하며, 따라서 사회 발달의 연대기를 이해하려 하기보다 자신이 생각하는 있는 그대로의 사회를 본다. 아울러 버크의 계약은 기술(description)이기 때문에, 계약은 사회가 해체되거나 지속할 수 있는 근거를 수립하는 것이 아니라 그 부분들 사이의 관계를 나타낸다. 버크는 계몽주의적 자유주의 사회 계약 이론가들이 계약을 오직 극단적 상황에만 적용한다고 말한다. 계약 창시의 순간에서 그 근거를 찾고, 그로부터 혁명이 타당한 시기를 위한 잣대를 끌어낸다는 것이다. 버크는 이렇게 쓴다. "그러나 이런 극단적 주장을 언명하는 습성 자체는 매우 가상하지도 않고 또는 안심할 수도 없다. 왜냐하면 일반적으로 우리 임무를 의심으로 둔갑시키는 것은 옳지 않기 때문이다. 그것은 창의력을 행사하라는 게 아니라, 우리의 행위를 다스리기 위해 부과된다. 따라서 그것에 대한 우리의 의견은 꾸준하고, 확실하고, 단호해야 하며 동요 상태에 있어서는 안 된다."[32] 버크의 계약은 그가 속한 사회의 일상생활을 기술한다.

합의의 중요성에 대한 부정은 분명 계몽주의적 자유주의 이론이 이해하고 있는 권리의 중요성에 대한 부정이기도 하다. 그리고 토머스 페인은 사회 계약에 대한 버크의 기묘한 비틀기가 그로 하여금 권리에 대한 어떤 옹호도 계속 불가능하게끔 한다고 강력히 역설한다. "버크 씨는 인간에게 어떤 권리가 있다는 것을 부인할 셈인가?"라고 페인은 《인권》에서 묻는다. "만일 그것을 부인한다면, 그는 분명 권리라는 것은 어디에도 존재하지 않으며 그 자신에게도 아무 권리가 없다는 말을 하고 있다는 뜻이다.

대체 인간이 아니면 세상의 누구를 위한 것인가? 그러나 버크 씨가 인간에게 권리가 있다는 걸 인정하는 뜻이라면, 질문은 이래야 할 것이다. 그러한 권리들은 무엇이며, 인간은 어떻게 처음에 그것들을 얻었는가?"[33]

그러나 버크는 자신의 적들이 권리 개념을 소유하는 것을 불허한다. 사회 계약 개념을 갖고 그러듯(아울러 우리는 자유 개념에서도 그러는 걸 살펴볼 것이다) 그는 계몽주의적 급진주의자들의 어휘를 불러오지만 다른 의미를 염두에 둔다. "내가 그들의 그릇된 권리 주장을 부인할 때, 실재하는 권리 그리고 그들이 단정하는 권리가 전면적으로 무너뜨리려 하는 권리를 해치려는 의도가 아니다."[34] 그러면 도대체 이 진짜 권리 주장이란 무엇일까? 버크는 《성찰》에서 가장 풍부한 답변을 내놓는다.

시민 사회가 인간의 이익을 위해 만들어진 것이라면, 그 모든 이익은 인간의 권리가 된다. 그것은 선행(beneficence)의 제도다. 그리고 법 자체는 규칙에 따라 행동하는 유일한 선행이다. 인간은 그 규칙에 따라 살 권리가 있다. 그들에게는 정의에 대한 권리가 있다. 동료 인간이 현명한 역할을 하건 평범한 직업을 갖고 있건 그들의 동료 사이에서 그러하듯 말이다. 그들은 근면함의 결실에 대한, 그리고 자신의 근면함을 생산적이게끔 만들 수단에 대한 권리를 갖는다. 그들은 부모가 취득한 것에 대한 권리를 갖는다. 그들 자손의 영양(nourishment)과 개선에 대한 권리를 갖는다. 삶의 가르침 그리고 죽음의 위안에 대해서도 권리를 갖는다. 타인을 침범하지 않으면서 각자가 따로 무엇을 하건, 혼자 힘으로 그렇게 할 권리가 있다. 그리고 사회가 모든 기술(skill)과 힘을 조합함으로써 그를 유리하게 할 수 있는 모든 것의 공정한 몫에 대한 권리가 있다.[35]

버크는 근본적으로 추상적이고 개인적이고 자연적인 권리의 타당성(비록 그 존재를 반드시 부인하는 건 아니지만)을 부정한다. 대신 사회의 혜택에 대한 실용적 권리를 규정한다. 아울러 이런 혜택은 자유나 권력에까지 미치지 않는다. 사실 인간이 권리를 갖는 사회의 일부 혜택에는 그들의 자유와 열정에 대한 제한도 포함되어 있다. 버크는 다음과 같이 쓴다.

정부는 자연적 권리 덕분에 만들어지지 않았다. 그러한 권리는 정부와 완전히 독립적으로 존재할 수 있고, 정말 그렇게 존재한다. 그리고 훨씬 더 명료하게, 그리고 한층 더 높은 수준의 추상적 완벽함으로 존재한다. 그러나 추상적 완벽함이 그것의 실질적 결함이다. 모든 것에 대한 권리를 가짐으로써 그들은 모든 것을 원한다. 정부는 인간이 **원하는 것**을 공급하기 위해 인간의 지혜가 고안한 장치다. 인간에게는 이런 지혜를 통해 이 원하는 것을 공급받을 권리가 있다. 인간이 원하는 이런 것들 안에는 그들의 열정에 대한 시민 사회에서의 충분한 규제 결핍을 산정해야 할 것이다.

따라서 우리의 선택 범위를 제한하는 사회의 능력은 중요한 이점(advantage)이다.

사회는 개개인의 열정을 종속시켜야 한다고 요구할 뿐 아니라, 개개인은 물론 대중과 조직에서도 인간의 성향을 자주 저지해야 하고, 의지를 통제해야 하고, 열정을 예속시켜야 한다고 요구한다. 이는 **그들 자신으로부터 나온 권력**에 의해서만 실행할 수 있다. 권력이 기능을 행사할 때, 그 직무에 굴레를 씌우고 억누르는 의지와 열정의 지배를 받는 것은 아니다. 이런 의미에서 인간의 자유는 물론 인간에 대한 규제 또한 인간의 권리에 속한다고 여겨야 할 것이다. 하지만 자유와 구속은 시대와 상황마다 다양하고 무한한 수정을 허용하므로 어떤 추상적 통치로도 해결하지 못한다. 아울러 그 원칙을 기반으로 그것들에 대해 토론하는 것만큼 어리석은 짓은 없다.[36]

무제한적으로 원하는 것과 열정을 따라갈 경우 인간은 사회에서 살 수 없다. 따라서 시민의 권리 중 하나는 그들의 열정을 어떤 통제 아래 두는 것이다. 이렇게 해서 사회는 부분적 자유와 부분적 구속을 보장한다. 이런 것이 평상시 정확히 얼마나 균형 잡혀 있느냐는 절대적 원칙의 문제가 아니라, 신중함의 문제다. 신중함에 대한 계산은 선택의 극대화가 아니라 국민이 진정 원하는 것에 대한 충족을 목표로 한다. 국민이 원하는 것은 버크가 기술하는 복잡하고 다층적인 사회로부터 등장하기 때문이다. 버크가 말하는 권리란 따라서 관계이지 개인의 권한이 아니다—그것은 의무와 특권이라는 큰 도식 안에서 한 사람의 위치를 기술한다. 아울러 그 도식과 그 위치를 보호하고 혜택을 제공한다.

선택은 버크의 권리 이해에서 중심적이지 않으므로, 그는 자치—"국가 경영에서 각각의 개인이 가져야 할 권력, 권위, 지휘의 몫"[37]—에 대한 권리를 아주 선뜻 묵살한다. 버크가 생각하는 것처럼 국가란 특정 이익을 그 국민에 빚지고 있으며, 국민의 충성을 보유하고 있는 동안 이를 가장 잘 성취할 수 있는 수단이라면 무엇이건 추구해야 한다. 열쇠는 모든 사람이 자신의 견해를 국가의 활동을 통해 표현하도록 하는 게 아니라, 모두가 국가의 활동을 통해 자신의 요구를 제공받도록 해야만 한다는 데 있다. 국민의 욕망과 이익은 충돌할 수 있는데, 유능한 정치가는 그들이 진정한 이익에 이바지하기 위해 노력해야 한다고 버크는 말한다. 따라서 국가는 근원이나 인간의 자연권에 대한 임무에 의해서가 아니라, 목적에 의해 이끌린다는 것을 알아야 한다. 국가는 시민의 이익이라는 목적을 달성함으로써 스스로 그 능력을 입증한다.

버크는 영국 정권의 민주적 요소 안에서조차 모든 의회 의원의 역할은 유권자를 대신하는 것이 아니라, 그들과 나라 전체의 이익 및 필요를 향상시키기 위해 자신의 지혜를 쏟는 것이라고 믿는다. 1774년 브리스톨—당시 영국에서 두 번째로 큰 도시—의 하원의원 선거에서 승리한 직후, 버크는 유권자들에게 자기 역할은 단순히 그들의 의견을 대표하는 것이 아니라고 말했다. "여러분의 대표는 여러분에게 자신의 근면성뿐 아니라 판단 역시 빚지고 있습니다. 그리고 제가 여러분의 의견에 맞춰 그 판단을 희생시킨다면 여러분을 섬기는 게 아니라 저버리는 것입니다."[38] 다시 말해, 하원조차도 완전히 대의제는 아니라는 것이며, 버크는 자치에 참여할 권리를 물려받았다고 인정하지 않는다. 통치란 머릿수 세기가 아니라 주변 환경에 대해 신중함을 적용하는 것이다. 버크의 관점에서는 모든 사람이 정부 안에서 일익—직접적이건 혹은 간접적이건—을 담당할 자격이 있다고 상상해야 할 어떤 이유도 없다. 어떤 상황 아래서 민주주의 제도는 전체 이익에 가장 잘 부합할 수 있는데, 이런 상황에서도 이를 절대적 권리의 문제로 사용해서는 안 된다.

이런 자치 권리의 부정은 정치 생활에서 선택이 차지하는 중요성에 대한 버크의 부인 중 가장 가차 없는 표현으로서 페인을 당연히 폭발하게 했다. 페인에게 통치권이란 모든 다른 권리가 흘러나오는 본질적인 시민권이었기 때문이다. 페인은 자치라는 기본 문제를 둘러싼 버크의 복잡하고 두서없는 얘기를 참아줄 수 없었다. 그는 권리에 대한 버크의 재개념화에서 부당한 지배를 옹호하려는 공허한 신비주의를 본다.

그는 한쪽에 바보들의 국가를 설정하고 다른 한쪽에는 자신이 말하는 지혜의 정부, 하나같이 고담의 현인들(wise men of Gotham: 영국 국왕의 계획에 반대해 고담이라는 마을의 주민들이 모두 바보인 척 행세한 데서 유래—옮긴이)로 이뤄진 정부를 배치하고 나서 말한다. "인간에게는 이 지혜를 통해 그들이 **원하는 것**을 공급받을 **권리**가 있다." 이렇게 선언한 다음 그는 인간들이 원하는 게 무엇이며 또 그들의 권리는 무엇인지 설명하는 대목으로 넘어간다. ……이런 지혜를 독점한 정부 그리고 가능하건 불가능하건, 옳건 그르건 모든 목적을 감당할 막대한 수용력을 가진 정부에 대한 엄숙한 숭배로 그들을 감탄시키기 위해, 점성술적인 신비스러운 중요성을 부여하면서 그들에게 정부의 힘에 대해 설파하기에 이른다.

페인은 이것이 버크가 자신이 자유의 기본 원칙을 부인하고 있음을 독자들로 하여금 꿰뚫어보지 못하게끔 하는 한 방식일 뿐이라고 주장한다. "버크 씨가 얘기를 들려주고 있는 상대로 가정하는 궁금증 많은 청중은 이 모든 박학다식한 전문 용어를 이해하지 못할 것이기 때문에, 내가 통역을 맡아야겠다. 이 모든 것의 의미, 그러니까 선량한 국민이란 바로 이러하다. 즉 정부는 아무런 하등의 원칙 없이 통치한다. 정부는 그냥 내키는 대로 악을 선으로, 선을 악으로 만들 수 있다. 간단히 말해, 정부는 임의의 권력이다."[39]

페인은 버크의 정부 개념이 자유를 조금도 보호하지 않는다고 염려한다. 어떤 정부도 침해할 수 없는 인간의 정확한 권리를 애초 정의하지 않으며, 정부의 한계를 제시하지도 않기 때문이다. 그것은 모든 개인의 선택할 자유의 보호라는 명확한 개념을 혜택과 관계라는 모호하고 변화무쌍한 개념으로 대체한다.

의문의 여지없이 사회 계약에 대한 버크의 새로운 상상력은 계몽주의적 자유주의 계약 이론가들의 한 가지 큰 장점을 허용하지 않는다. 그것은 바로 강압에 반대할 수 있는, 정부의 활동 영역을 제한하는 명확한 원칙이다. 버크의 관점에서 보면 정부는 복잡한 의무, 관계, 각각의 사회를 구성하는 차이에 의해 제약을 받는다. 페인은 이런 차이의 균일화를 시도하면서 그 대신 개인의 자유를 보호하기 위해 국가에 명확한 한계를 부과한다. 페인은 자유의 원칙이 사회 제도보다 강압으로부터 개인적 자유를 더 잘 보호할 것이라고 생각한다. 페인은 정부에 모든 시민의 행동의 자유를 존중할 의무를 부과하는 데 반해, 버크는 정부에 국민이 원하는 것을 충족시키고 복잡한 사회 전체의 이익을 향상시킬 한층 덜 엄격한 의무(다소 더 부담스럽긴 하지만)를 부과한다. 개인의 자유와 선택보다 질서와 이익이 버크식 정부 개념의 목표다. 아울러 그는 일련의 추상적 규칙이 아무리 엄격하다 할지라도 그것보다는 국가의 사회적 지형(topography)이 실질적으로 국민의 자유를 더 잘 수호할 것이라고 여긴다.

그러나 여기서 다시 한 번 버크는 한층 더 급진적인 자유주의자들의 수사학과 어휘를 자신의 약간 다른 목적에 맞춰 사용하려 시도한다. 또한 계몽주의적 자유주의자들이 **자유**라는 단어를 소유하게끔 놔두지 않는다. 그는 프랑스에서 일어난 사건들에 대해 이렇게 적는다. "영연방에 속한 모든 위대한 회원국의 영웅들이 보여준 무능함의 결과가 자유라는 '모든 죄를 사하는 이름'을 뒤집어쓸 판이다. 그러나 지혜가 없는, 그리고 미덕이 빠진 자유란 무엇인가? 가능한 모든 악 중 최고의 악이다. 그것은 훈련이나 규제가 없는 어리석음, 부도덕, 광기이기 때문이다. 고결한 자유가 무엇인지 아는 이들은 무능한 윗대가리로 인해, 그들이 입에 담은 거창한 말로 인해 그것이 먹칠 되는 걸 차마 볼 수가 없다."[40]

그러면 이 "고결한 자유"란 대체 무엇인가? 그것은 페인이나 프랑스 혁명가들이 생각하던 개념과 어떻게 다른가? 버크는 1789년 샤를 장 프랑수아 드퐁이란 이름의 프랑스 청년에게 보낸 편지에서 그 해답을 제공한다. (드퐁은 파리에서 당시 전개되던 혁명이 자유가 살아 움직이는 훌륭한 사례라고 버크에게 말했다.) 여기서 버크는 프랑스인은 분명 자유를 누릴 자격이 있지만 단어의 의미를 잘못 이해했다고 답변한다. 진정한 자유란 "마치 모든 사람이 자신의 의지대로 자기 행위 전체를 규제하는 양 고립적이고, 무관하고, 개별적이고, 이기적인 자유가 아닐세. 내가 말하는 자유는 사회적 자유네. 그것은 규제의 평등에 의해 자유를 보장하는 그런 만물의 상태이지. ······사실 이런 종류의 자유는 정의의 또 다른 이름일 뿐이네. 그것은 지혜로운 법으로 확인할 수 있고, 제대로 구축한 제도를 통해 확보할 수 있다네".[41]

이것은 어쩌면 버크의 자유에 관한 전문 용어 중에서 가장 대담하고 직설적인 재정의일 것이다. 그는 과격한 개인주의는 정의의 반대말이며, 그런 의미에서 진정한 자유의 반대말도 된다고 말한다. 아울러 페인과 당시 계몽주의적 자유주의자들이 매우 선호하던 "개인적 자유"에 대한 일종의 대응으로 "사회적 자유"를 제시하고, 이런 자유가 영국의 힘을 이루는 가장 깊은 바탕이라고 주장한다.[42]

자유와 규제의 이러한 상호 작용은 정부 및 정치력의 과제 모두에 대한 버크의 이해로 향하는 핵심이다. 그는 이렇게 쓴다. "인간은 도덕적 사슬(chain)을 자신의 욕구에 채우는 기질과 정확히 비례해 시민 사회적 자유를 누릴 자격이 있다. 의지와 욕구를 제어하는 힘이 어딘가 있지 않다면 사회란 존재할 수 없다. 아울러 그것이 내부에 덜 있을수록 외부에 틀림없이 더 많을 것이다. 무절제한 정신을 가진 자들이 자유로울 수 없다는 것은 사물의 영원한 구조 안에 정해져 있다. 그들의 열정이 그들의 족쇄를 구축한다."[43]

이와 같이 급진적 정치철학에 의해 무절제로 경도된 국민을 위시해 무절제한 국민은 자유를 덜 누리게 될 것이며, 그리하여 그들의 정권에 의해 탄압받을 가능성이 더 많다. 권리 선언문에서 자세히 설명한 철학이 얼마나 숭고한지와 무관하게 말이다.

자유와 규제 사이의 균형을 잡는 것은 엄청나게 어려운 시험대인데, 자신들의 정권 수립 능력을 확신하는 혁명가들은 이런 점을 너무나 쉽게 간과할 것이다. 버크는 《성찰》에서 "정부를 만드는 데는 엄청난 신중함이 필요하지 않다"고 쓴다. "권좌를 안정시켜라. 복종을 가르쳐라. 그러면 작업은 끝난다. 자유를 주는 것은 한층 더 쉽다. 지도할 필요가 없다. 고삐를 놓기만 하면 된다. 그러나 자유로운 정부를 형성하는 것, 즉 자유와 규제라는 이런 상반된 요소를 하나의 일관적인 작업 안에서 같이 담금질하는 데는 많은 사유, 깊은 성찰, 명철하고 강인하고 조화로운 정신이 필요하다."[44] 모든 개인의 자연권에 의지하는 계몽주의적 자유주의식의 삼단논법을 단도직입적으로 적용해서는 자유와 규제의 균형을 잡을 수 없다. 균형은 언제나 사회생활의 복잡한 맥락 안에서 틀림없이 생겨나고, 따라서 사회를 이루는 수많은 의무·특권·습관을 고려해야 하기 때문이다. (강압으로부터—옮긴이) 자유란 사실상 규제와 (권리로서—옮긴이) 자유 사이의 타협이다. 브리스톨의 몇몇 주요 유권자에게 보낸 편지에서 버크는 계몽주의적 자유주의자들의 자유 개념에 대해 반론을 펼친다.

모든 위도(緯度)에서 중간을 허용하지 않고 참 아니면 거짓이어야만 하는 기하학과 형이상학의 명제들과 전혀 달리, 사회적·시민적 자유는 평범한 삶의 다른 모든 것처럼 모든 공동체의 성향과 상황에 따라 여러 가지로 섞이고 변화하며, 매우 다른 수준으로 향유하고, 무한하게 다양한 형태로 만들어집니다. 자유의 **극단**(추상적으로는 완벽하지만 실제로는 결함이다)은 어디에도 존재하지 않으며, 어딘가 존재해서도 안 됩니다. 우리의 임무와 삶의 만족 중 하나로도 관련 있는 모든 방면에서 극단은 우리 모두가 알고 있듯 미덕과 기쁨 모두를 파괴하기 때문입니다.[45]

1774년 버크는 유일하게 순수한 자유는 "질서와 연관된 자유다. 그것은 질서 및 미덕과 함께 존재할 뿐 아니라 그것들 없이는 절대 존재할 수 없다. 그것은 본질과 필수 원칙에 그런 것처럼 안정적이고 좋은 정부에 내재해 있다"[46]고 주장했다. 버크에 의하면, 이 질서 잡힌 자유는 좋은 정부가 국민에게 빚지고 있는 것 중의 정수(essence)다. 그것이 사회 계약이 보호하는 것이고, 제대로 이해한 인권에 수반되는 것이며, 자유가 진정으로 의미하는 것이다. 그것은 사회를 형성하는 비자발적인 사회적 관계, 독자적인 역사 및 습관, 국민이 자신들의 의무를 지키고 점진적으로 증대하는 정치적·사회적 진보를 추구하기 위해 발전시켜온 관습에 민감한 신중한 정치가들에 의해 확보된다.

따라서 버크와 페인은 극심하게 다른 방식으로 사회적 관계 — 사회의 목표로서 선택과 의무 — 라는 문제에 접근한다. 그 방식은 인간 삶의 특성에 관한 서로 다른 전제를 통해, 그리고 특히 맥락의 문제(즉 우리의 선택권을 형성하고 임무를 규정하는 특정한 세계의 중요성)에 관한 깊은 차이를 통해 이뤄진다. 이 문제에 대한 그들의 일반적 견해는 두 사람이 글 속에서 다루는 일련의 쟁점에 관한 특정 의견과 직감의 많은 부분을 결정짓는다. 하지만 이런 의견은 복잡하고 종종 놀라운 방식으로 형성된다.

이런 복잡성을 더 자세히 살펴보기 위해, 우리는 특히 두 가지 쟁점에 관한 두 사람의 견해를 검토할 수 있다. 애국심(또는 나라에 대한 임무)과 사회 복지 정책(또는 동료 시민에 대한 의무)이 그것이다.

국가와 빈민

토머스 페인은 보편적 원칙을 실행에 옮기고자 한다. 그는 인간의 권리와 자유의 기반을 역사가 아닌 자연에 둔다. 아울러 그것이 어디에나 똑같이 해당되고 적용할 수 있으며, 따라서 어떤 특정 국가의 상황이나 이상에 뿌리를 두지 않는다고 이해한다. 그 때문에 페인의 저술에는 애국심에 대한 호소와 조국에 대한 임무가 눈에 띄게 없다. 민중의 결단을 강화하려는 의도를 가졌던 '위기' 문건을 포함해 독립전쟁 문헌 속에서조차 페인은 거의 항상 아메리카에 대한 특별한 사랑이 아닌 자유라는 보편적 대의에 호소한다.

페네시(R. R. Fennessy)가 말했듯 "페인이 유일하게 충성한 것은 사실 그 자신의 원칙뿐이었다. 아메리카가 그것을 채택하자, 그는 아메리카 시민이 되려 했다. ……훗날 프랑스가 미국의 전철을 따르려 한다는 생각이 들자, 그는 프랑스 시민권을 기꺼이 수락했다—그리고 프랑스인들이 자신의 정치 원칙을 이해하지 못했음을 깨닫자 기꺼이 시민권을 버렸다".[47] 페인은 똑같은 관점으로 종종 자신을 묘사하곤 했다. "내 조국은 세계이며, 내 종교는 선을 행하는 것이다."[48]

페인은 그 원칙이 자신에게 이런 식으로 단순한 국가적 정체성을 넘어서도록 요구한다고 명확하게 잘라 말한다. 《인권》에서 정부에 대한 낡은 사고방식과 새로운 사고방식을 대조하며 페인은 "전자는 국가적 편견을 부추기고, 후자는 보편적 사회를 촉진한다"[49]고 쓴다. 그는 사회적 의무를 동료 인간에 대한 의무로 파악한다. 이는 공동체나 국가를 관통할 수 있으나 그렇다고 해서 공동체나 국가에 대한 의무는 아니다. 페인은 개인이 지닌 의무를 순수하게 고려하는 게 옳다는 걸 입증하기 어렵다는 사실을 안다. 그리고 그에게 있어 나라 사랑은 정부의 정당성에 대한 냉철한 판단의 대체물이 아니다.

물론 에드먼드 버크는 개별 인간과 인류 사이의 중재자는 대체로 정치적 질서에 중요하고, 국가는 특히 중요하다고 주장함으로써 정치의 사회적·세대적 맥락을 훨씬 더 강조했다. 국가란 질서를 만들고 유지하는, 그리고 질서를 아름답게 만드는 수단이다. 국가는 공통의 역사에 기대고, 이 역사 속에서 자부심의 원천과 개혁 및 개선을 위한 원칙을 모두 찾아냄으로써 지나온 업적을 처방을 통해 축적한다. 가족 간의 정은 공동체에 대한 정이 되고, 마침내 국가적 유대가 된다. 모든 개인은 이렇게 자신이 다수의 공동체―지리적 이웃, 일터의 동료, 상인 또는 귀족―속에 얽혀 있음을 깨달으며, 이들 모두가 국가로 모이고, 아울러 오직 국가로부터 그리고 국가를 통해서만 인류 전체로 모인다.[50]

그렇다고 조국에 대한 모든 것을 옳건 그르건 그냥 받아들여야 한다는 뜻은 아니다. 하지만 조국이 우리에게 제공하는 것에 대한 감사의 마음에서 시작해야 한다. 그리고 정치가들은 국가에 대한 국민의 애착을 유지시켜야 한다. 버크는 《성찰》에서 "우리가 조국을 사랑하게 만들기 위해서는 나라가 사랑스러워야 한다"[51]고 적는다. 그러나 사랑스럽건 개혁이 필요하건, 조국은 단순히 보편적 원칙에 의해 움직이는 하나의 사례가 아니다. 페인이 기술하듯 모든 나라가 자유와 정의의 원칙을 지키려 한다면 모두가 거의 똑같겠지만, 버크는 각 나라의 역사적 경험이 앞으로의 경로를 규정한다고 생각한다. 모든 사회는 고유의 전통적 제도와 궤적이 있으며, 그 국민이 사랑할 만한 특유의 뭔가를 제공한다. 버크는 이렇게 쓴다. "우리나라는 단지 물리적 장소성(locality)을 가진 어떤 것이 아니다. 우리가 태어나 합류한 아주 오래된 질서로 많은 부분이 이뤄진다."[52]

그러나 공공의 의무라는 본질에 대한 차이가 버크와 페인을 애국심에 대한 상이한 견해로 이끌었다면, 역설적이게도 바로 그 똑같은 차이가 경제적 관계와 당시 대두하던 자본주의 이론에 관한 상당히 유사한 관점으로 그들을 이끌었다. 우파와 좌파는 모두 자본주의에 대한 큰 기대를 갖고 출발했다. 하지만 매우 다른 이유 때문에 자본주의가 사회와 그 구성원에게 무엇을 의미하는지―특히 시민이 서로에게 어떤 물질적 의무를 지고 있는지―와 관련해 매우 다른 개념을 갖고 있었다.

페인은 자신이 상업의 신봉자임을 몇 차례나 못 박는다.[53] 무역 개방과 자유 경제가 전통적인 사회적·정치적 약정을 뿌리 뽑아 자신의 급진적 대의를 증진시킬 거라 믿었던 것이다. 이는 사람들로 하여금 그들의 물질적 필요에 초점을 맞추게 하고, 그런 필요를 충족시킬 합리적 수단을 그들에게 보여줌으로써 가능할 터였다. 유럽의 낡은 정부 체제는 속임수와 어수선함(특히 전쟁이라는 거의 영원한 망령을 포함해)으로 제자리에 붙들려 있어 합리적인 경제에 의해 소멸할 수 있고, 이미 그러기 시작했다고 페인은 주장한다. "과학과 상업의 영향으로 세계의 상황이 물질적으로 바뀌고 있다. 이런 상황이 문명의 확장을 허용함은 물론 그걸 갈망하는 합목적성을 담보한다"고 페인은 쓴다. "이제 정면으로 승부해야 하는 주된 그리고 거의 마지막으로 남은 적(enemy)은 편견이다."[54]

크게 방해받지 않는 무역과 산업에 대한 버크의 옹호는 대략 상반된 입장에서 시작된다. 그는 정부의 경제 조작은 사회 질서에 심각한 지장을 줄 수 있다고 주장했다. 입법자들의 이해를 거의 필연적으로 뛰어넘는 매우 복잡한 경제적·사회적 힘들의 총체적 조작을 수반하기 때문이다. 버크는 한 수필에서 "상법은 자연의 법이고 결과적으로 신의 법이다"[55]라고 언급하면서 그 자체의 실질적 관점에서도 경제는 그냥 내버려둘 때 가장 잘 작동한다고 주장한다. 버크가 보건대 자유 경제는 사회의 안정과 그에 따른 사회의 부—그 일부는 부자가 빈민을 돕는 데 사용할 수 있다(아울러 그래야만 한다)—를 유지하는 데 도움을 줄 터였다.

부에 대한 열망은 결코 순수한 선(善)은 아니지만, 정책을 통해 이를 줄이려는 것은 착오일 거라고 버크는 주장했다. 이는 정치가 아닌, 어떤 선이라도 도출할 수 있다면 무엇이건 찾아내야 하는 문화로 맞대응해야 한다. "가끔은 지나치게 터무니없고 가끔은 과도하게 사악해지지만, 돈에 대한 사랑은 모든 국가의 번영에 최대의 원동력이다. 이 자연스러운, 이 합리적인, 이 강렬한, 이 왕성한 원칙에서 터무니없음을 폭로하는 것은 풍자가의 일이다. 사악함을 질책하는 것은 도덕주의자의 일이다. 냉정함과 잔인함을 손가락질하는 것은 동정심을 가진 자의 일이다. 사기, 강탈, 탄압을 비난하는 것은 심판자의 일이다. 그러나 자신이 아는 대로 그것을 사용하는 것은 정치가의 일이다. 거기에 수반되는 모든 우수함, 그 책임에 따르는 모든 불완전함과 더불어 말이다."[56]

입법자들은 경제적 불평등을 원상태로 돌리기 위해 항상 정부의 영향력을 사용하고픈 유혹에 빠지지만, 이런 시도는 버크가 보기에 득보다 실이 더 많다. 그는 근대 경제가 정말로 일부 국민을 극빈 상태나 비천한 직업으로 격하시킨다는 것을 인식했다. 그래서 "사회 경제에 의해 그토록 많은 불쌍한 이들이 어쩔 수 없이 운명 지어진 비굴하고, 수치스럽고, 볼

썽사납고, 남자답지 않고, 흔히 가장 몸에 나쁘고 감염되기 쉬운 수많은 직업들"[57]에 대해 속을 태웠다. 하지만 그들의 상황을 개선하는 데 들어가는 노력은 사회 전체뿐만 아니라 특정 관련 당사자들에게도 현재의 고통보다 훨씬 더 안 좋을 것이라고 버크는 주장한다. 이들은 정부의 어설픈 물가 또는 임금 조작으로 일어날 가능성이 농후한 경제적 혼란에 가장 취약하기 때문이다.

《결핍에 관한 생각과 세부 사항(Thoughts and Details on Scarcity)》이란 제목의 짧은 수필(이 글은 대부분 그의 생애 마지막 해인 1795년 입법을 통해 농장 노동자들의 급료를 처리하려는 총리의 시도에 반대하며 조언하기 위해 쓴 것이다)에서, 버크는 정부의 경제 개입에 대해, 특히 빈민을 대표해서 깊은 불신을 표출한다. "내 견해는 어떤 유형의 행정이건 과도한 것에 대한 반대이고, 특히 권력에 있어 모든 간섭 중 가장 중대한 이것, 즉 국민의 최저 생활에 대한 간섭에 반대한다."[58] 빈민의 요구는 극도로 중요하지만 이는 부호와 귀족이 충분히 지원할 수 있는 자선으로 처리해야 한다고 그는 주장한다. 정부는 빈민의 요구를 돌볼 수 없으며, 그렇게 한다 해도 효과가 전혀 없을 것이다. 그 과정에서 사회 질서에 지장을 줄 것이기 때문이다. 빈민을 보살피는 일은 이런 의미에서 공적 의무가 아니라 사적인 것이다.

버크의 자본주의 예찬은 동시대인으로서 그 주제에 관한 권위자이던 애덤 스미스의 주목을 받았다. 스미스는 이렇게 썼다. "이전에 서로 대화를 한 적이 없음에도 불구하고, 버크 씨는 경제적 주제에 관해 나와 똑같이 생각하는, 지금까지 내가 아는 유일한 사람이다."[59] 그러나 역설적이게도 페인은 바로 그 스미스를 인용하며 버크의 경제관을 비판한다. 페인은 《인권》에서 이렇게 쓴다. "버크 씨가 《국부론》의 저자와 비슷한 재능을 가졌더라면 헌법에 들어가는, 그리고 다채롭게 헌법을 형성하는 모든 부분을 이해했을 것이다." 혁명가들이 프랑스 경제를 부실하게 관리했다고 추정하며 버크가 쓴 불평을 일축하는 대목에서였다.[60]

페인이 말한 자유 시장 경제의 몇몇 사회적 영향은 의심할 여지없이 옳다. 그리고 자유 무역과 자본주의가 사회의 요소들을 제자리에 있게 하고 안정에 일조할 것이라는 버크의 주장은 분명 틀렸다. 근대 서구에서 어떤 힘도 기존 질서를 (좋은 쪽으로든 나쁜 쪽으로든) 이만큼 붕괴시킨 적은 없었다. 그러나 두 사람의 더 심각한 차이는 자본주의의 결과에 관한 것이 아니고, 빈민에 대한 공동체의 의무에 관해서였음이 밝혀진다. 대체로 공동체주의자였던 버크는 영세민을 위한 보살핌이 그들을 위해서라도 대부분 사적 기능으로 남아야 한다고 주장한 반면, 항상 자유주의자였던 페인은 현대의 복지 제도 같은 것에 대해 강력한 옹호론을 편다. 그렇게 함으로써 페인은 근대 좌파가 어떻게 계몽주의적 자유주의로부터 자유주의 복지 국가라는 배아 형태를 향해 발전했는지 보여준다. 근대 좌파의 유토피아적인 정치적 희망이 산업혁명의 냉엄한 현실에 의해 내동댕이쳐진 것처럼 보일 때 말이다.

이런 점에서 페인의 견해는 그의 경력 중간에 분명하게 자신의 입장을 바꾼 드문 사례를 제공한다. 초기 저술에서 페인은 매우 제한적인 정부의 활동 범위를 기술한다. "정부란 사회와 문명이 편리할 정도로 능숙하지 않은 극소수의 경우에만 보급하는 것 정도로 필요하며, 정부가 거기에 유용하게 추가할 수 있는 모든 게 사회의 보편적 합의를 통해 정부 없이 행해져왔다는 것을 입증할 사례는 얼마든지 있다."[61] 그러나 1791년 무렵 페인은 파리와 런던에서 다가오는 산업화 경제의 초기 효과를 목격한 뒤, 사회 질서의 기원에 관한 자신의 관점이 미칠 영향을 충분히 사유하고 나서 "노인, 무력한 유아, 가난한 자를 부양해야 할 도덕적 의무"[62]에 대해 격정적인 어조로 적었다. 아울러 《인권》 2부에서는 이 의무를 지키는 게 정부의 핵심 목표라고 주장한다. "시민의 정부는 직무를 집행하기 때문에 존재하지 않는다. 젊은이들로부터는 낭비를, 노인들로부터는 체념을 최대한 차단할 수 있는 교육과 지원을 공급하기 위해 존재한다."[63] 그리고 아이가 태어날 때 가난한 부모들에게 준비물을, 초등 교육비에 정부의 지원을, 일할 수 없는 노인들에게 연금을, 장례 비용을 감당할 수 없는 이들에게는 공공 부조까지 요구한다.[64] "이런 지원은 자선이 아니라, 권리의 본성이다."[65] 이로써 빈민에 대한 공적 원조가 진정한 사회적 의무임이 드러난다.

1797년 페인은 이 복지 국가 원형과 그것을 어려운 이들의 권리로 봐야 하는 이유에 관해 좀더 충분한 논거를 제시하고자 《토지 분배의 정의 (Agrarian Justice)》라는 제목의 짧은 소책자를 쓰는 데 전념했다. 그 논거는 인간의 기원으로부터 추론하는 페인의 통상적 방법론을 따른다.

토지는 자연 상태나 경작 상태로 **인류의 공유 재산**이었고, 언제나 계속 그래왔을 것이다. 그런 상태에서 모든 사람은 재산을 갖고 태어났을 것이다. ……그러나 그 자연 상태의 토지는 앞서 말했듯 경작한 상태와 비교했을 때 단지 소수의 주민만 먹여 살릴 수 있다. 그리고 경작으로 가능해진 발전을 토지 자체와 분리하는 게 불가능하므로 소유지라는 개념이 저 우화적 연결 고리에서 탄생했다. 그러나 개인의 소유물은 토지 자체가 아니라 오직 발전의 가치라는 것은 그럼에도 불구하고 진실이다. 따라서 경작하는 토지의 모든 소유주는 자신이 소유한 땅에 대해 공동체의 **지대**(나로서는 이 개념을 표현할 더 좋은 용어를 알지 못하기에)를 빚고 있다. 그리고 이런 계획에 필요한 자금이 흘러나올 곳은 바로 이 지대다.[66]

최초의 인간 세대는 모든 토지에 대한 권리가 있었으므로, 그리고 이후 세대가 대부분의 사람들에게 그 권리를 인정하지 않았으므로 재산에 부과한 세금을 걷어 누구나 쓸 수 있도록 보상을 지불해야 한다는 것은 단연코 적절하다. 다음에 인용하는 그의 마지막 주장은 아주 명확하다. 요컨대 가난한 이들뿐 아니라 모두(지주 자신들을 포함해)가 이 공동 기금의 보상을 받을 것이다. "이미 언급했듯 보상은 부유하건 가난하건 모든 사람에게 이뤄져야 한다고 제안하는 바이다. 부당한 차별을 방지하기 위해서는 그렇게 하는 것이 최상이다. 이는 자연적 상속을 대신하기 때문에 그리 하는 게 역시 옳다. 아울러 이는 자신이 창출했거나 창출한 이들로부터 상속받은 재산을 뛰어넘어, 즉 그 재산보다 상위에 있는 권리로서 모두에게 속한다. 이를 받지 않기로 선택한 사람들은 공동 기금에 그것을 보탤 수 있다."[67]

페인은 자선이 빈민을 책임질 수 있다는 버크의 생각에 분명하게 반대한다.

모든 나라에는 개인들이 설립한 감명 깊은 몇몇 자선 단체가 있다. 그러나 구제해야 할 참상의 규모 전체를 고려하면 그것은 한 개인이 할 수 있는 아주 작은 규모에 지나지 않는다. 그는 자신의 양심은 만족시킬 수 있을지 몰라도 마음으로는 아니다. 그가 자신이 가진 전 재산을 내줄 수도 있지만, 그 전부로도 단지 소수만을 구제할 뿐이다. 전체 참상의 짐(weight)을 제거하는 길은 오직 도르래 장치처럼 움직이는 원칙에 기초한 문명을 조직하는 것이다. ……무엇보다도 자선보다 더욱 보편적으로 작동하는 원칙을 갖는 것이 필요하다. 아울러 정의와 관련해 말하자면, 그들이 공정하게 다루건 그렇지 않건 그것을 사심 없는 개개인의 선택에 맡겨서는 안 된다.[68]

페인은 가난을 인간의 자유를 옥죄는 강압적 현실의 일부로 간주하는 듯하다. 따라서 국가는 국민의 의지와 선택에 완전한 자유를 허용하도록 가난으로부터 국민을 보호해야 한다. 페인은 "풍요와 결핍의 양극으로 얼룩진 사회의 울퉁불퉁한 표면은 어떤 놀라운 폭력을 그 위에서 자행해왔음을 입증하며, 이를 시정하기 위한 정의를 촉구한다"고 쓴다. "각 나라의 절대다수인 빈민은 세습적 종자(race)가 되어버리며, 이들이 그 상태에서 저절로 벗어나는 것은 불가능에 가깝다."[69] 이런 집요한 가난은 다른 이들에게 사회적 의무를 창출한다—가난은 가난으로부터 해방될 권리에 굴복하는, 자유에 대한 위협이다.

한편 버크가 생각하기에 가난이란 언제나 존재하며, 더 광범한 인간 조건으로부터 벗어난 게 아니라 그 일부다. 부유한 개인에게는 가난을 개선하도록 도울 도덕적·종교적 임무가 있지만, 정부는 결코 가난을 근절할 수 없다. 가난은 분명 선택을 제약하지만, 정부의 실패는 아니다. 버크의 관점에서는 선택을 보호하는 게 정부의 근본 목적은 아니기 때문이다.

페인은 그리하여 우리가 선택하는 대로 살아가는 자유에 대한 걸림돌을 극복하기 위해 정치에 기대를 걸고, 이는 결국 극심한 물질적 박탈을 개선하기 위해 국가에 의존하도록 이끈다. 이런 박탈이 대지의 결실(fruits)에 대한 인류의 동등한 권리를 왜곡(가끔은 필요하고, 가끔은 피할 수 있는)하는 데서 비롯되며, 시간이 흐르면서 국민의 권리를 방치하거나 무시하는 정권에 의해 악화한다고 그는 주장한다. 그는 이런 오류를 바로잡기 위해 가장 비참한 이들의 고통을 완화하고, 모두에게 그들 자신의 능력으로 출세할 동등한 기회에 근접한 어떤 것을 주는 데 정부의 역할이 있다고 설파한다. 여기서 다시 한 번 페인은 사회적 의무를 애초 개인의 자유와 선택의 중요성에서 생겨나는 것으로 이해한다. 정부는 자유와 선택에 대한 권리의 침해를 다루기 위해 존재한다. 아울러 가끔씩 약간의 물질적 자원 재분배를 통해 극빈층이 인간 존엄의 최소 수준 아래로 추락하지 않도록 해야 한다. 이처럼 페인은 열렬한 자본주의자이지만, 빈민에 끼치는 자본주의의 영향을 경계한다. 산업혁명이 완전히 도래하기 이전에 페인은 경제적 발전이 가난을 몰아내지 못할 것이며, 그와 반대로 전례 없는 공공의 조치가 필요한 상황이 도래할 수도 있음을 알고 있었다.

한편, 버크는 우리의 의무가 우리 선택권이 아닌, 사회 질서에 깊이 뿌리내린 우리 위치의 작용이라고 믿었다. 우리 각자는 사회와의 특별한 관계 속에서 살아가며 그 관계는 임무와 특혜 모두를 수반한다. 아울러 사회는 모든 구성원이 자신의 특정 의무를 지킬 때에만 제대로 기능할 것이다. 가난한 이들을 돌보는 것은 분명 이런 의무에 속하지만, 그 임무는 부자들의 몫이지 모두를 대표해 기능하는 국가의 몫은 아니다. 가난은 국가가 개입할 경우 반드시 훨씬 더 큰 손해를 가져올 어떤 것이기 때문이다. 버크는 사회와 정부 사이에 덜 엄격한 구분—앞서 설명한 대로 모든 면에서 동반자 관계에 있는 사회 계약이 두 가지 모두를 다룬다—을 두며, 바로 그것 때문에 정부 역할에 대한 개념 역시 제한적이다. 페인은 정부와 사회에 매우 많은 차이를 두지만, 실제로 흔히 그 차이란 공공의 의무로 여겨지는 임무를 모두 정부에 배정하는 반면, 사적 생활은 개념적으로 정치와 계속 분리되어 있음을 의미한다.

그러므로 사회적 관계에 대한 버크와 페인의 이해는 극적으로 다르고, 자연과 역사에 대한 견해차의 계보와 유사한 (그리고 거기에 뿌리를 둔) 길을 따른다. 에드먼드 버크는 주어진 세계로부터 출발해 우리가 선택하지 않은 상황과 씨름할 수단으로서 사회적·정치적 생활을 강화하려 한다. 토머스 페인은 자유, 평등, 자연권의 원칙으로부터 시작해 개인의 특권을 보호하는 토대에 정치 제도의 기반을 둔다. 두 인물은 지금까지 행해온 것들이 도대체 얼마나 중요한지, 인간관계가 근본적인 재건을 할 때 철학적으로 영감을 받은 노력에 얼마나 순응할 것인지를 두고도 선명한 차이를 보인다.

그들의 상이한 견해 속에서 우리는 정치적 변화에 영향을 주는 한층 보편적인 접근법이 되풀이되는 것 역시 발견한다. 주로 신념과 원칙을 연구 대상으로 삼는 사상가는 국민이 선택하지 않은 상황을 보고는 과거 원칙을 적용한 결과로 간주한다. 이런 사람은 결코 이상적이라고 할 수 없는 상황 속에서 전혀 옳지 않은 원칙이 각인된 것을 본다. 따라서 그는 더 옳은 원칙을 갖고 새롭게 출발할 것을 제시함으로써 상황을 개선하고자 한다. 정치적 상황을 연구 대상으로 삼는 정치가는 (선택한 것이라기보다 대체로 주어진) 특정 공동체 및 그 공동체의 다양한 세부 조직과의 제휴 그리고 이런 것들에 대한 의무로부터 반드시 시작하며, 따라서 기존의 것들로부터 출발해 그 안에서 그것을 개선시킬 방법을 찾는다. 이런 식으로 선택과 의무 사이의 구분은 이성과 처방 사이의 구분에서 짝을 찾는다. 전자의 구분은 정치의 목표에, 후자는 정치의 수단에 해당한다. 여기서 우리는 이성과 처방 및 이론과 실천의 상대적 장점에 관한 버크와 페인의 심오한 의견차를 다룬 다음 장으로 넘어간다.

이성과 처방

자연적 평등이 계몽주의적 자유주의 정치의 중요한 전제이고 합의에 의한 정부가 그 핵심 형태라면, 인간 이성은 그 커다란 원동력이다. 이성은 낡은 질서의 경건하고 진부한 이야기를 뚫고 나가, 우리가 가진 권리의 진실과 영향을 입증하고, 우리로 하여금 정의를 받들기 위해 구축한 새로운 질서를 만들도록 도와준다. 혁명의 시대는 정치 생활에서 이성의 대의를 고취하는 것으로 스스로를 이해했다.

미국의 혁명 지도자들은 "인류의 의견에 대한 정중한 존경이" 태울 듯한 이성의 빛 아래 그들의 행동을 점검해야 "하는 대의를 선언하도록 요구한다"고 가정했다. 프랑스에서 가장 열렬한 혁명가들은 혁명 지도자 자크 에베르(Jacques Hebert)가 말했듯 자신들을 일종의 "이성의 광신도"로 여겼다. 아울러 자신들이 살던 시기를 계몽의 시대라고 기술한 매우 많은 유럽인에게 오래된 곤경에 새로운 빛을 비춘 것은 바로 (특히 새로운 자연과학과 그 방법론을 통해) 자유를 얻은 인간의 이성이었다.

진정으로 이성적인 정치 개념이 계몽주의적 자유주의 투사들의 자기 이해에 얼마나 중요했는지를 놓고 봤을 때, 이러한 이상이 버크와 페인 사이 큰 논쟁의 요지였다는 것은 놀랍지 않다. 페인은 자신의 시대를 "이성의 시대"(자신이 쓴 마지막 책의 제목으로 붙였듯)로 이해했다. 정치과학에 대한 새로운 통찰과 시민이 자신들의 개인적 이성을 공공 문제에 행사할 수 있는 더 큰 자유의 결합은 자유주의 사회에서 무수히 오래된 편견을 없애고 새로운 자유 정치로 나아가는 길을 열어줄 것이라고 그는 생각했다. 버크는 인간 공동체를 통치하는 것은 일련의 사이비 과학 같은 문제로 단순화하고 논리적 연습으로 해결하기에는 정말 너무나 복잡한 과제라고 생각했다. 그가 보기에 거기에는 사회 자체의 경험에서만 수집할 수 있는 인간사에 관한 일정 수준의 지식과 지혜가 필요했다. 다시 말해, 그들의 견해는 지금까지 나타난 좀더 광범한 세계관들의 직접적 확장이었고, 근대 정치학의 토대인 정치 문제에 대한 더 깊은 이해를 제공한다. 이렇게 정치사상의 목적에서 수단으로 옮겨감에 따라 그들의 분쟁은 깊어진다.

버크의 처방과 이성의 한계

인간 본성의 복잡성과 선택의 불충분함에 대한 에드먼드 버크의 신념은 정치적 행동을 인도하는 이성의 잠재력에 관해 대부분의 동년배보다 그를 훨씬 더 회의적이게끔 만든다. 버크는 급진주의자들의 이성주의가 그때까지 암흑이었던 세상에 커다란 계몽을 불러왔다는 생각을 걸핏하면 조롱한다. 그가 말하듯 "이 세상을 밝힌 자들의 문헌에서 호기심이라는 정신 외에 어떤 정당한 것을 찾을 수 있을 만큼 많은" 책을 읽은 버크는 지혜로 가는 새로운 길이라는 그들의 주장에 당혹스러웠다고 보고한다. "그가 읽었던 옛날 저자들, 그가 대화를 나눴던 옛사람들이 그를 어둠 속에 남겨두었고, 그는 여전히 그 어둠 속에 있다."[1]

여기에는 자칭 이성의 불빛에 대한 냉소적 펀치 이상의 것이 있다. 버크는 계몽주의적 자유주의자와 급진주의자의 인간 이성에 대한 강조가 인간 본성에 대한 오해—전체에 대한 일부의 실수—에서 비롯되었다고 믿는다. "정치란 인간의 추론이 아닌 인간의 본성에 맞춰 조절해야 하며, 이성은 단지 본성의 한 부분일 뿐 결코 가장 큰 부분은 아니다."[2] 더 큰 부분—특히 정치에서 사람들을 움직이는 감성과 애착—을 간과함으로써 그들은 정치적 행동과 사회적 애착 뒤에 숨은 가장 중요한 요인을 놓친다. 정치가들이 맞서야 하는 가장 큰 도전 중 다수는 인간성의 덜 이성적인 요소로부터 발생한다.

물론 통치란 이성적 활동이며 정치사상은 분명 어떤 보편적 원칙에 의해 이끌려야 하지만, 실질적인 원칙을 살아 있는 경험보다 추상적인 전제에서 끌어낼 수 있다고 가정하는 것은 잘못이다. 개괄은 다른 방법이 아니라 세부 사항에서 도출해야 한다. "많이 배우고 사려 깊은 사람들이 정부(의 실천)를 재료로 삼아 만든 이론을 채택한 다음, 정부가 그런 재료로 만든 이론의 토대 위에서 만들어졌다고 추정하면서 정부를 그러한 이론에 맞지 않는다고 몰아세우는 것이 내게는 얼토당토않은 추론 방식이요, 완벽한 개념 혼동처럼 보인다."[3]

정치에서는 이론과 실천 사이의 관계에 대한 이런 혼동이 위험한 결과를 가져올 수 있다고 버크는 경고한다. 왜냐하면 정치 생활은 특정한 사회적 필요와 요구에 반응하는 것이라기보다 이론을 법률로 제정하는 것이기 때문이고, 아울러 정치를 인도해야 할 목표와 그것을 규제해야 할 한계 모두의 닻을 올리는 것이기 때문이다. 버크는 정치 생활에 너무 곧장 이론을 이입(importation)하는 것은 1770년대 말 미국과의 거래에서 영국 정부가, 또한 그로부터 10년 뒤 프랑스 혁명가들이 모두 저질렀던 가장 큰 실수에 속한다고 믿는다. 그는 몇 번이고 거듭 정치를 형이상학으로 혼동하는 것을 경고하며, 각기 다르지만 밀접하게 연관된 세 가지 격정거리 형태로 자신의 우려를 기술한다.

첫째, 버크는 정치에서 자신이 형이상학적 방법론이라고 부르는 것을 적용하려는 시도는 정치 목적과 관련해 정치가와 시민을 혼란에 빠뜨린다고 믿는다―그들로 하여금 통치란 국가의 이익과 행복을 향상시키기보다 어떤 주장을 입증하는 것에 관한 것이라고 생각하게끔 유도한다. 문제는 그런 원칙이 정치에 속해 있지 않다는 게 아니다. 오히려 반대다. 버크는 이렇게 쓴다. "나는 어떤 문제에서도 완전히 추상적인 생각을 끄집어내지 않는다. 왜냐하면 그런 미명 아래 내가 원칙을 묵살하리라는 걸 잘 알고 있기 때문이다. 그리고 건전하고 제대로 이해한 원칙이라는 지침과 빛이 없다면, 정치의 모든 추론은 (다른 모든 것에서와 마찬가지로) 아무런 이론적 혹은 실제적 결론을 도출할 수단이 없는, 특정 사실과 세부 사항이 뒤죽박죽 섞인 것일 뿐이라는 걸 잘 알고 있기 때문이다."4 그보다 문제는 정치적 사안에서 추상적인 정밀도에 대한 고집, 즉 섬세한 이론적 척도로 실무를 평가하겠다는 고집이다. 이런 고집은 정치의 목적이 진짜 무엇인지에 대해 우리를 혼란스럽게 만들 수 있다. 버크는 정부가 "인류의 행복을 위해 만든 실용적인 것"이라면서 "공상적인 정치가의 도식을 만족시키는 것"은 아니라고 쓴다. 따라서 정치가들이 "마치 그것이 도덕적 신중함과 자연스러운 감정의 문제가 아니라 형이상학적 자유와 필요성에 관한 추상적 문제인 것처럼 자유로운 정부라는 신조를 쪼개고 해부"

할 때 문제에 봉착한다.[5]

버크의 반대는 본질적으로 방법론적이다. 정치는 주제에 비해 너무 까다롭고 추상적인 방법으로는 이해할 수 없다. "인간은 형이상학적 사변이 아닌 자신의 관심사와 관련 있는 충분한 동기를 갖고 행동하기"[6] 때문에 정치란 인간의 동기 및 관심사에 맞춰야 한다. 이는 정치에서 어떤 구분도 짓지 말라는 뜻이 아니라, 사변적이고 사소하게 따진 구분은 과도하리만큼 미묘해서 흔히 도움이 되지 않는다는 것을 의미한다. "시민적인 혹은 정치적인 지혜에 경계선을 그을 수는 없다. 그것은 정확히 정의 내릴 수 없는 사안이다. 하지만 누구도 낮과 밤의 경계를 그을 수 없다 해도 무릇 빛과 어둠은 그럭저럭 구별할 수 있다."[7]

현역 정치인은 따라서 정확한 지식을 기대하지 말아야 하며, 신중하되 불확실한 판단을 내리는 데 익숙해야 한다. "내가 지금껏 알고 있는 모든 정치적 문제는 그 안에 찬반양론이 너무 많아 오직 성공만이 어떤 과제를 채택해야 하는지 결정할 수 있었다"[8]고 버크는 한 친구에게 고백한다. 그런 순간 정치가는 과학적 확신을 활용할 수 없고, 이를 추구하다 보면 잘 알려진 어림짐작으로 이뤄져야 할 실행에 오류가 발생한다. "이론에서는 틀렸지만 실제에서는 맞는 게 드물지 않다는 것을 인정한다"[9]고 버크는 적는다. 아울러 정책의 성공은 사변적 이론을 고수하는 게 아니라 실제로 측정할 수 있어야 한다. 버크는 "정치가는 대학교수와 다르다"고 1781년 연설에서 말했다. "후자에게는 일반적 사회관만 있다. 전자인 정치가에게는 이런 일반적 생각과 결합시켜야 할, 그리고 고려해야 할 수많은 상황이 있다."[10]

이런 차이는 정치 이론에 대한 버크의 두 번째 커다란 우려를 가리키는데, 바로 이론은 종종 정책의 성공과 사회의 행복에 중차대한 상황 및 세부 사항을 무시한다는 점이다. 이론은 일반적이고 공통적이지만, 정치는 언제나 매우 특별해야 한다. "상황은 (일부 신사들에게는 의미 없는 것으로 통하지만) 사실 모든 정치적 원칙에 각기 다른 색깔과 차별적 효과를 준다. 그런 상황이 모든 시민적·정치적 도식을 인류에게 유익하게도 혹은 해롭게도 만든다."[11] 이런 측면에서 정치는 이론보다 덜 정확한 것이 아니라 한층 더 정확하다. 정치는 구체적이고 특별하다. 아울러 버크는 정치가 일종의 응용형이상학으로 변질될 때 구체적 특성, 필요, 관심이 약화한다고 믿는다. 브리스톨의 유권자들에게 보낸 편지에서, 버크는 자신을 찍은 이들에게 장담했다. "저는 결코 여러분의 변치 않는 관심을 사변적인 근거에 걸지 않았습니다."[12] 또 다른 편지에서 그는 추상적으로 정치적 판단을 내리는 것은 어처구니없다고 쓴다. "저는 세상을 보아야 합니다. 저는 사람들을 보아야 합니다."[13] 이런 구분과 차이를 중시하지 않고 제대로 통치하는 것은 불가능하다. 버크는 《성찰》에서 다음과 같이 쓴다.

옛 공화국의 기틀을 잡았던 입법자들은 자신의 일이 학부생의 형이상학과 징수원의 수학 및 연산과 다름없는 기구(apparatus)로 성취하기에는 너무나 고되다는 것을 알았다. 그들은 인간을 다뤄야 했고, 인간 본성을 연구해야 했다. 시민을 다뤄야 했고, 시민 생활의 상황에 의해 소통되는 습관의 영향을 연구해야만 했다. 그들은 이 첫 번째 본성에 두 번째 천성이 작용해 새로운 조합을 생산해낸다는 것을 알았다. 또한 그러고 나면 사람들의 출신, 학벌, 직업, 살아온 기간, 도시 또는 시골에서의 거주, 재산을 획득하고 고정시키는 몇 가지 방법 및 재산 그 자체의 질 등 마치 동물에게 그토록 많은 다른 종이 있듯 그런 것을 만드는 데 따라 사람들 사이에 온갖 다양성이 발생한다는 것을 알았다. ……거친 남편-남자는 자기의 양, 말, 황소들을 어떻게 분류하고 이용하는지 잘 알고 있을 것이며, 그것들을 모두 동물로 추상화하고 똑같이 대하지 않을 만큼 충분한 상식을 갖고 있을 것이다. 각각의 종에 맞는 적절한 음식, 보살핌, 작업을 제공하지 않더라도 말이다. 한편 경제학자이자 처분자(disposer)이자 자기와 같은 부류를 인도하는 입법자가 스스로를 공허한 형이상학자로 숭고화하면서 자신의 무리(flock)에 대해서는 일반적인 인간으로서 측면을 제외하고는 아무것도 알지 않기로 결심했다면 어떻겠는가.[14]

정치가들이 이런 평등주의적 추상화를 실천하면 국민을 아는 데 실패한다. 아울러 이런 실패는 버크가 정치 생활에 필수로 여겼던 중요한 차이와 애착을 설명하는 데 실패한 실천이라고 풀이할 수 있다. 국민을 타고난 혹은 유기적으로 생겨난 범주 및 차이를 통해 통치하기보다 프랑스 급진파는 "자신들이 할 수 있는 것에 덧붙여 모든 종류의 시민을 동질의한 덩어리로 섞은 다음, 이 아말감(amalgama) 같은 고체 덩이를 두서없는 다수의 공화국으로 분리하려"[15] 했다고 버크는 쓴다. 전통적인 지역을 통치하기보다 프랑스를 완벽한 제곱미터로 분할한 혁명의회의 결정을 염두에 둔 표현이다. 그런 조치에 뒤따를 전통적인 애착과 관습의 척결(이것이 실질적인 목적이었다)이 혁명가들의 바람대로 편견을 제거하고 국민에게 국가적 정체성을 부여하지는 않을 터였다. 그 대신 공동체에 대한 모든 애착을 뭉개버리고, 매우 허약해진 나라를 떠맡은 제어할 수 없는 파리 정부를 남겨둘 것이라고 버크는 말한다.

전통적 차이에 대한 이성적 근절에 반대하는 이런 항변 속에서 우리는 혼란뿐 아니라 과도한 질서도 거부했던 버크의 근본적 중용의 징후를 발견한다. 환원주의적 정치 이론이 그에게는 거의 사회의 독재 권력처럼 보였다. 이런 정치 이론은 처음에는 기존의 모든 방식을 무효로 만들고, 국민을 바로잡을 수 없을 만큼 약화시킨 다음, 피치자들의 특성에 맞지도 않고 관련도 없는 인위적 질서를 부과했다. 아울러 그는 이런 급진적인 재배치 속에 사회를 일종의 형이상학적 실험실로 사용하는, 제어할 수 없는 극단주의의 씨앗이 있다는 게 두려웠다.

바로 그 두려움이 버크가 정치 이론에 대해 갖는 세 번째 우려를 나타낸다. 그는 이론에 대한 지나친 의존은 행정 조직에 묶인 정치의 밧줄을 풀어줌으로써 극단주의와 무절제를 촉발할 수 있다고 걱정한다. 당대의 급진주의자들에 대해 버크는 "그들의 원칙은 언제나 극단으로 치닫는다"[16]고 쓴다. 그들은 원칙의 옹호를 추구하기 때문에 완벽한 성공을 이루지 않는 한 멈출 수 없다. 급진주의자들은 목표에 대한 구상을 잘했을 때에도 만일 그것이 "추상적 개념의 완벽한 경지에 도달하지 않으면" 좋은 것으로 받아들이지 않고, 대신 "전체 영연방 조직을 조각내지 않고는 얻을 수 없는 완벽함을 요구"할 것이다.[17] 버크는 이렇게 완벽함이 좋은 것의 적이 될 때 정치 생활은 결코 만족스러울 수 없다고 믿었다. 정치에서 완벽함이란 존재하지 않기 때문이다.

이론적 완벽함에 대한 탐색은 이렇게 실천에서는 극단주의를 추구하게 된다. 그리고 정확히 이러한 추구는 정교한 이론에 의해 권한을 부여받기 때문에 그 극단주의가 규제에 반기를 든다. 지역이나 국가에 대한 충성 또는 물질적 필요에 따른 옛날식 불만에는 자연스러운 경계가 있다. 카리스마 있는 독재자 쪽의 노골적 권력욕에 따른 구식(old-fashioned) 독재는 그 과도함을 쉽사리 감출 수 없다. 그러나 이론에 따라 움직이는 군중은 자연스러운 마침 포인트(stopping point)가 없고, 쉽게 누그러지지 못한다. 철학적 사변으로 획득한 진리를 밀고 나갈 것을 표방하는 지도자들은 독재자의 익숙한 프로필에 들어맞지 않는다. 옛 독재자들은 근대의 사변적

혁명가들이 달성할 만한 것을 훔쳐 달아날 수만 있다면 좋겠다고 생각할 법하다.[18]

게다가 그런 극단을 추구하는 동안, 사회에 대한 국민의 충성은 언제나 의문스럽다. 버크는 이렇게 쓴다. "사실상 정치보다 형이상학에 속하는 성가신 문제들은 인간의 지혜에 의해 지금껏 이뤄져온 최고 정부의 토대를 흔들지 않고는 절대 해결되지 않는다."[19] 정치가 사변적 전제를 갖고 게임하는 수단이 될 때, 모든 정치적 관습·제도·충성심은 스스로를 철학적 용어로 설명해야 하므로 오래된 전통과 제도 그리고 간직해온 습관은 사변적 분석의 태울 듯한 빛에 저항할 수 없다. 근대적 이성 위에 구축한 정치는 부득이하게 자기충족적 예언이 된다. 요컨대 근대적 이성의 견지에서 설명하지 못하는 모든 것을 거부하고, 따라서 정치 생활에서 그 기준에 들어맞는 요소―사회가 실제로 필요로 하거나 과거 공동체에서의 기여를 입증하는 것과 상관없이―만을 제자리에 남겨둔다. 정치에서 일반적인 이론적 정확성을 추구하고 상황과 세부 사항을 무시하며 극단주의 정신을 촉발함으로써, 계몽주의적 급진주의자의 사변적 방법론은 버크가 이해하기에 인간 본성과 정치 생활 사이의 연결 고리를 끊으려 위협한다. 아울러 그것은 정치적 진실을 곧바로 포착하는 개인 정신의 능력을 엄청나게 과장하는 인간 이성에 대한 개념을 등에 업고 이 모든 것을 행한다.

이렇게 사변적 철학의 **방법론**을 정치 내부로 이입하는 데 대한 염려를 넘어, 버크는 이런 방법론의 중심에 있는 이성 **개념**에 심각한 우려를 드러낸다. 요컨대 자연에 관한 성찰로부터 끌어낸 분명한 원칙에 의지하면서 혼자 힘으로 어떤 명제의 참이나 거짓을 평가하고 모든 상황에 일반적 규칙을 적용할 수 있는 개인의 이성적 능력이 그것이다. 이성에 대한 이런 근대적 개념이 개인주의라는 근대적 신화 속에 너무 깊이 발을 들여놓고는 모든 진실은 이성적 개인에게 입증할 수 있어야 한다고 주장하는 걸 버크는 두려워한다. 그와 반대로 버크는 인간 이성이 아무리 중요하더라도 이런 개념이 말하는 것보다는 훨씬 더 한계가 있으며, 그러한 한계가 인간을 급진적 개인주의보다는 상호 의존 쪽으로 향하게 한다고 주장한다. 그 한계를 포함한 이성의 본질은 정치적 사상과 행동의 적절한 수단을 이해하는 데 중요하다.

자신의 초기 문헌에서부터 버크는 인간 이성의 한계와 매우 기초적인 철학적 문제를 해결할 수 없는 그 무능함에 깊은 인상을 받았다. 《숭고와 미의 근원을 찾아서》에서 버크는 "대체적으로 인류의 취향 문제에 대한 차이보다 벌거벗은 이성에 의지하는 대부분 사람들에게 나타나는 차이가 오히려 크다는 것을 관찰할 수 있다"[20]고 기록한다. 우리는 아리스토텔레스의 이론 중 하나가 참인지 여부보다 베르길리우스 시구(詩句)의 뛰어남에 동의할 가능성이 훨씬 더 높다고 그는 주장한다. 이는 이성이 완전히 해결할 수 있는 것에는 한계가 있음을 시사한다.

명석한 철학자들의 논쟁이 이어진 수세기 동안에도 이런 한계가 지속됐다는 것은 버크에게 우리의 이성적 능력의 일부 한계는 그냥 영원하다—우리가 확실히 알 수 있는 것도 그만큼일 뿐이다—는 것을 암시했다. "어떻게든 완벽에 근접할 수 있다고 믿는 인간의 지혜가 고안한 장치를 사람은 지나치게 높이 평가하고, 따라서 나약하고 망상적으로 생각한다"[21]고 버크는 쓴다. 아울러 이런 영원한 불완전함을 설명해주는 것은 바로 우리의 이성을 따르는 마지못함(unwillingness)이 아니라 이성 자체의 한계다. 버크는 "사실 열의가 우리를 자주 오도하는 것은 맞다"고 쓴다. 그러나 "이성 또한 그렇다. 그런 것이 우리 본성의 조건이다. 우리도 어쩔 수 없다".[22] 이는 우리가 열정에 맞서는 이성과 그 역 사이에 균형을 잡아야 한다는 뜻이지만, 이런 균형조차도 거의 확신을 주지 못한다. 어떤 사람도 자기 내부에 인간의 과격한 허약함과 불완전함을 극복할 능력을 갖고 있지는 않다. 어떤 개인도 자기의 지력(intelligence) 혹은 과학적 원칙이나 자연의 사실에 대한 이해와 무관하게 거기까지 가지는 않는다. 오히려 우리는 많은 이들이 집대성한 경험에서, 특히 우리 이전에 살았던 이들의 삶에서 배워야 한다.

버크는 《성찰》에서 "우리는 인간을 각자 비축한 이성의 재고(stock)로 먹고사는 상황에 두는 걸 두려워한다. 왜냐하면 각각이 보유한 재고는 작고, 개개인은 국가와 시대가 비축한 일반 은행과 자산을 이용하면 더 잘할 수 있을 거라는 의혹이 있기 때문이다"[23]라고 말한다. 개개인으로서 우리가 우리의 문화적 자산에 내재한 지혜의 중요성을 선뜻 인식하지 못할 때조차도, 이전 세대의 존경 및 배려와 함께 우리에게 전해 내려와 간직하게 된 바로 그 사실이 우리로 하여금 우리의 행동과 탐구를 인도해줄 기준으로서 그것을 진지하게 받아들이거나 적어도 거기에 매우 중요한 선의의 해석을 내리는 이유여야 할 것이다. 《신휘그가 구휘그에 올리는 항소》의 유난히 흥미로운 구절에서 버크는 이렇게 쓴다. "행여 모든 식자층이 존경해온 인물, 가령 리비우스와 베르길리우스 또는 라파엘이나 미켈란젤로 같은 작가나 예술가를 존경하고 싶은 마음이 없다면, 〔우리는〕 혼자만의 공상에 따를 게 아니라 어떻게 무엇을 존경해야 할지 알 때까지 그들을 연구〔해야 한다〕. 그리고 만일 우리가 지식을 갖춘 이런 존경에 도달할 수 없다면, 세상의 나머지 사람들이 강요당한 것이라기보다는 차라리 우리가 아둔하다고 믿어야 한다."[24]

우리는 이런 의미에서 어떤 문제들이 지난 세대의 집단적 지혜로 우리를 예단하도록, 그리고 그들의 조화로운 이성의 영향력과 중대성을 우리 자신의 개인적 능력보다 더 큰 것으로 인정하도록—지극히 맹목적이 아니라면 확실히 충실하게라도—허용해야 한다. 과거 세대는 우리가 추구하는 것과 똑같은 것(개인과 사회의 삶을 실현하고 불완전한 인간의 본성을 최대한 활용하려 노력하는 것)에 열중했고, 그래서 그들이 특별히 도움이 될 만한 어떤 수단을 발견했다는 사실은 우리에게 분명 어떤 의미가 있다.

버크는 그렇게 부여받은 지혜를 설명하기 위해 당대에조차 편향된 용어였던 **선입견**이란 단어를 사용한다. 선입견이란 아무런 증거나 이유 없이 단순한 개인적 편견일 때 분명 아주 나쁜 것이라고 그는 말한다. 그러나 오랜 사회적 용도를 통해 형성되고 전통을 통해 전해진 의견이나 행동의 습관일 때는 매우 좋은 것일 수 있다. 어떤 개인도 모든 질문을 아무런 준비 없이 재고하고 싶을 리 없으므로 일반적으로 인정받는 어떤 의견이 있어야 한다. 하지만 최상의 의견은 시간이 흐름에 따라 큰 공동체에 의해 형성된다. 혁명가들은 국민의 모든 선입견을 근절하려 애쓰고 있지만, 이는 사실상 수세대에 걸친 추론의 산물을 인간 본성과 정치의 무분별한 전제에 기반을 둔, 자신들이 지닌 훨씬 덜한 일련의 선입견으로 대체하는 작업을 하는 셈이다. 영국 헌법을 지지하는 사람들은 다르게 행동한다고 버크는 주장한다. "우리나라의 사변적인 사람들 다수는 일반적 선입견을 타파하는 대신 그것 속에 만연한 잠재적 지혜를 발견하고자 예지를 사용한다. 만일 찾던 것을 발견하면(그들은 거의 실패하지 않는다), 그들은 이성의 개입을 통해 그 선입견을 유지하는 편이 선입견의 외피를 내던져 벌거벗은 이성 외에는 아무것도 남기지 않는 쪽보다 더욱 지혜롭다고 생각한다. 왜냐하면 이성과 함께할 때 선입견은 그 이성에 대해 행동을 취할 동기와 그것에 영속성을 부여할 애정을 갖기 때문이다."25

버크는 선입견의 그릇된 타파로 사람들이 정치에서 행동을 취할 수 없게 될까봐 걱정한다. 반면 적절하게 원숙하고 발달한 선입견은 사람들로 하여금 원점으로 돌아가 혼자 판단할 필요 없이 입증된 원칙에 따라 행동하도록 하고, 사회 평화를 위해 요구되는 도덕적 감성을 뒷받침할 수 있게끔 해준다.26

그리고 예부터 전해 내려오는 이런 선입견을 이용할 수 없을 때는 많은 이들의 지혜에 의지할 다른 수단을 차용해야 한다. 과거로부터 내려온 확실한 지침의 부재가 기준을 찾기 위해 개인의 이성에 의지하거나 노골적인 이론에 기대는 이유는 아니다. 그보다는 정치에서 집단적 심사숙고와 집단적 행동을 열망하는 이유다. "정치적 약정은 사회적 목표를 위한 작업인 만큼 사회적 수단을 통해서만 초래되는 것이다. 거기서는 정신과 정신이 공모해야 한다"27고 버크는 쓴다. 하지만 이와 같은 협력의 중요성이 다수의 의지를 결정하지는 않는다. 실제로 버크는 의지가 아니라 바로 이성(그가 이해하는 것처럼 그 이성의 한계를 감안해)이 정치적 행동의 기저를 이뤄야 한다고 주장한다. 그의 급진파 반대자들은 정치에 대한 논거를 얻는 방법을 순수하게 다수의 의지를 표현하는 것으로 합리화하기 위해 엉뚱하게도 개인주의자의 이성을 사용한다. 버크는 브리스틀의 유권자들에게 말한다. "정부가 어느 한쪽 편의 의지의 문제라면, 의심할 여지없이 여러분의 의지가 가장 우세합니다. 그러나 정부와 입법은 이성과 판단의 문제입니다."28 그가 말하는 이성과 판단은 단지 특이하고 덜 개인주의적인 개념일 뿐이다. 버크는 "저는 훌륭한 인물들과 알고 지내왔으며, 제 기준에 따라 그들과 협력해왔습니다"라고 자신의 정치 경력에 대해 쓴다. "그런데 그 업계에서 지도적 위치를 차지하는 사람보다 이해라는 측면에서 훨씬 못 미치는 사람들의 관찰을 통해 고쳐지지 않은 계획은 아직까지 본 적이 없습니다."[29] 정치란 개별적인 천재성의 문제가 아니라, 공통의 이익을 겨냥한 공동 활동의 문제다.

개별적 인간 이성의 한계, 그리고 공동의 심사숙고와 행동의 중요성에 대한 이런 의식은 버크를 정치적 당파주의―당대에 가장 특이했던, 우리 시대보다도 훨씬 더 드물었던 견해―의 솔직한 옹호자로 만들었다. 정당은 전체 이익보다 특정 이익을 대변하기 때문에 좋은 정부와 어울리지 않는다고 오랫동안 여겨졌다. 계몽주의적 급진파는 만일 이성이 정치에 적절하게 영향을 끼친다면 개인들은―합리적 사고, 설득, 온당한 원칙의 적용을 통해―좋은 정부에 필요한 결론에 도달할 수 있을 거라고 주장했다. 이 과정에서 정당은 아무런 역할도 하지 않는다. 단지 진실을 모호하게 할 뿐이다. 페인은 분명하게 이런 시각을 갖고 있었고, 당쟁이 통치를 산만하게 한다고 말했다. "기독교도로서 모든 열망을 담아, 나는 휘그와 토리라는 이름을 다시는 절대 언급하지 않았으면 한다."[30]

버크는 여기에 진심으로 동의하지 않으며, 그 이유를 정확히 앞서 논의한 견해에서 찾는다. 즉 이성과 이론의 한계에 대한 인식, 지혜롭고 효과적이기 위해 인간은 함께 일할 필요가 있다는 인식이 그것이다. 첫째, 그는 이성이 모든 당파적 정치 분쟁을 해결할 수 있다고 상상하는 것은 중대한 과실이라 생각한다. 왜냐하면 이런 분쟁은 바로 인간의 지식과 이성의 영원한 불완전함에서 기인한 것이기 때문이다. 정치 참여자는 단지 자신을 위해서가 아니라 전체를 위해 무엇이 가장 좋은지에 대한 이해를 추구해야 한다고 그는 말한다. 그러나 우리에게는 선천적으로 전체를 알거나 무엇이 최상인지 완전히 이해할 능력이 없으며, 계몽주의적 자유주의자들의 이론적 방법론은 사실상 이런 한계를 뛰어넘지 못한다. 우리는 부분만 알 수 있을 뿐이며, 각기 다른 부분을 강조하기 위해 서로 다른 사람이 각각의 인생 경험에 영향을 받거나, 학업을 통해 움직이거나, 어쩌면 주장에 설득을 당한다. 어떤 이들에게는 무질서의 위험이 가장 중요할 수도 있다. 다른 이들에게는 임의적인 권력의 횡포, 신의 뜻에 대한 존경, 조상의 전통, 진보에 대한 전망, 혹은 그 밖에 다른 우선 사항이 작용할 수도 있다. 자유로운 사회에서 정치란 이런 서로 다른 부분에 대한 '열혈 지지자들(partisans)' 사이의 경쟁이다. 정치가는 행동을 위한 선택에 직면하고 인간 본성, 정치, 혹은 어떤 상황이 일어난 환경에 관해 무엇을 강조하느냐—그들이 갖고 있거나 가장 중요하다고 여기는 인간 지식에 대한 부분—가 그들의 선택을 결정할 것이다.

열혈 지지자들은 각기 가장 중요하다고 여기는 인간 지식의 부분을 강조하는 이유를 제시함으로써 자신의 정당함을 입증하지만, 결코 이런 이유가 모두를 설득하지는 못할 것이다. 왜냐하면 사람들은 각자의 경험과 상황에 의해 다르게 형성되었고, 따라서 서로 다른 부분을 강조하게 마련이기 때문이다. 그러므로 당파성이라는 존재는 설득한다고 소멸되지 않을 것이다. 우리는 결코 그것을 넘어설 정도로 충분히 알지 못하고, 어떤 정당도 결코 모두를 자기편에 서게 할 수는 없다. 모든 정당에는 각각 부분적인 진실이 있지만, 어느 정당도 100퍼센트 진실을 갖고 있지는 않다고 버크는 쓴다. "우리는 자유로운 국가엔 정당들이 꼭 존재한다는 사실을 알고 있다."[31] 그걸 안다고 해서 그 사람이 초당파적이 되거나 당파 싸움을 뛰어넘는 것은 아니다. 그는 여전히 자신의 견해를 갖고 있으면서, 당대의 커다란 당파 논쟁에 열력히 참여하는 것을 자기 의무로 생각한다.

버크는 정당을 반대하는 자들이 너무나 쉽게 그것을 파벌로 오인한다고 말한다. 그러나 영국의 거대 정당은 사적인 파벌이 아니다. 오히려 그가 표현하듯 "정당이란 모두가 동의한 어떤 원칙에 근거해 공동의 노력으로 국가적 이익을 촉진하기 위해 모인 사람들의 조직이다".[32]

정치는 이런 원칙 있는 차이를 특정 요구 및 사건에 대응해 절충하는 것이며, 그 과정에서 참가자들은 자신의 견해를 체계적으로 수립하고 실행에 옮기는 공동의 행동으로부터 엄청난 이익을 얻는다. 어떤 한 사람의 개인적 이성과 능력만으론 그 과제를 해결할 수 없기 때문이다. 정당 정치를 볼썽사납다고 폄하해서는 안 된다고 버크는 주장한다. 그것은 오히려 선의를 가진 정치가들이 국가를 위해 최선책이라고 생각하는 것을 명예로운 동포로서 함께 증진시키기 위한 수단이다. 공동의 견해를 지지하고 그런 견해를 가진 사람들을 권력 안으로 끌어들이는 노력은 고귀한 활동이며 "지위와 보수를 겨냥한 비열하고 이해타산적인 투쟁과는 쉽게 구별된다".[33] 이는 자기 정당에 대한 맹목적 선호를 의미하지 않는다. 정치가를 다른 이들과 손잡게 만드는 견해가 그를 움직이는 동기여야 하고, 정당이 그러한 견해를 펼치지 않는다면 그 당을 버리는 게 옳다. 사실 모든 당파성 옹호에도 불구하고, 버크 본인은 프랑스혁명 때문에 자신은 물론 당에도 막대한 손해를 끼치면서 매우 공개적으로 당과 결별했다.

그러나 일반적으로 어떤 견해를 동료 당원들이 공유하는 한, 그리고 특히 그들의 소속 정당이 반대 의견을 거듭 표현한다면, 어떤 정당에 큰 기대를 품고 다른 이들과 협력하는 것은 진지한 정치가들이 부여받은 의무다. 버크는 이렇게 쓴다. "허영심에 불타올라 흥분한 자들이 아니라면 어느 누구도 혼자만의, 남의 도움 없는, 두서없고 체계 없는 노력이 흑심을 품은 시민들의 교묘한 계획과 연합 도당을 무찌르는 동력이 된다고 착각할 리 없다. 악인들이 연합할 때, 선인들은 제휴해야 한다. 그렇지 않으면 그들은 차례차례 비열한 투쟁에서 동정받지 못하는 희생자로 전락할 것이다. 영연방의 신임을 받는 상황에서는 어떤 사람이 자기 나라에 호의를 갖는 것만으로는 충분치 않다." 정치가는 자신의 좋은 의도를 효과적인 행동으로 바꿀 수단을 찾아야 하며, 대개 정당 정치만이 그러한 수단을 제공한다.[34] 단지 사적인 이익만을 증진시킨다고 의심받을 게 분명한 당보다 자기 자신을 우선시한다고 주장하는 사람은 열혈 지지자들이 아닌 바로 정치가다.[35]

하지만 당파성은 버크에게 개별 이성의 한계가 초래한 가장 중요한 결과는 아니다. 당파성은 그러한 한계를 고려해 정치 활동을 조직하는 수단을 제공하지만, 그 자체로 정치적 판단과 행동에 이르는 대안적 지표를 제공하지는 않는다. 계몽주의적 자유주의의 전제가 불충분하다면, 아울러 그 결과 등장한 근대적 이성에 대한 믿음이 타당하지 않다면, 정치적 변화의 대안적 구성 원리와 그에 대해 생각할 적절한 방법은 무엇인가? 버크의 답은 사변적 정치에 대한 비판, 주어진 상황에 대한 강조, 그리고 인간 본성의 이해에 대해 우리가 살펴본 모든 것에 의지한다. 그것은 바로 처방—버크의 반혁신적 혁신(anti-innovationist innovation)—이다.

처방이라는 용어는 로마의 재산법에서 비롯됐는데, 당시는 공식적 증서보다 장기간 사용에 따른 소유권을 지칭했다. 버크는 오랫동안 사회에 좋은 방향으로 기여해온 관습과 체제에 그것들을 약화시킬 수 있고 정치 생활을 위한 형식이나 모델로 사용되는 혁신에 맞서 유리한 해석을 부여하는 수단을 기술하면서 그 용어를 사용한다. 이런 방식을 통해 개혁과 혁신은 기존의 정치 유형에 맞춰지고 그것들과의 연속선상에서 평가를 받는다.

이런 새로운 개념에 대한 버크의 논거는 개별 이성의 한계라는 그의 생각에 확고하게 기반을 두고 있다. 몇 세대에 걸친 정치가들이 현시대가

맞닥뜨려야 하는 종류의 도전을 다뤄왔으며 "지적이고 박학다식하다고 알려진 사람들에 대한 이전 연구의 힘을 빌리지 않는다면 우리는 언제나 초보자일 것이다".[36] 하지만 과거의 지혜 앞에서 겸허하다는 건 앞선 세대의 위대한 인물들이 저술과 연설을 통해 남긴 주장에서 교훈을 얻는 것만을 의미하지 않는다. 그들의 유산은 국가 자체. 요컨대 그 제도와 관습과 형식은 모두 "많은 세대의 수많은 사람들이 사유한 결과"[37]다. 따라서 처방은 무엇보다도 정치 질서를 물려받은 그대로 존중하고 보존하는 것과 더불어 그것을 숭배하는 것까지를 뜻한다.

처방은 이렇게 일종의 겸손한 감사에서 시작된다. 제대로 작동하는 정치적 약정을 만들어내는 것은 지극히 어렵기 때문에 그런 방식을 상속받은 우리는 그 성공의 원인을 완벽하게 이해할 수는 없더라도 그것에 감사해야 한다. 어떤 개혁 활동을 하든 "나는 나 자신의 능력에 대한 완벽한 불신, 나 자신의 모든 사변에 대한 완전한 포기, 그리고 이토록 행복한 헌법과 이토록 번영한 제국이라는 유산을 우리에게 남겨준 조상들의 지혜에 대한 깊은 공경심에서 출발한다"[38]고 버크는 쓴다. 급진주의자들이 그러듯 사변적 이론과 비교해 측정하려는 의도를 갖고 기존 형식들에 대한 고려 없이 헌법에 접근하는 것은 한 나라 국민의 수세대에 걸친 집단적 지혜보다 자기 자신의 이성을 선호하는 것이다.[39] 프랑스 혁명가들이 바로 이런 실수를 저질렀다고 버크는 말한다. 그는 《성찰》에서 구정권엔 지독한 결점이 있었지만 한편으로 개선의 가능성을 보이는 씨앗도 품고 있었다고 쓴다.

당신들은 시작이 나빴다. 당신들에게 속하는 모든 걸 멸시하면서 시작했기 때문이다. 당신들은 자본 없이 사업을 준비했다. 당신들의 눈에 당신들 나라의 바로 앞 세대한테 많은 광채가 없어 보인다면, 당신들은 그들을 지나쳐 초기 조상들로부터 당신들의 주장을 끌어왔을지도 모른다. 그 조상들을 경건하게 진심으로 좋아하면서 당신들의 상상력은 그들 안에서 시곗바늘의 저속한 관행을 넘어 미덕과 지혜의 기준을 깨달았을 것이다. 그리고 간절히 흉내 내고 싶은 본보기를 가지고 떨쳐 일어났을 것이다. 선조들을 존경하면서 당신들 스스로를 존경하는 법을 배웠을 것이다.[40]

버크는 이렇게 영국 헌정 자체가 모두에게 이상적인 정권이라고 고집하지 않으며, 오히려 각각의 사회는 도전 과제와 문제를 다룰 때 고유의 전통에 최대한 의지해야 한다고 주장한다. 프랑스인은 이론적 이상을 좇느라 조상들의 업적을 내동댕이칠 게 아니라 자기 아버지들의 과거 성공에 감사드려야 한다.

다르게 하고자 하는 유혹이 크다는 것을 버크는 인정한다. 우리가 현재 소유한 것의 가치는 보이지 않고 대신 우리가 가능하다고 상상하는 것의 잠재력에 끌리는 게 인간의 본성이다. 따라서 국민 안에서 그들이 지니고 있으면서 당연하게 여기지 말아야 할 것에 대한 감사의 마음을 일깨우고, 심지어 무모한 혁신에 저항하는 데 대한 자부심을 축적하는 게 필요하다.[41]

버크는 이렇게 자신과 동족인 영국인을 조상들의 업적을 유기할 위험과 관련해 독특하고도 존경스럽게 분별력을 갖춘 것으로 묘사하려 한다. "혁신에 대한 무뚝뚝한 저항 덕택에, 우리 국민성의 차가운 나태함 덕분에 우리는 아직도 선조들의 흔적을 지니고 있다"[42]고 그는 쓴다. "마그나 카르타부터 '권리선언'에 이르기까지, 우리의 자유를 선조들로부터 물려받았다가 후세에 전달할 **세습 유산**(entailed inheritance)으로, 더욱 보편적이거나 우선적인 다른 어떤 권리와 하등 관계없는, 특별히 이 왕국의 국민에게 속한 재산으로 내세우고 주장하는 것이 우리 헌법의 한결같은 정책이었다."[43] 시인 리처드 컴벌랜드(Richard Cumberland) (《성찰》을 칭송하면서도 자국 국민이 과연 버크의 칭찬을 받을 만한지 모르겠다는 편지를 버크에게 썼던)에게 보낸 개인적 편지에서, 버크는 자신의 수사학적 목적과 방법론에 대해 눈에 띄리만큼 솔직하게 말한다. "제가 우리나라 사람들을 적절하게 묘사했는지는 시간이 말해줄 것입니다. 제가 그랬기를 바라지만, 아무튼 그렇다고 가정함으로써 국민을 올바르게 행동하도록 설득하는 게 어쩌면 최선의 방법일 것입니다. 위대한 사람들처럼 위대한 조직은 가장 즐거운 지도 방식으로 교육해야 합니다. 감언이설 자체도 하나의 조언 양식으로 전환할 수 있습니다."[44]

이런 감언이설은 영국인에게 그들이 직면한 많은 도전을 다루는 데 필요한 재료를 이미 갖추고 있다는 사실을 알리는 게 목표다. 아울러 이는 그들이 잘못 구상된 혁신에 대항해 자기 견해를 고수할 수 있을 뿐 아니라, 그들이 갖춘 것을 기반으로 변화하는 상황에 효과적으로 대응할 수 있음을 의미한다.

특히 프랑스혁명 시기에, 그리고 그칠 새 없이 다사다난했던 지난 15년 동안 버크의 가장 큰 공포는 위기 상황 속에서 영국인이 그가 사변적인 형이상학적 정치라고 조소한 것을 추구하고픈 유혹에 넘어갈 수도 있다는 점이었다. 따라서 그는 무엇보다 저항의 수단으로 처방을 제시한다. 프랑스혁명 훨씬 이전에, 그리고 1775년의 아메리카 위기 때 영국인이 취한 과잉 반응의 위험을 거론하면서 버크는 하원의원들에게 이렇게 충고한다.

당신들이 이권과 함께 형이상학적 과정에 의해 최후의 경계까지 밀려나고 모든 권한을 내려놓도록 설득당하리라는 걸 깨닫는다면, 제 조언은 이렇습니다. 당신들의 오래되고 강력하고 쉽게 방어할 수 있는 지위를 회복하려면, (잠시 멈춰 서서) 생각을 바꾼 다음 아무것도 더 하지 말고(아무것도 추리하지 말고) 문제의 찬반 양쪽에 서서 혁신가들의 사변에 대항하는 성벽과도 같은 제국의 옛 정책 및 관습에 반대해보십시오. 그러면 당신들은 위대하고 남자답고 확실한 토대 위에 설 것입니다. 이 단단한 기초 위에서 당신들의 조직을 고치십시오. 그러면 그것들이 세상을 당신 편으로 끌어올 것입니다.[45]

오랫동안 품고 있던 가정(assumptions)과 세월을 거치며 유효성을 증명한 선입견 또한 위기 때 유용하다. "선입견은 비상시에 즉시 적용할 만하다. 그것은 사전에 지혜와 미덕의 꾸준한 과정 속으로 정신을 끌어당기며, 인간을 회의적이고 당황하고 결단하지 못하고 결정의 순간에 주저하도록 놔두지 않는다. 선입견은 인간의 미덕을 일련의 무관한 행동이 아닌, 습관으로 만든다. 올바른 선입견을 통해 인간의 임무는 본성의 일부가 된다."[46]

하지만 처방에 관한 버크의 핵심 가르침은 위기 때의 저항을 겨냥하고 있지 않다. 오히려 처방은 무엇보다도 대중적 요구—모든 변화에 반대하는 게 아니라 조심스럽게 변화를 추구하려는 요구, 아울러 가능하다면 형식적 변화보다 본질적 변화를, 필요하다면 급진적 개혁보다 점증적 개혁을 선호하는 요구—에 호응하는 제한적이고 점진적인 조정 수단이다.[47] 버크는 결코 모든 개혁에 반대하는 과격한 전통주의자가 아니었다. 그러기는커녕 반대로, 당시 의회에서 선두에 선 (어떤 면에서는 유일한) 개혁가였다(6장 참조). 그러나 그는 성공적 개혁이란 이론적 사변이 아닌, 기존 상황들로부터 시작해야 한다고 믿었다. 영국 격언에 "절대 완전히 그리고 갑자기 옛것에서 벗어나지 마라"[48]는 얘기가 있다고 버크는 쓴다. 이는 그것을 벗어나려 해서는 안 된다는 뜻이 아니라, 오히려 부분적이고 점증적으로—개선이나 수정을 목표로 해야지 새로 시작하는 것이 아님을 겨냥한—그래야 한다는 의미다.

사실 버크는 "성장의 원칙"으로서 이런 식으로 이해한 변화는 허용할 수 있을 뿐만 아니라 꼭 필요하며, 기존 질서를 보존하는 임무에 정확히 필요하다고 주장한다.[49] "어떤 변화 수단도 없는 국가는 보존 수단도 없다"[50]고 그는 쓴다. 이러한 성장 원칙 또는 변화 수단은 정권의 영원한 특성으로 의도된 것이지, 더 이상 변하지 않을 궁극적이고 옳은 방식에 이르는 길은 아니다.

이런 의미에서 버크의 접근법은 실제로 페인을 포함해 많은 급진파 적수들보다 변화에 더 개방적이다. 그들은 정부의 활동을 이끌 올바르고 영구한 원칙을 수립하려 했다. 버크는 변화 자체는 영원한 원칙이라고 주장한다. 아울러 정부의 목표는 변하지 않는 반면, 그 목표에 이르는 수단은 필요에 따라 변화해야 한다고 주장한다. 여기에는 가끔 정부 유형에 관한 세부 사항까지도 포함된다.

버크의 주요 관심사에 속하는 전반적 정치 질서의 보존은 끊임없는 변화를 요구한다. 또 그 변화에 알맞아야 하며, 어떤 변화라도 파괴적이고 급작스럽기보다는 반드시 연속적이고 점진적이어야 한다.[51] 이것이 정확히 처방이 목표로 하는 것이다. 옛것 안에서 새것의 근거를 찾고, 변화를 가져와 확장하고, 그렇게 해서 전반적 질서를 과도하게 건드리지 않으면서 문제를 다룰 수 있도록 지속성과 안정성을 공급하는 것이다. 버크는 극단적 상황에서조차 정치적 판단이 정상적이고 일상적인 패턴으로 이끌어지길 원하며, 그 반대는 바라지 않는다. 그는 이런 접근법이 우리가 상속 모델에서 살펴본 것처럼 움직이며 "보존과 전달의 확실한 원칙을 제공한다. 개선의 원칙도 절대 배제하지 않는다. ……그것은 취득을 자유롭게 내버려두지만, 취득한 것은 안전하게 지킨다. 이런 금언에 따라 수행하는 국가에 의해 얻은 이익은 무엇이건 일종의 가족 정착지에서처럼 빠르게 고착된다"[52]고 주장한다.

버크가 이런 용의주도한 점진주의의 모델로 삼은 것은 자신이 깊이 존경하는 법조계다. 그는 변호사들이 언제나 판례를 찾고, 항상 혁신을 평범한 전례(precedents)의 확대로 보여준다고 말한다. 이런 노력이 가끔은 믿기 어렵고 전례의 본질을 잘못 전달해 논의하고 있는 진정한 혁신의 정도를 모호하게 만든다는 것을 그는 인정한다. 하지만 사실상 이런 관행은 사회적 분열을 최소화하려는 변호사들의 욕망의 징후라고 칭찬한다―어쩌면 자신의 노력에 실제 분열을 이처럼 모호하게 만드는 걸 포함해야 한다고 주장하는 것일 수도 있다.[53] 변호사들은 법의 권위는 그 안정성에 달려 있으며, 사람은 불필요하게 방해를 받아서는 안 된다는 어떤 가정에 맞춰 자기 삶을 개발한다는 것을 알고 있다. 이는 문제 되는 방해가 대부분의 법률 소송에서보다 심각할 때―정권 자체의 유형이나 기능에 의문이 생길 때―더욱더 들어맞는다. 기존 재료를 토대로 조심스럽게 이뤄지는 점진적 변화는 사회로 하여금 그 약점을 다루기 위해 장점을 사용하고 조절할 수 있도록 해준다.

전례에 대한 이런 의존은 버크가 모든 상황은 예전의 역사적 사건과 유사하다고 믿었다는 걸 뜻하지 않는다. 분명 전례 없는 정치적 도전도 있었다. 정부가 아메리카 식민지 혁명을 막지 못하는 실책에 직면했을 때, 버크는 동료 의원들에게 영국의 기나긴 역사에서 그와 같은 일은 어떤 것도 생각나지 않는다고 했다.[54] 생의 마지막 몇 년 동안 프랑스혁명에 뒤이어 발생한 유럽의 전쟁에 대해 그는 이렇게 말했다. "나는 이 전쟁이 세상에 지금껏 존재했던 어떤 것과 최소한의 유사성(그게 전쟁이라는 것을 제외하면)이라도 있는지 확신할 수 없으며—다른 전쟁과 다른 정치로부터 끌어낸 사례나 추론을 과연 거기에 적용할 수 있는지도 확신할 수 없다—정말로 그리고 진심으로 모든 다른 전쟁과 정치는 어린애 장난이었다고 생각한다."[55] 그러나 새로운 사고를 필요로 하는 이 전대미문의 난국과 위기에 직면했을 때, 버크는 국가가 수세기 동안 갖가지 다양한 도전을 다루는 데 맞춰진 옛 헌법의 힘과 안정성을 촉구해야 한다고 믿었다. 그것은 옛 헌법이 당대와 똑같은 위기를 다뤘기 때문이 아니라, 당혹스럽게 늘어선 각기 다르고 새로운 종류의 문제를 효과적으로 다뤘기 때문에 가치가 있었다.

헌법은 결국 오래됐기 때문이 아니라, 장기간 발전하며 진화해왔고 그래서 그 나라와, 그 나라의 특성과, 그 나라의 필요에 적합하기 때문에 가치 있게 여겨진다. 헌법은 이런 의미에서 아주 첨단이며, 실제 세상의 상황에 들어맞고 그것들에 적응할 수 있다. 따라서 헌법은 어떤 이론보다도 새로운 상황과 씨름할 때 훨씬 더 유리할 가능성이 높다. 이론은 기대치가 높고 매우 융통성이 없는 반면, 장기간 지속해온 정권은 환경 변화에 적응하는 데 익숙하기 때문이다.

게다가 헌법이 겪는 변화와 개혁은 모두 한 방향을 가리키는 게 아니라, 시스템을 평형 상태로 가져가려는 사건들에 대한 반응이다. 적절한 대응은 계몽주의적 자유주의 이론이 언제나 일어나게 마련이라고 주장하는 것처럼 이따금 대의 제도가 영역을 확장하는 것일 때가 있다. 하지만 다른 때에는 적절한 대응이 군주나 귀족의 특권을 확대하기도 한다.

3장에서 살펴봤듯 버크는 헌법의 구조와 이전 세대의 규칙적 관행이 유용성을 넘어 판단 기준에 손을 뻗칠, 유일하게 얻을 수 있는 수단을 제공한다고 믿었다. 아울러 정치는 이런 기준에 부합하고 그것과 조화를 이루며 형성되어야 한다고 주장한다. 그러나 이런 기준은 세월의 시험을 거친 점진적 개선을 통해 발견된다. 역사란 펼쳐지는 게 아니라 오히려 경험을 통한 명증 과정이며, 정치 변화는 그 항시적인 특성에 속한다고 버크는 말한다. 어떤 특정 변화도 미래 발전을 향한 단일한 방향을 설정하지 않는다. 모두 독특한 상황과 요구에 대응한 신중한 수정이다. "이런 예외와 수정은 논리의 과정이 아닌 신중이라는 규칙에 의해 만들어진다"고 버크는 쓴다. "신중은 정치적이고 도덕적인 미덕 중 최상의 것일 뿐 아니라 그 모든 것의 책임자이자 단속자이자 기준이다."[56] 신중함의 규칙은 사건들보다 앞서서가 아니라 일어난 사건들에 대한 반응에 따라 적용되며 그것에 의거해 발달한다. 그 규칙의 유효성은 국민을 계속 안전하고 행복하고 자유롭게 하는지에 대한 실질적 성공이나 실패로 가늠된다.

이렇게 유기적인 방식으로 성장해온 제도는 정돈되어 있지 않을지라도 강하고 실용적이며, 그 발달을 낯선 이론에 강제로 꿰맞추려는 시도는 좋게 끝나지 않을 것이다. "비록 일부는 고딕 스타일, 일부는 고대 그리스 풍, 일부는 중국식이긴 하지만 옛 건물은 아주 잘 서 있다. 이를 획일적으로 네모나게 만들려 시도할 때까지 말이다. 그러고 나면 파괴라는 엄청난 획일성 속에서 건물들이 우리 머리 위로 한꺼번에 떨어져 내릴지도 모른다."[57] 이런 획일성을 추구하기보다 진화한 제도가 공공의 필요와 욕구에 얼마나 제대로 기여하는지 살펴봐야 한다고 버크는 말한다.

버크에게는 이런 유기적 접근법이 정책은 물론 정치적 원칙에 대해서도 한층 실용적이고 차별적인 기준을 수립한다. "어떤 정치적 교의의 실제 결과가 그 가치를 결정하는 데 많은 도움을 준다"고 그는 쓴다. "정치적 문제는 애초 참이나 거짓과 관련이 없다. 그것은 선악과 관련이 있다. 결과적으로 악을 생산할 가능성이 있는 것은 정치적으로 거짓이고, 선을 생산하는 것은 정치적으로 참이다."[58] 그러므로 헌법의 테두리 안에서 정치란 진리나 그 진리의 응용을 신속히 추구하는 철학의 한 분야가 아니라, 우수한 실질적 성과물을 생산해내는 비즈니스에 속한다. 이러한 성과물은 더 고차원적인 진리를 지향하는 데 일조하지만 직접적으로 그걸 도와주지는 않는다. 이런 점을 버크는 자신의 경력에서 의외로 명쾌하게 여러 차례 피력했다. 가장 많이 알려진 것은 아마도 아메리카의 위기를 다룬 대목일 것이다. "나는 진리가 평화보다 얼마나 나은지에 대한 문제에는 관여하지 않겠다. 어쩌면 진리가 훨씬 나을지도 모른다. 그러나 우리에겐 후자에 대해 갖고 있는 것만큼 전자에 대한 확신이 거의 없다. 그러므로 진리가 실로 분명하지 않다면 나는 계속 평화를 고수할 것이다."[59]

이렇게 해서 버크는 이성의 한계로 돌아온다. 특정 정책의 실질적 결과에 대해 아는 우리의 능력은 철학적 주장의 진실성을 확인하는 우리의 능력을 훨씬 능가한다. 따라서 정치와 관련해 우리는 거의 언제나 사변에 의해서가 아니라 결과로 판단해야 한다.

버크는 근대적 이성에 대한 자신의 대안이 근대적 이성을 거부한 데서 비롯되었기 때문에, 자신의 접근법이 이러한 이성을 적용하는 시도에 극도로 취약하다는 게 입증되리라는 것을 안다. 처방이 목적에 유용하기 위해서는 무조건 그것을 받아들여야 하고, 찬성론을 펴거나 논쟁의 주제로 삼아서는 안 된다.[60] 그는 처방의 실제적 성공이 과도한 호기심으로부터 그 뿌리를 보호할 수 있길 바란다. 그는 이렇게 쓴다. "대부분의 인류는 자신들이 정말 행복한 동안에는 어떤 이론에도 과도하게 호기심을 갖지 않는다. 그리고 혼돈에 빠진 국가의 한 가지 분명한 징후는 국민이 이론에 호소하는 경향이 있다는 것이다."[61] 그러나 버크는 계몽주의적 급진주의자들이 정권을 실제적 성공과는 무관하게 이론적 견지에서 검토하고 싶어 한다는 것도 안다. 그리고 이런 철저한 검토가 처방적 정권에 제기할 수 있는 위험에 대해서도 안다. 그는 "마치 우리나라 헌법이 언제나 향유하기보다는 격론의 주제여야 하는 것처럼 사사건건 논의하는 것은 이 신사분들이 생각하는 것처럼 이 시대의 영광이 아니라 불행이다"[62]라고 쓴다. 정권의 토대가 언쟁의 주제가 될 때, 국민에게 내재해 있던 충성은 아마도 영원히 사라질 것이다.

영국 헌법을 수호하기 위해 어떤 논의도 해서는 안 된다는 얘기가 아니다. 버크는 천만의 말씀이라고 생각한다. 그러나 어떤 논의도 습관, 향유, 흔들리지 않는 충성을 통해 처방이 창조하는 애착의 위력을 얻지 못할 것이다. 정치가는 법리적 논의를 통해 자기 정권이 정당하다는 것을 보여줄 수 있지만, 이런 논의로 동료 시민이 나라를 사랑하게 만들거나 또는 위기 때 나라를 위해 희생하게 만들 수는 없다. 사실은 국가를 이런 무례한 조사(investigation)의 주제로 만듦으로써 애국심을 쉽사리 무너뜨릴 수 있다.[63] 버크의 관점에서 보면 과거에 깊은 뿌리를 두고 국민의 요구에 잘 부응해온, 증대하는 발전의 역사를 가진 현 정권에는 유리한 해석을 부여해야 하며, 이성의 힘이라는 과장된 개념에 따라 움직이는 계몽주의 철학자들의 잘못된 조사의 화염에 노출되게끔 놔두지 말아야 한다. 급진파와 그들의 계획은 증명이라는 부담을 감당해야 하고, 그들의 신념은 철저한 정밀 검사를 받아야 한다. "어떤 면에서는 그들의 위선적인 오만함이 우리를 도발해 우리로 하여금 그들의 토대를 조사하도록 요구한다"[64]고 버크는 쓴다. 이것이 버크가 혁명 정권과 그들의 주장, 방법, 행동, 결과를

《성찰》에서 그토록 상세하게 검토한 이유다. 처방적인 정권은 입증된 성공의 기초를 기반으로 이런 기소(prosecution)에 대해 면역력이 생겼지만, 새내기 혁명 정권은 정밀 조사를 받아야만 한다.

정치에서 인간 이성의 한계와 관련한 버크의 논거는 정치에서 이성의 사용 혹은 이성의 사용 자체를 반대하는 반(反)지성적 논거로 쉽게 여겨질 수 있으며, 매우 자주 그래왔다. 하지만 이는 정치 영역의 특별한 성격에 관한 논의로서 이해해야 한다. 분명 버크는 관조적인 삶 나름의 가치를 부인하지 않으며, 사실상 이따금 관조의 덕목이 행동의 덕목보다 우수하다고 말한다. 1777년 6월, 버크는 스코틀랜드의 인문학 교수 윌리엄 리처드슨(William Richardson)으로부터 셰익스피어의 희극 일부에 나타난 철학적 기반을 분석한 그의 저서와 함께 편지 한 통을 받았다. 리처드슨은 편지에서(지금은 남아 있지 않다) 버크의 정치적 소명 의식이 자신의 한층 관조적인 삶보다 우월하다며 매우 겸손한 태도로 눈에 띄게 칭찬을 했다. 그런데 버크는 답장에서 그런 묘사에 맹렬한 반대 의견을 펼쳤다. "당신이 그것을 정치적 직업의 중요성과 동떨어져 있다고 생각할지라도, 어찌 고결하고 행복한 상황에 있는 한 신사의 의견에 제가 무관심할 거라고 생각할 수 있는지요? ……관조의 미덕은 만물의 질서에서 행동보다 상위에 있습니다. ……정치란 기껏해야 항시 의존적이고, 비일비재하게 패배하고, 언제나 방해물에 봉착하는 매우 비대하고 구체적인 조직일 뿐입니다."[65]

그럼에도 불구하고 관조적 덕목의 우세함이 행동의 덕목을 대체할 자격을 주지는 않는다. 정치 생활은 행동적 덕목의 영역이라고 버크는 말한다. 정치가 인간의 생각이 아닌 행동을 통치하기 때문이다. 그 반대인 척하면서 관조적 이론화의 정신적 틀을 정치에 들여오는 것은 정치의 성격과 목적을 왜곡하는 것인 동시에 이성의 본성과 위력을 과장하는 것이다. 계몽주의적 자유주의는 인간 본성, 개인주의, 선택, 이성 그리고 주어진 세계와 관련해 그것이 비롯된 전제의 결과에 따라 행동한다. 이런 전제에 대한 버크의 볼멘 저항은 당대 급진주의자들의 합리주의 정치에 대한 맹렬한 거부 및 그의 혁신적 대안을 형성한다. 요컨대 변화와 보존 양식으로서 처방이 바로 그 대안이다.

이렇게 해서 버크는 계몽주의 사상과 토머스 페인의 정치철학 모두의 핵심에 있는 이성의 승격에 대한 응답으로 처방론을 내놓는다. 그러나 페인은 당대 계몽주의적 자유주의자와 급진주의자 중에서는 거의 유일하게 버크가 반대하는 이성에 대한 비전을 증진시킬 뿐 아니라, 버크의 대안에 곧바로 대응하며 이성에 대한 신념을 재천명한다.

페인의 합리주의와 이성의 시대

토머스 페인은 이성을 인간이 자신의 권리를 알게끔 하고, 그것을 지키며 그것을 위해 싸울 채비를 시키는 지극히 해방적인 힘으로 보았다. "정부 문제와 관련해 이전까지 보이지 않던 이성의 아침이 인류 위에 밝아오고 있다"고 페인은 쓴다. "낡은 현 정부의 야만주의가 끝남에 따라, 각 국가에 대한 국가들의 도덕적 조건이 바뀔 것이다."[66] 자칭 페인의 목적은 이런 이성적 정치의 대의를 증진하는 것이다. "국가들이 이성을 가져야 할 때가, 자기 등에 올라탄 사람들을 즐겁게 하려는 동물처럼 통치해서는 안될 때가 왔다."[67] 어떤 식으로든 국가를 합리적으로 만드는 게 모든 정치적 노력에 깃든 그의 목표였다.

페인은 정치의 원칙을 버크가 주장하는 것처럼 정치 제도에서 끌어내기보다 앞세워야 한다고 강력하게 주장한다. 《인권》에서는 자신의 목표가 "정부 수립의 기초를 이루는 원칙의 체계를 만드는 것"[68]이라고 피력한다. 아울러 이는 그가 프랑스에 있던 시기의 목표만은 아니었다. 1806년 필라델피아 시장 존 인스키프(John Inskeep)에게 보낸 서한에서, 페인은 자신의 파란만장한 경력을 회고한다. "처음 세상에 발표한 《상식》에서부터 시작된 제 모든 정치적 저술의 동기와 목적은 인간을 폭압과 정부의 잘못된 시스템과 원칙으로부터 구제해 자유롭게 하고 스스로 정부를 수립할 수 있도록 하는 것이었습니다."[69] 이 잘못된 시스템과 비합리적 원칙이 세상에 대한 페인의 모든 서술에서, 특히 전쟁과 독재의 주요 원인으로서 중심을 이룬다. 그는 "인간은 인간의 적이 아니지만, 정부의 잘못된 시스템을 거치면서 그렇게 된다"[70]고 쓴다. 정권을 이성에 따라 제대로 된 원칙 위에 수립할 수만 있다면 인류는 전례 없이 번영할 것이다.

인간의 본성 및 정치 조직과 관련해 계몽주의적 자유주의 관점에 입각한 페인은 계몽주의 사상의 중요한 전제―타고난 인간의 평등―는 불가피하게 개인주의와 개인적 이성의 정치로 이어진다고 주장한다. 인간이 평등하다면 누구도 다른 사람이 찬성하도록 명령할 수 없으며, 아무도 타인의 탁월한 지혜를 그대로 받아들이지 않을 것이다. 합법적 정부에서 인간의 평등은 모든 게 모두에 의한 토론과 분석에 개방되어 있을 것을 지시한다. 아울러 이는 버크가 주장한 근대 정치의 해악이 아니라 위대한 미덕이다. 페인은 이렇게 적는다. "대의제에서는 무슨 일에나 이성이 표면에 드러나야 한다. 모든 사람은 정부의 소유주이고, 그것을 알아둘 필요가 있는 자기 업무의 일부로 여긴다. 정부는 재산에 영향을 미치기 때문에 그의 이익과 관련이 있다. 그는 가격을 검토하고, 그것을 이익과 견

주어본다. 그리고 무엇보다 다른 정부들에서 지도자라 일컫는 자들을 따르는 노예적 관행을 채택하지 않는다."[71] 페인에게는 정권의 핵심에 의문을 제기하거나 그것을 조사하기 위해 까발려서는 안 된다는 버크의 주장이 이런 합리적인 새로운 정치에 반대하는 "지도자라 일컫는" 자들의 자기 본위적 반응처럼 보인다. 그들은 거기에 그럴싸한 명목을 덧씌워 자신의 특권을 수호하고, 정치에서 고립된 이성의 위험을 설파한다. 왜냐하면 "그들은 원칙이 접근해오는 것에 덜덜 떨고, 그들을 타도할 조짐을 보이는 선례를 몹시 무서워하기"[72] 때문이다.

페인은 그들이 그러한 타도를 비켜가기 위해 정부를 시민이 가까이 하기에는 매우 미묘하고 깨지기 쉬운 것처럼 보이게끔 만든다고 쓴다. "인간의 오성(悟性)을 가려 정부가 어떤 불가사의하고 신비스러운 것이라고 믿도록 만든다."[73] 그러나 참된 이성의 관점에서 보면 정부란 결코 미스터리가 아니다.[74] 따라서 행정학이란 단일 사례가 아닌 원칙의 학문이어야 한다. 아울러 이런 원칙은 모든 분별 있는 개인들의 이성에 쉽게 접근할 수 있다. 프랑스혁명은 이런 맥락에서 이해해야 한다고 페인은 주장한다. 거기서 가장 중요한 것은 과거 패턴으로부터의 급격한 단절이 아니라, 잘못된 원칙을 올바른 것으로 교체하는 것이기 때문이다.

페인이 볼 때 버크는 역사적 특이성에, 즉 인물과 제도의 세부 사항에 초점을 둠으로써 원칙의 문제를 모호하게 만들려 한다. "논쟁에 상황을 개입시키면, 이는 버크 씨의 경우에 자주 나타나는데, 뭔가를 명확하게 포착하기 어렵다"[75]고 그는 쓴다. 따라서 추상적 원칙이 정치 생활에는 이질적이라는 버크의 논거가 페인에게는 단지 자신이 사랑하는 영국 헌법의 원칙 문제를 회피하려는 변명처럼 비친다. 이는 결과적으로 버크로 하여금 비슷한 근거로 프랑스에서 일어난 끔찍한 불의를 눈감아주게끔 만든다. 《인권》에서 페인은 이렇게 쓴다.

버크 씨는 정부에 대해 심사숙고하면서도 원칙이 뭔지 모르는 것 같아 보인다. 그는 "10년 전이었다면 그 정부의 특성이 무엇인지 혹은 그것을 어떻게 운영하는지 알아보지 않고 프랑스에 정부가 생긴 것을 축하해줄 수 있었을 것이다"라고 말한다. 이게 합리적인 사람의 언어란 말인가? 인권과 인류의 행복에 대해 의당 가져야 할 감정을 느끼는 심장에서 나온 언어란 말인가? 이런 근거라면 버크 씨는 세상의 모든 정부를 칭송할 게 틀림없고, 그러는 사이 노예로 팔려가건 고문으로 쓰러지건 그런 정부 아래서 신음하는 희생자들은 완전히 잊힌다. 버크 씨가 숭배하는 것은 원칙이 아니라 바로 권력이다. 아울러 이 가공할 패악 아래 있는 그에겐 그것들에 대해 판단할 자격이 없다.[76]

원칙을 추구하는 사람과 이성을 추구하는 권력의 혼란, 바로 이런 유의 혼동이 세습 정부를 수호하는 이면에 깔려 있다고 페인은 주장한다. "버크 씨는 인간과 원칙 사이의 구분에 주의를 기울이지 않는다."[77] 세습 지배는 합리적 요소를 하나도 갖지 않는 "그냥 동물적인 시스템"이다. 이를 옹호하는 자들은 이런 제도가 이미 자리 잡지 않았다면(오래전에 불법으로 거기까지 왔다) 결코 국민을 설득해서 그런 체제를 수립하지 못할 것이다.[78]

수세기 동안 그런 제도가 존재해왔다는 사실이 그걸 존속시켜야 하는 이유가 되지는 않는다. 장기간의 유용함이 부당한 관습을 공정한 것으로 변화시킨다는 주장은 터무니없다고 페인은 쓴다. "왜냐하면 그것은 원칙 대신 시간을 집어넣거나, 아니면 원칙보다 시간을 더 나은 것으로 만들기 때문이다. 하지만 원칙이 시간에 영향을 미치지 않는 것과 마찬가지로 시간은 원칙과 아무런 연관이 없고 원칙에 영향을 미치지도 않는다."[79] 제도 혹은 관습은 이성이라는 법정 앞에서 자기를 입증해야 한다. 법은 연륜에서 권위를 끌어낼 수 없다. 권위는 오직 "그 원칙의 공정함"[80]으로부터만 가능하다.

자신의 저술 전반에 걸쳐 페인은 권력에 대한 호소를 거부하고, 대신 이성에 대한 호소를 판단 기준으로 요구한다. 아울러 자신의 저작에서 친숙하고 유식한 권위자들을 인용해 자기주장을 밝히는 방법—버크가 자주 사용한 관행—을 피한 데 대해 자부심마저 갖는다. 페인은 "나는 거의 인용하지 않는다. 그 이유는 내가 항상 생각을 하기 때문이다"[81]라고 쓴다. 다른 사람이 그의 글에서 잘 알려진 권위자들에게 의존한 부분이 있다고 확실히 지적해도 페인은 지조 있게 그러한 연관을 거부했다. 분명 학술적으로 조예 깊은 인물이 당대의 위대한 저자 및 서구의 문헌 목록에 도통하지 않다고 우기는 게 분명 어딘가 괴상하긴 하지만, 페인에게는 실질적 요점이 전기적(biographical) 요소보다 훨씬 더 가치 있다. 즉 근본적 원칙에 대한 직접적 언급이 전례에 대한 실증적 이해보다 중요하다. 개별적이고 고립된 이성에 대한 강조는 페인이 입증하려는 논거에서 긴요하다. 그는 모든 개인은 정치적 문제의 진위를 식별하기 위해 자기 자신의 이성을 사용할 수 있으며, 그러므로 과거 혹은 집단적 추론에 대한 의존은 필요하지 않다고 주장한다. 이런 방식으로 페인은 또다시 모든 개인에겐 다른 이들이 하다 남겨둔 데서 시작하기보다 처음부터 새로 시작할 능력이 있다고 믿는다.

우리가 살펴본 다른 문제에서와 같이 이성 문제를 놓고 벌이는 이런 자족적인(self-sufficiency) 주장은 버크와 페인을 완전히 갈라놓는다. 페인은 모든 개인을 더 큰 전체로부터 분리함으로써—사회적으로도, 시간적으로도—개인의 자치(self-rule) 능력을 입증하고자 한다. 이성의 명을 따르기 위해 우리는 주어진 세계의 모든 맥락과 권위를 치워버리고 곧장 추상적이고 공통된 진리를 추구해야 한다. 아울러 계몽주의에 의해 촉발된 이성은 우리에게 정확히 그렇게 하라고 허락한다(사실상 우리에게 요구한다). 이 고립된 근대적 이성은 진리에 대해 알고자 하는 우리의 수단이며, 우리는 다른 이들의 권력에 기대 진리라고 하는 주장을 받아들일 필요가 없다.

이성은 종교 영역―오랫동안 권력과 신념의 차지였던 그 영역에서는 아마도 정말 특별하게―에서까지도 권력을 대체할 수 있다. 고립된 이성의 힘에 관한 가장 분명하고 솔직한 페인의 주장은 종교에 대한 글, 특히 (우연이 아니게도)《이성의 시대》라는 제목의 계몽주의적 이신론에 대한 두 권짜리 논거에서 잘 드러난다.

《이성의 시대》는 어떤 면에서는 놀랄 만큼 과격한 책이며, 그래서 페인의 이성 옹호론에 대한 독자들의 집중을 과도하게 흐트러뜨릴지도 모른다. 그는 모든 유형의 기독교 조직에 대한 신랄한 공격에 착수한다. 그리고 성경이 일관성과 개연성을 결여했다고 지적하며 몰아붙인다. "가장 가증스러운 사악함, 가장 소름 끼치는 잔인함, 그리고 인류를 괴롭혀온 가장 큰 고통은 이 계시 또는 계시종교라 일컫는 것에서 비롯되었다"[82]고 페인은 쓴다. "전능하신 신께서 다른 남자와 혼인하기로 약속한 여성과 간음을 저질렀다고 믿는 것"[83]은 어처구니없고 신에 대한 모욕이라며 예수의 출생에 유감을 표한다.

그러나 페인의 마지막 책에는 종교 조직의 특정 교리와 영향에 대한 공격을 넘어 개별적 인간 이성의 중요성에 대한 가장 폭넓고 확신에 찬 옹호가 담겨 있다. 조직화한 종교에 대한 그의 거부는 개별적 이성의 격상이다. "나는 유대인 교회, 로마인 교회, 그리스인 교회, 터키인 교회, 신교도 교회 그리고 내가 알고 있는 어떤 교회가 공언한 교리도 믿지 않는다.

내가 가진 생각이 나 자신의 교회다."[84] 그는 이성적인 모든 사람이 독자적으로 입증할 수 없는 종교 권력에 대한 주장은 무엇이든 거부한다. "모든 사람이 믿도록 요구하는 어떤 것은 그에 대한 증명 및 증거가 모두에게 동등하고 보편적이어야 할 필요가 있다."[85] 계시의 경우일지라도 우리 스스로 본 적 없는 것을 그저 권위에 의거해 받아들이는 걸 당연시해서는 안 된다. "그것이 내게 드러났을 때, 나는 그걸 계시라고 믿을 것이다"라고 페인은 쓴다. "하지만 그것은 드러나지 않았고, 그 이전에 그걸 계시라고 믿는 걸 의무로 지워서는 안 된다."[86] 인간은 계시의 권위를 주장하는 책보다는 그분의 천지창조 속에서 신을 찾아야 하며, 이는 인간의 고립된 감각과 추론 능력을 통하면 모두에게 가능하다.

> 천지창조는 이신론자(deist)의 성경이다. 그는 거기서, 창조자가 쓴 손 글씨에서 그분 존재의 확실성과 그 전능함의 불변성을 읽는다. 그리고 그에게 모든 다른 성경과 증거는 가짜다…….
>
> ……우리는 오직 그분이 창조한 결과를 통해서만 신을 알 수 있다. 우리는 거기에 이르는 어떤 원칙을 따르지 않고는 어느 한 속성이라도 개념을 가질 수 없다. 그 방대한 뭔가를 이해할 수단이 없다면, 우리는 그저 그분의 힘에 대한 혼재된 생각만 가질 뿐이다. 그것이 작용하는 질서와 방식을 아는 것 말고는 그분의 지혜를 알 수 없다. 과학의 원칙이 이러한 지식을 이끈다. 인간의 창조자는 과학의 창조자이며, 인간이 얼굴을 맞대고 신을 볼 수 있는 것은 바로 그러한 매개를 통해서다.[87]

그리하여 근대적 이성을 이용하는 근대 과학은 우리에게 권위 있고 검증할 수 있는 진리(심지어는 신에 대해서까지도)에 이르는 길을 제공한다. "지금 전체 과학계를 아우르는, 그리고 천문학이 그중 최상의 위치를 차지하는 이른바 자연철학은 신의 업적과 그 안에 담긴 신의 권능과 지혜에 대한 연구다. 이것이 진정한 신학이다."[88]

페인은 이렇게 과학을 통해 이성을 촉발하고, 나아가 당대의 정치 혁명 안에서 이성을 더욱 정련하고 사용하는 것이 결국 신과 그분의 업적을 아는 새로운 방법을 촉발하고, 그렇게 함으로써 종교에서도 혁명을 고취시킬 것이라고 주장한다. 페인은 이렇게 쓴다. "나는 아메리카에서 《상식》이라는 소책자를 발간한 직후, 정부 시스템의 혁명에 뒤이어 종교계의 혁명이 찾아올 굉장한 개연성을 보았다."[89] 계몽주의식으로 생각하면, 개인적 분석력으로서 이성은 진리를 알아내는 수단이다. 권력자나 연장자의 어떤 주장도 이성 위에 있다고 단언할 지위를 갖고 있지 않다. 이것이 신에 대한 국민의 지식, 그리하여 도덕에 관한 지식이라면, 분명 정치적인 것에 대한 지식은 더욱더 그렇다. 신학과 도덕만큼이나 정치는 고립된 이성을 적용해야 하며 그것이 작동되도록 설계하고 운용해야 한다.

그리고 페인이 기술하는 것처럼 사실상 정치는 유난히 지적인 프로젝트—거의 순수한 이성의 발휘—다. 그는 이성의 발휘와 상이한 관계를 근거로 제대로 기능하는 정권(대의제 공화국 같은 것을 의미)과 귀족 정치의 독재를 구분한다.

극명하게 상반된 두 방식은 이성과 무지(ignorance)라는 극명하게 상반된 두 가지 토대 위에 서 있다. 정부의 활동은 재능과 능력을 요구하고 재능과 능력에는 세습적 내림이 없으므로, 세습적 승계는 인간의 이성이 동의할 수 없는, 무지 위에서만 수립될 수 있는 믿음을 사람들에게 요구한다. 그리고 한 나라가 무지하면 할수록 이런 정부 혈통에 더 잘 어울린다. 반대로, 헌법을 제대로 제정한 공화국의 정부는 인간의 이성이 제공할 수 있는 것을 넘어선 어떤 믿음도 사람들에게 요구하지 않는다. 사람들은 전체 시스템의 원리와 그 근원 및 작용에 대해 안다. 아울러 가장 잘 이해받을 때 가장 많은 지지를 받을 수 있으므로 인간의 능력은 대담하게 작동하고, 이런 유형의 정부 아래서 커다란 기상(manliness)을 획득한다.[90]

사실 페인은 이런 입장을 변호하기 위해 버크가 한 말을, 특히 《프랑스 혁명에 관한 성찰》에 있는 버크의 주장을 인용한다. "정부는 인간의 지혜가 고안한 장치다"(4장 참조).[91] 버크는 이 구절에서 정치 체제는 자연의 업적이 아니라 인간의 창조물이라고 말한다(비록 둘 사이의 차이를 무시하긴 하지만). 그러나 페인은 통치란 가공하지 않은 지성의 행위라는 걸 밝히기 위해 오히려 교묘하게 그 말을 차용한다. 《인권》에서 페인은 이렇게 주장한다. "정부는 인간의 지혜가 고안한 장치라는 걸 인정한다면, 세습적 승계와 세습적 권리(흔히 부르는 대로 쓰자면)는 거기서 할 일이 없을 수밖에 없다. 왜냐하면 지혜를 세습적으로 만드는 것은 불가능하기 때문이다."[92]

이는 페인의 군주제 반대론—통치는 지적인 작업이므로 잘 다스리는 능력이 세습적일 리 만무하고, 어떤 경우라도 사람은 왕이 부여받는 만큼의 많은 권력과 특혜를 얻을 정도로 충분히 지혜로울 수 없다는 사실에서 비롯된 주장—에서 중요한 대목이다. 페인은 "1년에 국가로부터 100만 파운드를 받을 자격이 있는 사람이라면 원자(atom)부터 우주까지 능히 이해하는 머리가 있어야 하며, 만일 그렇다 치더라도 그런 보수를 받는 걸 초월할 것이다"[93]라고 쓴다. 이런 이유로 페인의 관점에서 볼 때 군주제는 이성의 정치에 대한 의도적 거부를 입증한다. "세습적 승계는 군주제의 해학극(burlesque)이다. 그것을 어린애나 바보도 채울 수 있는 자리로 나타냄으로써 가장 우스꽝스럽게 조명한다. ……이런 종류의 미신은 몇 년이 더 갈지 몰라도, 인류의 깨어난 이성과 관심에 오래도록 저항할 수는 없을 것이다."[94] 완전무결하게 합리적인 정치의 특성을 제대로 이해하는 사회에서 이런 관습은 결코 통할 수 없다.

물론 이런 합리적 평가의 정치는 만일 이성에 무제한의 자유를 허락한다면 올바른 선택이 이뤄질 것이라는 전제에 기대고 있다. 페인의 공화주의는 이성이 사회 전반에 (동등하게는 아니더라도) 잘 분포해 있으며, 만일 이성의 재량에 맡긴다면 대다수 국민으로 하여금 최고 브레인들을 요직에 선출하고 당장 올바른 종류의 선택을 하게끔 만들 것이라는 관점에 의존한다. "상황을 잘못된 채로 방치하기보다 바로잡는 게 한 나라에서 훨씬 더 많은 국민이 항상 갖는 관심사이며, 공적 사안을 공개적인 논쟁에 부치고 대중의 판단이 자유로울 때 지나치게 서둘러 결정하지 않는다면 잘못 결정하는 일은 없을 것이다."[95]

페인은 따라서 정치적 판단에는 고립된 이성이 발휘할 수 있는 것보다 많은 지혜가 필요하고, 그렇기 때문에 오래도록 성공을 거둔 선입견에 무게를 실어줘야 한다는 버크의 견해에 딱 잘라 반대표를 던진다. "어느 누구도 그것이 틀린 줄 알면서 호감을 품지는 않는다. 사람은 그것이 옳다는 믿음 아래 거기에 애착을 가지며, 그렇지 않다는 걸 깨달을 때 그 선입견은 사라질 것이다."[96]

장기간 사용해왔다는 게 면죄부를 주지는 않는다. "문제는 그 원칙이 새로운지 오래됐는지가 아니라, 옳은지 아닌지 여부다."[97] 아울러 문제에 대한 정면 승부를 거부하는 것은 사회가 많은 부정을 받아들이고 불의—특히 불필요한 전쟁—를 고집하도록 만든다. 페인은 1782년 이성이 태동하는 시대에 "전쟁 대상은 극도로 줄어들었다. 사회의 악마인 선입견에서 생기는 것과 그 결과 나타나는 음침하고 다루기 힘든 기질을 제외한다면 이제 싸울 게 거의 남지 않았다"[98]고 쓴다.

선입견이라는 악마를 사회가 쉽사리 떨쳐내지 못하는 한 가지 중요한 이유는 바로 버크가 그토록 높은 가치를 두는 전례에 대한 의존이라고 페인은 말한다. "전례의 원칙에 대한 고려 없이 그 전례에 따라 수립한 정부는 가장 납득할 수 없는 체제에 속한다"고 페인은 쓴다.

수도사들이 유물을 보여주며 신성하다고 하듯 전례를 옛 업적에 대한 미신적 숭배와 연관 지음으로써 인류의 보편성을 의도된 계획이라고 속인다. 정부는 오늘날 인간에서 단 하나의 성찰이라도 일깨울까봐 두려워하는 것처럼 행동한다. 인간의 능력을 사장시키고 혁명의 현장으로부터 주의를 돌리기 위해 인류를 전례라는 무덤으로 부드럽게 이끌고 있다. 그들은 자기의 바람보다 인류가 더 빨리 앎에 도달하고 있다고 생각한다. 전례라는 정책은 그들의 두려움을 드러내는 지표다.[99]

게다가 전례의 교리에서는 가장 오래된 전례가 최상의 가치를 지녔다고 여기기 때문에, 인간의 역사는 쇠퇴일로라고 주장한다. "정부가 오래 됨에 따라 지혜도 그 안에서 퇴회해 고작 전례라는 죽마(竹馬)와 목발에 의지해 비틀비틀 걸을 뿐이다."[100] 페인은 이렇게 해서 버크식 처방 교리의 핵심 견해, 즉 세월의 시험을 통과해온 관습은 존경을 받을 만하며 현재의 요구를 가장 잘 충족하도록 점진적으로 진화해왔다는 생각을 거부한다. 사실 과거의 관습은 논리 정연한 지식 위에 구축되지 않았고, 그래서 정치의 모델을 공급하지 못한다. 페인은 정치 생활은 물론 법정에서의 판례 사용조차 반대한다.[101]

그리고 같은 이유로 페인은 다수의 지혜가 한 사람의 지혜—모든 것은 모든 개인이 택한 것과 똑같은 이성의 시험대를 통과해야 한다—위에 있는 특별한 지위를 갖지 않는다고 생각한다. 따라서 페인은 정당 정치는 많은 사람이 더불어 일하도록 한다는 생각, 이성의 한계는 자유로운 사회에서 정당이 필연적인 뜻이라는 생각에 단호히 반대한다. 사람들은 저마다 다른 방식으로 진리에서 서로 다른 부분을 강조하기 때문이다. 페인에게 진리는 이성으로 인식할 수 있고 모두에게 설득력이 있어야 하므로, 정당이란 정치에서 공공의 이익보다 사적인 목표를 좇는 파벌에 지나지 않는다. 공화제 입법부에 대한 그의 개념은 "국가에 어떤 개인적 정당이 존재하건 좋은 정부의 보편적 원칙 속에서 일제히 결속하고 합의할 것이라는 희망—이런 정당 간의 차이를 국회의사당 문턱에서 내려놓고 그 안에서 입법자들이 공공의 이익이나 전체의 이익을 통치 원칙으로 삼는 것—에 항상 근거를 두고 있었다".¹⁰² 선입견으로부터 벗어나고 이성을 통해 계몽된 정치는 당파적일 필요가 없다. 버크의 정당 옹호론이 인간 본성과 이성의 한계에 대한 생각에서 나오는 것처럼, 이에 대한 페인의 반대는 인간 본성과 이성의 힘에 대한 생각에 기반을 두고 있다.

마찬가지로, 페인은 개별 국가는 자체의 역사적 패턴을 따라야 하며 정치 유형이나 기능에 있어 보편적 원칙이 전체를 망라할 수 없다는 견해를 불식시킨다. 이런 견해는 정치가 이성이나 지식과 무관하다는 가정에서 출발하고, 따라서 동일 집단 내의 경험 외에는 어떤 종류의 원칙에도 부합하지 않는다는 것이다. 가령 군주제에 대한 논거가 있다면, 브리튼 섬에 사는 일단의 영국인은 그것을 비록 다른 환경에서 살더라도 아메리카에 있는 또 다른 집단한테 설명할 수 있어야 한다. "군주제에 우리 아메리카 사람들이 이해할 수 없는 뭔가가 있다면, 버크 씨가 아주 친절하게 알려줬으면 좋겠다"[103]고 페인은 쓴다. 그러나 실은 정반대다.

나는 아메리카에서 영국의 10배나 되는 땅을 관장하면서도 영국 정부가 지출하는 경비의 40분의 1 정도로 차질 없이 운영되는 정부를 본다. 아메리카에 사는 사람한테 왕을 원하느냐고 묻는다면, 그는 반박하면서 나더러 자기를 바보로 아느냐고 묻는다. 어떻게 도대체 이런 차이가 발생하는 것일까? 우리가 다른 나라 국민보다 정말 현명한 것일까? 아메리카에서 나는 군주제 국가에는 알려지지 않은 풍요로운 방식으로 살아가는 대부분의 국민을 본다. 아울러 이곳 정부의 원칙, 즉 평등한 인권이라는 원칙이 세계적으로 빠르게 진일보하고 있는 걸 본다.[104]

평등한 인권이라는 원칙이 아메리카에 맞는다면 분명 다른 국가들에도 맞을 것이다. 왜냐하면 그것은 검증 가능한 방식으로 접근하기 쉬운 논거에 기초하고 있기 때문이다.

이런 모든 이유 때문에 페인은 오래된 선입견과 관습을 근절할 때의 위험에 대한 버크의 우려는 부적절하며, (이성의 한계에 바탕을 둔) 그의 정치가 오도되었다고 믿는다. 모든 걸 논의할 수 있다는 것은 절대 불행이 아니라고 페인은 말한다. 모든 걸 터놓고 논의하는 것은 정치를 합리적으로 수행하는 수단이며, 그럼으로써 정치적 변화를 제대로 정의하고, 인도하고, 이행할 수 있다. 일단 인간의 평등과 합의의 필요성 같은 기본 원칙에 대한 밑그림이 그려지면, 세상의 그토록 많은 정권에서 눈에 띄는 역겨운 부정행위 같은 것은 옹호받을 수 없다. "이제까지 세상에 존재해온 이런 정부가 신성하고 도덕적인 모든 원칙을 완전히 침해하는 것 말고 어떤 다른 수단으로 시작했을 가능성은 전혀 없다"[105]고 페인은 쓴다. 그는 이런 정부가 대부분 잘해내고 있으므로 제대로 못한 몇 가지에 초점을 맞추지 말아야 한다는 버크의 주장을 논박한다. 사실은 그 반대라고 페인은 말한다. 요컨대 이런 정부는 가장 기초적인 방식에서 잘못되었고, 정말 잘 돌아가는 몇 가지는 그냥 규칙 증명의 예외일 뿐이라는 것이다.[106]

따라서 합법적이고 효과적인 정부는 적절한 원칙을 거기에 수반되는 방식과 결합할 것이다. 이런 의미에서 페인에게 정치는 추상적 원칙에 그대로 부합하지만, 여기에는 올바른 관습을 위해서는 올바른 원칙이 반드시 필요한 전제 조건이며, 정치 생활에서 일단 이성과 적절한 원칙이 촉발되면 더욱 공정하고 효율적인 정부로 나아가는 진로를 절대 변경할 수 없다는 확신이 깔려 있다. 페인이 생각하는 혁명이란 따라서 주로 이성을 통해 가능한 지식 중 하나이며, 거기에 반대하는 자들은 근본적으로 고집 센 무지의 대리인이다. 페인은 이렇게 쓴다. "아메리카와 프랑스의 혁명은 세상에 한 줄기 빛을 던졌고, 그 빛은 인간에게 닿는다. 정부의 막대한 비용이 국민을 자극함으로써 생각을 하게끔 만들었다. 일단 베일이 찢겨지기 시작하면 수선 가능성은 허용되지 않는다. 무지는 특이한 본성을 갖고 있다. 한 번 불식시키면 재확립이 불가능하다. ……버크 씨는 지식의 진보를 막겠다는 헛수고를 하고 있다."[107]

따라서 지식의 이런 발전에 토대를 둔 정부는 그 형태와 기능 자체에서 합리적 방식으로 스스로를 변론한다. 모든 시민이 그 논거를 고려하며 자기주장이 정당하다는 것을 명백하게 입증하고 원칙을 숨기지 않는다. 이는 우선 정부가 명백하게 그 원칙과 형식을 성문법을 통해 세상에 공표해야 함을 의미한다. 페인은 이러한 문서가 국민들 사이의 계약 안에서 정부의 적절한 근원을 밝혀야 하며, 사실상 그 계약의 실제적인 법적 형식이라고 주장한다. 따라서 이런 헌법은 정부의 근원과 인간 본성에 관해 이성이 알려준 것을 구체화하며, 아무도 그 정당성에 의문을 제기할 수 없도록 모든 분별 있는 사람의 이성에 쉬운 말로 호소해야 한다. 버크가 영국 헌법이라 부르는 것—문서가 아니라 영국 정부의 실제 형식과 구조—은 페인에게 결코 헌법이 아니며, 근본적으로 부당한 정권이 축적한 관습일 뿐이다.

헌법에 대한 버크와 페인의 정의는 두 사람의 이성 및 정치적 변화에 대한 시각을 구현한다. 버크에게 헌법이란 처방의 산물이며, 헌법의 수호가 처방의 목표다. 페인에게 헌법은 추상적 원칙에 대한 명백한 추론의 산물이며, 합리적 논쟁으로 지킬 수 있다. 버크의 헌법은 국가까지는 아니더라도 정권이다. 페인의 헌법은 법적 문서다. 헌법은 "명목상뿐만 아니라 실재하는 것이다. 거기에는 이상(理想)이 아니라 실질적 존재가 있다. 아울러 그것을 보이는 형태로 만들 수 없다면, 헌법은 존재하지 않는 셈이다. 그렇다면 버크 씨는 영국 헌법을 만들 수 있는가? 만일 그럴 수 없다면, 그토록 많이 얘기해왔음에도 불구하고 헌법 같은 것은 존재하지 않거나 혹은 한 번도 존재한 적이 없으며, 결과적으로 국민에게는 앞으로 만들 헌법이 있는 셈이라고 공정하게 결론지을 수 있다"[108]고 페인은 쓴다.

평범한 활자 안에서 합리적 용어로, 그리고 온전히 그대로 정부를 묘사하는 이런 간명한 헌법은 정부의 기능 또한 매우 단순화한다. 아울러 완전한 무력증과 변화 회피로 인해 영국 시스템이 달고 있는 흔적만 남은 무수한 팔다리를, 비대하고 불필요한 복잡성과 비효율성을 방지한다. 이런 복잡성 자체가 영국 정권의 비합리적 성격을 보여주는 특징이다. 합리화는 간소화로 번역할 수 있다. "정부 형식에 대한 내 생각은 자연의 원칙에서 가져온 것이다. 그것은 어떤 인위성으로도 뒤집을 수 없는, 다시 말해 단순하면 단순할수록 질서가 무너질 가능성은 덜하고, 무너지더라도 더 쉽게 회복할 수 있는 그런 원칙이다"[109]라고 페인은 《상식》에서 쓴다.

이 점은 또한 계몽주의 철학자들이 그랬던 것처럼 정치 생활의 이성 및 과학과의 관계에 대해 페인이 갖고 있던 버크와의 더 큰 견해차를 드러낸다. 버크는 정부의 단순함이 미덕이라는 생각에 확실히 반대한다. 오랜 시간 축적된 복잡한 제도는 서로에 대한 경쟁의 압박과 야망의 균형을 잡으며 발전해왔기 때문에 제대로 돌아갈 가능성이 훨씬 더 높다. 인간은 단순하지 않고, 그들의 정부 역시 마찬가지다. "어떤 새로운 정치 헌법이 목표로 삼고 뽐내기도 하는 장치의 단순함에 대한 얘기를 들을 때, 나는 그걸 고안한 자들이 자기 업무에 지독히 무지하거나 자기 임무를 완전히 등한시하는 것이라고 서슴없이 결정짓는다. 더 나쁘게 말하면, 단순한 정부는 근본적으로 하자가 있다"[110]고 버크는 쓴다.

그러나 페인은 길항하는(countervailing) 월권행위의 균형을 유지하면서 정치 실무를 수행하다 보면 "마치 신의 섭리가 정부와 관련해 인류에게 두 가지 악 말고는 다른 선택을 남겨주지 않은 것처럼 그것을 비난하는 데까지 도달한다"[111]고 말한다. 페인은 정말 그렇다고는 생각하지 않으므로, 가장 자유주의적인 정치철학자까지도 특징짓는 제도적 설계에 대한 일종의 견제와 균형식 접근법을 거부하고, 혼합 정부는 용납할 수 없다고 주장한다. 이런 면에서 페인은 아메리카보다 프랑스 혁명가에 더 가까운 진정한 계몽주의적 급진주의자다.

버크의 귀족주의 및 왕의 특권에 대한 갖가지 방어는 언제나 혼합 정부 전체―왕과 귀족 그리고 민중이 안정적 정치 생활을 이룩하기 위해 서로의 이익 사이에서 균형을 잡는 것―를 수호한다. "나는 헌법에서 〔상원이〕 절대 필요하다고 보지만, 적절한 경계 안에 머물러 있을 때에만 괜찮다고 생각한다"[112]고 버크는 쓴다. 이런 설명대로, 이는 버크가 1760년대에는 왕권 장악에 반대해 의회를 수호하다가, 1780년대에는 공화제 지지자에 맞서 왕의 특권을 충실하게 옹호한 이유다.[113]

그러나 이런 불안정과 불규칙성은 정부에 적절한 원칙을 적용하는 데 실패한 것에서 기인한다고 페인은 믿는다. 혼합 정권은 무질서한 혼란 상태이고, 진정한 공화주의에 미치지 못할 만큼 정당성이 결핍되어 있다.[114]

비슷한 이유로 페인은 공화주의 정권 **내에서의** 견제와 균형을 대체로 옹호하지 않는다. 대의제의 매우 구체적인 배치가 공화주의 원칙에 필요한 기능이라고 그는 주장하지 않는다. 대의제 원칙을 고수하는 한 그것은 선호도의 문제다.[115] 그러나 페인 자신이 선호하는 것은 제도적 설계의 단순함과 미니멀리즘(minimalism)이다.

《상식》에서 페인은 영국인을 축출한 후 아메리카의 자치 정부 형태에 관한 아이디어를 제시한다. 그는 주지사(또는 통치자)들 없이 매년 선출하는 단원제의 주의회를 요청한다. 의회는 외교 문제에서 대륙회의의 권위를 필요로 하는 것을 제외하고 모든 국내 문제에 대한 권한을 갖는다. 연방 차원에서는 서로 다른 주들이 전국 회의에 다수(아마도 30명씩)의 대표를 파견하는 동등한 지역으로 분할되길 원한다. 여기서 전국 회의는 또한 단원제의 몸체이기도 하다. 회의에서 모든 투표는 5분의 3 이상의 다수결로 결정한다. 회의는 제비뽑기로 대통령을 선출하고, 각 주는 차례로 회의를 주재한다. 이런 구조에서는 분쟁이 거의 발생하지 않거나 전혀 없을 것이라고 페인은 주장한다. 정치적 문제의 합리적 평가를 고려하는 한편 국민의 진정한 의지를 가장 잘 대변할 것이기 때문이다.[116] 이런 구조는 합리적 의사 결정의 촉진을 목표로 삼으며 인간사에서 야망, 이익, 열정—페인은 이 모든 것을 올바른 원칙에 대한 정부의 적절한 관심을 통해 피해갈 수 있다고 생각한다—의 역할을 거의 전적으로 무시한다.

페인의 양원제(그의 경력 내내 결코 반대하지 않았지만 1790년대에 약간 바뀌었다) 반대는 특히 이런 점에서 거론할 만하다. 《상식》에서 그는 "서로를 임의로 견제하거나 제어하는 양원은 일관성이 없다. 왜냐하면 둘 중 하나가 다른 하나보다 더 지혜롭거나 낫다는 걸 공정한 대의의 원칙으로는 입증할 수 없기 때문이다"[117]라고 주장한다. 이 글은 1792년에 발표한 것이다. 당연히 미국이 매우 다른 제도적 구조를 포함하는 연방 헌법을 채택하고 한참 뒤인 1791년 말경에 썼을 것이다. 비록 아주 뚜렷하게 말하지는 않지만, 헌법에 대한 페인의 1790년대 저술은 카우보이적 야심과 본국에 대한 선망이 뒤얽힌 노력, 그리고 대응 체제를 통한 권력의 갈망을 담은 미국 헌법 체제의 설계에 대해 그가 원칙에 입각해 진지하게 반대했음을 강력히 시사한다.

페인에게 정부의 단순함이란 그 기저에 존재하는 단순하고 접근하기 쉬운 진리의 적절한 표출이다. 따라서 그는 헌법의 번잡한 설계뿐 아니라 국가 권력에 종종 따라붙는 거창한 의식 같은 것에도 반대한다. 버크는 국가의 체제 및 위인(偉人)을 "장엄함과 엄숙한 장관(pomp)으로" 격상시키는 게 중요한 정서적 애착을 형성하고, 정치라는 사업 전체를 품위 있게 하는 데 일조한다고 주장한다. 반면, 페인은 그 모두를 정권의 근본적 부정행위와 비합리성을 위장하는 수단이라고 일축한다. 페인은 정치를 감상적으로 다루지 않으려 하며, 귀족 제도의 오만한 가식을 우스꽝스럽다고 말한다. "작위(titles)란 별명에 지나지 않고, 모든 별명은 작위다."[118] 그리고 군주제의 자만(self-importance)도 터무니없다. "나는 그것을 커튼 뒤에 감춰진 무언가로 비유하는데, 이는 매우 어수선하고 요란하며 겉보기에 근엄함을 풍기는 멋진 느낌이 있다. 그러나 어쩌다 우연히 커튼이 열려 거기 있던 사람들이 그게 무엇인지 보게 되면 웃음보가 터지고 만다."[119]

버크는 군주제를 조롱거리로 노출시키는 게 그걸 무너뜨릴 것이라는 생각에 의견을 달리하지 않지만, 그에게는 이것이 바로 군주제를 엄숙하게―외견상의 엄숙함이 웃음보다 인간 본성에 더 충실하며 더 가치 있다―다뤄야 하는 까닭이다. 그러나 페인은 이것이 인간 본성에 대한 모욕이라며 반기를 든다. 그는 이렇게 쓴다. "버크 씨로 말하자면, 그는 군주제에 대해 엄격한 사람이다. ……그는 인류에 대해 경멸받아 마땅한 견해를 계속 얘기해왔고, 인류도 방향을 전환해 그에 대해 똑같은 얘기를 하고 있다. 그는 인류를 사기꾼, 조각상, 가식(show)을 통해 통치해야 할 한 무리의 생명체로 간주한다. 그리고 우상은 그에게 인간이나 다름없는 군주제의 형상일 것이다."[120] 혁명가들은 이런 모욕적인 표현을 무시함으로써 인간에 대한 더욱 고차원적인 견해를 표현한다. "프랑스의 애국자들은 사회에서 계급과 존엄성이 새로운 근거를 마련해야 한다는 것을 일찍이 발견했다. 옛날의 근거는 곤경에 빠져버렸다. 이제 그것은 작위라는 터무니없는 근거 대신 인물이라는 실질적 근거를 택해야 한다. 아울러 그들은 자신의 작위를 제단으로 가져왔고, 그것들로 **이성** 앞에 바칠 번제 제물(burnt-offering)을 만들었다"[121]고 페인은 쓴다.

귀족 정치의 모든 위선과 망상이 중단된다면, 그리고 이성에 의해 속살을 드러낸 정치 원칙이 통치하게 된다면, 버크의 교정(矯正, corrective)이 향하고 있는 걱정은 사실무근임이 입증될 거라고 페인은 믿었다. 페인은 이성의 정치가 인간 본성에 내재된 긴장으로 보일 수 있는 걸 대부분 해결할 것이라고 말한다. 정부의 그릇된 원칙과 그 위에 구축한 정권은 가난과 전쟁 같은 인간 문제의 근본 원인이었다. 이성이 촉발되면 가장 먼저 국민에게 그 원칙이 틀렸고, 그러므로 제도 또한 부당하다는 걸 증명할 것이다. 페인은 1792년에 이렇게 썼다. "나는 유럽의 계몽된 국가들 어디에서도 군주제와 귀족제가 7년 이상 갈 것이라고 보지 않는다. 그런 제도에 반대하는 쪽보다 찬성하는 쪽에 더 타당한 이유를 제시한다면 그것들은 변함없을 테고, 그 반대라면 그러지 못할 것이다."[122] 그리고 일단 이유가 대두하고 구식 정부가 실각하면, 이성에 더욱 충분한 토대를 가진 새 정권은 언제나 아주 다루기 힘들었던 문제를 해결할 것이다. 페인은 많은 나라에 극빈층이 존재하는 것은 "문명의 원칙에 선천적 결함이 있어서가 아니라 그 원칙이 보편적 작동을 막은 데 원인이 있다. 아울러 그 결과는 전쟁과 지출의 영속적 시스템이다. 그것은 국가의 재정을 축내고 문명이 가져다줄 수 있는 보편적 행복에 좌절을 안긴다"[123]고 쓴다. 그리고 나중에 이렇게 주장한다.

이성적 존재가 마땅히 생각해야 하는 대로 생각하도록 인간이 스스로를 허락한다면, 해군을 만들고 그 배에 남자들을 가득 채운 다음 어느 쪽이 상대를 가장 빨리 가라앉힐지 시험하려고 그들을 바다로 운송하는 데 비용을 들이는 것보다 더 어처구니없고 부조리해 보이는 것은 모든 도덕적 성찰을 배제한다 해도 어디에도 없을 것이다. 돈이 들지 않는 평화에는 그 모든 지출로 얻은 승리보다 무한정 많은 이익이 따라온다. 그러나 이것이 국가의 목적에 가장 잘 부합한다 하더라도 습관적인 정책을 빙자해 사실상 세금, 지위, 공직을 탐해온 궁중 정부의 목적에는 해당하지 않는다. ……유럽의 모든 정부를 대의제 위에 수립할 때 국가들은 친해지고, 궁중의 음모와 책략으로 조장된 적대감과 편견은 멈출 것이다. 억압받던 군인은 자유인이 될 것이다. 그리고 고문당하던 선원은 더 이상 중죄인처럼 거리를 끌려 다니지 않고 자신의 상업적 여정을 안전하게 추구할 것이다.[124]

페인은 전쟁이 일어나는 것은 진리에 대한 의도적 거부와 오류의 결과 때문이라고 굳게 믿었다. 이성의 시대에 전쟁은 과거의 일이 될 것이다. 일단 적절한 정치적 원칙을 실행에 옮기고 나면, 오직 의견과 선호의 문제만 남을 것이다. 이런 문제는 정권의 제도와 관련해 지엽적 세부 사항부터(더 중요한 것은 사실상 원칙의 문제다) 그 밖에 다른 것, 이를테면 정책과 의지에 대한 중요도가 덜한 일시적 문제에까지 걸쳐 있을 것이다. 그것들은 추상적 원칙에 직접 의지하는 것으로 답이 나오지 않을지도 모른다. 하지만 이 원칙에 따라 설계한 시스템 안에서 그런 의견에 대한 문제는 합리적인 민주적 심사숙고와 신속한 시행착오를 통해 매우 능률적으로 해결될 것이다. 페인은 어떤 오류도 오래 지속되지 않을 것이라고 말한다.[125]

페인은 이렇게 쓴다. "소수가 옳고 다수가 틀릴 때도 가끔 생길 것이다. 그러나 경험이 그게 옳다는 것을 입증하자마자 소수는 다수로 늘어날 것이며, 의견의 자유와 권리의 평등이 조용히 작동해 오류를 바로잡을 것이다."[126] 정권의 광범위한 구조와 원칙을 제대로 수립하고 이성이 거리낌 없이 통치하는 한 국민은 올바르게 선택할 것이다.

물론 페인은 어떤 시스템도 완벽하지 않다는 것을 인식한다. 정부가 올바른 원칙을 토대로 할 때조차도 변화하는 상황이 법의 변화를 요구한다는 것 또한 인정한다. 그는 미국 연방과 프랑스 헌법에서 이런 이유로 개정을 염두에 두고 대비하는 데 찬성한다. 비록 이성에 입각한 원칙이 정권을 형성해야 한다고 믿지만, 그 이성을 적용하는 주체가 시간이 흐르면서 변화하면 법 역시 그래야 한다. "수년에 걸쳐 상황이 진행되어도 약간 흐트러지거나 일관성이 무너지지 않을 의견과 관습을 원칙과 결합시키는 뭔가를 수립한다는 것은 어쩌면 불가능할 것이다"[127]라고 페인은 쓴다. 그러나 전체적인 정부 시스템을 평등과 대의의 원칙 위에 수립할 경우, 그리고 국민이 기만이나 억압 없이 자신들의 이성을 정치 문제에 사용하도록 자유롭게 내버려둘 경우, 이런 결함은 소박한 것이며 신속히 발견해 수정할 수 있을 것이다. 편견과 습관을 합리적 검토와 정치의 원칙 적용으로 대체할 때, 이성의 시대는 골칫거리가 완벽하게 없는 낙원은 아닐지라도 평화·번영·진보를 향유할 것이다.

사실 페인이 머릿속에 그리는 변화의 진보적 성격은 그의 전체적인 논거에서 중요하다. 그는 계몽주의 프로젝트가 오랜 사슬에 묶여 있던 인간의 이성을 해방시킬 것이라고 믿는다. 이는 가장 심각한 인류의 문제를 초래해온 체제와 관습을 몰아내고, 인간사에 대한 더 많은 권한을 이성에 일임할 체제와 관습으로 대체할 것이다. 게다가 페인은 일단 권한이 주어지면 인간의 이성은 지속적인 일련의 옳은 판단과 선택을 고려할 것으로 여긴다. 이런 긍정적 발전은 역사에서 위대한 전진─개선이 또 다른 개선을 구축함에 따라 점점 더 나아지는 미래─이 시작되었음을 말해준다.

이런 견해는 페인이 정치 체제의 개선 가능성에, 심지어 본인이 몸소 제안하는 것들에조차 열려 있다는 사실을 보여준다. "지금 이 순간의 조건과 일치하는, 현재 고안할 수 있는 최상의 헌법도 몇 년이 갈지 모를 탁월함에는 한참 모자란다"고 그는 쓴다. 이성의 시대는 여명기일 뿐이다.[128] 한때 배웠던 지식이 배우지 않은 게 될 리 없으므로 이런 유의 정치적 변화는 뒤집히지 않고 시대와 함께 전진할 것이다. 자유롭고 새로운 공화 체제는 이성의 지도를 받아 권리·정의·무역·과학·지식이라는 대의를 위해 싸울 것이며, 이것들은 각각 서로를 기반으로 구축될 것이다. 지금은 실로 전례가 없는 시대다. 지침을 얻기 위해 과거를 돌아보기보다 이성에 의존하며 그 도움으로 앞을 향해 나아가야 한다고 페인은 역설한다.

페인은 자신이 항상 앞을 내다보기 때문에 그의 대의에는 언제나 실효성에 대한 구체적 증거가 부족하다는 버크의 비난에 반기를 든다. 페인 역시 자신의 정치철학을 단순한 사변이 아닌 효과로 입증하고 싶어 한다. "그런 말이 지구상의 어떤 나라에서 들려올 때도, 내 나라의 가난한 이들은 행복하다. 무지도 고통도 그들에게는 찾아볼 수 없다. 내 나라의 감옥에는 죄수가 없고, 거리에는 거지가 없다. 노인들은 굶주리지 않고, 세금은 짓누르지 않는다. 합리적 세상은 나의 후원자다. 내가 그곳의 행복을 지지하기 때문이다. 저 나라가 이런 것들에 대해 말할 수 있다면, 그때는 자기의 헌법과 정부를 자랑해도 좋다."[129] 버크가 예부터 자리 잡은 헌법을 변호하는 반면, 이와 같은 효과를 유발할 수 있다는 페인의 주장은 시도하지 않은 개혁을 옹호하는 것인 만큼 태반이 잠재적이다. 따라서 페인은 자신이 옹호하는 게 사회생활의 진보적 변형을 초래할 것이라는 추론으로 이를 입증하고자 한다. 그러나 이성의 도래에 대한 페인의 예고가 절정에 달했던 프랑스혁명 논쟁에서 그는 자신의 원칙이 실제 성공을 거둔 아주 중요한 사례를 지적했다. 바로 아메리카였다.

아메리카 혁명 도중은 물론 이후에도 페인은 인류 공통의 원칙과 이성 및 권리의 발달이라는 관점에서 혁명을 이해하고 설명했다. 따라서 혁명은 그에게 페인식 계몽주의적 정치 비전을 법률로 제정한 최초의 사례로서, 그리고 프랑스와 그 너머의 지역에서 일어날지도 모른다고 그가 기대했던 것의 전형으로서 역할을 했다. 그렇지만 버크에게는 똑같은 아메리카의 위기가 인간 이성과 공적인 사안에서의 그 입지와 관련해 거의 상반된 관점의 사례 연구를 제공했다.

아메리카의 의미

버크와 페인은 사실상 아메리카 문제에 대해 같은 견해, 곧 (궁극적으로) 식민지의 독립을 지지하는 쪽에 있었다. 그러나 정치에서의 이성에 관한 둘의 차이라는 견지에서 봤을 때 가장 뚜렷해지는 것처럼, 그들은 문제의 사건 및 그 의미와 관련해 완전히 상반된 분석에 감동을 받았다.

"아메리카의 독립은 정부의 원칙과 실행에서 혁명이 뒤따르지 않았다면 단지 영국으로부터의 분리로 여겨져 거의 중요시되지 않았을 것이다"라고 페인은 미국 독립혁명이 일어나고 10년 뒤 《인권》에서 단언했다. "아메리카는 저항했다, 자국만을 위해서가 아니라 세계를 위해서. 그리고 자국이 얻을 수 있는 이익 너머를 보았다."[130] 아메리카에 관해 쓴 아주 초창기의 공적인 글에서부터 생이 끝나는 바로 그날까지, 페인에게 아메리카 얘기는 계몽주의적 이성과 그것이 드러나게끔 만든 원칙의 옹호에 관한 얘기였다. 앞에서 살펴봤듯 그는 《상식》에서 계몽주의적 진보의 평등과 자유라는 논거와 더불어 아메리카 독립 요구에 착수했고, 항상 대의의 핵심은 단순히 실제 긴급 사태가 아닌 원칙 문제라는 것을 간절히 밝히고 싶어 했다. "아메리카의 대의는 가장 크게는 인류 전체의 대의다"[131]라고 그는 선언한다.

1782년 프랑스 사제이자 학자인 수도원장 레날(Abbé Raynal)이 (여전히 진행 중이던) 아메리카 독립전쟁에 관한 짧은 책을 써서 하찮은 세금 불만 정도의 문제를 두고 아메리카 주민이 반란을 일으켰다고 비난했을 때, 페인은 수도원장에게 열띤 공개 서신으로 응답하면서 근본적으로 원칙에 입각한 투쟁의 성격을 역설했다. 그는 미국 독립혁명이 역사에서 이전에 봤던 무엇과도 다른 완전히 새로운 정치적 행위라고 주장했다. "이를 통해 자유의 가치와 소중함, 정부의 본질, 인간의 존엄이 알려지고 이해됐으며, 이러한 원칙에 대한 아메리카 사람들의 애착은 자연스럽고 불가피한 결과로서 혁명을 만들어냈다. 그들에게는 수립하거나 무너뜨릴 특별한 가문이 없었다. 사적인 것은 어떤 것도 그들의 대의에 포함되지 않았다." 대신 쟁점이 되었던 것은 바로 이성과 원칙의 옹호였다.[132] "위대한 나라라는 진정한 개념은 보편적 사회의 원칙을 확장하고 촉진하는 것이다"라고 페인은 쓴다.

아메리카 사람들이 시작한 것은 그저 사소한 영국인들 사이의 말다툼이 아니라 "확장된 문명의 새로운 시스템을 열어젖힌 것으로 이름날"[133] 것이다. 영국인은 투표권과 그 밖에 다른 보장의 확대 없이 식민지에 대한 권한을 요구함으로써 합리적 자유에 대한 의문을 불러일으켰고, 그런 의문과 그에 대한 적절한 해답을 이해한 아메리카의 사람들은 그러한 이해를 바탕으로 행동하는 데 특출 나게 잘 들어맞았다. 일단 독립을 하면 그들은 의심할 것도 없이 다른 이들의 관심과 경쟁심을 끌어 모을 공화제 모델을 수립하고 계몽주의적 합리주의 원칙이 번창하는 정치 공동체에 단단한 토대를 제공할 수 있다는 걸 입증할 터였다.

뒤이은 20년간 아메리카의 실험이 정말 궤도에 제대로 오른 것처럼 보임에 따라(비록 장애물과 약간의 문제가 없었던 것은 아니지만), 페인은 계속해서 자신의 혁명적 원칙의 잠재력을 지닌 사례로 아메리카 모델에 의지했다. 아메리카 사람들은 자신에게 특유하거나 국지적인 이유 때문에―반대로 상황은 그들에게 불리하게 펼쳐져 있었다―성공한 게 아니었다. 그들은 새 정권의 기초를 세우는 데 적절한 원칙을 차용했기 때문에 성공했다. 1792년 페인은 이를 다음과 같이 표현했다.

공통된 계산에 따라 화합을 이뤄낼 거라고 가장 기대할 수 없는 나라가 세상에 있다면, 그것은 아메리카다. 서로 다른 나라에서 온 사람들로 구성된 데다 서로 다른 유형과 관습을 지닌 정부에 익숙하고, 서로 다른 언어로 말하고, 종교의 양식은 더더욱 다르다. 따라서 이런 국민을 통합하는 게 실행 불가능한 것처럼 보였을 것이다. 그러나 사회의 원칙과 인간의 권리 위에 정부를 건설하는 단순한 작업을 통해 모든 난관이 사라지고, 모든 부분이 화기애애한 조화를 가져왔다. 거기서 가난한 이들은 억압받지 않고 부자들은 특혜를 받지 않는다. 산업은 자기들이 부담하는 돈을 흥청망청 써대는 궁중의 화려한 사치에 굴욕당하지 않는다. 그들의 정부는 공정하기 때문에 낼 세금이 거의 없다. 아울러 그들을 비참하게 만들 게 없으므로 폭동과 소란을 일으킬 일도 없다.[134]

아메리카는 버크가 페인의 논거에서 결여되어 있다고 주장하는 바로 그것이다. 요컨대 페인식 정부의 원칙이 실제로 작동하는 현실 공동체 생활 속의 구체적 증거 말이다. 이 증거는 형세를 역전시켜 페인으로 하여금 버크가 추상적 우려를 변호하느라 실제 상황을 간과한다고 비난할 수 있게끔 한다. 페인은 《인권》에서 특유의 수식으로 이렇게 주장했다. "버크 씨 같은 형이상학적 인간은 어떻게 〔미국인을〕 통치할 수 있는지 발견하려고 이야기를 짜내느라 스스로를 고문했을 것이다. 그는 어떤 이들은 사기에 의해, 다른 이들은 무력에 의해, 모두 어떤 교묘한 수단에 의해 통치할 것임에 틀림없다고 가정했을 것이다. 무지를 이용하고 저속한 이들을 사로잡을 쇼와 퍼레이드를 벌이도록 한 천재를 고용한 게 틀림없다고 상상했을 것이다."[135] 이 모든 의미 없는 소음 대신 아메리카 사람들은 이성과 계몽주의적 자유주의 원칙의 단순성을 택했다는 것을, 아울러 그 이상은 아무것도 필요하지 않으며 여타의 원칙에 기초한 다른 정권은 불필요하게 억압적이고 부당하다는 것을 자신들의 성공을 통해 보여줬다고 페인은 주장한다. "미국 독립혁명이 가져온 큰 이득 중 하나는 그것이 정부의 원칙을 발견하는 것으로 이어져 그 시행을 펼쳐 보였다는 것이다. 그때까지 모든 혁명은 법정 같은 분위기 속에서 이뤄졌고, 한 나라의 넓은 마당에서 작동한 적은 없었다." 미국 독립혁명은 새로운 행정학의 실험이었고, 그 원칙과 정치에서 인간 이성에 대한 이해의 효능을 입증한 실험이었다.[136]

그러나 에드먼드 버크는 아메리카 독립 이야기에서 다소 상반된 교훈을 끌어냈다. 그는 아메리카를 둘러싼 영국의 논쟁에 깊이 관여했고, 의회의 아메리카 지지자 중 틀림없이 가장 유명하고 가장 목소리 큰 인물이었을 것이다. 하지만 버크는 결코 철학적 성격을 아메리카 시민들의 견해 및 행동의 결과로 보지 않았다. 그 주제에 관한 출간물이나 알려진 개인적 저술에서 그는 단 한 번도 아메리카에서 일어난 사건을 혁명이라고 지칭하지 않았다. 항상 아메리카의 위기, 아메리카의 전쟁, 혹은 심지어 내전이라고까지 기술했다. 그의 관점에서, 정부에 대한 단지 사변적인 이론적 주장이라는 미명 아래 의회가 식민지 문제를 직접적으로 통치할 무제한적 권위를 가졌다는 전제를 바탕으로 아메리카 무역에 전례 없는 조세와 제한을 부과함으로써 처방과 단절한 것은 아메리카 사람이 아니라 바로 영국인이었다.

아메리카 사람들은 버크가 볼 때 단지 영국 헌법의 전통과 그들이 언제나 향유해온 특혜를 지속하고 보존하려 애썼을 뿐이다. 버크는 너무나 능숙하게 독립을 추진하고 겉으로는 그에 대해 거의 고민하지 않는 것처럼 보이는 아메리카 사람들의 사례가 전 세계 사람들로 하여금 혁명을 시도하고 싶게 만들까봐 걱정하면서도, 그러한 사례가 주는 호소력을 그들의 대의명분이라는 어떤 철학적 기반의 결과로 보지 않으며 단지 혁명을 도발한 데 대해 영국인만을 비난한다.[137] 아메리카 사람들은 자신의 오랜 암묵적 권리와 런던과의 이전 관계의 성격—그들은 연속성을 원했다—을 지지했고, 의회는 그걸 허락하지 않으려 했다. 버크는 사실상 독립선언서(분명 알고 있으면서도 그가 주도면밀하게 언급을 회피하는 문서)의 전반부 말고 후반부를 판독한 셈인데, 페인은 정반대였다.

사실 영국 정부의 행동을 반대하는 버크의 논거에는 추상적 이성에 반(反)하는 처방에 대한 가장 분명하고도 단호한 옹호가 어느 정도 담겨 있는데, 이는 모두 아메리카 사람이 아닌 영국인을 겨냥한 것이었다. 단순히 영국의 국제 무역을 통제(즉 관세부터 국내 소비세에 이르는 조치)하기 위해서라기보다 세수를 위해 식민지에 과세하는 조치는 완전히 전례 없는 일이었으며, 아메리카 사람들에게 불안을 안기고 그들을 저항하게끔 만든 것은 과세 비용이 아닌 바로 이런 새로움이었다고 그는 주장했다. "권리가 무엇이건 그걸 사용하는 이런 양식이 정책과 관습 측면에서 절대적으로 새로웠다."[138]

노스 경의 행정부는 의회가 바란다면 얼마든지 식민지에 과세할 모든 권리를 갖고 있다는 걸 근거로 그런 조치를 옹호했다. 자주권의 원칙과 식민지 헌장도 그것을 허용했다. 버크는 이런 점을 결코 부인하지 않았다. 요컨대 정치는 단지 추상적 원칙 그 이상을 고려해야 한다고 주장했다. 버크는 의회에 말했다. "내 의문은 국민을 비참하게 만들 권리가 당신들에게 있느냐 여부가 아니라, 국민을 행복하게 만드는 것이 당신들의 관심사에 있느냐 없느냐. 그것은 변호사가 나한테 해도 좋다고 말하는 무엇이 아니라, 인간성과 이성과 정의가 나한테 해야만 한다고 말하는 무엇이다."[139] 아메리카 사람들은 기본적으로 많은 세월을 영국인으로서 자치 조직과 발달된 자립심을 갖고 살아왔다. 의회가 그들을 교섭에서 배제한 채 과세 계획을 변경하기로 결정하자, 그들은 깜짝 놀라 독립의 한계를 떠올렸다(공공연한 도발에 이를 만큼). "국민은 그들의 기질과 성향에 알맞은 방식으로 통치해야 한다"고 버크는 쓴다. "자유로운 성격과 정신을 가진 사람들은 그 정신과 성격을 적어도 약간은 정중하게 대하면서 지배해야 한다"[140] 아무리 사소하더라도 아메리카의 정서를 그렇게 가차 없이 꺾는 대신 의회는 무역에 추가 부담금을 늘림으로써 그들을 자극하지 않고 세수를 개선할 수 있었을 것이다. 버크는 그들이 거기에 익숙하므로 그런 조치를 찬성했을 거라고 힘주어 말했다. "인간은 헌법의 모든 약점에도 불구하고 자신의 원래 본성에서 비롯된 불가피한 것은 반드시 견디려 한다"고 그는 주장했다. "〔1660년대의〕 항해조례는 초창기부터 식민지에 관여했다. 그리고 식민지가 성장하면서 확대되었고, 그들의 힘과 더불어 강해졌다. 식민지는 법보다 관례에 더 복종한다는 것을 보여주었다."[141]

원칙에 맞는다고 잘못된 실천을 변명할 수 있는 것은 아니다. 버크는 의회에 이러한 진리를 망각하면 엄청난 손해를 입을 것이라고 경고했다. 아메리카 사람들이 런던과의 관계 전체에 대해 의문을 가질 테니 말이다. 버크는 아메리카 사람들이 처방에 반대하거나 정권에 실질적 위협(이후 10년간 프랑스에서 발생했다고 그가 믿은 것처럼)을 준다고는 절대 믿지 않았기 때문에, 영국인이 자신들의 과거 관행의 패턴을 깬 것은 지독히 어리석은 짓이라고 생각했다.[142]

1775년과 1776년 초 버크는 하원의원들에게 몇 번이나 갈등의 "진정한 본질과 특이한 상황"에 주목하라고 요구했다. 그의 주장에 따르면 "싫든 좋든 우리는 아메리카를 그 본성과 상황에 따라 통치해야 하기 때문이다. 우리 자신의 상상에 따라서가 아니라, 권리라는 추상적 개념에 따라서가 아니라, 결코 단순히 정부에 관한 일반론에 따라서가 아니라 말이다. 내게는 지금 우리 상황에서 그런 것에 의지하는 것은 순전히 하찮은 짓거리처럼 보인다".[143] 이런 식의 논거는 이윽고 버크로 하여금 아메리카 사람들이 자신의 길을 가도록 허락해야 한다는 결론에 도달하게끔 만들었다. 의회가 아메리카 사람들의 특징과 영국 헌법의 결(grain)에 맞지 않게 너무 힘껏 밀어붙여 화해 가망성을 남겨놓지 않았기 때문이다. 그는 인간의 애착은 이런저런 측면에서 어떤 실용적 사회에서나 핵심이며, 한 번 민심이탈이 일어나면 사회적·정치적 유대는 살아남을 가망이 거의 없다고 주장했다.

1783년 전쟁이 끝난 후 버크는 눈에 띌 정도로 아메리카에 대해 거의 말하지도 쓰지도 않았다. 요컨대 페인과 달리 이후의 정치적 투쟁의 사례로 아메리카 위기에 의존하지 않았다. 거기에 대해 유일하게 언급한 것은 1791년 《신휘그가 구휘그에 올리는 항소》의 한 구절에서였다. 이 논의에서 그는 아메리카 위기 때의 정부 정책에 대한 자신의 반대 논지를, 그리고 아메리카 사람들은 독립을 원하거나 철학적 원칙의 확인을 추구한 게 아니라 어리석은 도발에 당연하게 반응한 것이라는 자신의 신념(그는 런던에서 벤저민 프랭클린과의 대화를 통해 이를 확인했다고 말한다)을 재차 밝힌다. 당시 아메리카는 "영국하고 1688년 국왕 제임스 2세와 영국이 그랬던 것과 똑같은 관계에"[144] 있었다고 버크는 쓴다.

버크와 페인 모두에게 아메리카의 위기는 이성과 정치적 변화에 대한 그들의 매우 다른 이해를 입증하는 역할을 했다. 아메리카 독립에 대한 페인의 논지는 계몽주의적 이성과 합리적 원칙의 정치에 대한 찬성론이다. 아메리카 독립에 대한 버크의 논지는 신중함과 처방에 관한 찬성론이다. 10년 후 프랑스혁명 문제에 대해 상반된 견해를 옹호하면서 두 사람은 자신들이 아메리카에 대해 내세웠던 것과 거의 정확히 똑같은 논거를 제시했다. 아메리카에 대한 그들의 의견 일치는 그곳에서 일어난 사건에 대한 상당히 다른 이해를 반영하는 반면, 프랑스에 대한 그들의 의견 불일치는 프랑스 혁명가들이 무슨 일을 저질렀는지에 대한 전반적 합의를 반영했다. 두 사례 모두에서 버크와 페인은 인간 본성, 정치적 변화, 이성과 정치의 적절한 관계에 대해 극심하게 의견이 갈렸다.

논쟁의 이유

수십 년간 다양한 정치적 주제에 관해 쓴 공적·사적 저술 전반에 걸쳐 토머스 페인은 계몽주의적 자유주의가 이해했던 대로 관습과 전통을 뛰어넘어 자립적이고 개별적인 인간 이성의 우월함에 대해 폭넓고 단호한 논지를 제공한다. 이런 주장과 함께 모든 정치 체제, 관습, 질문, 이상(理想)에 대해 모든 개인의 합리적 점검을 받도록 해야 한다고 요구한다. 사회와 정치는 합리적이고 보편적인 원칙과 일치하기 때문에 모든 이들의 이성에 답할 수 있어야 한다는 것이다.

같은 시기에 에드먼드 버크는 수많은 정치적 저술, 연설, 서한을 통해 이런 정치관에 격렬히 반대한다. 이러한 반대는 인간 본성, 정치 생활, 이성의 한계에 대한 매우 다른 견해에 기초한다. 버크는 처방에 의해 지침을 받고, 특정한 필요에 반응하는 점진적 변화를 목표로 삼는 정치적 행동의 논거를 제시한다. 정치에 대한 이런 접근법은 과거의 선례와 (결국은 당파적인) 정치에서 개인적 견해의 집적에 의존함으로써 제한적인 지식과 이성의 영원한 한계를 보완한다.

보편적 원칙과 역사적 선례 사이 — 명시적 지식의 정치와 암시적 지식의 정치 사이—의 이런 반론은 여전히 우리 정치를 규정하는 논쟁의 핵심으로 넘어간다. 오늘날까지 진보적인 목소리는 우리의 정치 제도가 사회적·정치적 문제를 매우 훌륭한 기술적(technical) 기량을 갖고 직접 다룰 수 있는 전문가한테 권한을 줘야 한다고 주장한다. 아울러 오늘날의 보수주의자들은 많은 개인과 세대에 함축된 지식을 실어 나르고, 세월의 시험을 통과하고, 그 형식 자체에 누구도 갖출 수 없는 많은 지혜를 보유하고 있는 제도(가족, 교회, 시장 같은)에 권한을 부여해야 한다고 역설한다. 버크와 페인이 그토록 노골적으로 벌인 이 논쟁은 정치사상이 추상적이고 개별적이고 합리적인 개인을 고려해야 하는지, 아니면 사회적이고 역사적인 배경 속에서 특정한 인간 사회를 다뤄야 하는지에 관한 의견 충돌의 또 다른 버전이다. 질문은 버크-페인 논쟁을 꿰뚫는 통일된 가닥을 형성한다. 이성에 대해 얘기할 때 버크와 페인은 주어진 과거 및 현재와 그 과거의 관계—우리가 세상에 진입할 때 우리를 맞이하는 상황이 우리의 정치관을 정당하게 요구할 수 있는지—에 대한 견해를 달리한다.

이런 견해차는 정치적 변화와 발전의 성격에 대한 심각한 차이와 결합한다. 아메리카에서 일어난 사건의 본질에 대한 두 사람의 상이한 평가가 이런 논란을 다소 가리긴 하지만, 프랑스에서 혁명의 시대가 절정으로 치달음에 따라 버크와 페인의 차이는 신속하게 표면으로 떠올라 둘의 공개적 논쟁이 후끈 달아오르게 만들었다. 이성과 처방에 대한 견해차의 핵심은 정치의 이론적 혹은 개념적 토대에 관한 논거다. 그러나 버크와 페인의 두 가지 견해는 정치적 변화에 적용할 때 매우 실질적 영향을 미친다. 이성과 처방, 아울러 그것들이 의존하는 인간 본성과 사회에 대한 관점으로부터 페인과 버크는 자신들을 가장 유명하게 만든 논거에 도달한다. 혁명과 개혁에 대한 논거가 바로 그것이다.

혁명과 개혁

버크와 페인은 정치적 신념이 정치적 행동을 지향한다는 것을 예리하게 간파하고 있었다. 두 사람 모두 문필가이자 사상가였지만 생각과 행동 사이의 유대가 유난히 두드려졌던 시대에 정치적 문제에 깊게 관여하기도 했다. 그들의 정치적 신념은 따라서 정치적 행동과 변화에 대한 두 가지 견해를 지향한다. 버크는 느리고 점진적인 개혁을 옹호하는 처방의 비전에 의지했고, 페인은 최초의 원칙들로부터 완전히 새롭게 시작하는 것만이 부당한 정부를 청산할 수 있다는 합리적 정치 옹호론에 기반을 둔다.

이런 시각은 정치 참여 초기부터 버크와 페인의 저술에서 뚜렷했고, 우리가 살펴봤듯 사회와 인간에 관한 그들의 성찰에서도 숨김없이 이어진다. 하지만 그것들은 정치적 변화의 수단과 목표가 도대체 어떻게 연관되어 있는가라는 문제가 갑자기 시급하고 중요해진 프랑스혁명 시기에 가장 강력하게 대두했다. 버크와 페인은 대부분의 동시대인보다 이런 질문을 받아들일 준비가 잘 되어 있었고, 그렇게 행동한 열정과 강렬함이 이후 그들이 남긴 유산을 규정해왔다.

페인의 정의를 위한 혁명

토머스 페인은 스스럼없이 자신을 혁명가라고 선언했다. 그는 "두 혁명에서 한몫했다는 것은 보람 있게 살고 있다는 뜻입니다"[1]라고 조지 워싱턴에게 자랑스럽게 썼다. 그러한 보람은 초기의 정치적 위업부터 생을 마감할 때까지 정부에 이성과 원칙을 적용함으로써 추구하려 했던 정의라는 대의명분이었다. 그리고 우리가 앞서 살펴봤듯 페인은 심각하게 부패한 정권은 개선하기보다 교체하기 위해 처음부터 전심전력을 해야 한다고 믿었다.

페인은 부당한 정부가 권력을 잡기 위한 노력으로 국민을 학대하며 늘어놓는 변명에 거듭 혐오감을 표출한다. 그는 오래된 모든 나라를 세운 폭군들에 대해 이렇게 쓴다. "시간이 그들의 출범 역사를 지움에 따라, 그 후임자들은 자신에게 수반된 수치스러운 측면을 잘라내기 위해 새로움을 가장했지만 그 원칙과 목적은 여전히 똑같았다."[2] 이런 유형의 정권에서 개별적인 문제를 바로잡는 것은 그야말로 불가능하다. 전제 정치의 원칙이 구석구석까지 스며들었기 때문이다. 페인은 이렇게 쓴다. "프랑스처럼 수세기 동안 한 나라에 전제 정치가 자리 잡으면, 왕이라는 인물로 상주하는 원초적 세습 전제 정치는 마침내 그 전체를 대표단이 장악할 때까지 수천의 모양과 형태로 나뉘고 세분화한다."[3]

완전한 해결책 외에는 어떤 것도 정부의 이런 심각한 부패를 다룰 수 없다. 따라서 혁명을 얘기하는 것은 페인에게 타도를 얘기하는 것이며,

수세대에 걸친 실정과 죄악의 부담을 떨쳐내는 것은 근본적으로 사회를 자연 상태 그대로 내버려두는 것이다.

페인은 이러한 전반적 혁명이 쉬울 것이라는 환상에 빠지지는 않았다. 거기에 수반되는 위험 요소와 문제를 가볍게 여기지도 않았다. "사고를 저지르는 게 끝내는 것보다 훨씬 쉽다"고 그는 쓴다. 그리고 혁명은 언제나 그 뒤에 일련의 사고를 수반하게 마련이다.[4] 따라서 그는 자신이 혁명 자체를 위해 혁명에 현혹된 것은 아니라고 주장한다. 일반적으로 "나쁜 법을 억지로 위반하는 것보다는 그것을 준수하면서 동시에 모든 논거를 동원해 그 오류를 보여주고 법률 폐지를 얻어내는 편이 더 낫다".[5] 좋은 법이라는 생각 자체를 불가능하게 만들 정도로 정권이 썩었을 때에만 더욱 극단적인 조치가 필요하다. 페인은 이런 경고를 신중하게 강조한다. 왜냐하면 자신이 공들이는 목표는 적절한 원칙 위에서 수립한 정부이지, 이런 정부에 도달하기 위해 필요한 혁명이 아니라는 점을 완벽하게 확실히 해두고 싶기 때문이다. "우리는 우선 자유 확립의 길을 닦기 위해 전제정치를 타도하는 데 이용할 수단과 독재를 타도한 이후에 사용할 수단을 구별할 필요가 있다."[6]

혁명의 목표는 새로운 질서를 확립하는 것이지 영원한 혁명 상태가 아니며, 오직 낡은 질서에 대한 공격과 더불어 새 질서에 대한 공약만이 혁명을 정당화한다. 어떤 안정된 정치적 공약의 수립을 목표로 삼는 것은 일종의 반란이다. 페인은 혁명 초기 단계의 프랑스 의회에 대해 "현재 의회의 권한은 미래 의회의 권한과 다를 것이다"라고 쓴다. "현재 의회의 권한은 헌법을 구성하는 것이다. 미래 의회의 권한은 그 헌법에 처방된 원칙과 형식에 따른 법률을 제정하는 것이리라. 그리고 만일 향후 경험을 통해 개조·수정 혹은 추가할 필요가 입증된다면, 헌법이 이런 것들을 수행할 방식을 알려주지 미래 정부의 재량권에 맡기지는 않을 것이다."[7]

그러나 이 모든 경고에서, 혁명에 대한 페인의 묘사는 인간을 비참한 상황으로 내몬 특정 정권에 대한 특정한 공격이 아닌 "군주제 세습 정부"라는 개념 자체를 나무라기 때문에 유달리 광범위하다.[8] 일부 저술(특히 친구인 라파예트 후작을 포함한 일부 프랑스 혁명가들이 새 정권에서 상징적인 국왕의 어떤 역할을 유지하기 위해 아직 노력 중이던 때에 썼기 때문에 조금은 조심스러웠던 《인권》 1부)에서 페인은 군주를 선택할 국민의 권리를 마지못해 인정한다. 그러나 프랑스혁명 절정기에, 1부를 출간하고 1년이 조금 지나 쓴 《인권》 2부에서는 매우 분명하게 자신이 강경한 공화주의자임을 밝힌다. 요컨대 "모든 세습 정부는 그 자체로 독재다"라며, 군주제와 세습적 귀족 제도라는 개념 자체를 맹렬히 공격한다.[9]

합법적인 정부가 전 세계에 걸쳐 수립될 때 혁명은 거의 일어나지 말아야 하며, 시민은 설득과 입법을 통해 불만을 바로잡으려 해야 한다. 하지만 상황이 그렇지 않은 한(아메리카와 혁명기의 프랑스를 제외하면 당시 어떤 나라에서도 그렇지 않다고 페인은 믿었다), 즉각 사용할 수 있는 유일한 해결책은 다시 시작하는 것이다. 유럽의 구정권은 정치에 대한 근대 지식의 시대에 더 이상 어울리지 않았다. "여전히 실행 중인 정부의 형식과 금언(maxim)이 그 정부를 수립한 시대에 세계의 조건과 적합한지는 이 경우 쟁점이 아니다"라고 페인은 쓴다. "오래되면 될수록 지금 형세와의 연관성은 점점 더 적어진다. 시간과 상황 그리고 견해의 변화는 이것들이 습관과 관습에 미치는 영향과 똑같이 정부의 양식을 노후하게 만드는 데 점진적 영향을 미친다."[10] 근대적 이성과 과학 발전의 지원을 받는 지식과 문명의 발전은 구정권의 무능함과 위법성을 점점 더 극심하게 만들며, 그 위법성 자체는 전면적인 혁명으로만 다룰 수 있다.

따라서 실제로 페인은 그런 순간에 완벽하고 완전히 새로운 정치적 출발이 필요하다고 주장한다. 모든 나라의 국민은 그들에게 짐을 지우는 낡은 정부를 떨쳐내고 자신들의 사회적 토대로부터 다시 시작해야 한다. 이번에는 평등, 선택, 그리고 이성에 의해 분명해진 대의권(representation)의 원칙에 부합하는 정치 체제를 구축해야 한다. 그러므로 페인이 생각하는 혁명이란 일련의 특정한 사회적·정치적 불만에 대한 해결책이라기보다 올바른 정치적 토대의 부재에 대한 대응에 가깝다. 그는 자신이 정부의 형성보다 앞선다고 생각하는 자연적 사회로의 회귀, 그리고 그 지점에서부터 구정권에 존재했던 어느 것과도 무관한 완전히 새로운 체제와 관습의 구축을 목도하고 싶어 한다. 여기에는 철저하게 새로운 사회적·정치적 형식의 설계와 이행이 필요하다. 구정권과의 연속성은 그 자체로 개혁이 불충분하다는 증거일 것이다. 제대로 작동하기 위해 헌법은 "새로운 것이어야 하며 새롭지 않은 것은 결함 있는 것임에 틀림없다"[11]고 페인은 쓴다. 이전 정권의 어떤 것도 유지해서는 안 되며, 새 정권을 수립하는 데 그리스와 로마의 것과 같은 훨씬 더 오래된 전형을 살펴보는 것은 말도 되지 않는다. "요즘 같은 시대에 교훈과 사례를 얻겠다고 2000~3000년을 되돌아가야 한다면 인류는 거의 아무런 보람 없이 살아온 셈이다."[12] 대신 우리는 역사가 아니라 자연에 대한, 그리고 정의와 사회의 원칙에 대한 우리의 새로운 이해에 의지해야 한다. 그야말로 부활을 시작해야 하는 것이다.

혁명에 대한 열의와 그것을 요구할 수 있는 제한적인 상황에 대한 경고를 모두 고려할 때, 페인은 분명 가장 중요한 것은 혁명을 파괴하는 게 아니라 건설하는 것이라고 믿었다. 그는 또한 이러한 요지를 확실히 하는 데도 주의를 기울였다. 그는 《인권》에서 이렇게 쓴다. "혁명에 대해 예상해보면, 그것은 두 가지 뚜렷하게 다른 원인에서 생겨날 수 있다는 걸 쉽게 인식할 수 있다. 하나는 어떤 커다란 재앙을 피하거나 없애기 위해서다. 또 하나는 어떤 크고 긍정적인 선(善)을 획득하기 위해서다." 그는 계속 말한다.

전자의 이유로 비롯된 사람들 안에서는 화가 치밀고 기분이 상한다. 그리고 위험으로 획득한 보상은 너무나 흔히 복수에 의해 더럽혀진다. 그러나 후자에서 비롯된 사람들 안에서는 마음이 흥분된다기보다 활기가 넘쳐 주제에 차분하게 발을 들여놓는다. 이성과 토론, 설득과 확신이 경쟁의 무기가 되고, 폭력에 의지하는 것은 오직 그들을 탄압하려는 시도가 닥칠 때뿐이다. 사람들이 가령 과세 부담 완화와 부패 소멸 같은 것을 달성할 수 있다면, 그것을 좋은 일이라고 찬성하는 데 협력할 때 목적을 반 이상은 달성한 셈이다. 목표로서 찬성한 것을 그들은 수단을 통해 추진할 것이다.[13]

그러나 바로 이 구절에서조차 페인은 자신의 세계관에서 파괴와 구축을 구분하기 어렵다는 것을 무심코 드러낸다. 그가 사례로 요구하는 절대선(positive goods)은 부담스러운 과세의 "완화" 및 부패의 "소멸"—둘 다 사실은 필요악(negative goods)—이다. 그는 적법한 정부가 합리적이고 자연적 세상의 질서에 보조를 맞출 수 있다고 보기 때문에, 불공정을 일종의 부담으로 간주한다. 따라서 정의의 입법은 부담의 제거다. 선은 악의 제거다. 이런 이유로 혁명에 관한 페인의 글쓰기는 사실 거의 다 폭군과 독재자를 끌어내리는 과업이다. 혁명은 부담과 짐을 제거하는 것이며, 이는 실제로 그런 것에 책임 있는 정부를 완전히 제거할 것을 요구한다.

페인은 통치란 근본적으로 지적인 작업이므로 만일 국민이 개인의 평등과 자유의 원칙을 존중한다면, 무(無)에서 시작해 제대로 된 정부를 건설할 능력이 있다고 믿는다. 그러나 전제 정권 해체라는 필수 선결 과제는 어마어마한 정치적 노력, 용기, 헌신이 필요한 훨씬 더 어려운 도전이다. 그는 무엇보다도 자신이 신의 뜻에 따라 이러한 도전을 충족시키는 소명을 맡았다고 보았다. 억압된 사회의 최고 엘리트—"혁명에서는 어김없이 나타나는 정도의 모든 능력자"—로 하여금 국민이 그들 정부의 결함을 알고 대안적인 건설을 위해 출발점으로 되돌아가는 데 찬성하도록 도울 것을 요구하는 노력 말이다.[14]

페인은 정치 토론에 대한 자신의 특별한 재능이 특히 일종의 깨달음을 요구하는 도전의 성격에 잘 어울린다고 믿었다. 구정권의 형식과 습관은 국민으로부터 자기의 근본적 부당함을 쉽게 위장할 수 있다. 결국 국민은 자신의 나라를, 그 상징과 형식을 사랑하기 마련이고, 따라서 그 습관으로부터 벗어나면 많은 고통을 견뎌야 한다. 그러나 페인은 이렇게 쓴다. "하지만 얼마나 빨리 이런 주문(呪文, spell)이 녹아내리는지 관찰하는 것은 흥미롭다. 대담하게 머릿속에 떠올려 입 밖으로 내뱉은 하나의 표현이 가끔 모든 사람을 온당한 감정에 휩싸이게 만들 것이다. 아울러 모든 나라가 똑같은 방식으로 영향을 받는다."[15]

환상을 제대로 깨고 정부의 올바른 원칙으로 교육받은 모든 나라는 혁명을 통해 스스로를 해방시킬 능력을 갖고, 노쇠한 전제 정치를 자유 정권으로 교체한다. 페인이 1776년 아메리카 동포들에게 그들이 실질적으로 세상을 다시 시작하는 선택을 할 수 있다는 유명한 말을 남긴 것은 바로 이런 의미다.[16] 우리는 낡은 추정(presumptions)을 떨쳐내고, 올바른 최초의 원칙에서 출발함으로써 제대로 된 정부를 구축할 힘을 갖고 있다.

이런 것으로 볼 때, 페인의 혁명 윤리는 (그 목표는 물론 수단에서도) 정치 생활에 관한 자기 이론의 응용이었음이 드러난다. 그는 최초의 기원을 돌아봄으로써 정치적 방식을 평가하려는 것과 마찬가지로 처음부터 다시 시작함으로써 변화를 도입하려 노력한다. 아울러 계몽주의적 자유주의가 적용했던 정치에 관한 추론 방법을 채택하고, 그것을 정치에 영향을 미치는 방법론으로 전환하고 싶어 한다.

혁명에 대한 생각이 이런 식의 원칙에 기반을 두고 그릇된 이념 및 독재 정부의 억압으로부터 인간 본성을 해방시키는 걸 포함하고 있기 때문에, 페인은 일단 구정권의 방해물을 제대로 제거하고 나면 그 진보를 본질적으로 막을 수 없을 거라고 믿는다. "도덕 이론과 보편적인 평화 체제 그리고 무효화할 수 없는 타고난 인권에 토대를 둔 정부는 무력적인 정부가 동(east)에서 서(west)로 돌았던 것보다 더욱 강한 자극을 받아 지금은 서에서 동으로 돌고 있다"고 그는 쓴다. "혁명은 특정 개인이 아니라 혁명을 진행 중인 나라들의 흥미를 끌고, 인류에게 새로운 시대를 약속한다."[17] 이것은 지도자 한 명을 다른 사람으로 교체하는 것과는 관련 없는 혁명이다. 그것은 한 왕에 대한 증오 혹은 다른 왕에 대한 선호에 따라 움직이는 게 아니라, 진리 탐구로 가능해진 정의를 위한 갈망에 의해 움직이는 혁명이다.

프랑스에서 모든 상황이 틀어지고 페인 자신도 부당하게 급진파에 연루되어 혁명 정부에 의해 약 1년간 수감당하는 신세가 됐을 때조차, 그는 올바른 원칙이 적용되길 기다린다고, 아울러 혁명의 어떤 실패도 단지 그러한 원칙을 온전히 그리고 제대로 적용하지 못한 데서 비롯된 것이라고 계속 주장했다. 1795년에 그는 "혁명이 진행되는 동안 프랑스에서 일어난 모든 무질서의 원인은 동등한 권리라는 원칙에 있는 게 아니고 그 원칙을 위배한 데 있었다"[18]고 썼다. 9년 뒤 자신의 원대한 꿈이 무너지고 나폴레

옹의 득세를 지켜본 후, 페인은 루이지애나에 사는 프랑스계 주민들에게 이렇게 말했다. "여러분은 원칙을 이해하기 전에 권력을 잡음으로써 프랑스에서 어떤 해악이 뒤따랐는지 알 것입니다. 그들은 실제가 아니라 말로만 자유를 얻었습니다. 이 글을 쓰는 필자는 혁명이 일어나는 내내 프랑스에 있었고, 그가 말하는 건 진실입니다. 그는 거기서 원칙을 제시하려 노력했으나 그곳의 분노에 희생자가 될 뻔했습니다."[19] 혁명이 완전히 성공하지 못한 것에 대해 페인은 그것이 미완성이었기 때문이지, (버크가 주장할지도 모를) 불충분하고 과도하게 사변적인 비전의 완벽한 입법을 추구했기 때문은 아니라고 결론 내렸다.

이런 견해는 정치인 캐릭터나 유형(type)으로서 혁명가 개념이 유행하기 훨씬 전에 페인을 철두철미한 혁명가로 만든다. 그는 정치적 변화는 전면적이고 비타협적이어야 한다고 믿으면서, 대신 새롭고 더욱 합리적인 혁명이 싹틀 수 있도록 기존 질서를 뒤엎을 전망에 흥분한다. 페인은 특히 프랑스에서 안락하게 자리를 잡았을 때 전면적으로 혁명을 옹호하는 데 유난히 솔직했다. 그는 완전히 새로운 출발에 대한 모든 적대 행위를 부패나 부당한 개인적 동기의 표출로 보았으며, 혁명이라는 예외적인 기간 중에는 대의를 위해 저항과 반대를 짓눌러야 한다고 믿었다.

이러한 견해를 지지함으로써 페인이 영국 휘그파 대부분의 자유주의를 얼마나 훌쩍 뛰어넘었는지 이해하는 것은 중요하다. 원칙적으로 군주제에 반대함으로써 그는 당대의 영국 급진파 중에서도 비주류와 연합했으나, 급진파 대다수도 영국에서 군주제 폐지를 제창할 정도까지는 결코 나아가지 않았다. 페인에게 전제 정치란 자유라는 원칙을 실질적으로 완전히 적용하지 못한 결과였고, 그래서 휘그파의 세계관으로부터 등장한 자유주의 원칙은 강력한 공화제를 필요로 하게끔 만들었다. 1790년 1월

17일 버크에게 보낸 마지막 편지에서, 페인이 혁명가들의 열성과 혁명 계획을 포기하느니 자신들 혹은 조국을 파괴하겠다는 그들의 투지에 대해 쓴 것은 바로 이런 맥락에서였다.[20]

페인이 왜 흥분했는지 아는 것은 쉽다. 프랑스혁명의 첫 몇 달 동안 그가 묘사한 사건은 의미 있는 정치적 변화는 어떻게 발생해야 하고, 계몽주의적 합리주의에 제대로 기초한 정권이 옛 군주제를 어떻게 대체해야 하는지에 관한 그의 관점을 완벽하게 구현했다. 하지만 그와 똑같은 사건은 편지 수신자(버크를 말함—옮긴이)의 가장 끔찍한 불안과 깊은 우려를 완벽하게 표현한 것이기도 했다. 버크와 페인의 첨예한 차이가 프랑스에서 혁명이 발발했을 때보다 더 확실한 적은 결코 없었다.

버크의 반혁명적 개혁

"프랑스에서 혁명이 일어날 것이라고 버크 씨를 믿게 만드는 게 불가능했던 때가 있었다"고 페인은 《인권》에서 설명한다. 혁명이 터지기 1년 전 버크와의 토론을 언급한 것이다.[21] 유럽 심장부에서 일어나는 전면적 혁명이란 버크가 믿기에 지나치리만큼 과격한 전망처럼 보였다. 그리고 바로 그런 이유 때문에 혁명이 진짜 발발했을 때 버크는 그 영향에 대한 격정을 거의 억누를 수 없었다. 혁명은 버크가 자신의 정치 생활을 바쳐 다루려 노력한 모든 우려를 구현했다. 버크가 몇십 년간 비판해왔던 바로 그 인간 본성과 정치 이론에서 철학적으로 영감을 받은 급진주의자들이 일으킨 혁명은 사회의 과거 연결 고리를 잘라내려 했으며, 이는 집단 폭동과 극단주의적 행동 표출로 이어졌다.

따라서 파리의 폭력 규모에 대해 알게 된 순간부터 약 7년 뒤 생을 마감할 때까지 버크의 반응은 놀랄 것도 없이 프랑스에서의 전개 국면에 대한 강경하고도 불같은 반대였다. 그는 자신이 심각하고 전례 없는 위험으로 여겼던 일에 영국 동포들의 눈을 뜨게 하는 데 초지일관 헌신했다. 버크는 프랑스 정권이 "옛 유형의 새로운 권력이 아니라 새로운 종류의 새로운 권력"[22]이라고 쓴다. 그 같은 정권은 과거 유럽 무대에서 한 번도 본적이 없지만, 그것은 지식인 세계에서 얼마 전부터 쌓여온 위험을 현실 세계의 형태로 표출했다. 버크는 혼란스러움에 관한 특유의 수식으로 이렇게 쓴다. "지금까지 한 번도 문인들(literary men) 무리가 강도와 암살자 패거리로 바뀐 적이 없었다. 이전에는 한 번도 자객과 산적의 소굴이 철학 아카데미의 의복과 말투로 위장한 적이 없었다."[23]

자신이 결코 혁명이라고 부르지 않은 아메리카 위기 때 버크는 식민지가 영국의 악정에 대항한 것으로 믿었다. 그러나 버크가 생각하기에 프랑스인은 인간과 사회에 대한 새로운 이론을 향한 열의를 표출하고, 그 과정에서 정치적 구조 이상의 훨씬 많은 것을 전복하고 있었다. 이런 의미에서 버크가 선을 넘었다고 생각한 것은 바로 그 혁명이 단순히 특정 정책이나 통치자를 거부해서라기보다 새로운 질서를 추구했기 때문이다. 페인의 정당화는 버크의 비난과 동일했다. "그것은 정부 내에서의 혁명이 아니다"라고 버크는 쓴다. "그것은 당에 대한 당의 승리가 아니다. 사회 전체를 파괴하고 해체하는 것이다. 아무리 강한 당파에 의해서일지라도 그것은 결코 제대로 이루어질 수 없으며, 행동과 본보기라는 두 측면에서 모두에게 끔찍한 결과를 초래할 수밖에 없다."[24]

버크에 따르면, 혁명 이후 프랑스는 색다른 정부가 통치하는 하나의 국가라기보다 여러 국경에 걸쳐 있으면서 모든 유럽 국가에 손을 뻗치려는 야심을 가진 지적(intellectual) 분쟁 중인 정당이었다. 버크는 《국왕 시해 집정관 정부와의 화해에 관한 편지》에서 "내 생각과 원칙은 나로 하여금 이 경쟁에서 프랑스를 국가로서가 아니라 당파로서 대면하도록 이끌었다"[25]고 쓴다. "그것은 아주 오래되고, 시민적이고, 도덕적이고, 정치적인 질서를 가진 유럽의 당파들 사이에서 그런 것들 전체를 바꾸려는 광신적이고 야심찬 무신론자 종파에 맞선 전쟁이다. 프랑스가 다른 나라들을 넘어 대외적인 제국을 확장하려는 게 아니다. 한 종파가 세계적인 제국을 목표로 삼고 프랑스 정복을 시작한 것이다."[26]

그리고 버크의 맹렬한 반대는 혁명 종파의 차기 정복 목표는 분명 영국일 것이며, 실제로 영국 내부의 정치적 급진파가 프랑스를 좇아 새로운 영국 혁명의 분위기를 조성하기 위해 열성적으로 작업 중이라는 염려에서 자극을 받았다. 그는 이런 영국 급진파의 선동이 외국인은 물론 자국민에게 나라 전체에서 막 반란이 일어날 태세라는 인상을 줄까봐 걱정했다. 이에 《성찰》에서 동포들에게 그들 정권의 원칙을 상기시키고 정치적 변화의 한 형태로서 혁명에 반론을 펴는 한편 이런 관념을 타파하기 위해 노력했다.[27]

버크는 때때로 진지한 정치적 변화에 대한 필요성이 대두한다는 것을 부인하지 않았고, 프랑스 구정권에 심각한 잘못(가끔 이런 점을 확실히 경시하긴 했지만)이 있었다는 사실 또한 부인하지 않았다.[28] 그는 이렇게 쓴다. "나는 전복된 프랑스 정부의 잘못과 결함을 알고 있다. 그리고 나는 내가 정당하고 자연스러운 불신임이 목적인 어떤 것에 찬사를 보내는 걸 천성적으로든 정책적으로든 그다지 내켜 하지 않는다고 생각한다. 그러나 문제는 지금 군주제의 해악이 아니라 그 존재에 관한 것이다. 그렇다면 프랑스 정부는 개혁 능력이나 자격이 전혀 없다는 게 정녕 사실일까. 그래서 모든 구조를 일시에 허물고, 이론적이고 실험적인 체계를 수립하기 위해 그 자리를 깨끗이 치워야 하는 게 절대적으로 필요한 것일까?"[29] 버크는 정치적 변화에 대한 욕구에 반대하지 않지만, 이런 변화를 실현하기 위해 정권 전체와 더불어 자신이 프랑스의 정치적 전통이라고 믿었던 것까지 내쫓는 것에는 반대했다.

새로운 정권의 특정 정책 일부가 국민의 생활을 당장은 잘 개선할지 모른다고 그는 적는다. "모든 것을 파괴하는 그들은 분명 어떤 불만을 제거할 것"이고, "모든 것을 새롭게 만드는 그들은 어떤 이로운 것을 수립할 가능성도 있기" 때문이다. 그러나 몇몇 특정한 이익을 거론함으로써 혁명의 폭력성과 과격함을 변명하려면, 그런 이점을 덜 과격한 개혁을 통해서는 달성할 수 없다는 걸 입증해야 할 테고, 버크의 주장에 의하면 이는 그야말로 거짓이었다. 아울러 더욱 중요한 것은 혁명의 수단과 목적에 의해 이뤄진 해악이 이런 대단치 않은 이익보다 훨씬 더 컸다는 점이다. "국민의회의 개선은 피상적이다. 그들의 오류는 근본적이다."[30] 구정권이 야만적이었을지 모르나, 폭력적 혁명은 세상에 그 못지않은 또 하나의 야만적 정권을 불러왔을 뿐이다.[31]

분명 이것들이 유일한 옵션은 아니다. "이론과 실천이라는 세계의 모든 순환 속에서 도대체 이 신사들은 군주제의 횡포와 다수의 횡포 사이의 어떤 것에 대해 들어본 적이 없단 말인가?"[32]라고 그는 묻는다. "그들에게 그것은 전쟁 또는 혁명이다. 혹은 아무것도 아니다."[33] 버크는 절충안을 발견하거나 추구하지 못하는 것은 그걸 간과해서가 아니라 혁명가들의 급진적 세계관의 두드러진 특징이라고 주장한다. "평범한 방법으로 흔한 질병을 치료하는 것에 대한 그들의 체념은 이해의 부족에서 비롯된 것일 뿐 아니라 가공할 만하게도 어떤 치유 불가능한 기질에서 비롯된 것이다."[34]

물론 정부 타도는 영국 역사에서도 전례가 없지 않다. 하지만 가장 문명화한 국가에서 그렇듯 영국인에게 혁명이란 절대적으로 불가피할 때에만 정당한 것으로 여겨졌다고 버크는 말한다. "혁명은 사려 깊은 이들과 선한 이들이 가장 마지막에 선택하는 방책일 것이다."[35] 그러나 프랑스인은 그것을 일상화시켰다. "자기들의 권력에 대한 발상은 언제나 입법 역량의 극대치에서 취했고, 일반적 논지의 사례로 든 것은 가장 긴박하고 불가피한 예외로부터 얻었다."[36] 이런 부류의 극단주의는 정치 생활에 매우 서툴러서 절대 맞지 않는다. "손가락이 동상에 걸렸다고 자기 집에 불을 지르는 사람은 결코 우리 주거지에 활기차고 건전한 온기를 제공하는 방법론을 가르칠 적절한 교관이 될 수 없다"[37]고 버크는 쓴다.

게다가 영국에 필요했던 혁명은 일반적으로 헌법을 어떤 균형 상태로 되돌리기 위해 착수했다. 그것들은 정부 시스템을 완전히 교체하려 하지 않았다. 이러한 전면적 혁명은 필요하다고 할지라도 정당화할 수 없다고 버크는 말한다. 그 결과가 너무나 끔찍하고 심각해 항상 더 나은 옵션이 있어야 하기 때문이다. 정치 생활을 모든 처방으로부터 차단하고 계몽주의적 급진주의를 일종의 국교로 도입함으로써 혁명은 어떤 필요성의 한도를 넘어 구제 불능의 시스템―온통 근본적인 문제투성이라서 절대 좋아질 수 없는 정부―을 가동시킨다.[38]

혁명 정권은 왜 그토록 철저하게(그리고 영구히) 구제할 수 없는 걸까? 버크는 정권을 본성과 선택 그리고 지금까지 설명했던 계몽주의적 이성에 대한 급진적 관점의 예시화(instantiation)로 간주한다. 아울러 이 모든 것들을 합쳐 행동으로 옮길 때 그 결과는 순전한 정치적 재앙, 그것도 자체적인 개선으로 가는 길을 폐쇄하는 재앙이라고 믿는다.

우선, 혁명은 절제를 위한 견제와 인센티브를 무효화하고 야생성을 해방시킨다. 그 지도자들은 프랑스를 정복한 나라처럼 다루면서 이전의 정체성과 강점의 모든 흔적을 지워버린다.[39] 그들은 새 정부를 제외한 사회의 모든 부분을 약화시키기 위해 국민으로 하여금 서로에게 등을 돌리게끔 만들고, 특히 "상류층의 노획물로 일반 국민을 타락시킴으로써 최상으로 구축된 국가 전체의 틀과 질서를 전복하려"[40] 애쓴다. 그들은 국가의 가장 우수하고 똑똑한 인재를 위대한 가문의 부(wealth)와 대적하게 만든다.[41] 이 모든 것은 강력하게 전체적인 정치 질서를 약화시키는 행동과 생각의 새로운 습성을 만들어낸다. 이런 습성은 혁명 자체가 일어나기 전에 시작됐고, 혁명에 꼭 필요했다. "도덕 세계에서의 조용한 혁명이 정치적인 것보다 먼저 혁명을 준비했다."[42] 아울러 이런 습성이 일단 실제 혁명 상황과 연결되면 극렬한 정치적 행동에 대한 갈망—국민을 정상적인 삶에 만족하지 못하게끔 만들고, 그래서 안정 추구를 꺼리게끔 하는 갈망—을 창조한다. "값비싼 대가를 치르지 않은 무혈(bloodless)의 개혁, 결백한 자유는 그들의 입맛에 시시하고 맥 빠진 것처럼 보인다. 장면의 대반전이 있어야 한다. 요컨대 장엄한 무대 효과가 있어야 한다. 상상력을 깨울 엄청난 볼거리가 있어야만 한다."[43]

한 번 깨어난 상상력은 계속 남아 있을 것이고, 추가적인 볼거리와 무대 효과를 위한 표적을 찾을 것이라고 버크는 말한다. 버크는 정치적 열광과 맹신의 촉발을 두려워한다. 이런 이론 위에 세운 정권은 광신주의로 돌아선 군중과 더불어 신속하게 "법, 예절, 도덕이 없는 부도덕하고 흉포하고 야만적인 다수의 독재"가 될 것이고, "인류라는 보편적 의식과 동떨어져 지금껏 세상을 인도하고 자제시켜왔던 모든 원칙과 의견을 바꾸고, 그것을 자신들의 관점과 행동에 억지로 끼워 맞추려 시도한다"고 그는 쓴다.[44]

이런 힘들을 해방시키는 것은 사회의 안정을 허물뿐 아니라 국민과 국가가 충돌하는 상황을 초래한다고 버크는 주장한다. 왜냐하면 대중은 구정권에 싫증 내는 걸 배웠듯 머지않아 자신들의 새 정권과 개인의 자유에 대한 어쩔 수 없는 규제에 싫증을 낼 것이기 때문이다. 그리고 국가는 이런 충돌에서 대중을 제압하기 마련이다. 따라서 선택과 개인주의라는 신념에 이끌렸던 혁명은 이윽고 그러한 선택과 개인주의를 짓밟는 정권에 굴복할 것이다. 혁명 배후의 정치적 이념은 계몽주의적 원칙을 선호하므로 자기 나라에 충성하지 말 것을 장려한다. 하지만 그런 불충이 새 정권 자체로 확장되면, 정권은 국민의 자연스러운 싸늘함을 짓밟을 것이므로 권력을 행사할 때 필요한 재원이 전임 정권보다 훨씬 더 적어질 것이다. 정권은 대등한 사회를 유지하려 하므로 오로지 무력만을 마음대로 행사할 수 있고, 어느새 반대 의견을 제압할 것이다. "백성이 원칙으로 반역자가 될 때, 왕은 정책으로 독재자가 될 것이다"[45]라고 버크는 쓴다. 아울러 그러한 위기에서 유일하게 의지할 수 있는 것은 군사 정권일 테고, 그로써 인간의 권리에 대한 모든 아름다운 대화는 종지부를 찍을 것이다. 《성찰》에서 버크는 이러한 위기 때 권력을 잡을 카리스마 있는 장군의 득세를 예언―나폴레옹의 등장을 소름 끼치게 점치는 예언―한다.[46]

사실상 이는 바로 새로운 정권이 이전에는 생각조차 할 수 없던 막대한 권력을 휘두르고 개인을 장악할 잠재력을 갖는 합리적 계획 위에 세워졌기 때문이다. "체계 없이 형성되고, 습관대로 존재하고, 다수와 그들이 추구하는 복잡성을 혼동하는 모든 정부와 프랑스는 근본적으로 다르다"고 버크는 쓴다.

그것은 체계적이다. 원칙적으로 간단하다. 온전하게 통일성과 일관성을 갖고 있다. 저 나라에서 상업의 한 부분을 완전히 절단하고, 제조업을 소멸시키고, 화폐 유통을 말살하고, 신용 거래를 위반하고, 농업 과정을 유예시키고, 심지어 도시를 불태우거나 자신들의 지방을 초토화하는 것은 일순간의 불안감도 자아내지 않는다. 그들에게 의지, 소망, 욕망, 자유, 노역, 개개인의 피는 아무것도 아니다. 개체성은 그들 정부의 계획에서 빠져 있다. 국가가 전부다.[47]

역설적이게도, 명백하게 인간의 권리를 기반으로 세운 정권은 옛날의 어떤 폭정보다 효과적으로 그 권리를 짓밟을 것이라고 버크는 믿는다. 혁명가들은 겉으로 보이는 폭정의 표식(귀족과 성직자 같은)을 그 원인으로 착각해 역사에서 흔히 일어나는 일처럼 엉뚱한 적과 싸워왔으며, 결국 그들이 싸우고자 했던 바로 그 악을 자신들이 구현하고 있음이 밝혀질지도 모른다. "이렇게 그들은 역사의 겉껍질에만 주의를 기울이며 자기들이 편협, 오만, 잔인함과 전쟁을 벌이고 있다고 생각한다. 한편으로 그들은 시대에 뒤떨어진 정당의 나쁜 원칙을 혐오한다는 핑계로 다른 당파들 속에서 똑같이 끔찍한 악덕을 (어쩌면 더욱 나쁘게) 허가하고 배양한다."[48]

버크는 여기서 다시 한 번 감성적 애착과 외양상 남아 있는 기관(organs)을 제거하기 위해 정치를 합리화하려는 노력은 결국 이성과 정의가 아닌 권력을 향한 열망을 해방시킬 것이라고 주장한다. 인간 본성에 관한 버크와 페인의 차이는 혁명의 시대에 대한 매우 다른 기대로 이어진다. 버크는 정치적 이념에는 결과가 있고, 이는 인간 본성의 영원한 한계 및 과거의 성공과 실패라는 두 가지 관점에서 이해해야 한다고 쓴다. 아울러 혁명이 과거에 내재된 교훈을 활용하거나 인간이 벌이는 모든 프로젝트의 영원한 불완전성에 대한 여지를 남기는 데 그다지 맞지 않기 때문에 정치적 변화에는 부적합한 수단이라고 주장한다. 통치라는 도전 과제는 이런 무딘(blunt) 힘을 허용하기에는 그야말로 너무나 미묘하고 복잡하다.

버크가 이해한 대로라면 프랑스 혁명가들은 이러한 복잡성을 그냥 무시했다. "자신의 시계에 손을 댈 정도로 어리석지는 않지만 한 무지한 사람이 전혀 다른 톱니바퀴와 스프링과 천칭 그리고 상응하고 협조하는 권력으로 구성된 또 다른 외피(guise), 중요성, 복잡성을 가진 도덕적 기계를 자신이 안전하게 분해하고 자유자재로 조립할 수 있다고 너무나도 자신만만하게 생각한다"고 버크는 쓴다. "인간은 스스로 이해하지 못하는 것에 분별없이 관여할 때 자신이 얼마나 부도덕하게 행동하는지 거의 생각하지 않는다. 인간의 기만적인 선한 의도는 그들의 주제넘음에 대한 어떤 종류의 변명도 되지 않는다."[49]

혁명가들이 옛 제도를 이렇게 파괴하면서 느끼는 듯한 쾌락은 버크의 우려를 더욱 확인시켜줄 뿐이다. 그는 "이는 화려함과 영예 속에서 오래도록 번영해온 것의 이유 없는 추락을 즐겁게 지켜보는, 현실에 대한 감각 혹은 미덕에 대한 어떤 이미지나 구체적 의식조차 없는 심술궂고 악의에 차고 시기심 많은 기질이다"라고 쓴다. "나는 어떤 것도 파괴되는 걸 보고 싶지 않다. 사회에 어떤 빈 공간이 만들어지는 것도, 대지의 표면에서 어떤 폐허도 보고 싶지 않다."[50] 폐허에 대한 이런 갈망은 주어진 세계에 대한 고마움이 결핍되어 나타난 작용이라고 그는 믿는다. 《각하에게 보내는 편지(Letter to a Noble Lord)》에서 그는 "배은망덕은 사실상 그들의 4대 기본 덕목(four cardinal virtues: 고대 철학에서 말하는 분별, 인내, 정의, 절제의 4개 덕목―옮긴이)을 하나로 뭉쳐 뒤섞은 것이다"[51]라고 쓴다.

이와 같이 혁명가와 정치적 변화에 대한 그들의 접근법과 관련한 버크의 가장 심오한 반대는 과거에 대한 그들의 태도 및 과거와의 관계―정치적 변화는 과거를 극복해야 하는 것이지 그 위에 구축하는 게 아니라는 그들의 주장―와 또다시 관련이 있다. 버크는 이런 견해가 자연, 선택, 이성에 관한 혁명가들의 밀접하게 연계된 추정과 합쳐지면서 심각하게 어긋난 정치적 행동 및 정치적 변화로 이어진다고 말한다. 게다가 그 결과 생겨난 혁명 정부는 사회에 끔찍한 해를 끼칠 뿐 아니라 자기의 실책을 바로잡을 길 또한 차단한다.

이런 모든 이유 때문에 버크는 프랑스혁명의 확산과 성장에 반대함으로써, 그리고 더욱 중요하게는 영국으로 유입되는 것을 방지함으로써, 혁명에 저항하는 게 절대적으로 중요하다고 여긴다. 만일 애초 단호하게 저항하지 않고 혁명이 영국인의 정치적 혈류 속으로 침투하도록 놔둔다면, 그 결과를 되돌릴 수 없을 것이라고 우려한다. 《프랑스의 정세에 관한 생각(Thoughts in French Affairs)》 결론 부분의 유명한 구절에서 버크는 자신이 활동한 이래로 반혁명주의자들이 줄곧 직면해온 난관과 위험을 강조한다. "인간사에 대변화가 생겨나려면 사람들의 사고방식이 거기에 맞을 테고, 일반적 견해와 감정이 그 방향으로 움직일 것이다. 모든 두려움, 모든 희망이 이를 향상시킬 것이다. 그렇게 되면 인간사의 강력한 흐름에 고집스럽게 맞서는 그들은 단순히 인류의 설계를 넘어 신의 섭리 자체에 저항하는 것처럼 보일 것이다. 그들은 단호하고 확고한 게 아니라, 삐딱하고 완고할 것이다."[52] 버크는 정의를 요구하는 혁명의 지적이면서 거의 정신적인 호소가 사람들의 의식 속에서 그 혁명의 중대한 실질적 결함을 압도할 것이라고 우려한다. 아울러 혁명이 일단 단단하게 뿌리를 내리고 나면 그 영향을 무효로 돌리거나 사람들한테 그것이 어떤 희생을 치렀는지 상기시키는 게 근본적으로 불가능할 것이라고 우려한다.

버크는 또한 단지 변화에 반대하는 것처럼 보이는―세상의 이치라는 것 말고는 별다른 이유 없이 현상 유지를 변호하는 것처럼 보이는―위험도 경계한다. 정반대로 버크는 자신이 현상 유지를 옹호하는 게 아니라 진정한 개선 가능성으로부터 사회를 차단시키려 위협하는 비효과적인 방법에 맞서 개혁이라는 효과적인 수단을 옹호한다고 주장한다.

프랑스혁명에 대한 격렬한 반대로 비추어볼 때, 오늘날 우리는 이런 주장을 지나치게 쉽사리 묵살하고 버크를 단순히 기존 질서의 옹호자로 간주해버리는 경향이 있다. 그러나 그의 경력 내내 드러난 실제 면면과 반혁명 논거의 본질은 분명히 그렇지 않다고 주장한다. 버크는 공직에 있던 30년 동안 의회에서 착수한 거의 모든 개혁 노력을 이끌었다. 그는 국가의 재정, 무역, 가톨릭교도와 반대자들에 대한 규제를 개혁하려 했다. (대부분 성공했지만 언제나 그랬던 것은 아니다.) 형법의 과도한 내용(특히 지나친 처벌)을 완화하고, 동인도회사의 고삐를 죄고, 노예 무역을 점진적으로 종식시키려 노력했다. 그리고 미국 독립혁명을 실질적으로 후원했다. 하지만 그는 언제나 기존 제도에 대한 개혁을 그 계보와 가치라는 관점에서 접근했고, 정권의 토대를 뒤엎기보다 효과가 없는 것을 바로잡기 위해 효과가 있었던 것을 기반으로 다시 세우려 노력했다.

이런 의미에서 버크의 프랑스혁명에 대한 반대는—특히 《성찰》에서 밑그림을 그린 것처럼—두 가지 정권 유형 혹은 정치관이 아니라 두 가지 정치적 변화 양식 사이의 대비를 포함한다. 버크가 《성찰》에서 묘사한 프랑스와 영국의 대비는 사실 혁명과 개혁의 대비다. 프랑스인은 자신들의 영광스러운 전통으로부터 스스로를 단절시켰고, 그렇게 이전 정권의 과오를 바로잡으려는 가운데 누구나 상상할 수 있는 것보다 더 나쁜 잘못을 저질렀다. 의회는 경험 없는 범법자들로 가득 찼고, 경제는 난장판이 됐으며, 인구는 감소했다. 관료는 서툴렀고, 법은 모양을 갖추지 못했다. 신용은 사라졌고, 화폐는 쓸모없어졌고, 금고는 텅 비었다. 왕은 노예가

됐고, 판사들은 바보가 됐으며, 군대는 흩어졌다. 그러는 사이 영국은 (버크의 말을 빌리면) 오래되고 존경받는 헌법의 영광스러운 온기를 누렸다—안전하고, 건전하고, 자유롭고, 질서 정연하고, 부유하고, 편안하게 크럼핏(crumpets: 이스트로 발효해 구워 먹는 케이크—옮긴이)을 아작아작 씹었다.

토머스 페인이 자주 입증하려 한 것처럼, 버크가 양쪽의 설명을 과장하고 있다는 데는 의문의 여지가 없다. 혁명 정권과 그 출현을 둘러싼 사건에 대한 세부 묘사는 종종 부정확하고, 이전 2세기 동안의 영국 역사(어쨌든 그의 동포들이 한 왕의 목을 베고 또 다른 왕을 폐위시킨 역사)에 대한 기술은—부드럽게 표현하자면—핵심을 부각시키기 위해 껄끄러운 부분을 삭제했다.

요점은 존재하는 모든 것은 무조건 좋은 게 아니며, 개혁은 실용적이고 정치적이고 사회적이고 도덕적인 이유 때문에 점진적으로 진행해야 한다는 것이다. 버크는 《성찰》의 특별히 눈에 띄는 한 구절에서, 프랑스인이 수세기에 걸친 부르봉(Bourbon) 왕조 치하에서 이룬 업적과 영광을 길게 논의한다. 그리고 왕조 말기의 권력 남용과 그 밖의 많은 결점에 비춰보더라도 어떻게 그 모든 혜택을 받은 자들이 오직 전면적 혁명만이 그걸 개선할 수 있다고 결정했는지 의아해한다. "이런 관점에서 나는 터키의 독재를 인정하지 않는다. 그뿐만 아니라 나는 **모든 개혁에** 도무지 맞지 않을 만큼 전반적으로 지나치게 억압적이거나 부패했거나 안이한 정부의 특성을 판별하지 않는다. 분명 나는 이런 정부에도 그 정부가 지닌 우수성을 심화하고, 과오를 바로잡고, 그 능력을 영국 헌법 수준까지 증진시킬 자격이 마땅히 있었다고 본다."[53]

위의 문맥에서 버크가 말하는 영국 헌법이란 특별히 상원과 하원 모델을 가리키는 게 아니라, 서서히 확장된 전례(precedent)의 모델을 의미한다. 개혁자는 그들의 국가적 전통을 기반으로 삼아야 한다.

개혁 긍정론에 대한 그의 본질적 통찰은 정치가란 그 사회에서 작동하지 않는 것에 대한 격분이 아니라, 효과적으로 작동하는 것에 대한 고마움에서 출발해야 한다는 점이다. 정치가는 자신이 가진 것과 보존할 가치가 있는 것에 대한 의식에서 출발해야 하며, 자신이 원하는 것과 달성할 가치가 있는 것을 목표로 삼아야 한다. 그러나 의문의 여지없이 변화는 불가피할 뿐 아니라 바람직하다. 아울러 효과적인 변화 수단을 개발하지 않는다면 국가는 "가장 간절하게 보존하길 바랐던 일부 헌법의 상실을 감수해야 할 것이다".[54]

보존을 위한 개선이라는 이 어려운 과제는 버크가 생각하기에 정치 생활의 과제 중 가장 부담스러우면서도 가장 중요하다.

오래된 체제에서 유용한 부분이 유지되고 첨가한 것이 기존의 것과 잘 맞아떨어질 때 활발한 사고, 꾸준한 관심, 비교와 조합의 다양한 힘, 임기응변에 능한 이해(understanding)의 자원이 발휘될 수 있다. 아울러 대척하는 악덕의 연합 세력, 모든 개선을 거부하는 완고함, 그리고 오래된 체제가 갖고 있는 모든 걸 피곤해하고 넌더리 내는 경박함과의 끊임없는 갈등 속에서 발휘될 것이다.[55]

따라서 버크의 유명한 표현대로 "보존 성향과 개선 능력을 종합하면 정치가에 대한 나의 기준이 될 것이다".[56] 아울러 그런 성향에서 핵심은 버크의 개혁이 특정한 개별 문제만을 다룬다는 점이다. "변화는 잘못 있는 부분, 불가피하게 이탈한 부분에만 한정해야 한다."[57] 그는 국가 전체를 문제 삼기보다 그 속에서 악과 선을 구별하고자 한다. 이런 경향은 일반적으로 정권의 특성에 대한 그의 이해를 말해준다. 우리가 살펴봤듯 버크는 정부가 매우 폭넓은 이유 때문에 한 묶음의 특정한 견해나 권리를 중진시키기 위해서가 아니라, 국민의 보편적 복지를 책임지고 복잡한 사회의 요구에 부응하기 위해 존재한다고 믿는다. 그리하여 그는 시스템 전체를 하나의 성공이나 실패로 보기보다는 어려운 상황이 드러날 때 가끔씩 개혁이 필요하긴 하지만 대개는 제 기능을 하도록 놔둬야 하는 축적된 제도들의 패치워크(patchwork: 상이한 무늬나 색의 천을 봉합해 만든 수예품을 통칭하는 말—옮긴이)로 본다.

혁명가들의 계획된 정권과 달리 "기독교 세계의 국가들은 매우 긴 시간 동안, 매우 다양한 사건에 의해 현재의 규모로 성장해왔다. 이들 국가는 정도의 차이는 있으되 절묘한 조화와 기능을 가진—우리가 목도하듯—모습으로 개선되어왔다. 그중 어떤 국가도 정규적인 계획하에 혹은 통일적인 설계에 따라 형성되지 않았다"[58]고 《국왕 시해 집정관 정부와의 화해에 관한 편지》에서 버크는 말한다. 이런 종류의 복잡한 유기체에서 뭔가가 예측에서 벗어날 때 필요한 처치는 공학보다는 의학에 더 가깝다. 즉 수정을 통해 보존하려는 치유의 과정이 필요하다.

이런 줄타기에 어떻게 성공할지 알려면 진짜 기술이 필요하다. 아울러 그것을 제대로 성사시켰을 때 시의적절하고 점진적인 개혁은 민심 이탈을 피해갈 수 있고, 이렇게 함으로써 더욱 파괴적인 혹은 대량의 변화를 피할 수 있다. "초기의 개혁은 권력을 잡은 동조자와의 우호적인 타협이다. 후기의 개혁은 염증이 도진 상태에서 이뤄진다. 그런 상태에서 국민은 정부로부터 존경할 만한 것을 일절 보지 않는다. 그들은 권력 남용 이외에 아무것도 보지 않을 것이다. 그들은 악의 소굴이라는 무질서에서 촉발된 민중의 격분 속에 빠진다. 그들은 절대 바로잡거나 조정하려 하지 않는다. 그들은 가장 빠른 방법에 착수한다. 요컨대 골칫거리를 제거하기 위해 집을 허문다."[59]

프랑스혁명이 발발하기 10년 전 버크는 바로 이런 기술적(artful)이고 예방적인 개혁을 향한 노력을 선도했다. 이를테면 공공 자금, 특히 왕실에서 헤프게 쓰는 돈과 왕궁의 갖가지 공직(실제 하는 일은 아무것도 없고, 정치적으로 연줄이 든든한 자들의 친구와 일가친척에 대한 사례)에 드는 경비 책정에서 낭비와 남용을 제한하려 했다. 이러한 낭비와 남용 때문에 정부 시스템 전체에 대한 대중의 불만이 생겨날 수 있다고 본 버크는 왕실의 살림에 드는 모든 경비를 공들여 검토함으로써 공공 지출을 깨끗이 하는 정책을 성공적으로 이끌었다. 삶을 마감할 무렵, 그는 이 개혁 활동을 회상하며 의학에서 끌어온 용어를 사용해 정치가의 과제를 기술한다. "나는 영연방에서 큰 병을 발견했고, 악의 본질과 그 대상에 따라 이를 치료했다. 병은 깊었다. 원인과 증상 면에서 복잡했다. 사방이 금기할 것으로 가득했다." 그의 치료법은 효과적이지만 일부 문제 있는 기존 시스템을 바로잡는 것과 교체하는 것 사이의 차이를 이해하는 데서 동기를 부여받았다.

나는 나쁜 계획을 갖고 있는 나쁜 사람들이나 어떤 계획도 세울 능력이 없는 약한 사람들이 끊임없이 혼동하고 있는 현저하게 두드러진 차이, 즉 변화와 개혁 사이에 두드러진 차이가 있다는 것을 알았다. 전자는 대상 자체의 본질을 바꾸고 거기에 첨가된 모든 우연한 악은 물론 그것의 모든 근본적 선을 제거한다. 변화는 새로운 것이다. 아울러 그것이 과연 개혁의 효과 중 어느 하나를 작동시킬 것인지, 아니면 개혁이 요망하는 바로 그 원칙에 모순될지 않을지는 사전에 확실히 알 수 없다. 개혁은 본질에서의 변화나 대상의 일차적 수정에서의 변화가 아니라, 표출된 불만에 대한 치료의 직접적 응용이다. 그것을 제거하는 한 모든 게 확실하다. 개혁은 거기서 멈춘다. 만약 개혁이 실패한다면, 수술을 거친 본질은 최악의 경우 원래 상태로 있을 뿐이다.[60]

물론 도전 과제는 보존해야 할 것과 개혁해야 할 것 사이의 차이를 식별하는 것이며, 버크는 하원의원들에게 자신의 경제 계획안에서 정확히 그렇게 했는지는 완전히 확신할 수 없다고 시인했다. 그는 자신이 왕실의 살림살이가 어떻게 돌아가야 하는가라는 사변적 이론보다는 상황의 특정성에 계획안의 기초를 두었다는 것만은 자신 있게 말할 수 있었다.[61] 그리고 무엇보다 국가의 제도를 바꾸는 위험을 무릅쓴다는 의식을 갖고 개혁을 추구했다.[62] 그러나 여론의 불만을 피하고 의회와 군주제의 좋은 평판과 의견을 구제하는 것이 필요했고, 그래서 정권의 특수한 질병을 다룸으로써 그것을 다시 건강하게 되돌려놓기 위해 혁신이 아닌 진짜 말 그대로 다시 만들기(re-form)에 착수했다고 말한다.

대규모 혁신은 진보의 수단이 아니라 과거와 단절하고, 그리하여 출발점으로 퇴보함으로써 진보의 전제 조건을 약화시킨다고 버크는 주장한다. 그것은 오래 지속된 정치 질서를 무너뜨리므로 개선을 지독하리만큼 힘들게 만든다. "좋은 질서는 모든 좋은 것들의 토대"[63]이기 때문이다. 대신 정치가들은 그들이 갖고 있는 것으로부터 시작해야 한다.

영국인은 오랫동안 이 중요한 핵심을 이해해왔다고 버크는 말한다. 진정한 영국의 원칙—진정한 휘그당의 원칙—은 무모한 혁신에 반대하고, 대신 지속성과 안정의 중요성에 찬성한다. 일종의 혁명에 호소할 수밖에 없을 때조차도 그의 모범인 옛 휘그당원은 보존을 목적으로 그렇게 했다. 버크는 그들이 어떻게 이를 완수했는지 설명한다.

보존과 수정이라는 두 가지 원칙은 왕정복고와 혁명—영국에서 왕이 사라졌던—이라는 중요한 두 시기에 강하게 작용했다. 그 두 시기에 국가는 오래된 체제 속에 있던 통합의 끈을 잃어버렸다. 그러나 전체 구조를 해체하지는 않았다. 오히려 두 경우 모두 손상되지 않은 부분을 통해 옛 헌법의 부족한 부분을 재건했다. 이 오래된 부분을 정확히 예전 그대로 유지함으로써 회복된 부분이 거기에 어울리도록 했다.[64]

프랑스인이 똑같이 하지 못한 것은 그들의 혁명이 구정권을 해체하고 그 토대 위에 새로운 정권을 수립하지 못하리라는 것을 의미했다.

우파와 좌파의 등장

버크는 구휘그파를 이런 관점에서 이해했기 때문에 1688년의 명예혁명을 프랑스혁명에 대한 일종의 서곡으로 묘사하려는 일부 급진주의자들의 시도에 특히나 저항과 불안으로 반응했다. 1688년 휘그당이 옛 군주제를 한낱 선출된 왕위로 전환시켰다는 생각은 영국의 프랑스혁명 옹호자들이 내놓은 논거의 중심이었고, 이에 대한 경악에서 버크는 《성찰》을 집필하기에 이르렀다.

그리하여 버크는 《성찰》 도입부와 《신휘그가 구휘그에 올리는 항소》 대부분을 이 논거에 대한 응답으로 쏟아 붓는다. 이 글들을 보면, 1688년의 휘그파는 옛 영국 질서의 옹호자로서 새로운 원칙 위에서 새롭게 시작하기보다 군주제의 지독한 잘못에도 불구하고 정권의 구조와 왕위 계승의 보존 수단을 찾음으로써 심각한 정당성 위기를 다루고자 애썼다. 버크는 1688년 혁명은 어쩔 수 없는 예외였다고 말하지만, 당시 휘그파는 그것이 규칙이 되지 않도록 해야 한다는 걸 확실히 했다. 그것은 분명 "미래 혁명의 산실이 아니었다".[65] 사실상 그는 《항소》에서 1688년은 "만들어진

게 아니라 예방된 혁명"[66]이었다고 주장한다.

버크는 자기 시대의 논쟁은 1688년의 논쟁과 실제 전혀 유사성이 없으며, 휘그파이면 혁명에 찬성해야 하고 프랑스혁명에 반대하면 토리파라는 지나치게 단순한 관념은 위기의 의미를 잘못 해석한 것이라고 생각했다. 프랑스혁명 초기 몇 년간 버크의 동료인 휘그파 신봉자들은 의견이 달랐고, 그가 당의 원칙을 저버렸다고 비난했다. 처음에 버크는 이런 비난을 가볍게 넘겼으나, 프랑스혁명이 지속되면서 동료 당원들과 자신의 견해차에 프랑스에서 일어난 일이 영국 정치에 무엇을 의미하는지에 관한 중요한 교훈이 담겨 있다고 생각하기에 이르렀다. 그는 프랑스혁명을 둘러싼 영국의 논쟁은 어떤 의미로는 휘그당 내부의 논쟁이라고 결론지었다. 아니면 적어도 의회 및 왕권 사이의 논쟁―오랫동안 휘그당과 토리당 사이의 구분으로 여겨졌던 논쟁―과 동떨어진 것이었다. 혁명은 정치적 지평에 심각한 변화를 일으켰고, 새로운 문제를 두고 갈라선 2개의 새로운 정당을 만들어냈다.

《국왕 시해 집정관 정부와의 화해에 관한 편지》에서 버크는 휘그와 토리라는 용어를 예전에 쓰던 식으로 사용하는 것은 더 이상 이치에 맞지 않는다고 주장한다. "서로의 알력으로 툭하면 왕국을 흔들어댔고, 서로 연합해서 왕국을 한 차례 구했고, 서로 간의 충돌과 저항을 통해 이 나라 헌법이 통일성 속에서 다양함을 갖도록 보존해온 이 정당들이 지금 시대의 상황에 뿌리를 둔 새로운 정당들의 성장과 함께 멸종되기를(나는 이미 사라졌다고 보지만) 빈다." 그러면 이 새로운 정당들은 무엇인가? 버크는 한 정당은 "영국에서 만물의 옛 질서를 보존하는 것이 다른 모든 곳에서 질서를 수호하는 데 반드시 필요하다고 여기고, 다른 나라들의 일반적 질서 보존이 이 섬나라에서 똑같은 상황을 수호하는 데 상호적으로 필요하다고 생각하는" 사람들로 가득 차 있다고 말한다. 그리고 이 보수 정당에 반대하는 "다른 정당은 이곳에 대변화를 요구하고 다른 모든 곳에서 그러한 변화가 일어나는 것을 보고 매우 즐거워하는데, 나는 그 당을 자코뱅이라고 부른다".[67]

프랑스혁명에 뒤이어 휘그와 토리는 보수당과 자코뱅당으로 바뀌었다고 버크는 주장한다. 그들 사이의 문제는 더 이상 국왕 대 의회의 특권에 관한 것이 아니고, 오히려 기존의 주어진 정권 대 그것을 말끔히 씻어버릴 혁명 공화제의 특권에 관한 것이다. 다른 말로 하면, 이제 영국 정치를 정의하는 문제는 혁명과 개혁의 문제였다.

이런 점에서 버크와 페인은 대체로 의견이 같았다. 버크가 비록 급진 휘그파 탓으로 돌리는 공화주의적 논거의 주요 사례로 페인을 장황하게 인용하긴 하지만, 페인은 사실 절대 휘그파의 책임을 요구하지 않는다. 영국의 많은 급진주의자들이 그랬듯 1688년의 권위를 전용하려 시도하기는커녕 페인은 명예혁명을 자신의 말처럼 "그 가치를 격상시켜" 왔다고 폄하한다. 심지어 페인은 혁명을 감행한 구휘그파를 대놓고 조롱한다. "그러니까 스스로를 자유롭다고 부르는 나라가 한 남자를 청하려고 네덜란드로 사람을 보내, 자신들이 두려워할 수 있도록 의도적으로 그에게 권력의 옷을 입히고, 자신들과 후손이 남자 노예와 여자 노예처럼 영원히 복종하기 위해 100만 파운드짜리 유급 휴가를 주려 했다는 걸 세상 사람들은 거의 믿지 않을 것이다".[68] 명예혁명의 영향력과 호소력은 "확산하고 있는 이성의 힘과 아메리카와 프랑스의 빛나는 혁명에 가려 이미 시들해졌다. '카풀레트가(Capulets: 《로미오와 줄리엣》에 나오는 줄리엣의 가문 이름―옮긴이)의 모든 구성원은 가족묘지로 들어갈 것'이라는 버크 씨의 설명과 함께 그것은 또 다른 세기가 오기도 전에 사라질 것이다"[69]라고 그는 주장한다. 1688년의 권리와 관련해 휘그당 대변자들이 오랫동안 추앙해온 윌리엄(윌리엄 3세―옮긴이)과 메리(윌리엄 3세의 부인인 메리 2세―옮긴이)에 대해 페인은 이렇게 말한다. 그들이 "내게는 항상 가증스러워 보였다. 권력을 자신의 손아귀에 넣기 위해 한 명은 외삼촌을, 다른 한 명은 자기 아버지를 파괴시키려 했던 자들이다".[70]

페인은 알고 보면 프랑스혁명은 휘그당의 1688년 원칙을 진전시킨 것이 아니라는 버크의 주장을 실질적으로 입증하지만, 오히려 그 원칙이 부당한 정권을 바로잡는 과제에는 턱없이 부족하다고 생각한다. 근본적으로 부당한 정권을 보존하기 위해 개조한다는 말이 페인에게는 불합리하고 무의미하다는 느낌을 준다. 그는 어떤 정부에도 "전체건 부분이건 스스로를 개조할 권리는 없다"고 쓴다. 그러므로 원래 조건이나 국가적 관습에 의지하지 않는 개혁은 단지 부적합하거나 위법일 뿐이다.[71] 사실 부분적 개혁은 그에게 전혀 개선하지 않는 것이나 다름없다는 인상을 준다. "어떤 것이 본디 틀렸을 때 제대로 수정하지 않는 일은 언제든 발생할 것이며, 한쪽으로는 도움이 되지만 다른 쪽으로는 그만큼 해를 끼치는 일도 자주 일어난다."[72] 근거가 빈약한 사회에서 불공정이라는 원칙은 "너무 뿌리가 깊어 제거하기 어렵고, 기생충과 약탈자로 가득 찬 아우게이아스(Augeas: 그리스 신화에 나오는 엘리스의 왕―옮긴이)의 외양간은 너무나도 끔찍하게 지저분해 완벽하고 보편적인 혁명 말고는 어떤 것으로도 말끔히 청소할 수 없다".[73] 페인은 이러한 전 세계적 혁명이 사실상 유일하게 효과적인 개혁 수단이라고 주장하며, 버크가 고집하는 혁명과 개혁 사이의 구분을 철저하게 무시한다. "개혁이든 혁명이든, 그대가 좋을 대로 부르시오."[74]

따라서 자신만의 이유로 페인은―정확히 버크가 말한 것처럼―영국에서 익숙해진 정치적 구분은 그 특징을 잃어버리고 새로운 문제로 대체되어왔다고 결론 내린다. "그것은 이 당 혹은 저 당에 낄 것이냐 말 것이냐, 아니면 휘그냐 토리냐, 혹은 이기는 쪽이 상원이냐 하원이냐의 문제가 아니다. 인간이 자신의 권리를 물려받고 보편적 문명이 발생할 것이냐, 노동의 대가를 스스로 향유할 것이냐, 아니면 정부의 낭비에 의해 소비될 것이냐의 문제다. 법정에서 강도 사건을 추방하고, 나라에서 비참함을 몰아내느냐의 문제다."[75]

이 새로운 문제가 지금 몹시도 긴급하게 유럽을 내리누르고 정치적 탈바꿈의 순간을 향해 나아갔다. 페인이 볼 때 이성과 과학의 발전은 그 시대를 이전의 어떤 시기와도 다른 심오한 변화의 순간으로 만들고, 한층 더 밝은 미래를 위한 분위기를 조성했다. 그건 바로 개혁의 시대, 곧 《인권》 1부 마지막 구절에서 표현하는 것처럼 페인이 의미하는 혁명의 시대다.

우리가 지금 목도하는 바에 따르면, 정치 세계의 개혁에 관한 한 일어날 법하지 않다고 간주할 것은 하나도 없다. 그것은 모든 것을 기대해도 좋은 혁명의 시대다. 전쟁 체제를 계속 유지시키는 왕립 재판소의 음모는 국가들의 연맹을 자극해 그것을 파기하도록 할지도 모른다. 그리고 자유로운 정부의 진보를 후원하고 국가들의 문명을 사이좋게 고쳐시킬 유럽 의회는 한때 프랑스와 아메리카의 혁명과 동맹이 그랬던 것보다 확률적으로 한층 근접한 사건이다.[76]

"유럽 전역에서 쇠가 뜨겁게 달궈지고 있다." 2부에서 페인은 이렇게 쓴다. "모욕당하던 독일인, 노예였던 스페인과 러시아와 폴란드 사람들이 생각을 하기 시작했다. 지금 이 시대는 장차 이성의 시대로 불릴 자격이 충분히 있을 것이며, 현세대는 미래에 신세계의 아담(Adam)으로 보일 것이다."[77] 페인은 이 시기가 변화의 순간으로 기억될 것이라고 말한다. "군주제와 귀족 제도라는 익살극은 모든 나라에서 기사도의 전철을 밟고 있으며, 버크 씨는 장례식에 갈 옷을 입고 있다. 그러니 그것이 다른 모든 어리석은 짓거리들의 무덤으로 조용히 넘어가게, 조문객들의 위로를 받게 놔두자."[78]

하지만 버크가 보기엔 어떤 새로운 진리를 습득했거나 대단한 발전을 이룩했기 때문이 아니라, 단순히 혁명 자체의 과도함과 부패가 영국 정치를 왜곡하고 변형시켰기 때문에 그 시대는 과거와 달랐다. "지금 시대는 프랑스에서 벌어지는 상황만으로도 그 어떤 때와 다르다."[79] 인간의 본성과 정치의 기본 현실은 전혀 바뀌지 않았다. 그것들을 무시하거나 약화시키려는 정치적 힘에 맞서야 한다는 점만 바뀌었을 뿐이다. 그리고 버크가 보건대 정치는 특히 현재의 과거에 대한, 따라서 미래에 대한 의무를 경시하려 한다.

이런 의미에서 혁명과 개혁에 대한 버크와 페인의 상이한 이념—두 사람 모두가 주장한 차이는 유럽 정치에서 급속히 그들의 시대를 정의하는 견해차가 되어가고 있었다—은 현재와 과거의 관계, 그리고 물려받은 것을 유지하고 향상시켜 후세대들에게 넘겨줄 모든 세대의 의무에 대한 견해차로 이해할 수 있다. 정치적 변화에 대한 논쟁은 정치에서 세대들의 관계와 관련이 있다. 전면적 혁명에 대한 버크의 반대는 수세기 동안 느리고 점진적인 개혁과 발전을 통해 힘겹게 얻어온 모든 것을 내던질지도 모른다는 그의 두려움에서 비롯된 것이다. 그는 이를 과거 세대에 대한 신뢰와 미래 세대에 대한 의무를 배반한 것으로 여긴다. 한편 이런 느긋한 개혁에 대한 페인의 반대는 그것이 전제 정치에 신빙성을 부여하며, 부정행위를 고심해서 다루기보다 죄악을 유지하려는 욕망에 더 많이 좌우되기 때문이다.

버크는 인간 본성과 자연의 나머지 부분은 오랜 경험을 통해 정치 안에서 서로를 알게 된다고 믿는다. 아울러 인간은 의무라는 그물망 속에서 태어난다고, 우리가 직면하는 사회 문제는 객관적인 과학적 분석에는 적합하지 않다고 믿는다. 이 모든 이유 때문에 그는 정치 발전은 점증적인 개혁을 통해—실패를 심사숙고해 성공함으로써, 혁신의 효과를 연속성이라는 더 큰 맥락 안에 유지시킴으로써—이뤄야 한다고 생각한다.

반면 페인은 자연은 합리적 분석을 통해 발견된 추상적 원칙의 형태로 스스로를 드러낸다고 믿는다. 아울러 인간에겐 그들의 정부를 자유롭게 선택할 자격이 있고, 정부는 결국 그들의 다른 선택 가능성을 보호하기 위해 존재한다고 믿는다. 그리고 이성은 인간으로 하여금 부당한 정권을 오랫동안 존속시켜온 미신 이외의 것을 볼 수 있게끔 해준다고 믿는다. 이 모든 이유 때문에 그는 정치 발전은 전면적인 혁명을 통해—과거의 누적된 부담을 떨쳐버리고 새롭게 제대로 시작함으로써—이뤄야 한다고 생각한다.

따라서 그들의 온갖 견해차는 정치 생활에서 과거의 권력과 현재의 특권을 둘러싼 대립을 반복적으로 가리킨다. 그 심오하고 특이한 논쟁의 지형이 지금 우리가 향하는 곳이다.

세대와 살아 있는 자들

사회에서 세대들 간의 적절한 관계란 무엇인가? 우리 부모 세대가 특정한 방식으로 뭔가를 했다는 이유만으로 우리도 똑같이 해야 하는가, 아니면 그들의 관례를 제쳐두고 우리만의 길을 개척할 수 있는가? 후손이 우리가 살았던 대로 살 수 있도록 아이들에게 우리가 물려받은 사회적·정치적 제도를 보존해야 할 의무가 있는가, 아니면 그 아이들에게 그들만의 방식을 찾을 자유를 빚지고 있는가? 시민 생활은 우리가 태어날 때 물려받은 정치 질서를 포함하고 있으며, 그래서 실제로는 선택에 관여하지 않는다면, 합의와 선택의 자유란 측면에서 그것을 이해하는 게 가능하긴 한 것인가? 우리가 상속받을 사회와 그 사회에서 우리의 위치는 모두 우리가 어떻게 살아야 할지에 대한 정당한 권위를 갖는가?

우리가 이미 살펴보았듯 버크-페인 공방은 이러한 골치 아픈 문제를 고민해야 하는 이유와 방법 모두에 관해 많은 얘기를 들려준다. 자유주의 사회에서 세대의 딜레마라는 것은 특히 두 사람의 정치사상에서 유난히 크게 다가오며, 그들을 구분하는 많은 논쟁의 표면 바로 아래에 위치한다. 페인과 버크는 그러한 문제를 자주 그리고 매우 다양한 맥락 속에서 끄집어내고, 그래서 우리가 논의해온 주제 중에서 그들 논쟁의 어떤 다른 것보다도 더 빈번하게 일종의 실마리를 형성한다.

페인은 인간을 사회적 배경과 격리시켜 이해하려 하는 반면, 버크는 인간이란 자기가 태어난 상황—대부분 이전 세대가 만들어낸 상황—과 떨어져서는 이해할 수 없다고 생각한다. 버크는 구성원 각각의 위치를 규정하는 밀집된 다층적 사회 전체를 기술하는 반면, 페인은 모든 인간은 자기 운명을 개척할 동등한 권리를 갖고 태어난다고 본다. 페인의 이성 정치 옹호론은 오랫동안 행해졌음에도 불합리한 관습에 직면해 곧바로 원칙에 의지하라고 말한다. 버크의 처방 옹호론은 세대 간 연속성에 기초한다. 이 논거는 버크로 하여금 과거로부터 대물림된 것을 보존하는 점진적 개혁을 선호하게 하는 반면, 페인은 오랫동안 지속된 불평등의 무거운 짐에서 벗어날 유일한 방법으로 혁명적 단절을 추구한다.

세대 문제는 두 사람의 토론에서 매우 자주 되풀이된다. 버크-페인 공방이 계몽주의적 자유주의에 관한 것이고, 그 근원적 세계관이 어쩔 수 없이 세대 문제를 제기하기 때문이다. 계몽주의적 자유주의는 합의·개인주의·사회적 평등에 의한 정부를 강조하는데, 이 모든 것은 다소 확연한 인간 조건의 일부 사실과 긴장 관계를 이룬다. 요컨대 우리는 이미 존재하는 사회에서 태어나고, 합의한 적 없이 그 사회에 편입되고, 고립된 개개인으로서가 아니라 사회적 연결 고리를 갖고 사회에 진입하며, 이런 연결 고리가 사회에서 우리의 위치를 규정하는 데 일조하고, 따라서 흔히 평등에 장벽을 세운다는 사실이 그것이다.

이런 사실은 계몽주의적 자유주의가 세대 간 관계를 놓고 볼 때 일부 중요한 측면에서 실제로 실행 불가능하다는 것 혹은 그런 관계가 이러한 자유주의를 가능하게끔 만들도록 바뀌어야 한다는 것을 시사한다. 버크와 페인은 계몽주의적 자유주의 문제가 실천의 문제가 되어가던 시기에 그것을 꺼내들었기에 이 문제에 유난히 관심이 많았고, 세대 간 관계라는 사안을 진정 실용적이고 폭넓은 답이 나올 수 있는 주제로 접근했다.

페인의 영원한 현재

정치 생활에 대한 토머스 페인의 시각은 영원의 정치를 지향한다. 한 개인의 권리와 사회에서 위치는 그 개인의 출생 이전에 있었던 것과 무관해야 한다. 각 세대의 인간 개개인은 다른 모든 세대의 다른 모든 인간과 마찬가지로 사회와 똑같은 관계를 가져야 하고, 그렇기 때문에 과거 세대의 정치적 행동·결정·규칙·위업은 현재를 제약하거나 규정하지 않는다. 대신 현재는 인간 역사의 출발점에서 그랬던 것처럼 진실하고 분명한 근본 원칙과의 직접적 관계 속에서 정의된다. 이는 개개인은 물론이고 세대가 달라도 똑같이 참이다. 따라서 페인은 "모든 세대는 모든 개인이 권리상 동시내인과 동등하게 태어나는 것과 똑같은 원칙에 의거해 그보다 앞선 세대들과 권리상 동등하다"[1]고 주장한다.

그러나 세대 간 이런 평등이 과거와 현재 세대가 지금의 정치적 판단에 대해 동등한 주장을 할 수 있음을 뜻하는 것은 아니다. 과거에는 과거만의 기회가 있었고, 미래 세대가 언젠가 그럴 것이듯 이제는 현재 세대가 현재의 기회를 누릴 자격이 있다. "모든 시대와 세대는 그에 앞선 시대 및 세대가 그랬듯 어떤 경우에도 자기 뜻대로 행동할 수 있도록 자유로워야 한다."[2] 이런 의미에서 세대의 움직임은 누적된다기보다 반복적이다. "모든 인간은 평등하게 태어난다. 마치 후손이 세대 대신 창조에 의해 지속해온 것인 양 똑같은 방식으로 천부의 권리를 갖고 태어난다"고 페인은 주장한다. "후자는 전자가 이월되는 유일한 방식이다. 그리고 결과적으로 세상에 태어나는 모든 아이의 존재는 신으로부터 비롯된 것으로 여겨야 한다. 아이에게 세상은 지구상에 존재했던 최초의 인간에게 그랬듯 새로우며, 그 안에서 천부적 권리는 똑같은 종류에 속한다."[3]

근원 원칙과 직접적으로 연결되고픈 이런 욕망은 세대의 소멸이 가져온 결과에 대적하는 것을 어렵게―어쨌든 사실상 사람들이 태어났다는 사실 자체만으로도―만든다. 합의는 어떤 세대가 도래했을 때 존재하는 것을 주어진 것으로 받아들이기보다 세상이 그 이전에 완전히 펼쳐진 것으로 보아야 한다고 모든 세대에 요구한다. 자유로운 인간이라면 현재 자유롭게 살 수 있어야 하는데, 전임자들의 칙령을 준수할 수밖에 없다면 그렇게 자유롭게 살 수 없다. 페인은 이런 점을 사실상 자신의 모든 정치적 저술에서―프랑스혁명 이전과 도중과 이후에―눈에 띄게 분명히 밝힌다. 이는 아마도 1795년에 쓴 《정부의 첫 번째 원칙에 관한 논문》에 가장 분명하게 드러나 있을 것이다. "원칙과 관련해 시간은 영원한 현재다. 시간은 원칙에 작동하지 않는다. 시간은 원칙의 본성과 성질을 아무것도 바꾸지 못한다. 그렇다면 우리는 수천 년의 시간과 어떤 관련이 있을까? 우리 생은 단지 시간의 짧은 부분일 뿐이고, 만일 우리가 삶을 시작하자마자 실존에서 잘못된 것을 발견한다면, 그 순간이 우리에게는 원칙이 시작되는 시점이다. 아울러 그 원칙에 저항할 우리의 권리는 이전까지 결코 존재하지 않았던 것이나 다름없다."[4]

영원한 현재라는 이 놀라운 관념은 페인이 정치 생활에서 시간을 어떻게 이해했는지 꽤나 명료하게 보여준다. 페인이 이해하는 것은 현재의 정치다. 《인권》에서 그가 표현했듯 정치 생활에서 "수용해야 하는 것은 죽은 자들이 아니라 산 자들이다".[5] 페인은 물론 세대와 관련한 사실이 아니라 축적된 과거 관습의 권위를 부정한다. 사실상 그는 여러 세대에 걸친 국가의 지속적 움직임 자체가 정치에서 영원한 현재에 대한 옹호라고 생각한다.

비록 계속해서 존재하고 있지만 국가는 끊임없이 갱신하고 승계하는 상태에 있다. 결코 정체해 있지 않다. 매일 새로운 탄생을 일궈내고, 미성년자를 성인으로 넘기고, 노인을 무대에서 내려오게 한다. 이렇게 항상 넘쳐나는 세대들의 범람 속에서 다른 이보다 권위 측면에서 우월한 구성원은 없다. 만일 어떤 시점에서, 혹은 세상의 어떤 세기에서 뭔가가 우월하다는 개념을 품을 수 있다면, 우리는 그것을 고정시킬 것인가? 우리는 그것을 어떤 대의명분의 결과로 돌려야 할까? 우리는 그걸 어떤 증거로 입증할까? 무엇을 기준으로 그것을 알게 될까?[6]

페인은 삶 자체가 영원하지 않다는 바로 그 이유 때문에 정치는 영원해야 한다고 주장한다—왜 과거는 현재 혹은 미래보다 본질적으로 더 낫거나 더 나쁜 것일까? 그리고 페인은 진실로 진보를 믿기 때문에 영원한 정의의 원칙이라는 더 나은 이해를 지향하는 정치 생활의 움직임 속에서, 이런 진보가 습관이 아니라 진리가 대권을 장악하는 영원한 원칙의 정치를 지향한다고 주장한다. 그리하여 세습적 군주제와 귀족 제도를 개인의 자유에 얹힌 부당한 짐일 뿐만 아니라 과거가 현재에 부과한 부당한 짐으로 이해한다.

페인은 특히 영국 국민이 군주제에 영원히 충성한다는 버크의 단언에 대한 대응으로 이런 점을 강조한다. 명예혁명이 군주를 선택할 권리를 창출했다는 리처드 프라이스의 주장을 반박하기 위한 노력으로 버크는 《프랑스혁명에 관한 성찰》에서 1688년 의회가 윌리엄과 메리에게 "저희는 가장 겸손하고 가장 충실하게 저희 자신을, 저희 계승자와 후손을 바쳐 영원히 따르겠나이다"라고 맹세했다고 적는다. 페인은 이 구절을 《인권》 서두에 인용하면서 한 특정 세대의 입법자들에 의한 이런 굴복이 미래의 모든 영국인을 가차 없이 구속하는 것에 찬성표를 던지고 있다며 버크를 비난한다.[7] "1688년 영국 의회는 스스로와 자기 유권자에 대해서는 권리가 있"지만 차후 세대에 대해서는 그럴 권리가 없는 "행동을 한 것이다".[8]

후세를 "시간의 종말"에 이르기까지 구속하고 통제하거나 또는 세상을 영원히 어떻게 통치해야 할지, 아니면 누가 통치해야 하는지 명령할 권리나 권력을 가진 의회는, 혹은 인간이나 세대에 대한 이런 식의 설명은 어떤 나라에도 존재한 적이 없고, 결코 존재하지 않을 것이며, 절대 존재할 수 없다. 저승에 가서도 통치하겠다는 자만과 주제넘음은 모든 독재 중에서도 가장 터무니없고 오만하다. 인간은 인간에 대한 소유권이 없다. 하물며 어떤 세대도 다가올 세대에 대한 소유권이 없기는 마찬가지다. ……모든 세대는 그 세대의 상황이 요구하는 모든 목적에 맞출 능력이 있으며, 그래야만 한다.[9]

페인의 개인주의와 과거 권위에 대한 그의 거부 사이의 깊은 연계가 이 구절에서 강력하게 드러난다. 페인은 서로 다른 세대는 본질적으로 뚜렷이 구별되며 상호 무관하다—서로의 확장이 아니라—고 생각한다. 그는 사실상 어떤 중요한 정치적 의미로 보더라도 오늘날 살아 있는 우리와 한

때 이 나라에 거주했던 국민과 미래에 이곳에서 살아갈 국민은 절대 하나의 국민이 아니라고 주장한다. "당장은 모든 나라가 자기 뜻대로 스스로를 통치할 권리가 있다는 것을 언제나 인정해야 한다. 그러나 세습적 승계에 의한 정부는 또 다른 혈통을 가진 국민을 위한 정부이지, 그 자체를 위한 정부는 아니다."[10]

세습 정부는 항상 강요당하지 결코 선택하는 게 아니라고 페인은 설명한다. 왜냐하면 그것은 두 번째 세대를 지배할 때까지는 세습 정부가 아니고, 통치를 받는 세대는 자기 지배자를 선택할 수 없기 때문이다. 만일 인간이 영원히 산다면, 합법적 군주제란 게 나올 수도 있을 것이다. 하지만 인간은 영원히 살지 못하므로 모든 세습 정권은 한 세대가 지나면 당연히 전제적이 된다.[11] 아울러 그다음 세대는 이전 세대에서 통치하도록 선택받은 사람의 후손에 의한 통치를 강요받는다. 그리하여 무력이 선택을 대신하고, 정권은 합법적이기를 멈춘다. "1688년의 의회는 자신들의 권력이 영구히 살아남도록 스스로가 영원히 살 권한을 가졌다는 법령을 통과시키는 편이 나았을 것이다."[12]

지배할 권리는 합의가 필요한 사안이며, 이상적으로 볼 때 합의는 미덕이나 장점을 드러냄으로써 얻을 수 있다. 페인은 《상식》에서 "후대를 위한 계획을 짜고 있을 때, 우리는 미덕이 매번 대물림되지는 않는다는 사실을 기억해야 한다"[13]고 쓴다. 아울러 미덕은 세습할 수 없으므로 정치 권력 역시 세습할 수 없다. 이런 이유로 어느 누구도 과거 통치자와의 유대를 근거로 통치권을 주장할 수 없다.

사실상 페인의 개인주의와 여기서 비롯된 평등주의는 그로 하여금 본질적으로 유의미한 것은 아무것도 세습되지 않는다고 주장하게끔 몰아간다. 그래서 그는 전체적으로 사회에서 세대 간 연결의 중요성을 과소평가

한다. 인간은 타인이 아닌 자신의 선택과 행동에 의해 통치를 받아야 하며, 이 세상에 태어나자마자 물려받은 사회적 관계가 인생 궤도에서 결정적 요인으로 작용해서는 안 된다.

역시 똑같은 이유로, 과거의 정치 체제와 관행은 단지 잠깐 효과가 있었다는 것 때문에 현재나 미래에 당연한 권력을 갖지 않는다. 영국 헌법에 대해 쓰면서 페인은 이렇게 언급한다.

원칙이라는 순수한 기반 위에서 이 주제에 대해 (또는 어떤 다른 주제에 대해) 얘기하면 오래된 것과 전례는 권력이 되길 멈추고, 백발이 된 오류는 그 효력을 상실한다. 만물의 합리성과 적절성은 관습과 관례로부터 추상적으로 검토해야 한다. 아울러 이런 관점에서 보면, 오늘날 관습으로 성장하고 있는 권리는 마치 수천 년 동안 관례적 승인을 받은 것처럼 구닥다리 원칙과 이론이 된다. 원칙은 시간과 관련이 없으며, 저명한 인물들과도 관련이 없다.[14]

정당하고 옳은 경로는 오래된 관습의 간택을 받는 축복을 필요로 하지 않는다―적절한 원칙에 맞고 이성의 지도를 받는 정치에서는 그 자체의 장점 때문에 그러한 경로를 채택할 것이다. "따를 가치가 있는 것은 그 가치 때문에 좇을 것이다. 아울러 그 담보는 저당 잡혀 있을지 모르는 어떤 조건이 아니라 바로 이런 이유에 달려 있다."[15]

세습을 전제로 한 정권에서는 따를 만한 가치가 있는 걸 따를 것이라는 보장이 없다. 관습이 눈을 가리기 때문뿐만 아니라, 재능의 배분에 있어 자연은 상당히 무계획적이기 때문이다. 이를테면 능력 있는 군주의 자식이 바보이기도 쉽다는 얘기다. 계속 이어지는 세대는 타고난 재능을 배분하고, 시간의 흐름은 가장 능력 있는 지도자조차도 결국에는 무대를 떠나야 한다는 걸 의미한다. 성공적인 정치 시스템은 영원한 이상을 간직한 채 모든 개인과 세대를 동등하게 다루면서도 두 가지 문제를 상대할 수 있어야 한다. 페인에게 이런 시스템으로 가는 열쇠는 공화제적 성격을 띤다. 아울러 그 공화제의 핵심은 능력 있는 인물은 사회의 출신 성분을 불문하고 자기 가치를 입증함으로써 선출된 권력으로 올라설 수 있다는 것이다. 공화국만이 한 세대가 다른 세대를 짓밟지 않도록 할 수 있으며, 탁월한 지도자를 상실해도 국가가 엉망이 되지 않도록 할 수 있다. "문학계가 천재에게 공정하고 보편적인 기회를 제공함으로써 최고 문학 작품을 배출하듯 정부의 대의제 역시 지혜를 찾을 수 있는 곳에서 그것을 모아들임으로써 가장 현명한 법률을 산출해낼 수 있다"[16]고 페인은 쓴다.

공화국은 정치에서 세대의 주기와 관련한 일종의 해결책이다. 자유주의적 전제를 실행에 옮김으로써 계몽주의적 자유주의의 가정(assumptions)을 적용하는 국가를 창조하고, 세대 간의 전통적 관계를 개조함으로써 기존 사회에 태어났음에도 불구하고 모두가 반드시 합의와 평등이라는 권리를 갖는다. 이는 또한 물려받은 질서에 심각한 실질적 결함이 있음에도 불구하고 현실적 해결책을 제시한다. 군주제는 과거에 의해 부과된 부당한 짐일 뿐만 아니라, 탄생과 죽음이라는 사실 및 청춘과 고령 모두가 지닌 결함에 의해 끊임없이 중단된다. 페인은 "군주제를 정부와 일치하게끔 만들려면 다음 후계자는 아이가 아니라 곧장 성인으로 태어나야 하고, 그 성인은 지혜의 왕 솔로몬이어야 한다. 소년이 자라 어른이 될 때까지 나라가 기다리고 정부는 업무를 중단해야 한다는 것은 어불성설이다"[17]라고 쓴다. 공화국은 그 문제를 피해간다. "공화국은 정부를 지속적인 성숙 상태에 둔다. 그것은 우리가 이미 목도해왔듯 어리지도 늙지도 않는다. 그것은 미성숙에도 노망에도 굴복하지 않는다. 절대 요람 안에 있지도,

목발에 의지하지도 않는다."[18]

공화제에 대한 페인의 열의에서 중요한 부분은 그가 알고 있는 대로 공화국의 이런 성격과 관련이 있다. 이를테면 시간의 침탈로부터 탈출구를 제시하는 능력, 생애 주기를 따르는 어떤 체제에도 허락되지 않았던 영속성, 하지만 그와 동시에 모든 세대의 동등함을 부정하는 어떤 체제에서도 허락되지 않았던 적법성이 그것이다. "죽음은 인류의 본성이고, 인간이 계속 태어나는 한 인간은 계속 죽을 것이다"라고 페인은 쓴다. 그러나 인류의 이런 사실에 영향을 받아 정치를 설계하거나 약화시킬 필요는 없다.[19] 인간의 치명적 본질이 문제를 일으키는 정치적 결과는 선택과 합의의 정권을 통해 극복할 수 있다.

이런 의미에서 근대적 자유주의 정치는 페인이 말하는 인간의 타고난 조건, 특히 탄생과 죽음에 의해 인류에 부과된 한계를 극복할 더 큰 프로젝트의 골자인 셈이다. 계몽주의적 자유주의는 항시적 성숙 상태—영원한 현재—를 요구함과 동시에 (공화제를 통해) 그런 상태를 가능하게끔 만들기도 한다. 아울러 세대의 소멸과 세대 사이의 연계가 빚는 결과를 회피하고, 그럼으로써 그 중요성을 부정한다. 앞서 언급했듯 페인은 법률이 전 세대에 걸쳐 확대될 때조차도 이런 연계가 어떤 권위를 행사한다는 사실을 부인한다. "폐지되지 않은 법은 계속 힘을 갖는다. 그것을 폐지할 수 없어서가 아니라 폐지하지 않기 때문이다. 그리고 폐지하지 않는 것은 곧 합의로 통한다."[20]

중요한 것은 하나도 세대 사이에 오가지 않는다고 페인은 주장한다. 그는 《토지 분배의 정의》에서 상속세가 자신이 상상하는 복지 제도를 위해 정부의 세수입을 끌어올 가장 정당한 수단이라고 말한다. 왜냐하면 상속의 순간—세대의 결합—에 보호할 가치 있는 거래는 절대 일어나지 않기 때문이다.[21] 따라서 세대 간 연계는 정치 체제나 자산을 위한 토대로조차도 기여하지 못한다. 차라리 정치는 고인(故人)이나 아직 태어나지 않은 이들이 아니라 현재에 초점을 맞춰야 한다. "세상을 떠나버린 이들과 아직 태어나지 않은 이들은 도덕적 상상력을 최대한 뻗쳐 생각해야 할 만큼 서로로부터 동떨어져 있다. 그러니 과연 그들 사이에 어떤 의무가 존재할 수 있겠는가?"[22] 더 이상 합의를 행사할 수 없거나 아직 그걸 행사할 수 없는 사람들을 대신해 법을 제정하는 것은 불가능하므로, 입법자는 그럴 수 있는 사람들에게 초점을 맞춰야 한다.

페인은 미래 세대의 요구를 간과하지 않는 한편, 그들의 가장 큰 요구는 현재 세대의 요구—그들의 자연권과 일치하는 자유에 대한 요구—와 같을 것이라고 말한다. 페인은 상속에 관해 긍정적 의미로는 거의 얘기하지 않고, 부정적 의미(즉 후손에게 부과하지 말아야 할 의무)로만 말한다. 현재는 미래를 구속하지 않는 그와 같은 방식으로 살아가야 한다.

물론 정치 체제는 한 세대를 넘어서까지 존속하지만, 이는 지속적 합의를 요구하도록 설계해야 한다. 아울러 한 세대가 제정한 법안은 다음 세대에 과도한 부담을 안기지 말아야 한다—각 시대는 가능한 한 자기 시대를 위해서만 법률을 제정해야 한다. 페인은 이렇게 쓴다. "세상에서 세대는 매일 시작되고 끝나기 때문에, 따라서 이런 유의 공적 행위를 수행하면 그 세대의 시대가 출범하는 것으로 자연스럽게 추정한다. 성년이 되는 것과 자연스러운 사망 사이의 기간은 권리가 계속 이어지는 시간의 범위로 대략 30년이다. 비록 많은 세대가 그 전에 없어질 수 있긴 하지만, 다른 세대는 그 이상 이어질 것이므로 평균 시간은 모든 세대에게 똑같이 공정하다."[23] 약 30년의 그 기간을 넘어서면 법은 애초 그것을 제정했던 이들에게는 더 이상 효력이 없으므로 처분해야 한다고 페인은 말

한다.[24]

모든 법은 한 세대 이후 만료되어야 한다고 요구하는 것은 또한 영국 헌법의 질식할 것 같은 난잡함을 피하는 데도 도움을 줄 것이다. "이런 종류의 어떤 일반적 규제의 부족으로 영국인은 한물간 법을 많이 갖고 있다. 사용하지 않아 잊힌 이런 법은 효력조차 없지만 특별한 목적이 있을 때 가끔씩 거론된다."[25] 현명한 입법자는 법률 제정에 기한을 설정함으로써 모든 시대가 스스로를 통치할 수 있도록 하며, 지속시킬 가치가 있는 법은 (다시 공표함으로써) 실질적으로 강화하는 한편 그렇지 않은 법은 조직적으로 걸러낼 것이다. 입법자들의 이성이 마치 모든 미래 세대의 욕구와 필요를 영원히 파악할 수 있는 양 법률을 제정하는 것은 쓸데없는 일이다. "'영원히'라는 단어는 전혀 효과가 없을 부조리한 말이다"라고 페인은 쓴다. "다음 시대는 우리가 그래왔듯 똑같은 권리 원칙에 따라 자기 스스로 생각할 것이며, 떠맡은 우리의 권위가 자기 시대의 시스템을 침해하는 걸 인정하지 않을 것이다. 우리의 영원히는 그들의 영원히가 시작되는 곳에서 끝난다."[26]

따라서 근본적으로 아무것도 여러 세대에 걸쳐 합법적으로 이어지지 않는다. 페인은 정치 생활의 핵심에 개인의 권리와 자유가 있다고 믿기 때문에 긍정적 유산은 거의 전적으로 부담이 된다고 주장한다. 우리가 미래에 빚진 것은 자유이며, 우리가 과거에 요구해야 하는 것이기도 하다. 정치는 이런 의미에서 현재를 위해 존재한다. 정치는 현재의 시민이 조상으로부터의 부담 없이 자신을 위한 법률을 제정하도록 하고, 미래의 시민도 똑같이 하도록 할 것이다. 이런 일시적 개인주의가 페인식 자유주의의 핵심이다.

버크의 영원한 질서

매우 다른 전제에서 출발한 에드먼드 버크는 세대 간 적절한 관계에 대해 완전히 다른 시각에 도달한다. 정치에 대한 그의 이해는 추상적인 천부적 자유가 아닌 구체적 유산을 핵심 골자로 하고 있으며, 선택보다는 의무를 강조한다. 버크는 우리가 미래 세대에 빚진 것은 자유가 아니라 무엇보다도 과거의 축적된 지혜와 업적이라고 믿는다. 모든 세대의 과제는 그 세대가 앞 세대로부터 제공받은 것을 보존하고, 그 혜택을 후세대에 전해 주는 것을 목표로 필요하거나 가능한 부분을 개선하는 것이다. 각 세대는 자기 시대가 일시적이라는— 영원한 현재와 약간 반대되는— 의식을 갖고 살아야 한다.

앞서 지적한 것처럼 버크는 사회를 산 자들 사이뿐만 아니라 산 자들과 죽은 자들 그리고 미래 국민 사이의 관계로 본다.[27] 사회는 개인의 선택을 가능하도록 하기 위해서가 아니라 국민의 요구에 부응하기 위해 존재한다. 그러려면 과거의 지혜에 의지해야 하고, 도중에 현재 세대가 습득한 교훈을 통해 보완한 지혜를 미래 세대 또한 이용할 수 있도록 해야 한다는 절대적 필요에 따라야 한다. "나는 물러나는 세대를 증언하고, 다가올 세대를 증언한다. 우리는 그들 사이에 영원한 질서라는 거대한 사슬의 연결 고리로서 서 있다." 헤이스팅스 탄핵 재판이 진행되는 도중 버크가 상원에서 한 말이다.[28]

버크의 행적 대부분에는 현재는 잠깐이고 하나의 사슬 속 연결 고리로 볼 때 가장 잘 이해할 수 있다는 의식이 깔려 있으며, 이 문제에 대한 집중적 관심이 프랑스혁명 기간에 특별히 드러난다. 버크는 현재 세대가 과거와 미래 모두에 엄청난 의무가 있고, 이런 의무가 그 야망과 권한에 중

대한 제약을 가함으로써 현재 세대에 중요한 혜택을 준다고 믿는다. 사회는 오직 이러한 제약 안에 있을 때, 그리고 스스로 과거 및 미래에 연결되어 있다는 의식을 가질 때에만 번영할 수 있다. 이런 제약 없이 모든 역사의 교훈은 현재와 미래에 거부당할 것이며 "자신들이 가진 것보다 더 큰 지혜를 절대 경험한 적 없는 모든 세대에 확실하게 따라붙는 개인적 자족감과 교만이 법원을 찬탈할 것이다".[29]

버크는 과거의 교훈과 업적을 거부할지라도 미래의 요구에 대비할 수 있다는 건 사실이 아니라고 분명히 말한다. 버크가 볼 때 그러한 교훈과 업적에 접근하는 것은 미래의 가장 중요한 요구 중 하나이며, 따라서 현재 혁명가들의 중심적 비전은 과거만큼이나 미래에 대한 배신도 반드시 내포한다. "사람들은 자기 조상을 전혀 되돌아보지 않는 후손을 고대하지 않을 것이다."[30] 자유롭고 질서 잡힌 사회는 둘 모두를 고대할 것이라고 버크는 말한다.

영연방과 그 법들이 축성을 받은 최초이자 으뜸인 원칙 중 하나는 그 안의 일시적 소유자와 평생 임차인이 조상으로부터 받은 것이나 후세에게 꼭 해야만 할 것을 염두에 두지 않은 채 마치 자기들이 전체의 주인인 양 행동하지 않도록 해야 한다는 것이다. 원래의 사회 구조 전체를 제멋대로 파괴함으로써, 뒤이을 사람들에게 거주지 대신 폐허를 남길 위험을 무릅씀으로써, 자신들이 고안한 제도에 대해 그들 스스로 선조의 제도에 보낸 것만큼의 존경심을 후세들이 갖도록 조금도 가르치지 않음으로써 한사 상속(限嗣相續, entail: 재산을 물려줄 때 피상속인의 의사와 상관없이 다음 세대의 상속인을 미리 지정해놓는 것—옮긴이)의 제한을 해제하거나 유산을 허비하는 게 권리에 속한다고 그들이 생각하지 않도록 해야 한다는 것이다.[31]

버크는 영속적인 뭔가를 구축하기 위해서는 과거에 구축해온 것과 그것이 우리에게 전해 내려온 방식을 존중해야 한다고 주장한다.

버크에게 상속이라는 개념은 재산과 작위의 상속뿐 아니라 권리와 의무의 상속으로 풀이되는데, 페인은 이를 개인으로부터 직접 비롯된다고 여기는 반면 버크는 인간이 과거와 맺는 관계의 작용이라고 믿는다. 버크는 인간은 합의 없이 시민 사회에 태어나므로 그 사회에서 한 인간이 갖는 권리란 그가 어떤 제도에 동의한다는 사실의 작용이 아니라 선조로부터 받은 유산의 작용이라고 강조한다. 선조들은 이 새로운 세대의 구성원이 자신과 그 후세를 위해 의당 그래야 하듯 그러한 권리를 수호하기 위해 노력해온 것이다. 그러나 버크는 과거가 쌓아올린 업적을 옹호하면서 사회적 관계와 질서 잡힌 자유뿐 아니라 페인이 그렇게도 반대하는 상속받은 재산과 특권 또한 옹호한다. 버크는 영국의 귀족 가문이 국가의 안정과 성공에 필수적이며 완전한 민주적 공화국이 절대 도달할 수 없는 장점의 공급원이라고 말한다. 1772년 리치먼드 공작(Duke of Richmond)에게 보낸 특별한 편지에서 버크는 이렇게 쓴다.

위대한 가문 출신으로서 신임과 재산을 물려받은 당신네들은 저 같은 부류와 다릅니다. 우리의 성장이 아무리 빼를지라도, 그리고 우리가 맺는 과실이 비록 땅 위를 기긴 하지만 크기와 맛에서 지극히 아름다운 멜론으로 영글었다는 사실에 사뭇 우쭐할지라도, 그럼에도 불구하고 우리는 이 계절과 함께 사라질 1년생 식물일 뿐이며 어떤 종류의 흔적도 남기지 않습니다. 당신들이 의당 그래야만 하는 모습을 하고 있다면, 당신들은 제가 보기에 한 나라에 그림자를 드리우고 자손 대대로 당신들의 혜택을 영속화하는 커다란 오크나무입니다.[32]

버크는 귀족 사회의 어두운 면을 모르는 것은 아니지만, 세대가 합류하는 지점에서 중요한 일은 아무것도 일어나지 않는다는 페인의 단언에 반기를 든다. 그는 귀족 제도를 통해 가능해진 힘과 안정은 그 대가를 받을 가치가 있다고 주장한다ㅡ어쨌든 영속화의 수단으로서 그럴듯한 대안은 존재하지 않는다.

버크는 또한 공화국이 개개인의 생애 주기를 초월해 지속되는 체제를 허용한다는 페인의 주장에도 명백히 반대한다. 버크는 공화 체제가 절대 안전하지 않다고 주장한다. 왜냐하면 그것은 현재 이외에는 어떤 권위도 받아들이지 않기 때문이다. 버크는 혁명가들에 대해 "매우 조직적으로 그들은 영속성을 제공하는 모든 것은 해롭기 때문에 모든 제도와 용서할 길 없는 전쟁을 벌이고 있다는 생각을 고안한다"[33]고 쓴다. 아울러 공화국에서는 누구도 절대 견고하게 장래 계획을 세울 수 없다고 말한다. 왜냐하면 오늘날에는 대중의 순간적 변심으로 규칙이 언제고 바뀔 수 있기 때문이다. 오직 여러 세대에 걸친 제도와 위대한 귀족 가문만이 그 창시자보다 오래 지속될 방식의 수립이라는 도전 과제에 현실적 해결책을 제시한다. 버크는 "이런 귀족의 존재는 그것이 없었다면 (페인 씨 말대로) 한 세대는 다른 세대를 구속할 수 없다고 곧장 가르칠 국가에서 여러 시대를 연결하는 고리를 형성한다"[34]고 주장한다. 개인들은 왔다 가지만 영연방은 한층 영원하다. 정확히 이런 차이 때문에 여러 세대에 걸쳐 이어지는 법과 관습은 사회 전체를 "법률의 구축 안에서 결코 소멸하지 않는, 그리고 사실상 죽음에 의해 즉각 그 구성원을 잃어버리지 않는"[35] 하나의 조직처럼 지속시키는 데 반드시 필요하다. 또는 버크가 《성찰》에서 표현하듯

우리의 정치 시스템은 바로 세상 질서와의 상응 및 대칭 속에, 아울러 덧없는

부분들로 이뤄진 하나의 영원한 조직에 결정된 존재 양식과의 상응 및 대칭 속에 자리하고 있다. 그 안에서 엄청난 지혜를 동원해 매우 불가사의한 인류의 합병을 주조하면서, 전체는 한꺼번에 나이 들거나 중년이 되거나 어려지지 않는다. 하지만 바뀔 수 없는 항상성이라는 조건 속에서 영구적인 부패, 타락, 쇄신, 진보의 다채로운 목소리를 거치며 다음으로 넘어간다.[36]

버크와 페인은 이렇게 정치 체제를 설계하는 데 있어 세대 간 관계에 대한 철저하게 상반된 관념을 변론하기 위해 매우 유사한 언어―언제나 전성기에 있는 정권의 언어―를 차용한다. 버크에게 인간의 죽음으로 기필코 사회가 약해지지 않도록 하는 것은 세대 간 분리가 아닌 결합을 통해서다. 사회는 영원한 원칙에 곧바로 의지할 수 있도록 앞선 세대와 뒤이을 세대로부터 각각의 세대를 해방시키는 게 아니라, 그 세대들이 영원한 본체를 형성할 수 있도록 밀접하게 연결시켰을 때 번영한다. 만일 "영연방 전체의 고리와 연속성이 깨지고 어느 한 세대도 다른 세대와 연결될 수 없다면, 인간은 여름날의 파리나 다름없게 될 것이다"[37]라고 버크는 염려한다.

더욱 많은 세대를 위해 존속시키기 위해 여러 세대가 합작을 하듯 영연방은 명백히 신구 세대의 중간적 특성을 요구한다. 그것은 영원한 현재 속에 존재하는 게 아니라 여전히 진행 중인 기나긴 과정―시간이 매우 큰 의미를 지니고, 따라서 세대들이 함께 참여해야 하는 과정―의 산물로서 존재한다. "인류의 커다란 이익은 세대들의 긴 연쇄와 관련이 있으며, 그러한 연쇄는 세대들에게 아주 깊이 영향을 미칠 협의체의 일부 지분을 허락받아야 마땅하다. 정의가 이를 필요로 한다면, 그 작업이야말로 한 시대가 댈 수 있는 것 이상으로 많은 사람들의 지원이 필요하다"[38]고 버크는 쓴다.

앞서 살펴봤듯 토머스 페인은 이런 견해가 현재와 미래의 이익을 과거의 이익보다 부차적인 것으로 만든다고 믿는다. 최초 세대 이외의 모든 세대에게 자치 정부의 충분한 지분을 허락하지 않을 것이기 때문이다. 그러나 버크는 자신이 현재와 미래를 희생시키기는커녕 그것들이 유산을 강탈당하지 않도록 둘 모두를 보호한다고 주장한다. (현세대를 혁명 자체의 불안정과 위험에 종속시킴으로써) 현재의 이익을 희생하고 미래의 유산을 도박에 걸려는 쪽은 바로 혁명가들이다. "정치 체제 안에서 인간은 현세대의 복지를 완전히 논외로 할 권리가 없다"고 버크는 쓴다. "어쩌면 우리가 틀림없이 손에 쥔 유일한 도덕적 신탁은 우리 시대를 보살피는 일일 것이다. 미래와 관련해 우리는 그것을 피후견인처럼 다뤄야 한다. 우리는 그의 재산을 증식시키려 하는 것만큼 그의 유산이 어떤 위험에 처하지 않도록 해야 한다."39

현재와 미래에 가질 권리가 있는 자산은 선조들이 축적한 지식과 관습이다. 급진주의자들은 "인간에게서 인류의 집성된 지혜의 혜택을 박탈하고, 그들의 특정한 추정에 대한 맹목적 신도로 만들려"40 한다고 버크는 말한다. 따라서 그는 자신을 과거가 아닌 현재의 옹호자로 간주하며, 혁명가들을 미래의 질서는 물론 현재의 행복에도 위협적인 존재로 본다. "우리의 첫 번째 신탁은 우리 자신 시대의 행복이다."41

따라서 그들의 계획이 설령 성공할 가능성이 있다손 치더라도 현세대에 대한 혁명가들의 대우는 정치가의 으뜸가는 직무 유기라고 버크는 주장한다. 아울러 물론 바로 그 똑같은 이유 때문에 버크는 그들의 계획이 실패할 것이라고 본다. 혁명가들은 인간 사회의 실제 특성을 파악하고 있지 않기 때문에 잘못된 목표를 향해 스스로를 끌고 간다. 과거의 축적된 업적을 거부함으로써 그들은 정치 생활에 대한 접근법 일체와 인간 및 사회의 본성에 대한 시각 일체를 거부한다. 그들의 다른 오류—버크에 따르면 인간의 본성과 정의, 인간의 의무와 자유, 인간의 이성과 지식, 정치 변화 및 개혁에 관한 오류—는 똑같은 근본적 관점에서 기인한다(또한 그러한 관점과 관련이 있다).

주어진 세계의 정치

버크와 페인의 시각을 탐험하는 사람이면 누구나 우리가 그랬던 것처럼 맥락의 문제—사회적이면서도 세대적인—와 거듭 조우할 것이다. 페인은 반복적으로 개인의 특권을 옹호하고 행동의 자유를 내리누르는 모든 것을 조롱한다. 버크는 반복적으로 어떤 인간도 섬이 아니며 어떤 개인도 사회와 동떨어져 존재하지 않는다고 역설한다.

두 묶음의 관심사—개인 및 공동체와 관련한 것, 현재 및 과거와 관련한 것—는 이와 같이 버크와 페인 두 사람의 정치사상에서 변함없는 주제다. 페인은 인간이란 존재는 공동체 및 과거와 동떨어졌을 때 천부적 권리를 타고난 완벽하고 자족적인 개인들로서 가장 잘 이해할 수 있다고 믿는다. 아울러 그러한 권리의 상호 작용은 그들의 개별적 선택 및 행동과 함수 관계에 있다. 정치의 원칙과 행동이라는 문제를 고려할 때 전통과 사회는 모두 제쳐둬야 한다. 왜냐하면 둘 다 정치의 근원이 아니라 그 결과이기 때문이다. 버크는 인간이라는 존재는 그 사회적·역사적 배경 안에 있을 때 서로에 대한 의무를 가진 공동체의 구성원으로서, 과거로부터 물려받은 소중한 유산—그들이 향상시키고 넘겨줘야 할 의무가 있는 유산―의 수혜자로서 가장 잘 이해할 수 있다고 믿는다.

그러나 앞장들에서 펼친 버크-페인 논쟁의 세부 사항을 검토하다 보면, 이 두 묶음의 관심사―전통 및 공동체에 관한―가 한 가지로 무너져 내리는 것처럼 보인다. 버크와 페인 모두에게서 전통과 과거를 둘러싼 공방은 공동체를 둘러싼 공방을 아우른다. 버크가 보기에 개인주의적 이론을 부적절하게 만드는 것은 바로 주어진 세계(우리의 선택과 관계없이 생겨난 조건)다. 인간의 세대는 서로로부터 독립적이지 않기 때문에, 인간 개개인 역시 서로로부터 독립적이지 않다. 인간의 탄생과 죽음이라는 사실 그리고 그들 주위에 구축된 사회 체제는 개인·가족·공동체를 무조건 연결하며, 그렇지 않은 척하는 것(그들의 연결 고리를 단절시키는 건 말할 것도 없고)은 정치 생활에 파멸을 가져올 것이다.

한편 페인에게 개인주의 이론은 최초의 인간 세대를 모델―주어진 과거가 없는 세대―로 삼는 설명 도구("자연 상태")에 의존한다. 그러한 전제에 기초한 이론을 적용하는 것은 인간 세대, 즉 전통의 권위와 중요성을 부인하는 것이다―페인은 그것을 명료하게 밝히는 데 스스럼없다. 개개인이 이웃으로부터 독립하는 것은 세대가 이전 세대로부터 독립한 것과 함수 관계에 있다. 첫 세대의 이런 독립은 그 영원한 원칙을 모든 차기 세대에도 적용하는 계몽주의적 자유주의 이론의 본질이다.

그러므로 버크와 페인 사이의 광범위하고 다양한 논쟁을 꿰뚫는 중요한 공통의 실마리는 정치 생활의 과거 지위에 관한 공방이다. 그리고 버크와 페인은 모두 그 중요성에 대해 이례적으로 명쾌하게, 그리고 과거의 의미라는 문제를 흔치 않게 명시적인 방식으로 꺼내 든다. 세습 정부에 대한 페인의 혐오는 그의 정치철학의 핵심이다. 상속된 정부를 자연, 선택, 이성, 정의와 근본적으로 상반되게 보기 때문이다. 그는 역사와 전통을 넘어서 자연을, 따라서 주어진 의무를 넘어서 창조된 선택을, 물려받은 지혜를 넘어서 순수한 이성을, 그리고 단지 누적된 개혁을 넘어서 전면적 혁명을 보고 싶어 한다. 한편 버크는 상속 모델은 자연의 모델이며, 우리의 의무를 이해하고 충족시키는 적절한 수단이자 처방의 핵심이며, 개혁의 열쇠라고 말한다.

두 사람은 정치적 변화에 지대한 관심을 가졌고, 어떻게 보면 이 책에서 다룬 모든 주제는 변화, 즉 그 변화의 목적·특성·수단·결과에 관한 논쟁의 양상을 띠고 있다. 하지만 그 문제에 관한 버크와 페인의 시각은 언제나 명백하게 자연에 관한, 그리고 세대 간 관계의 의미에 관한 이 깊은 견해차에 의존한다. 페인의 경우, 영원한 정치라는 원칙과 사회적·정치적 생활의 물려받은 현실 사이의 괴리는 혁명적 변신—이성으로 인해 알려진 이상을 지지하도록 현실을 가져가기 위한 과거와의 단절—을 요구한다. 버크의 경우, 정치 생활의 진화된 형식은 소중한 유산으로서 정치적 변화의 수단과 목표 모두를 제공한다. 문제가 발생할 때 사회는 그것들을 다룰 정치 제도를 차용할 수 있다. 그러한 체제는 그런 목적에 부합하도록 시간을 두고 천천히 발전해왔기 때문이다. 하지만 어떤 문제가 그러한 제도와 맞서기에는 너무나 거대할 때, 그래서 정치가들의 생존을 위협할 때, 그들은 이 제도를 자신과 똑같은 방식으로 활용할 미래 세대에 물려줄 수 있도록 그것을 강화하고 보존하려는 노력으로 체제를 개혁해야 한다. 이러한 처리 방식은 주어진 질서에 대한 깊은 존경을 통해 정보를 얻은 별개의 요구 및 문제에 대응해 점진적 변화를 요청한다—버크에게 현실이란 이상을 파악하는, 유일하게 믿을 만한 수단이기 때문이다.

여기서 우리는 버크-페인 논쟁의 진정한 토대를 발견한다. 그리고 여기서부터 우리는 어떻게 그들의 차이가 우리 자신의 차이를 형성하는 데 일조했는지 제대로 인식할 수 있다. 그들은 인간 조건의 어떤 기본 측면, 특히 우리는 모두 태어나고 죽는다는 사실이 결정적으로 인간 사회를 형성하는지에 대해 서로 다른 견해를 가졌다. 페인의 적극적인, 확신에 찬, 합리주의적인, 기술 관료적인, 진보적인 세계관은 옳은 종류의 정치적 처리방식을 통해 인간은 이런 사실이 부과할지 모르는 한계를 극복하고, 그렇게 해서 자신이 선호하는 대로 자신의 세계를 개조하고 심지어 부정행위, 전쟁, 고통이라는 오랜 골칫거리를 종식시킬 수 있을 것이라고 주장했다. 버크의 감사하는, 보호하는, 신중한, 독실한, 점진주의적인, 개혁적인 세계관은 인간이 자신의 한계를 이해하고, 자신의 오류를 고치기 위해 전임자들의 업적을 기반으로 구축하고, 인간의 일부 심각한 빈곤과 해악이 우리 본성의 영원한 작용임을—아울러 그렇지 않은 척하는 것은 사태를 더욱 악화시킬 뿐이라는 사실을—깨닫는다면 상황을 개선하고 싶어 할 수밖에 없다고 주장했다.

둘 다 근대적 사고방식이다. 둘 모두 자유주의적이기도 하다. 그러나 바로 무엇이 근대성과 자유주의를 의미하는지에 대해서는 일치하지 않는다. 사실상 바로 그런 견해차가 궁극적으로 근대적 자유주의를 정의하기에 이르렀다.

에드먼드 버크와 토머스 페인은 그들의 공적 삶을 형성해온 열띤 논란이 자신들의 죽음으로 종식되지 않으리라는 것을 알았다. 사실 두 사람은 모두 문자 그대로 편히 잠들지 못할까봐 염려했다.

1797년에 앓아누운 버크는 만일 프랑스 급진파와 그들의 영국인 동료들이 해협 건너편에서 혁명을 확산시키는 데 성공한다면 그들의 확고한 반대자한테 본때를 보이려고 자기 무덤에서 송장을 파헤칠 것이라며 두려워했다. 그래서 자신의 운명이 그들 손아귀에 들어가지 못하도록 아들의 묘와 아내를 위해 따로 떼어놓은 택지에서 멀리 떨어진 곳에 묘비 없이 시신을 묻으라고 말했다. 하지만 버크의 가족과 친구들은 임종 때의 이 지나친 걱정 대신 유언장의 지침을 따랐다. 그는 비콘스필드(Beaconsfield) 교회 묘지의 가문 이름이 붙은 무덤에 아들과 나란히 묻혔고, 아내 또한 약 15년 후 그곳에 묻혔다.[1]

페인 역시 자신이 현세에 남기고 갈 몸뚱어리의 운명에 불안해했다. 페인은 (그가 추측하기에 성서에 반대하는 자신의 저술 때문에 생겨났을) 자신의 적들이 기독교 묘지의 신성함 앞에서만 단념할 거라고 생각했다. 그래서 이 단호한 이신론자(무신론자가 아니라면)는 역설적이게도 선조들의 종교라는 품에서 최종적으로 보호받길 원했고, 이런 소망을 유언장에 남겼다. "퀘이커 교도라고 일컫는 집단에서 그 사회에 속하지 않는 사람이 자신들의 공동 묘지에 묻히는 걸 허락할지 모르겠지만, 만약 그들이 받아들인다면, 아니 나를 받아주려 한다면 나는 거기에 묻히는 게 가장 좋겠다. 내 아버지가 그 종교의 신자였고, 나는 부분적으로 그 속에서 성장했다. 하지만 이렇게 하는 게 그들의 규칙에 어긋난다면, 나는 뉴로셸에 있는 나의 농장에 묻히고 싶다."[2]

퀘이커교도는 결국 이를 허락하지 않았고, 페인은 실제로 자신의 농장에 묻혔다. 게다가 페인이 예상했던 이유 때문만은 아니었지만, 그의 두려움이 버크의 두려움보다 더 유력한 근거가 있었다는 게 밝혀졌다. 페인이 죽고 10년 후 윌리엄 코빗(William Cobbett)이라는 영국인 급진주의자가 뉴로셸의 무덤에서 그의 유골을 슬그머니 옮긴 것이다. 코빗은 페인의 유골을 영국으로 가져가 자신의 영웅에게 영예로운 기념비를 세워주려 했다. 그러나 영국에서는 페인의 반군주제적 견해가 여전히 잊히지 않은 상태였고, 그래서 정부는 기념비를 만들지 못하도록 했다. 코빗의 계획은 수포로 돌아갔고, 그는 전 국민의 웃음거리가 됐다. 설상가상으로 페인의 유골까지 사라졌다. 유골의 행방은 오늘날까지도 묘연하다.

자신들이 남긴 유산에 대한 버크와 페인의 남다른 우려가 우리에게는 놀랍지 않다. 시신이 아니라도 그들의 이름과 그들이 했던 말도 편안히 잠들지 못하고 그들이 시작한 대논쟁 안에서 줄곧 핵심 역할을 하리라는 두 사람의 추측은 옳았다. 19세기와 20세기를 통틀어, 그리고 21세기에 들어서까지도 두 사람은 빈번하게 다양한 정치 운동에서 관심을 받았다. 전 세계의 온갖 급진파 지도자들—미국의 노예해방론자 존 브라운 (John Brown)과 우루과이의 독립운동가 호세 헤르바시오 아르티가스(José

Gervasio Artigas)를 비롯해 수없이 많은 사람들—은 영미권의 주류 노동
운동과 진보 운동이 그랬듯 토머스 페인의 유산을 표방했다. 반면 보수주
의의 문화적·정치적 운동—낭만파 시인들을 비롯해 조직을 쇄신한 토리
당과 지난 세기 중반 미국에 등장한 보수주의 운동에 이르기까지—은 에
드먼드 버크의 이름과 이념을 표방했다.

역설적이게도, 버크-페인 논쟁에 대한 우리의 이해는 사실 두 인물에
쏠린 집요한 정치적 관심 때문에 악화된 면이 없지 않다. 페인을 자기 신
조로 채택한 혁명가들은 당사자인 페인에게는 대단히 생소했을 사회주의
적 감성을 그의 역사적 기억에 너무 자주 불어넣는다. 그리고 버크와 관
련한 대다수 논평(심지어 학계조차)은—특히 지난 세기 동안—그의 사상에
서 나타난 중요한 변형을 간과하며 그를 실제보다 (훨씬) 더 기질적인 보
수주의자로 만들고 싶었던 것 같다.

가끔씩 똑같으면서도 상반된 왜곡을 통해서이긴 했지만, 양측 모두에
서 이런 경향은 약간씩 완화되기도 했다. 가령, 독립혁명에서 페인의 역
할 때문에 미국의 일부 보수주의자들은 그에게 진지한 관심을 갖고, 그
의 세계관에서 자신들을 기분 좋게 만드는 요소를 강조해왔다. 로널드 레
이건 같은 미국 우파의 아이콘은 실패한 행정 시스템을 변화시켜야 한다
는 페인의 요구를 지지자들에게 상기시키는 것으로 1980년 공화당 대통
령 후보직을 수락했다. 한편 점진주의에 대한 버크의 강조는 복지 국가의
극적인 변신을 강력히 반대하는 일부 현대판 자유주의자들에게 어필해왔
다. 버락 오바마 같은 미국 좌파의 아이콘은 급작스러운 변화를 강력히
반대하는 버크주의자로 자신을 묘사한 것으로 알려졌다.[3]

그러나 우리가 그들 논쟁의 지속적인 유산을 찾을 수 있는 것은 바로
버크와 페인이라는 그들의 이름과 명성을 이런 식으로 사용하고 오용하

는 사례에서가 아니다. 2세기에 걸쳐 온갖 당파들이 이용하고자 했던 대로가 아니라 두 사람이 각각 최초로 만들었던 대로의 논거를 고려함으로써, 우리는 버크와 페인이 펼쳤던 세계관이 어떻게 여전히 우리가 사는 자유주의 시대에도 정치 생활과 정치적 변화를 향한 2개의 광범위하고 근본적인 성향을 설명하고 있는지 찾아낼 수 있다.

그 두 가지 성향 간 긴장은 결국 매우 기초적인 몇 가지 질문으로 요약된다. 요컨대 우리 사회는 사회적 평등 같은 이상에 대한 냉혹하고 추상적인 공약의 요구에 부합해야 하는가, 아니면 사회가 가진 구체적인 정치적 전통과 기초라는 패턴에 부합해야 하는가? 시민과 사회의 관계를 규정하는 것은 무엇보다도 자유로운 선택의 개인적 권리인가, 아니면 우리가 전적으로 선택하지 않은 의무와 관습의 그물망인가? 큼직한 공적 문제를 가장 잘 다루는 것은 전문가들의 확실한 기술적 지식을 적용하도록 설계한 제도를 통해서인가, 아니면 공동체에 내재한 사회적 지식을 전달하도록 설계한 제도를 통해서인가? 우리 사회의 결점을 포괄적 변신을 통해 해결할 수 있는 하나의 커다란 문제로 보아야 하는가, 아니면 그럭저럭 잘 돌아가는 것을 기반으로 그렇지 않은 것을 다뤄야 하는 일련의 불연속적인 결함으로 보아야 하는가? 주어진 세계의 특성은 우리가 바라는 세상의 비전에 어떤 권력을 행사해야 하는가?

이런 질문이 서로 쌓이고 결국 아주 천천히 단계를 밟음으로써 정치에 대해 생각하는 상당히 다른 방식의 총합이 된다. 모든 사람은 자신의 국가를 지켜보며 좋은 것과 나쁜 것이 혼합된 상태를 발견한다. 그러나 어느 쪽이 우리에게 더 강한 인상을 줄까? 우리를 둘러싼 사회와 직면할 때, 우리는 먼저 그 사회의 잘 돌아가는 것에 감사하면서 그것을 강화하고 축적하는 쪽으로 움직이는가, 아니면 먼저 형편없이 돌아가는 것에 분노하면서 그것을 뿌리 뽑고 변화시키는 쪽으로 움직이는가?

그 대답은 특정한 정치적 이슈에 대해 생각하는 우리의 방식을 결정짓는 경향이 있다. 보건 제도를 고치는 일과 관련해 우리는 중앙식 시스템을 운영하기 위해 최신의 효과적인 데이터로 무장한 전문가 집단에게 권한을 부여하길 원하는가, 아니면 소비자의 지식과 선호도를 전달하고 시스템상의 개별 문제 중 일부를 다루기 위한 경제적인 장려책을 마련하길 원하는가? 빈곤을 줄이는 일과 관련해 가난한 이들의 수입을 보충하기 위해 공적 자금을 사용하는 대규모 국가 프로그램을 원하는가, 아니면 빈민들이 자립할 수 있는 기술과 습관을 축적하도록 지역 시민-사회 체제의 사회적 기반 시설 확충을 원하는가? 어떤 문제를 가능한 한 가장 포괄적이고 광범위한 수단을 통해 다루길 원하는가, 아니면 가능한 한 가장 집중적이고 선별적인 수단을 통해 다루길 원하는가? 이런 질문에 대한 사람들의 대답은 어떤 패턴으로 나뉠 것이다. 아울러 그 대답은 바로 지금 우리가 속한 특정 사회의 상황에 대한 의견뿐 아니라 사회 개혁자들이 얼마나 많은, 그리고 어떤 종류의 지식과 능력을 가졌다고 실제로 생각하는지에 대한 우리의 가정에 달려 있다.

또한 그 대답은 결국 우리의 정치 질서—근대적 자유주의—가 실제로 정확히 무엇인지에 관한 국민의 내재된 관념에 달려 있기도 하다. 그것은 계몽주의 철학자들이 발견한, 그리고 우리 사회가 그 철학자들의 평등주의와 자유라는 이상적 배합과 점점 더 닮아갈 수 있도록 더욱더 완벽하게 실행해 옮겨야 할 일련의 원칙인가? 아니면 계몽주의 시대 때, 특히 영국에서 사회가 평등주의와 자유의 이례적 혼합을 허용한 형태를 취함으로써 셀 수 없이 많은 세대에 걸친 사회적 시행착오 위에 축적한 생활 환경인가? 다른 말로 하면, 자유주의는 실행에 옮겨야 할 이론적 발견인가,

아니면 강화하고 완벽해져야 할 실질적 성취인가? 이 두 가지 가능성은 사뭇 다른 두 가지 유형의 자유주의적 정치를 제시한다. 바로 이상적 목표를 지향하는 활기찬 진보의 정치, 또는 소중한 유산을 완벽하게 보존하고자 하는 정치가 그것이다. 그들은 다시 말하면 진보적 자유주의와 보수적 자유주의를 주장한다.

미국의 정치 논쟁에서 양측은 여전히 아주 자주 이런 개괄적 서술에 대답을 제시한다. 그러나 물론 완벽하거나 꽤 일관성 있게 대답하지는 않는다. 버크와 페인은 우리에게 우파와 좌파의 탄생을 목도하는 창을 제공해주지만, 이념의 탄생을 본다는 것은 그 발전된 상태를 보는 게 아니다. 우파와 좌파 모두 버크와 페인이 펼쳤던 견해로부터 어떻게 변해왔는지는 적어도 그들의 견해가 어떻게 끈질기게 살아남았는지만큼이나 흥미롭다. 물론 이 책은 그 복잡한 진화를 겨우 수박 겉핥기식으로 다룰 수밖에 없다. 하지만 폭넓은 개괄만으로도 버크와 페인이 유익한 시발점이자 오늘날의 좌파와 우파를 위한 유용한 해결책으로서 얼마나 깊은 관련을 맺고 있는지 살펴보는 데 도움을 줄 수 있다.

페인 사상의 핵심을 이루는 근본적인 유토피아적 목표—시대와 장소 및 타인과의 관계에 의해 인간이 부여받은 의무의 제약으로부터 개인을 해방시키려는 목표—는 미국 좌파들에게 여전히 필수다. 그러나 그 대담한 야심을 구현하고, 그럼으로써 편견과 가난과 전쟁을 근절하려 한 페인의 희망을 구현하기 위해 구축했던 계몽주의적 자유주의 원칙과 체제가 실패로 돌아가자 좌파는 페인이 자신의 목표를 이룰 수단을 제공한다고 생각했던 자연권 이론과 그 목표 자체 중에서 어쩔 수 없이 선택해야 하는 것처럼 보였다. 이윽고 유토피아적 목표가 찬성표를 받았고, 페인의 계몽주의적 자유주의의 제약으로부터 대단히 홀가분해진, 기본적 욕구의 직접적 공급자라는 국가의 비전이 그 목표를 증진하기 위해 부상했다.

우리는 원시적 형태의 복지 국가를 제안하는, 혁명에 관한 페인의 후기 저술에서 이러한 사고방식의 맹아를 감지할 수 있다. 하지만 이는 시간이 흐르고 유럽 사회민주주의 사상의 영향을 받은 미국의 몇몇 진보주의자들이 적극적인 중앙 정부의 능력을 믿게 되면서 페인의 견해로부터 제법 나아갔다. 그들은 이런 정부가 어느 정도 물질적 혜택을 제공하면서 동시에 개인과 국가 사이를 가로막았던 사회적·시민적 제도 일부(페인이 그랬듯 그들도 후진성과 편견의 매개체라고 간주한 제도)를 일소할 수 있을 거라고 생각했다. 이런 식으로 정부는 국민을 물질적 결핍으로부터 해방시키고, 동시에 그들을 가까이에서 둘러싸고 있는 직접적인 도덕적 의무로부터도 해방시킬 수 있을 것이다. 이런 정부라면 국민을 더욱 동등하게 만들 것이고, 서로에게서 더욱 자유롭게 할 것이고, 그럼으로써 개별적 선택을 더 잘 행사할 수 있도록 할 것이다.

오늘날 좌파는 이런 물질적 집산주의와 도덕적 개인주의의 조합을 숨김없이 드러낸다. 좌파가 정부에 제공하는 역할 및 좌파와 유럽 사회사상의 연계로 보건대 이런 태도는 무엇보다 공동체주의 쪽으로 기운다고 주장할지도 모른다. 그러나 사실 좌파의 미국적 형태는 페인이 가졌던 정의에 대한 똑같은 열정, 그리고 전통, 종교, 주위 사람들의 도덕적 혹은 사회적 기대로부터 인간을 해방시키고픈 똑같은 욕망에 의해 작동하는 개인주의의 급진적 유형이다.

한편, 버크 사상의 중심에서 우리가 발견해온 세대 간 연속성과 내재된 사회적 지식의 체제에 대한 깊은 사명감은 오늘날 미국 우파에 여전히 없어서는 안 될 요소다. 그러나 버크 자신이 썼던 것처럼 각 사회는 이런 체제를 저마다 다르게 형성하며, 특히 미국인은 언제나 독보적으로 "자유로운 성격과 정신을 가진 사람들"[4]이었다. 이런 점과 더불어 미국 보수주의자들이 혁명(비록 페인이 주장한 것만큼 과격한 혁명은 아니었지만)에서 시작된 정치적 전통을 보존하고 있다는 단순한 사실은 오랫동안 미국 우파로 하여금 버크가 그랬던 것보다 이론과 개인주의 모두에 더욱 호소하는 경향을 띠게끔 해왔다. 아울러 두 가지 경향은 서로 연결된다. 요컨대 오늘날 보수주의자들에게서 가장 흔하고 가장 손쉽게 통용되는 미국의 정치사상 이론은 페인과 제퍼슨을 비롯한 미국의 여타 계몽주의적 자유주의 창시자들이 옹호해왔지만 좌파가 결국 단념해버린 것과 똑같은 자연권 이론을 각색한 것이다. 단지 보수적 자유주의 전통―버크가 영국 헌법으로서 찬양했고, 많은 중요한 점에서 미국 독립혁명이 대서양 이쪽에 보존하려(반대하는 것이 아니라) 애썼던 자유와 질서에 관한 관습과 체제의 점진적 축적―이 미국적 방식으로 거의 이어지지 않았을 뿐이다. 이런 까닭에 이는 오늘날 보수의 입에서 자주 거론되지 않는다.

그럼에도 불구하고 바로 이 보수적 자유주의는 매우 빈번하게 그들이 실제로 추구하는 비전이기도 하다. 그것은 전통적 사회 체제와 가족을 옹호할 때, 우리 문화를 아이들에게 더욱 알맞게 만들고자 할 때, 기술 관료적 전문가 정부의 시도를 비난할 때 보수주의자들이 제기하는 비전이다. 아울러 선조들의 입헌적 바탕에 충성을 요구할 때, 우리가 써버린 재정의 빚 때문에 아이들에게 부담을 줄 위험을 경고할 때, 우리 정부의 빤한 능력과 야망을 수긍할 수 없다고 주장할 때 그들이 지지하는 비전이다.

따라서 오늘날의 좌파는 페인의 기본 성향 대부분을 공유하고 있으되, 페인보다는 오히려 덜 돈키호테적이고 더욱 기술 관료적인 방식으로 개인을 해방시키고자 한다. 비록 페인의 원칙과 자연권에 대한 기초 교육을 결여한 방식이긴 하지만 말이다. 이렇게 현대 자유주의자들은 철학적으로 표류하고 있으며, 공리주의의 냉혹한 논리에 지나치게 개방적이다—그들은 권력 사용과 정부 역할의 한계에 대한 페인의 강조를 되새겨봐야 할 것이다. 한편 오늘날의 우파는 버크의 기본 성향을 대체로 공유하면서도, 그보다 덜 귀족적이고 (미국인으로서는 당연하게) 더욱 포퓰리즘적인 방식으로 우리의 문화적 유산을 보호하고자 한다. 비록 공동체와 감성에 대한 버크의 중점을 결여한 방식이긴 해도 말이다. 오늘날의 보수주의자는 이렇게 어조가 너무나 공격적이고, 초개인주의(hyperindividualism)의 달콤한 유혹에 지나치게 개방적이고, 일반적으로 자유주의 사회에 관한 비급진적 이론이 결핍되어 있다. 그들은 인간의 사회적 성격에 대한 버크의 요점을 취함으로써, 버크의 철저한 점진주의와 계몽주의적 급진주의를 넘어서는 혁신적 자유주의의 대안을 채택함으로써 이득을 볼 수 있을 것이다. 따라서 우리 정치의 양측은 실제로는 부지불식간에 자기의 정신적 선구자와 깊은 연속성을 드러내며, 그들을 더 잘 이해함으로써 많은 도움을 얻을 것이다. 각 진영은 버크-페인 논쟁을 주의 깊게 살핌으로써 최악의 과도한 상태가 일부 경감된다는 걸 발견할지도 모른다.

현대의 일부 유명한 정책 논쟁에서 한 가지 기이한 특징이 좌우 분열의 이러한 역사적 연속성 파악을 특별히 어렵게 만들 수 있고, 따라서 좀 더 얘기해볼 만하다. 공산주의 붕괴 및 사회주의 이념의 쇄락과 함께 지난 세기의 경제 대논쟁은 우리 정치의 고삐를 늦추게 했고, 그에 따라 미국의 정치 생활은 사회민주주의식 복지 국가와 그 이념의 커져가는 난관에 의해 규정되기에 이르렀다. 그리하여 오늘날의 진보는 전임자들이 지난 세기 동안 수립해온 한 무더기의 공공복지 후생 프로그램을 보존하려는 투쟁에 종종 몰두한다(보존이라는 명분 아래 노골적으로 버크주의자처럼 들리는 논거를 종종 사용한다). 한편 오늘날의 보수는 일부 핵심적인 통치 체제를 변모시키려 한다(페인적 느낌이 물씬 묻어나는 고전적 자유주의 원칙에서 비롯된 논거에 종종 호소한다). 따라서 일부 핵심적인 국내 논쟁의 수사(修辭)는 가끔 오리지널 좌우 논쟁의 거울상처럼 보인다.

그러나 이것은 정치적 변화에 관한 일종의 2차 논쟁─어떤 확실한 변화의 비전을 발전시키고자 하는 일련의 복지 국가 체제 개혁에 관한 논쟁─이다. 그 비전은 페인이라면 분명히 인식했을 진보의 원형이다. 요컨대 자유주의의 기틀 안에서 사회에 관한 전문 지식의 적용을 통해 발전한 정의라는 평등주의적 이상이다. 이는 버크였다면 친숙하다고 생각했을 좀더 보수적인 이상과 상반된다. 요컨대 자유주의의 기틀 안에서 암암리에 내재적 지식을 유지하고 전달하는 진화한 체제(가족, 시민 사회, 종교 단체, 시장 같은)를 통해 사회 문제를 처리하는 데 대한 옹호론이다. 이는 우리가 버크와 페인의 시대로 거슬러 올라가 유래를 밝혀낸 이데올로기적 분열의 일반적 패턴과 다름없는 또 하나의 사례다.

2세기 동안 분명 진화해왔음에도 불구하고, 우리 정치의 양대 산맥은 여전히 종종 페인과 버크에게서 눈에 띄는 기본적 근본 성향─진보와 전통, 선택과 의무, 기술 관료적 기량과 세속적 회의주의─을 표출한다. 그것이 가장 본연에 충실할 때, 미국의 각 정당은 오히려 혁명 시대의 대논쟁 연구를 통해 도출한 프로파일에 있는 그대로 들어맞는다.

말도 많고 탈도 많은 정치 논쟁을 몇 꺼풀만 벗겨내면 아직도 이토록 심오한 정치철학과 관련한 질문이 잠복하고 있다는 생각이 생소할지 모르겠다. 그러나 버크 및 페인의 삶과 그들의 주장이 우리에게 보여주듯 정치적 사건은 언제나 정치 이념과 묶여 있고, 그 매듭을 살펴보면 사건과 이념을 동시에 밝게 비출 수 있다. 철학은 역사를 움직인다, 특히 지대한 사회적 변화의 시대에는. 그리고 지금은 분명 그런 시대다, 버크와 페인의 시대처럼.

버크와 페인은 정치가 언제나 유동적이며, 정치가의 도전 과제는 사회의 이익을 위해 변화를 다스리는 것이라는 데 의견을 같이했다. 이런 기초적 현실로부터 그들을 분열시키고 그들의 온갖 이론적 탐험과 주장을 형성한 실질적 질문이 비롯됐다. 그러나 어떤 목적으로, 그리고 어떤 수단을 갖고 국민은 자신의 정치적·문화적 제도를 바꿔야 하는가? 버크와 페인의 논쟁이 궁극적인 해답을 주지 못할지 모르지만, 우리가 여전히 직면해야 하는 질문에 매우 깊이 있고 진지한 관심을 기울이게끔 한다.

매일같이 벌어지는 정치적 쟁점 속에서 자본주의 대 사회주의 논쟁의 잔재로, 혹은 오랫동안 예측해온 종교적 전통주의와 세속적 세계주의 사이의 최후 격돌의 희미한 전초전으로 오해를 받고 있는 더 심오한 논쟁의 반향이 우리 귀에 들려온다. 그러나 어쩌면 이러한 반향은 사실 근대 자유주의 정치 질서를 규정하는 견해차를 상기시킨다. 그 견해차는 에드먼드 버크와 토머스 페인에 의해 일찍이 유난히 또렷한 목소리로 제기되었고, 그들이 우리에게 분명히 가르쳐주는 것에 면밀한 관심을 기울일 때 훨씬 더 쉽게 이해할 수 있다.

이 책이 나오기까지 오랜 시간이 걸린 만큼 많은 사람에게 막대한 신세를 졌다. 그들은 이 책이 가능하도록 지원과 지도 그리고 호의와 (결코 적지 않은) 인내심을 보여주었다.

처음 작업은 시카고 대학교에 있는 사회사상분과위원회(Committee on Social Thought)에서 시작했는데, 그곳에서 놀랍게도 앎에 대한 진정한 탐색에 빠져 있는, 그리고 나 스스로 직접 목격하지 않았다면 그냥 전적으로 과거의 것이라고 상상했을 법한 종류의 학문에 전념하고 있는 교수와 학생들을 발견했다. 나는 특별히 랠프 러너(Ralph Lerner)에게 감사하지 않을 수 없다. 그의 관대한 마음씨와 열정과 놀라우리만치 광범위한 지식 그리고 변치 않는 쾌활한 유머 감각은 이 작업을 즐거움으로 만들어줬다. 네이선 타코프(Nathan Tarcov) 역시 내용에 깊이 관여하며 헌신하는 모범을 보여주었다. 그리고 이 책의 첫 번째 독자였던 리언 카스(Leon Kass)는 교수라는 직책을 뛰어넘어 전문적이면서도 개인적인 멘토이자 모델이었다. 그에게 진 빚은 내가 갚을 수 없을 만큼 막대하다.

연구는 시카고에서 시작했지만, 이 책은 거의 전적으로 워싱턴에서 썼다. 아울러 그곳에서 나는 많은 다른 학자와 친구들에게 차곡차곡 빚을

졌다. 아메리카 대학교의 앨런 레빈(Alan Levine)과 (당시는 조지타운 대학교에 있었지만 지금은 노터데임 대학교에 재직하는) 패트릭 드닌(Patrick Deneen)은 특별한 도움을 줬다. 그리고 다른 때도 그랬지만 이번에도 역시 애덤 키퍼(Adam Keiper)는 너무나 소중한 존재였다. 그는 최고의 편집자로서 헤아릴 수 없는 능력을 갖췄다. 더 중요하게도 그는 내게 보물 같은 친구다.

2007년 이래 나는 영광스럽게도 워싱턴의 윤리 및 공공 정책 센터(Ethics and Public Policy Center)에 자리를 잡았고, 이 책의 많은 작업은 그곳에서 이뤄졌다. 그곳은 동료 간 협조와 지식인의 참여 모두가 통상적으로 부족한 도시에서 섬과 같은 존재였으며, 바로 그런 이유로 센터장인 에드 웰런(Ed Whelan)과 동료들에게 감사를 드린다. 또한 2009년부터 나는 운 좋게도 〈내셔널 어페어스(National Affairs)〉의 편집자로 일해왔는데, 이곳의 환상적인 팀워크는 그 일을 즐겁게 만들어줬다. 모두에게 감사를 전한다. 최근 몇 년간 이 책은 물론 내 다른 저서도 로저 허톡(Roger Hertog)의 아낌없는 지지와 격려와 지도가 없었다면 불가능했을 것이다. 그에 대해서도 심심한 감사를 표한다.

또한 이 원고의 일부 또는 전체를 읽고 지혜와 지침을 제공한 여러 명의 동료, 조언자, 친구들에게도 고마움을 전한다. 그중에는 특히 애덤 화이트(Adam White), 조지 와이글(George Weigel), 힐렐 오펙(Hillel Ofek), 마이클 애론슨(Michael Aronson), 스콧 갤루포(Scott Galupo), 피터 웨너(Peter Wehner), 내 동생 야립 레빈(Yariv Levin)과 고(故) 대니얼 벨(Daniel Bell)이 있다. 나는 또한 작고한 크리스토퍼 히친스(Christopher Hitchens)와 토머스 페인에 대해 일련의 대화를 나누는 영광을 누렸다. 히친스의 인생 마지막 해에 나눈 이 대화는 페인과 그의 야망에 대한 내 생각을 깊이 있게 만드는 데 큰 도움을 주었다.

이 책과 같은 모든 프로젝트에서는 누구나 인터넷 시대 들어 더더욱 중요해진 사서들에게 어쩔 수 없이 많은 빚을 지게 된다. 토머스 페인이 쓴 저술들의 경우에는 특히 그랬다. 권위 있는 학술 전집이 절실히 필요했기 때문이다. 시카고 대학교의 레진스타인(Regenstein) 도서관, 의회도서관의 사본 전집, 브리티시 도서관, 필라델피아에 있는 미국철학협회 도서관의 사서들이 불편함을 무릅쓰고 헤아릴 수 없이 많은 도움을 주었다. 그리고 물론 참고문헌 목록과 본문 전체에 걸쳐 인용한 많은 학자에게도 그들의 저술과 몇몇 경우는 개인적 대화를 통해 많은 빚을 졌다.

베이식 북스(Basic Books) 출판사의 팀 바틀릿(Tim Bartlett)―내 원고가 어떠한지, 이 책이 어떠해야 할지, 전자를 후자로 어떻게 바꿀지 정확히 이해한 박학다식하고 재능 있는 편집자―과 함께 일한 것은 정말 행운이었다. 케이틀린 자폰테(Kaitlyn Zafonte)는 편집자와 저자 사이에서 일을 순조롭게 진행시키려고 애썼다(내가 보기엔 언제나 내 편을 훨씬 더 많이 들어주었다). 콜린 트레이시(Collin Tracy)와 패티 보이드(Patty Boyd)는 모든 저자가 제작팀과 편집팀에 바라는 종류의 세심한 관심을 보여주었다. 아울러 니콜 캐푸토(Nicole Caputo)는 최종 결과물이 최상으로 보이게끔 만들어줬다. 그들 모두에게 대단히 감사드린다.

그러나 내가 가장 큰 신세를 진 이들은 항상 그렇듯 가족이다. 부모님께 말로는 할 수 없는 감사를 드린다. 그리고 우리 삶에 가져다준 엄청난 기쁨에 대해 내 아이들, 마야와 샘에게도 고마움을 전한다.

무엇보다도 내 멋진 아내 세실리아에게 고맙고, 그녀가 있음에 또 감사드린다. 아내는 진정으로 받을 자격이 없음에도 불구하고 누리도록 특권을 부여받은 "무엇으로도 살 수 없는 삶의 은총"의 전형이다. 그녀가 배우자 선택에서 불가해한 판단 착오를 한 것을 제외하고, 아내는 항상 내게 정말이지 완벽한 사람이다. 사랑을 담아 이 책을 아내에게 바친다. 내게 사랑과 헌신이 진짜로 무엇을 의미하는지 가르쳐준 사람이기 때문이다.

서론

1. Copeland, *Our Eminent Friend Edmund Burke*, 148.

2. 뒤에서 살펴보겠지만, liberal이란 용어 자체가 버크와 페인 사이의 주요 논쟁 주제이기 때문에, 이 책에서 사용할 때는 대개 조금 다른 의미로 변화를 줄 것이다. **계몽주의적 자유주의**(enlightenment liberalism)는 영국에서 휘그파 다수의 사고 핵심에 있는 (특히 존 로크로부터 가져왔지만 개선되었고 때로는 그의 몇몇 지적 계승자들에 의해 변형되기도 한) 정치사상을 가리킨다. 이 용어는 또한 일부 중요한 차이점이 있긴 하지만 많은 미국과 프랑스 혁명가들의 이상—특히 피지배자들의 합의에 의한 정부와 정치 결사의 근저를 이루는 자연권—을 가리키기도 한다. **급진적 자유주의**(radical liberalism)는 정치에 대한 접근은 똑같지만 더 극단적인 변종—철저하게 정부의 공화제 형태를 고집하고 군주제 전복의 뜻을 품었던 변종—을 의미한다. 이 책에 한 차례 등장하는 **고전적 자유주의**(classical-liberal)는 프랑스혁명에 반대하는 영국인들의 반응과 에드먼드 버크로부터 크게 영향 받은 더욱 온건한 (그리고 더 나중에 나타난) 자유주의의 변종을 설명한다. 필자는 또한 결론에서 에드먼드 버크의—자유주의를 전통(및 다른 것들)과 비교해야 할 원칙의 발견이라기보다는 영국의 법적·정치적 전통의 실질적 업적으로 간주했던—정치 이념의 한 요소를 기술하기 위해 **보수적 자유주의**(conservative liberalism)란 용어도 사용할 것이다. 이런 정의들은 본론에서 더 정제될 것이나, 어쩔 수 없이 약칭을 사용하므로 다소 구시대적 (사실 버크와 페인의 시대에는 liberal이란 용어를 흔히 사용했지만, liberalism이란 단어는 1920년대까지 등장하지 않았다)일 것이다. 그럼에도 불구하고, 여기서는 이러

한 용어를 그 시대와 관련한 현대 학술 연구에 널리 통용되는 것과 똑같은 의미로 사용했다.

3. Edmund Burke, *The Writings and Speeches of Edmund Burke*, ed. Paul Langford (Oxford: Oxford University Press, 1981-)(이하 Burke, *Writings*), 8: 293. 이 전집이 완성되면 버크의 개인 서신을 제외하고 구할 수 있는 모든 연설문과 저술이 포함될 것이다. 전집 중 중요한 두 권이 아직 출판을 기다리고 있으므로 버크 저술의 상당수, 특히 1790년대 초의 글들은 다른 전집에서 인용하고 주석을 달 것이다.

4. Burke, *On Empire, Liberty, and Reform: Speechs and Letters of Edmund Burke*, 11.

5. Edmund Burke, *The Correspondence of Edmund Burke*, ed. Thomas Copeland (Chicago: University of Chicago Press, 1967)(이하 Burke, *Correspondence*), 6: 303. 이 전집에는 구할 수 있는 버크의 모든 개인 서신이 포함되어 있다.

6. Thomas Paine, *Life and Writings of Thomas Paine*, ed. Daniel Wheeler (New York: Vincent Parke & Company, 1915)(이하 Paine, *Writings*), 5: 18n. 이 10권 짜리 전집은 페인의 출간물 일체와 대량의 개인 서신을 포함한다. 별도 표시가 없으면, 페인의 모든 저술 인용은 이 전집에서 가져왔다. 몇몇 경우 인용한 편지를 다른 전집이나 완결되지 않은 전집에서만 구할 수 있을 때는 개별적으로 주석을 달 것이다.

7. Jefferson, *The Political Writings of Thomas Jefferson*, 207.

8. 필라델피아 시장 존 인스키프에게 쓴 이 편지는 Paine, *The Complete Writings of Thomas Paine*, 2: 1480에 포함되어 있지만, 다른 대부분의 인용에서 사용한 Paine, *Life and Writings of Thomas Paine*에는 없다.

9. Burke, *Writings*, 9: 31.

1 경기장의 두 인생

1. Burke, *Correspondence*, 5: 412.

2. Paine, *Writings*, 4: xv.

3. 역사가 로크(F. P. Lock)에 의한 최근의 역사적 탐사 작업에 따르면, 버크가 실제로는 1730년 1월에 출생했을지도 모른다고 한다(Lock, *Edmund Burke*, 1: 16-17).

사실 그의 출생 날짜(특히 연도)는 적어도 딕슨 웩터(Dixon Wecter)의 1937년 수필 〈버크의 생일(Burke's Birthday)〉까지 거슬러 올라가는(학문적 정직성의 수위를 조금 낮춘다면 사실상 그에 대해 쓴 초기 전기 작가들로까지 거슬러 올라간다) 오랜 학문적 논란의 주제였는데, 그럴듯한 주장들은 그의 출생연도를 1728년에서 1730년 사이 어딘가쯤으로 본다. 1998년에 이뤄진 로크의 증거 분석은 설득력 있지만 결코 결정적이지는 않은데, 특히 동시대 기록들이 1729년 출생설에 힘을 실어주고 있기 때문이다. 이 논쟁에 새로운 증거가 나타나지 않은 관계로, 필자는 그의 생일을 1729년 1월로 보는 대다수 근대 버크 학자들의 의견을 따랐다.

4. Morley, *Burke*, 24-25.

5. Burke, *Writings*, 1: 221.

6. Walpole, *Horace Walpole's Correspondence*, 9: 380.

7. Burke, *Writings*, 8: 206.

8. Burke, *Writings*, 3: 483.

9. Burke, *Writings*, 3: 64-70.

10. Burke, *Writings*, 2: 196.

11. 같은 책, 252.

12. 같은 책, 458. 2장에서 자세히 살펴보겠지만, 이것이 버크가 정치에 대한 이론 적용을 전면 거부했다는 걸 의미하지는 않는다.

13. Paine, *Writings*, 5: 32-33.

14. Robbins, "The Lifelong Education of Thomas Paine," 135-142.

15. Nelson, *Thomas Paine*, 44에서 인용.

16. Franklin, *The Works of Benjamin Franklin*, 361.

17. Paine, *Writings*, 2: 113-118.

18. 같은 책, 196.

19. 페인은 빈번하게 'republican'이라는 단어를 사용하는데, 이후의 장에서 논의하는 것처럼 《인권》 2부에서 그는 꽤 신중하게 이에 대한 정의를 내린다. 이 책 전체에 걸쳐 필자는 페인의 정의대로 이 용어를 사용한다(이는 또한 이 용어에 대한 버크의 이해를 반영하기도 한다). 따라서 'republican'은 정부의 특정 시스템이 아니라 정부에 대한 접근법을 지칭한다. 이 접근법은 세습군주제에 대한 철두철미한 거부로부터 시작해서 유용성이라는 합리적 원칙에 근거해 최대한 국민에게 책임을 지

는 정부 체제를 수립하려는 것이다.

20. Paine, *Writings*, 2: 75.

21. 이 시기의 정확한 판매 부수와 독자 수는 물론 손에 넣을 수 없다. Kaye, *Thomas Paine*, 56-57에는 15만 부의 소책자가 인쇄업자와 발행인들에 의해 분명히 배포됐다고 적혀 있다―그 시대로서는 어마어마한 수치다. Conway, *Life of Thomas Paine*, 25는 몇몇 동시대 자료를 근거로 비슷한 수치를 보고한다. 페인 자신은《인권》에서 몸에 밴 겸손함으로《상식》은 순전히 전례 없는 문학적 사건이었다며 "그것이 거둔 성공은 인쇄술의 발명 이래 그 어떤 것도 뛰어넘었다"(Paine, *Writings*, 5: 18n)고 썼다. 물론 이건 다소 신뢰도가 떨어지는 말이다.

22. Washington, *The Writing of George Washington*, 3: 347.

23. Paine, *Writings*, 3: 1.

24. Paine, *Writings*, 4: 220.

25. Burke, *Writings*, 3: 305-306.

26. 버크의 첫 전기 작가 로버트 비셋(Robert Bisset)은 그런 만남이 있었다고 단언하지만, 그 증거를 면밀히 조사해본 토머스 코플랜드(Thomas Copeland)는 그런 일이 일어났을 것 같지 않으며 두 사람은 1788년에야 처음 만났다고 주장한다(Copeland, *Our Eminent Friend Edmund Burke*, 155-156). 이후의 전기 작가들은 확실하게 입증할 수 없다는 걸 시인하면서도 코플랜드의 견해에 동조해왔다.

27. Burke, *Correspondence*, 5: 415.

28. Copeland, *Our Eminent Friend Edmund Burke*, 160에서 인용.

29. Edmund Burke, *Further Reflections on the Revolution in France*에 실린 "An Appeal from the New to the Old Whigs," ed., Daniel Ritchie (Indianapolis: Liberty Fund, 1992)(이하 Burke, *Appeal*), 136n. 필자는《항소》와 관련해 이 책 전체에 걸쳐 리치 전집을 사용했다. 이 수필을 포함할 옥스퍼드판 버크 전집이 아직 발간되지 않았기 때문이다.

30. Paine, *Writings*, 5: 106-107.

31. Burke, *Correspondence*, 6: 1.

32. 폭스는 1789년 7월 30일 편지에서 이렇게 썼다. 이에 대해서는 Evans, *Debating the Revolution*, 6: 1에서 인용과 함께 논의한다.

33. Burke, *Correspondence*, 6: 10.

34. 같은 책, 30.

35. Burke, *Correspondence*, 6: 70.

36. 같은 책.

37. MacCoby, ed. *The English Radical Tradition*, 54.

38. Price, *The Correspondence of Richard Price*, 260.

39. Burke, *Writings*, 8: 59.

40. Edmund Burke, *The Writings and Speeches of Edmund Burke* (Boston: Little, Brown & Co., 1901)(이하 Burke, *Writings and Speeches*), 3: 221. (버크 스스로 적어놓지 않고 의회 기록으로 발간한 이 연설의 일부 내용은 이 책의 구판에서 찾을 수 있다. 하지만 대부분의 참고문헌에서 사용한 현대의 대학판에는 없다.)

41. Burke, *Correspondence*, 6: 46.

42. Burke, *Writings*, 8: 116.

43. 같은 책, 108.

44. 같은 책, 136.

45. 같은 책, 293.

46. Fennessy, *Burke, Paine, and the Rights of Man*, 1.

47. 판매 부수에 대한 자세한 정보는 토드(W. B. Todd)의 꼼꼼한 리서치 연구 "버크의 《프랑스혁명에 관한 성찰》의 서지학적 역사(The Bibliographical History of Burke's *Reflection on the Revolution in France*)," 100-108 참조.

48. Paine, *Writings*, 4: 69.

49. 같은 책, 104.

50. 같은 책, 143.

51. Paine, *Writings*, 2: 90.

52. Paine, *Writings*, 4: 200.

53. 같은 책, 201.

54. 페인 자신은 존 홀(John Hall)에게 보낸 편지에서 그 책이 5만 6000권 이상 팔렸다고 주장했지만 증거를 제시하지는 않았고, 학자들은 일반적으로 그 수치에 심각한 의문을 제기한다(Paine, *The Complete Writings of Thomas Paine*, 2: 1,321-1,322). 어쨌든 페인의 책이 버크의 책보다 훨씬 많이 팔린 것은 분명하다 (Conway, *The Life of Thomas Paine*, 343).

55. Jefferson, *The Papers of Thomas Jefferson*, 20: 304.

56. 같은 책, 17: 671.

57. David Bromwich, "Burke and the Argument from Human Nature," in Crowe, ed. *An Imaginative Whig*, 54-55.

58. Paine, *Writings*, 5: 97.

59. 이 일화는 Nelson, *Thomas Paine*, 228에서 능숙하게 다룬다.

60. Burke, *Writings*, 9: 326-327.

61. Paine, *Writings*, 6: 3

62. 같은 책, 275.

2 자연과 역사

1. Paine, *Writings*, 2: 1.

2. Paine, *Writings*, 4: 52.

3. 버크와 페인의 시대에 이는 관례였고 그들의 사상을 논의하는 데 이를 피하기 어려울 것이므로, 필자는 이 책 전체에서 일반적으로 인간을 지칭하는 남성형 단수 'man'을 사용하려 한다.

4. Paine, *Writings*, 4: 53.

5. 같은 책, 266.

6. 같은 책, 54.

7. Paine, *Writings*, 8: 294-295.

8. Paine, *Writings*, 4: 227.

9. Claeys, *Thomas Paine*, 94에서는 사회와 정부 사이의 차이에 대한 이런 강조, 그리고 이런 구분이 갖는 반(反)국가중심주의적 암시가 페인이 정치사상에 가장 중요하게 독창적으로 기여한 부분이라고 주장한다.

10. Paine, *Writings*, 4: 226.

11. 같은 책, 221.

12. Paine, *Writings*, 2: 90.

13. Paine, *Writings*, 4: 255-256.

14. 같은 책, 197.

15. 같은 책, 240.

16. 같은 책, 291. 페인은 이후 《인권》(같은 책, 305)의 같은 장에서도 역시 동일한 표현을 사용한다.

17. Paine, *Writings*, 2: 5-6.

18. 같은 책, 237-238.

19. 같은 책, 265.

20. 같은 책, 4.

21. Paine, *Writings*, 4: 193-194.

22. Paine, *Writings*, 2: 79.

23. 같은 책, 20-21.

24. Burke, *Writings*, 8: 213. 비슷하게, 버크는 1790년 토머스 머서(Thomas Mercer)에게 보낸 편지에서 수세기 동안 "처음에는 틀렸을지도 모르는 것이 시간의 축성을 받아 합법적이 된다"(Burke, *Correspondence*, 6: 95)고 썼다.

25. Burke, *Writings*, 6: 316-317.

26. 물론 이 법칙에는 다른 예외도 있다. 가장 유명하게는 《로마사 논고(Discourses on Livy)》에서 로마에 대해 수차례 기술한 마키아벨리가 포함된다.

27. Burke, *Writings*, 8: 331.

28. Paine, *Writings*, 4: 150.

29. Burke, *Writings*, 8: 112.

30. 같은 책.

31. Burke, *Correspondence*, 6: 48.

32. Burke, *Appeal*, 168-169.

33. Crowe, ed., *An Imaginative Whig*, 48에 있는 Bromwich, "Burke and the Argument from Human Nature".

34. Burke, *Appeal*, 179. 강조는 원문.

35. 같은 책, 163-164.

36. Burke, *Writings*, 8: 206.

37. 같은 책, 111.

38. 같은 책, 112.

39. 같은 책, 189.

40. 같은 책, 115.

41. Burke, *Writings*, 1: 198.

42. Burke, *Writings*, 2: 196.

43. 1791년의 "Letter to a Member of the National Assembly"에 나오는 루소의 감상주의에 관한 버크의 단호한 거부 참조(Burke, *Writings*, 8: 312-317).

44. Burke, *Writings and Speeches*, 11: 237.

45. Burke, *Writings*, 8: 128.

46. Burke, *Writings*, 2: 252.

47. Hazlitt, *The Collected Works of William Hazlitt*, 7: 306에 실린 "Character of Mr. Burke".

48. Burke, *Writings*, 8: 101 and 3: 396.

49. Burke, *Writings*, 8: 131. 강조는 원문.

50. 같은 책, 133.

51. 같은 책, 137.

52. Fennessy, *Burke, Paine, and the Rights of Man*, 121-123에 이러한 논거가 잘 개괄되어 있다.

53. Burke, *Writings*, 8: 128.

54. 같은 책.

55. 같은 책, 126-127.

56. Burke, *Correspondence*, 6: 86-87.

57. Paine, *Writings*, 4: 24.

58. Burke, *Writings*, 8: 128.

59. 같은 책, 84.

60. Burke, Writings, 9: 188.

61. 같은 책.

62. Burke, *Appeal*, 87-88.

63. Burke, *Writings*, 9: 634.

3 정의와 질서

1. Paine, *Writings*, 4: 26.

2. 버크는 1791년 친구 필립 프랜시스에게 보낸 편지에서 이 점을 가장 명료하게 밝힌

다(Burke, *Correspondence*, 6: 90-91).

3. Burke, *Appeal*, 89.

4. Paine, *Writings*, 4: 40.

5. "절차적 보수주의자(procedural conservative)"라는 용어는 특별히 Hampsher-Monk, *The Political Philosophy of Edmund Burke*에서 사용했다.

6. 위대한 20세기 버크 연구자 중 한 명인 찰스 본(Charles Vaughan)은 버크가 "권리라는 추상적 개념에 대한 공격에 있어, 모든 것을 언제나 편의주의로 언급하는 데 있어 흄이나 벤담과 어깨를 나란히 한다"(Vaughan, *Studies in the History of Political Philosophy Before and After Rousseau*, 2: 19)고 주장했다. 아마도 19세기 최고의 버크 전기 작가 존 몰리는 유사한 근거로 자신을 "버크주의자이자 벤담주의자"(Morley, *Recollections*, 1: 232-233)라고 불렀던 것 같다. 20세기의 버크 해석자 대다수는 그가 적어도 정치에 있어 도덕적 규범의 의미를 매우 등한시했다고 생각한다. 버크주의(Burkeanism)는 이런 점에서 정치 이론이 아니라 정치 **성향**(disposition), 주로 변화에 관한 하나의 성향으로 여겨진다. 아울러 그 성향은 Hampsher-Monk, *The Political Philosophy of Edmund Burke*, 28에서 최근 언급했듯 "어떤 이상도 찾았다고 주장하지 않는다".

7. Mansfield, *Statesmanship and Party Government*, 245.

8. Burke, *Writings*, 9: 455.

9. Burke, *Appeal*, 176-177.

10. Burke, *Writings*, 9: 456.

11. 버크 학자들 중 이 학파는 피터 스탠리스(Peter Stanlis)와 그의 중요한 1958년 저서 《에드먼드 버크와 자연법(Edmund Burke and the Natural Law)》이 전형적인 사례다.

12. 같은 책, 84.

13. 버크는 생의 마지막 해에 자신의 경력을 돌아보며 이렇게 썼다. "내가 만일 보상을 요구하고 싶다면, 중도에 쉬지 않고 14년 동안 가장 근면했고 가장 적은 성공을 거둔 그 일에 대한 것일 게다. 인도 사건 말이다. 그 사건은 그 중요성과 노력과 판단 그리고 그것을 추진하는 동안의 지조와 끈기라는 측면에서 내가 스스로 가장 자랑스럽게 느끼는 일이다"(Burke, *Writings*, 9: 159).

14. Burke, *Writings*, 6: 459.

15. Burke, *Writings*, 9: 572.

16. Burke, *Correspondence*, 4: 416.

17. Burke, *Writings*, 9: 463.

18. Burke, *Writings*, 8: 145.

19. 같은 책.

20. 같은 책, 142-143.

21. 같은 책, 146.

22. 같은 책, 290.

23. 같은 책, 148.

24. 같은 책, 142. 그의 경력 중 몇몇 시기에, 특히 1770년대 초와 프랑스혁명 직후에 버크는 모든 유형의 무신론에 유난히 적대적이었고, 다른 주제들에 관한 가장 열정적인 저술에서조차 거의 발견할 수 없는 어조와 격렬한 표현을 썼다. 그는 1773년 '신교 반대자들의 구원(relief)에 관한 연설'에서 "시민 사회를 가장 진저리나고 무자비하게 강타하는 것은 무신론을 통해서다"라고 주장했다. "이들이야말로 당신이 법의 화살을 겨눠야 할 사람들이다. 이들이야말로 정부의 모든 위협 수단으로 정렬시킨 뒤 '우리를 야수로 격하시켜서는 안 돼'라고 내가 말할 사람들이다. ……신앙심 없는 자들은 이 나라가 아닌, 인류의 헌법을 어긴 범법자들이다. 그들을 절대, 절대, 절대로 옹호해서도, 참아줘서도 안 될 것이다. 이런 사람들의 조직적 공격 아래 훌륭한 정부의 일부 버팀목이 벌써 무너지기 시작하는 게 보인다. 종교에 어떤 관용조차 남겨두지 않을 전파된(propagated) 원칙들이 보인다. 이런 가증스러운 자들의 공격 아래 나 자신이 매일매일 가라앉고 있는 게 보인다"(Burke, *Writings*, 2: 88).

25. "제도에는 원론적으로 미신적 기미가 있다. 아울러 제도는 영속적이고 항구적인 영향에 의해 미신적 요소를 키운다"고 버크는 프랑스 가톨릭 사제들에 관해 쓴다. "나는 이에 대해 이의를 제기하려는 게 아니다. 그러나 이것이 당신들로 하여금 이후 공공의 이익을 위해 제공될지도 모를 어떤 자원을 미신 자체로부터 추론하는 것을 방해하도록 해서는 안 된다"(Burke, *Writings*, 8: 207-208).

26. 같은 책, 151.

27. Burke, *Appeal*, 199.

28. Burke, *Writings*, 6: 350.

29. Burke, *Writings*, 8: 213.

30. "우리는 만물의 이치와 인간의 본성을 바꿀 수 없고, 우리가 할 수 있는 최선을 다해 그것에 의거해 행동해야 한다"(Burke, *Correspondence*, 6: 392)고 버크는 쓴다.

31. Burke, *Correspondence*, 2: 281-282. 그는 *Writings*, 9: 269에서 거의 똑같은 생각을 밝힌다.

32. Burke, *Writings*, 2: 282.

33. Burke, *Writings*, 3: 120.

34. Burke, *Writings*, 2: 196.

35. Burke, *Writings*, 8: 220.

36. Burke, *Correspondence*, 6: 48.

37. Burke, *Writings*, 8: 205.

38. Burke, *Writings*, 5: 382.

39. Burke, *Correspondence*, 3: 403.

40. Burke, *Writings*, 8: 100.

41. 같은 책.

42. 같은 책, 88.

43. 같은 책, 101.

44. 같은 책, 103. 또는 《성찰》에서 일찍이 썼듯 "무명(obscure)의 상황으로부터 저명함과 권력으로 가는 길은 너무 쉽게 만들어지거나 지나치게 당연한 일이어서는 안 된다고 말하길 나는 망설이지 않는다. 희귀한 장점이 모든 희귀한 것 중 가장 드문 것이 되려면 일종의 수습 기간을 통과해야 한다. 명예의 신전은 명성 위에 자리 잡아야 한다. 만일 그것이 미덕을 통해 열린다면, 미덕은 반드시 어떤 난관과 투쟁의 시련을 겪는다는 것 또한 기억하자. ……모든 것은 개방되어야 한다—그러나 모든 사람에게 무차별적으로 열려서는 안 된다"(같은 책, 101).

45. 같은 책, 95.

46. Burke, *Appeal*, 198.

47. Stanlis, *Edmund Burke and the Natural Law*, 186.

48. Burke, *Appeal*, 160.

49. "내가 방금 기술한 것처럼 자격 있는 사람은 자연 속에서 형성된다. 자연은 사회의 공통된 조정(modification), 즉 이끌고 지도하고 통치하는 부분 안에서 운용되기

때문이다. 그것은 육체에 영혼이 하는 역할과 같아서 그것 없이 인간은 존재할 수 없다. 따라서 사회 질서 안에서 그런 인간에 대한 설명을 중시하지 않는 것은 그토록 많은 구성단위로 이뤄진 인간에게 중요성을 두지 않는 것과 마찬가지로 소름 끼치는 권리 침해다"(Burke, *Appeal*, 168-169).

50. Burke, *Writings*, 8: 100-101.

51. 같은 책, 233.

52. 같은 책, 97.

53. 같은 책, 174.

54. 같은 책, 259.

55. 같은 책, 128.

56. Crowe, ed., *An Imaginative Whig*, 46에서 데이비드 브로미치는 "모든 인류의 타고난 평등함"에 대한 버크의 몇몇 암시에 주목하면서 "버크는 무엇보다 법 앞의 평등을 의미했음이 틀림없다"고 말한다. 그러나 이런 언급이 등장하는 맥락을 보면, 특히 인도에서 자행한 헤이스팅스의 행위에 관한 문맥에서는 이 같은 설명이 타당해 보이지 않는다. 오히려 버크는 물리적인 자연의 보편적 평등을 거론하는 것 같다. 그렇다고 버크가 단순히 정치적 또는 사회적 평등을 시사한다고 여기지는 않는다.

57. Burke, *Correspondence*, 3: 403.

58. Burke, *Writings*, 8: 110.

59. 같은 책, 127.

60. 같은 책, 87.

61. Paine, *Writings*, 2: 50.

62. 같은 책, 19.

63. 같은 책, 12.

64. 같은 책, 195.

65. Paine, *Writings*, 9: 243.

66. Paine, *Writings*, 4: 234.

67. 같은 책, 297-298.

68. 같은 책, 247.

69. "재산이 영원히 불평등하리라는 것은 확실하다"고 페인은 1795년 《정부의 첫 번째

원칙에 관한 논문》에서 쓴다. "근면성, 재능의 우월함, 경영 수완, 지나친 검소함, 운 좋은 기회 또는 그 반대 혹은 그러한 것들의 수단이 영원히 그런 결과를 만들어 낼 것이다. 탐욕과 억압이라는 가혹하고 듣기조차 싫은 이름에 의지하지 않는다면 말이다"(Paine, *Writings*, 9: 262).

4 선택과 의무

1. Paine, *The Complete Writings of Thomas Paine*, 2: 1,298-1,299.

2. Paine, *Writings*, 4: 59.

3. 같은 책, 59-60.

4. 같은 책, 62.

5. 같은 책.

6. 같은 책, 12.

7. Paine, *Writings*, 9: 260.

8. 같은 책, 161.

9. Burke, *Writings*, 8: 66.

10. 같은 책.

11. 같은 책, 73.

12. Burke, *Writings and Speeches*, 7: 93.

13. Burke, *Writings*, 8: 81. 강조는 원문.

14. Burke, *Writings*, 3: 315.

15. Burke, *Writings*, 8: 174.

16. 같은 책. 버크는 아리스토텔레스가 *The Politics*, 1.319a-1.320a에서 진술한 논거를 설명한다.

17. Burke, *Writings*, 8: 174.

18. Burke, *Appeal*, 157.

19. 같은 책, 157-158.

20. 같은 책, 162.

21. 같은 책, 160.

22. 같은 책, 161.

23. Burke, *Writings*, 8: 316.

24. Burke, *Writings and Speeches*, 7: 95.

25. Morley, *Burke*, 239.

26. Burke, *Writings*, 8: 244.

27. Pain, *Writings*, 4: 56.

28. Burke, *Appeal*, 159-160.

29. Burke, Writings, 8: 229.

30. 같은 책, 8: 147.

31. Burke, *Appeal*, 114.

32. 같은 책, 163.

33. Paine, *Writings*, 4: 52.

34. Burke, *Writings*, 8: 109.

35. 같은 책, 109-110.

36. 같은 책, 110-111.

37. 같은 책, 110.

38. Burke, *Writings*, 3: 69.

39. Paine, *Writings*, 4: 148-149.

40. Burke, *Writings*, 8: 290-291.

41. Burke, *Correspondence*, 6: 42.

42. Burke, *Writings*, 3: 59.

43. Burke, *Writings*, 8: 332.

44. 같은 책, 291.

45. Burke, *Writings*, 3: 318.

46. 같은 책, 59.

47. Fennessy, *Burke, Paine and the Rights of Man*, 38.

48. Paine, *Writings*, 5: 32-33. Paine, *Writings*, 8: 269 and 3: 191에서도 거의 동일한 감성이 드러난다.

49. Paine, *Writings*, 4: 239.

50. Burke, *Writings*, 8: 97.

51. 같은 책, 129.

52. Burke, *Appeal*, 161.

53. Paine, *Writings*, 5: 6.

54. Paine, *Writings*, 8: 240.

55. Burke, *Writings*, 9: 137.

56. Burke, *Writings*, 9: 180.

57. Burke, *Writings*, 8: 209.

58. Burke, *Writings*, 9: 145.

59. West, *Adam Smith*, 201.

60. Paine, *Writings*, 4: 71

61. 같은 책, 227-228.

62. Paine, *Writings*, 9: 84.

63. Paine, *Writings*, 5: 15.

64. 같은 책, 57-58.

65. 같은 책, 58.

66. Paine, *Writings*, 10: 11-12.

67. 같은 책, 16-17.

68. 같은 책, 25-26.

69. 같은 책, 28.

5 이성과 처방

1. Burke, *Appeal*, 147-148.

2. Burke, *Writings*, 2: 196.

3. Burke, *Writings and Speeches*, 7: 97.

4. 같은 책, 41.

5. Burke, *Writings*, 3: 317.

6. 같은 책, 157.

7. Burke, *Writings*, 2: 282.

8. Burke, *Correspondence*, 2: 372-373

9. Burke, *Writings*, 1: 228.

10. Burke, *Writings and Speeches*, 7: 41.

11. Burke, *Writings*, 8: 58.

12. Burke, *Writings*, 3: 313.

13. Burke, *Writings*, 8: 326. 그러나 아메리카, 인도, 프랑스에 관해 쓸 때 버크는 언제나 책상에서 작업했지 절대 사건 현장으로 달려가지 않았다는 점에 주목하라. 반면 페인은 정의의 추상적 원칙에 분명 더 높은 가치를 두긴 했지만, 필라델피아에서 아메리카에 대해 썼고, 파리 사건의 심장부에서 프랑스혁명에 대해 기록했다. 거의 예외 없이 그는 자신이 직접 개입한 사건들에 관해 썼다.

14. 같은 책, 231-232.

15. 같은 책, 232.

16. 같은 책, 193.

17. Burke, *Correspondence*, 6: 46.

18. Burke, *Writings*, 8: 165.

19. Burke, *Writings*, 2: 188.

20. Burke, *Writings*, 1: 207.

21. Burke, *Writings*, 3: 589.

22. Burke, *A Note-Book of Edmund Burke*, 68.

23. Burke, *Writings*, 8: 138.

24. Burke, *Appeal*, 199.

25. Burke, *Writings*, 8: 138.

26. Burke, *Appeal*, 192-193.

27. Burke, *Writings*, 8: 217.

28. Burke, *Writings*, 3: 69.

29. Burke, *Writings*, 8: 217.

30. Paine, *Writings*, 3: 10

31. Burke, *Writings*, 3: 163.

32. Burke, *Writings*, 2: 317.

33. 같은 책, 318.

34. 같은 책, 315.

35. 같은 책, 320; Burke, *Correspondence*, 4: 79.

36. Bukre, *Appeal* 197.

37. 같은 책, 196.

38. Burke, *Writings*, 3: 139.

39. Burke, *Writings and Speeches*, 7: 104.

40. Burke, *Writings*, 8: 86.

41. Burke, *Writings and Speeches*, 7: 104.

42. Burke, *Writings*, 8: 137.

43. 같은 책, 83.

44. Burke, *Correspondence*, 6: 158.

45. Burke, *Writings*, 2: 456.

46. Burke, *Writings*, 8: 138

47. Burke, *Correspondence*, 4: 295.

48. Burke, *Writings*, 8: 150.

49. Burke, *Writings*, 3: 492.

50. Burke, *Writings*, 8: 72.

51. 인생 말년에 버크는 실제로 그러한 보존을 자신의 매우 주된 관심사로 기술한다. 급진주의자들이 영국 헌법을 압도할 것이라고 확신한 그는 의회에서의 마지막 해에, 로프버러 경(Lord Loughborough)에게 이런 편지를 보냈다. "저는 진심으로 정치에 넌더리가 났고, 자코뱅들이 저보다 훌륭한 다른 분들과 함께 거기서 저를 끌어낼 때까지 조용한 망각 속에 저를 묻을 수단이 있다면 무엇이든 하겠습니다. 그러나 제 견해는 단 한 가지입니다. 제 원칙은 매우 확고합니다. 정치적 임무와 자연적 실존에 주어진 제 시간은 매우 짧습니다. 제 면전에 있는 저 강한 것들 앞에서 저는 오로지 한 가지 생각, 제가 태어난 세상의 질서를 보존하려는 생각뿐이며, 제가 살아 있고 국가를 위해 복무하는 한 도움이 되길 바랍니다"(Burke, *Correspondence*, 7: 518-519).

52. Burke, *Writings*, 8: 83-84.

53. 같은 책, 82.

54. Burke, *Writings*, 2: 194.

55. Burke, *Correspondence*, 7: 521-522.

56. Burke, *Appeal*, 91.

57. Burke, *Writings*, 2: 175.

58. Burke, *Appeal*, 163.

59. Burke, *Writings and Speeches*, 7: 14.

60. 물론 버크 자신은 처방에 대해 매우 많은 찬성론을 펴고 그것에 관해 논쟁을 벌인다―그는 종종 이런 자기모순을 알고 있는 듯하지만 이를 회피하거나 해결할 수 없었다.

61. Burke, *Writings*, 3: 319.

62. Burke, *Writings*, 8: 142.

63. Burke, *Appeal*, 190-191.

64. Burke, *Writings*, 8: 214.

65. Burke, *Correspondence*, 3: 355.

66. Paine, *Writings*, 4: 306.

67. Paine, *Writings*, 5: 45.

68. 같은 책, 1.

69. Paine, *The Complete Writings of Thomas Paine*, 2: 1,480.

70. Paine, *Writings*, 4: 199-200.

71. 같은 책, 263.

72. 같은 책, 188.

73. 같은 책, 263.

74. 같은 책, 234.

75. 같은 책, 156.

76. 같은 책, 21-22. 페인은 여기서 평소답지 않게 (따라서 의도적이었을 공산이 농후하게) 자신이 제시한 인용을 왜곡한다. 《프랑스혁명에 관한 성찰》의 관련 구절에서, 버크는 정부를 추상적으로 판단하는 데 대해 반대론을 펼친다. "추상적으로 말해서, 자유뿐 아니라 정부도 선하다. 하지만 상식적으로 내가 10년 전 저 정부의 본성이 무엇인지 혹은 그것을 어떻게 운영하는지에 대한 질문을 하지 않고 정부를 향유하는(프랑스에는 그때 정부가 있었으므로) 프랑스를 축하할 수 있었겠는가? 이제 내가 똑같은 나라에 대해 자유를 축하할 수 있을까? 내가 감옥의 보호적 통제와 유익한(wholesome) 암흑으로부터 탈출한 미치광이를 빛과 자유의 향유를 되찾은 데 대해 진지하게 축하해야 하는 것은 추상적 자유를 인류의 축복 중 하나로 분류할 수 있기 때문인가?"(Burke, *Writings*, 8: 58). 다른 말로 하면, 버크는 명백하게 '아니'라는 답변을 의도한 수사적 질문을 던지지만, 페인은 이런 언급을

(문법을 변경하고 의문부호를 제거함으로써) 마치 긍정문의 주장인 것처럼 나타낸다. 이런 왜곡을 좀처럼 하지 않는 페인의 《인권》 및 버크–페인 논쟁 관련 문헌에서 이는 놀라운 점이다.

77. Paine, *Writings*, 4: 17.

78. Paine, *Writings*, 5: 211-212.

79. Paine, *Writings*, 9: 248.

80. Paine, *Writings*, 4: 291.

81. Paine, *Writings*, 2: 235. 그는 대체로 인용을 회피하긴 하지만, 자신의 저술 여러 곳에서 로크, 몽테스키외, 루소, 휘호 흐로티위스(Hugo Grotius), 애덤 스미스를 비롯한 다른 이들을 만족스러운 듯 인용하고 참조한다.

82. Paine, *Writings*, 6: 267.

83. 같은 책, 268.

84. 같은 책, 2.

85. 같은 책, 10.

86. 같은 책, 265.

87. 같은 책, 273 and 277.

88. 같은 책, 47.

89. 같은 책, 3.

90. Paine, *Writings*, 4: 189-190.

91. Burke, *Writings*, 8: 110.

92. Paine, *Writings*, 4: 147.

93. Paine, *Writings*, 5: 103n.

94. Paine, *Writings*, 4: 244-245.

95. 같은 책, 276.

96. 같은 책, 215-216.

97. Paine, *Writings*, 5: 107.

98. Paine, *Writings*, 8: 240.

99. Paine, *Writings*, 4: 286.

100. 같은 책, 286-287.

101. Paine, *Writings*, 10: 275-276.

102. Paine, *Writings*, 8: 371.

103. Paine, *Writings*, 4: 164.

104. 같은 책, 164-165.

105. 같은 책, 234.

106. 같은 책, 103.

107. 같은 책, 150-151.

108. 같은 책, 63-64.

109. Paine, *Writings*, 2: 5-6.

110. Burke, *Writings*, 8: 112.

111. Paine, *Writings*, 4: 244.

112. Burke, *Writings and Speeches*, 7: 133.

113. Burke, *Writings*, 8: 293.

114. Paine, *Writings*, 4: 258.

115. Paine, *Writings*, 9: 273.

116. Paine, *Writings*, 2: 52.

117. Paine, *Writings*, 4: 293.

118. 같은 책, 80-81.

119. 같은 책, 260.

120. 같은 책, 245.

121. 같은 책, 83.

122. 같은 책, 214.

123. Paine, *Writings*, 5: 2-3.

124. 같은 책, 97-98.

125. Paine, *Writings*, 9: 270-271.

126. 같은 책, 272.

127. Paine, *Writings*, 4: 306.

128. 같은 책.

129. Paine, *Writings*, 5: 92-93.

130. Paine, *Writings*, 4: 220.

131. Paine, *Writings*, 2: xx.

132. Paine, *Writings*, 8: 195.

133. 같은 책, 269.

134. Paine, *Writings*, 5: 232-233.

135. 같은 책, 233.

136. 같은 책, 234.

137. Burke, *Writings*, 3: 126-127.

138. Burke, *Writings*, 2: 428.

139. Burke, *Writings*, 3: 135.

140. Burke, *Writings*, 2: 194.

141. 같은 책, 428.

142. 같은 책, 428 and 461.

143. 같은 책, 111.

144. Burke, *Appeal*, 106-108.

6 혁명과 개혁

1. Foner, *Tom Paine and Revolutionary America*, 270에서 인용.

2. 같은 책, 236-237.

3. 같은 책, 19-20.

4. 같은 책, 46.

5. Paine, *Writings*, 4: 212.

6. Paine, *Writings*, 9: 276.

7. Paine, *Writings*, 4: 66.

8. 같은 책, 232.

9. 같은 책, 241.

10. 같은 책, 200.

11. Paine, *The Complete Writings of Thomas Paine*, 2: 281.

12. Paine, *Writings*, 3: 146.

13. Paine, *Writings*, 5: 100-101.

14. Paine, *Writings*, 4: 249.

15. Paine, *Writings*, 5: 46.

16. Paine, *Writings*, 2: 90.

17. 같은 책, 224.

18. Paine, *Writings*, 9: 271-272.

19. Paine, *Writings*, 10: 173-174.

20. Burke, *Correspondence*, 6: 70.

21. Paine, *Writings*, 4: 3

22. Burke, *Writings*, 9: 277.

23. 같은 책, 174.

24. 같은 책, 253.

25. 같은 책, 264.

26. 같은 책, 267.

27. Burke, *Writings*, 8: 136.

28. 《성찰》에서 가장 악명 높았다. 특히 같은 책, 89 참조.

29. 같은 책, 175-176.

30. 같은 책, 292.

31. Burke, *Appeal*, 89.

32. Burke, *Writings*, 8: 173.

33. 같은 책, 114.

34. 같은 책, 218.

35. 같은 책, 81.

36. 같은 책, 245.

37. Burke, *Appeal,* 195-196.

38. 같은 책, 83.

39. Burke, *Writings*, 8: 230.

40. Burke, *Correspondence*, 7: 388.

41. 실제로《국왕 시해 집정관 정부와의 화해에 관한 편지》의 한 대목에서 버크는 이런 관습을 지적함으로써 자코뱅주의(프랑스 관련 저술에서 그가 자주 사용하는 용어)를 규정한다. "자코뱅주의는 한 나라의 진취적인 인재들이 그 나라의 자산(property)에 맞선 반란이다"(Burke, *Writings*, 9: 241).

42. 같은 책, 291.

43. Burke, *Writings*, 8: 115.

44. Burke, *Appeal*, 89.

45. Burke, *Writings*, 8: 129.

46. 같은 책, 266.

47. Burke, *Writings*, 9; 288.

48. Burke, *Writings*, 8: 190.

49. Burke, *Appeal*, 196.

50. Burke, *Writings*, 8: 188.

51. Burke, *Writings*, 9: 173-174.

52. 같은 책, 386. 이 구절은 학계에서 많은 논란의 주제가 되었다. 일부 해석자들[특히 매슈 아널드(Matthew Arnold) 이후에]은 그것을 버크 쪽의 자기비판으로 보면서, 버크가 자신이 잃어버렸다는 걸 알고 있는 대의를 근본적으로 옹호하고 있다고 주장한다. 다른 이들은 유럽 정치에 너무나 확고하게 자리 잡지 않도록 혁명에 대해 초기 저항이 필요하다는 여론 호소라고 본다. 아울러 만일 혁명이 실패하면 혁명의 극명한 잘못들이 반드시 사람들에게 그 방식의 근본적 오류를 각인시킬 것이므로 혁명과 싸우는 데 그다지 공을 들일 필요가 없다고 생각하는 자들에 대한 경고로 보기도 한다. 일단 이념에 빠지면 실질적으로 아무리 많이 실패하더라도 그 신봉자들에게 혁명의 허위를 설득하지 못할 것이기 때문에 반혁명 투쟁에서는 이념 단계에서 이겨야 한다. 버크의 이런 주장을 그 수필의 문맥이 강력하게 시사한다는 점에서 내 견해는 후자와 같다. 그러나 버크의 언급에는 확실히 왠지 모르게 자신의 대의가 겪을 난관에 대한 우울한 성찰이 담겨 있다(Leo Strauss, *Natural Right and History*, 318도 참조).

53. Burke, *Writings*, 8: 180. 강조는 원문.

54. 같은 책, 72.

55. 같은 책, 216.

56. 같은 책, 206.

57. 같은 책, 72.

58. Burke, *Writings*, 9: 287.

59. Burke, *Writings*, 3: 492.

60. Burke, *Writings*, 9: 154-155.

61. 같은 책, 545.

62. 같은 책, 483.

63. Burke, *Writings*, 8: 290.

64. 같은 책, 72.

65. 같은 책, 77.

66. Burke, *Appeal*, 136n.

67. Burke, *Writings*, 9: 326-327.

68. Paine, *Writings*, 4: 101.

69. 같은 책.

70. Paine, *Writings*, 5: 43n.

71. 같은 책, 245.

72. Paine, *Writings*, 4: 77.

73. 같은 책, 17.

74. Paine, *Writings*, 5: 103.

75. 같은 책, 15.

76. Paine, *Writings*, 4: 201.

77. Paine, *Writings*, 5: 99.

78. 같은 책, 92.

79. Burke, *Writings*, 8: 105.

7 세대와 살아 있는 자들

1. Paine, *Writings*, 4: 54.

2. 같은 책, 7.

3. 같은 책, 55.

4. Paine, *Writings*, 9: 248.

5. Paine, *Writings*, 4: 8.

6. Paine, *Writings*, 9: 251.

7. 사실, 버크는 1688년 의회가 그 반대로 하지 않았다고만 주장하고 있는 듯하다. 즉 의회가 국민에게는 왕실에 충성할 의무가 **전혀** 없고 자신들의 군주를 선출할 영원한 권리를 갖는다고 명하지 않았다는 것이다(Burke, *Writings*, 8: 70).

8. Paine, *Writings*, 4: 6.

9. 같은 책, 7-8.

10. 같은 책.

11. Paine, *Writings*, 9: 255.

12. 같은 책, 13.

13. Paine, *Writings*, 2: 74.

14. Paine, *Writings*, 5: 212.

15. Paine, *Writings*, 4: 306.

16. 같은 책, 248.

17. 같은 책, 259.

18. 같은 책, 257-258.

19. 같은 책, 12.

20. 같은 책.

21. Paine, *Writings*, 10: 17-18.

22. Paine, *Writings*, 4: 9.

23. Paine, *Writings*, 8: 32.

24. 같은 책, 342-343. 페인이 여기서 인용한 제안을 하고 3년 후인 1789년 9월 6일 토머스 제퍼슨은 제임스 매디슨에게 보낸 편지에서 유사한 근거로 비슷한 제안을 했다. 그의 편지에는 한 세대의 기간을 19년으로 설정하는 통계적 계산까지 실려 있었다. 그리하여 페인이 예상했던 것보다 법은 수명이 약간 더 짧은 쪽으로 나왔 다. 제퍼슨은 "이 땅은 언제나 살아 있는 세대의 것"이며 "한 세대와 또 다른 세대 의 관계는 한 독립 국가와 다른 독립 국가와의 관계와 같다"(Jefferson, *Writings*, 959)고 썼다.

25. Paine, *Writings*, 8: 343.

26. 같은 책, 345.

27. Burke, *Writings*, 3: 147.

28. Burke, *Writings*, 7: 692.

29. Burke, *Writings*, 8: 146.

30. 같은 책, 83.

31. 같은 책, 145.

32. Burke, *Correspondence*, 2: 377.

33. Burke, *Writings*, 8: 138-139.

34. Burke, *Writings*, 9: 183.

35. Bukke, *Appeal*, 133-134.

36. Burke, *Writings*, 8: 84.

37. 같은 책, 145.

38. 같은 책, 217-218.

39. Burke, *Appeal*, 90-91.

40. 같은 책, 197.

41. Burke, *Correspondence*, 6: 109.

결론

1. Lambert, *Edmund Burke of Beaconsfield*, 168-169는 이러한 요청(관계자 몇 명이 서면으로 기록한)을 둘러싼 사실들의 간결한 개요를 제공한다.

2. Paine, *Writings*, 10: 369.

3. 오바마 자신의 이런 설명에 대해서는 〈뉴욕 타임스〉 칼럼니스트 데이비드 브룩스(David Brooks)가 보도했다. Gabriel Sherman, "The Courtship," *The New Republic*, August 31, 2009.

4. Burke, *Writings*, 2: 194.

Aldridge, Alfred, *Man of Reason: The Life of Thomas Paine*. London: Cresset Press, 1960.

____, *Thomas Paine's American Ideology*. Wilmington: University of Delaware Press, 1984.

Ayer, A. J. *Thomas Paine*. New York: Atheneum, 1988.

Ayling, Stanley. *Edmund Burke: His Life and Opinions*. New York: St. Martin's Press, 1988.

Baumann, Arthur. *Burke: The Founder of Conservatism*. London: Eyre and Spottiswoode, 1929.

Berthold, S. M. *Thomas Paine: America's First Liberal*. Boston: Meador Publishing Company, 1938.

Best, Mary. *Thomas Paine: Prophet and Martyr of Democracy*. New York: Harcourt, Brace and Co., 1927.

Bisset, Robert. *Life of Edmund Burke*. 2 vols. London: G. Cawthorn, 1800.

Blakemore, Steven. *Intertextual War: Edmund Burke and the French Revolution in the Writings of Mary Wollstonecraft, Thomas Paine, and James Mackintosh*. Madison, NJ: Fairleigh Dickinson University Press, 1997.

Bogus, Carl. "Rescuing Burke." *Missouri Law Review* 72, no. 2 (spring 2007): 387-476.

Bolingbroke, Viscount Henry. *The Philosophical Writings of the Late Henry St.*

John, Viscount of Bolingbroke. London: David Mallet, 1754.

Boswell, James. *The Hypochondriak*. Edited by Margery Bailey. Palo Alto, CA: Stanford University Press, 1928.

Brooke, John. *The Chatham Administration*. London: MacMillan & Co., 1956.

Browne, Ray. *The Burke-Paine Controversy: Texts and Criticism*. New York: Harcourt, Brace and Co., 1963.

Browne, Stephen. *Edmund Burke and the Discourse of Virtue*. Tuscaloosa: University of Alabama Press, 1993.

Burke, Edmund. *The Correspondence of Edmund Burke*. 10 vols. Edited by Thomas Copeland. Chicago: University of Chicago Press, 1958-1978.

_____. *Further Reflections on the Revolution in France*. Edited by Daniel Ritchie. Indianapolis: Liberty Fund, 1992.

_____. *A Note-Book of Edmund Burke*. Edited by H. V. F. Somerset. Cambridge: Cambridge University Press, 1957.

_____. *On Empire, Liberty, and Reform: Speechs and Letters of Edmund Burke*. Edited by David Bromwich. New Haven, CT: Yale University Press, 2000.

_____. *Reflections on the Revolution in France*. Edited by Frank M. Turner. New Haven, CT: Yale University Press, 2004.

_____. *Selected Letters of Edmund Burke*. Edited by Harvey Mansfield. Chicago: University of Chicago Press, 1984.

_____. *A Vindication of Natural Society*. Edited by Franck Pagano. Indianapolis: Liberty Fund, 1982.

_____. *The Writings and Speeches of Edmund Burke*. 12 vols. Boston: Little, Brown, & Co., 1901.

_____. *The Writings and Speeches of Edmund Burke*. Edited by Paul Langford. 9 vols. Oxford: Oxford University Press, 1991-.

Bury, J. B. *The Idea of Progress*. New York: Kessinger, 2004.

Butler, Marilyn, ed. *Burke, Paine, Godwin and the Revolution Controversy*. Cambridge: Cambridge University Press, 1984.

Butterfield, Herbert. *George III and the Historians*. London: Collins, 1957.

Cameron, David. *The Social Thought of Rousseau and Burke: A Comparative Study.* London: Weidenfeld and Nicolson, 1973.

Canavan, Francis. *Edmund Burke: Prescription and Providence.* Durham, NC: Carolina Academic Press, 1987.

____. *The Political Economy of Edmund Burke.* New York: Fordham University Press, 1995.

____. *The Political Reason of Edmund Burke.* Durham, NC: Duke University Press, 1960.

____. "The Relevance of the Burke-Paine Controversy to American Political Thought." *Review of Politics* 49, no. 2 (spring 1987): 163-176.

Carnes, Mark. *Rousseau, Burke, and the Revolution in France.* New York: Pearson Longman, 2005.

Chalmers, George. *The life of Thomas Paine, the Author of Rights of Man: With a Defense of his Writings.* London: John Stockdale, 1791 (in the collections of the Library of Congress, Washington DC).

Chapman, Gerald. *Edmund Burke: The Practical Imagination.* Cambridge, MA: Harvard University Press, 1967.

Churchill, Winston. *Thoughts and Adventures.* London: Butterworth, 1932.

Claeys, Gregory. *The French Revolution Debate in Britain.* London: Palgrave Macmillan, 2007.

____. *Thomas Paine: Social and Political Thought.* Boston: Unwin Hyman, 1989.

Cobban, Alfred. *Edmund Burke and the Revolt Against the Eighteenth Century: A Study of the Political and Social Thinking of Burke, Wordsworth, Coleridge, and Southey.* New York: Barnes & Noble, 1960.

Cone, Carl. *Burke and the Nature of Politics.* 2 vols. Lexington: University of Kentucky Press, 1954.

____. *The English Jacobins.* New York: Scribner, 1968.

Conniff, James. *The Useful Cobbler: Edmund Burke and the Politics of Progress.* Albany: SUNY Press, 1994.

Conway, Moncure. *The Life of Thomas Paine*, New York: B. Blom, 1970.

Copeland, Thomas. *Our Eminent Friend Edmund Burke: Six Essays*. New Haven, CT: Yale University Press, 1949.

____. "The Reputation of Edmund Burke." *Journal of British Studies* 1, no. 2 (1962): 78-90.

Courtney, Ceceil, *Montesquieu and Burke*. Oxford: Blackwell, 1963.

Creel, George. *Tom Paine: Liberty Bell*. New York: Sears Publishing Company, 1932.

Crowe, Ian, ed. *Edmund Burke: His Life and Legacy*. Dublin: Four Courts Press, 1997.

____. *An Imaginative Whig: Reassessing the Life and Thought of Edmund Burke*. Columbia: University of Missouri Press, 2005.

Del Vecchio, Thomas. *Tom Paine: American*. New York: Whittier Books, 1956.

Descartes, Rene. *Discourse on Method*. Translated by Richard Kennington. Newburyport, MA: Focus Publishing, 2007.

Dishman, Robert, ed. *Burke and Paine on Revolution and the Rights of Man*. New York: Charles Scribner's Sons, 1971.

Dreyer, Frederick. *Burke's Politics: A Study in Whig Orthodoxy*. Waterloo: Wilfrid Laurier University Press, 1979.

Dyck, Ian, ed. *Citizen of the World: Essays on Thomas Paine*. New York: St. Martin's Press, 1988.

Edwards, Samuel. *Rebel! A Biography of Tom Paine*. New York: Praeger, 1974.

Elder, Dominic. *The Common Man Philosophy of Thomas Paine*. Notre Dame, IN: Notre Dame Press, 1951.

Evans, Christopher. *Debating the Revolution: Britain in the 1790s*. London: I.B. Tauris & Co., 2006.

Fasel, George. *Edmund Burke*. Boston: Twayne Publishers, 1983.

Fennessy, R. R. *Burke, Paine, and the Rights of Man: A Difference of Political Opinion*. The Hague: M. Nijhoff, 1963.

Filder, David, and Jennifer Welsh, eds. *Empire and Community: Edmund Burke's Writings and Speeches on International Relations*. Boulder, CO: Westview Press,

2001.

Foner, Eric. *Tom Paine and Revolutionary America*. New York: Oxford University Press, 2005.

Ford, Karen, ed. *Property, Welfare, and Freedom in the Thought of Thomas Paine*. Lewiston, NY: Edwin Mellen Press, 2001.

Ford, Karen "Can a Democracy Bind Itself in Perpetuity: Paine, the Bank Crisis and the Concept of Economic Freedom." *Proceedings of the American Philosophical Society* 142, no. 4(1998): 557-577.

Franklin, Benjamin. *The Works of Benjamin Franklin*. Edited by John Bigelow. New York: Putnam's Sons, 1904.

Freeman, Michael. *Edmund Burke and the Critique of Political Radicalism*. Chicago: University of Chicago Press, 1980.

Frohnen, Bruce. *Virtue and the Promise of Conservatism: The Legacy of Burke and Tocqueville*. Lawrence: University of Kansas Press, 1993.

Fruchtman, Jack. *Thomas Paine and the Religion of Nature*. Baltimore: Johns Hopkins University Press, 1993.

Godwin, William. *Memoirs of Mary Wollstonecraft*. New York: Haskel House, 1927.

Halevy, Elie. *The Growth of Philosophic Radicalism*. New York: Beacon Press, 1966.

Hampsher-Monk, Iain. *The Political Philosophy of Edmund Burke*. New York: Longman, 1987.

Hawke, David. *Paine*. New York: Harper and Rowe, 1974.

Hazlitt, William. *The Collected Works of William Hazlitt*. Edited by A. R. Waller and Arnold Glover. London: J.M. Dent, 1902.

Herzog, Don. "Puzzling Through Burke." *Political Theory* 19, no. 3 (August 1991): 336-363.

Hitchens, Christopher. *Thomas Paine's Rights of Man: A Biography*. Boston: Atlantic Monthly Press, 2007.

Hobbes, Thomas. *Leviathan*. Edited by Michael Oakshott. New York: Simon &

Schuster, 1997.

Hoffman, Steven, and Paul Levack, eds. *Burke's Politics*. New York: Knopf, 1949.

Insole, Christopher. "Two Conceptions of Liberalism: Theology, Creation, and Politics in the Thought of Immanuel Kant and Edmund Burke." *Journal of Religious Ethics* 36, no. 3 (2008): 447-489.

Jefferson, Thomas. *The Papers of Thomas Jefferson*. 10 vols. Edited by Julian Boyd. Princeton, NJ: Princeton University Press, 1950.

____. *The Political Writings of Thomas Jefferson*. Chapel Hill: University of North Carolina Press, 1993.

____. Writings. New York: Library of America, 1984.

Kant, Immanuel. *First Introduction to the Critique of Judgment*. New York: Bobbs-Merril, 1965.

Kaye, Harvey. *Thomas Paine: Firebrand of the Revolution*. Oxford: Oxford University Press, 2000.

Keane, John. *Tom Paine: A Political Life*. New York: Grove Press, 2003.

Kirk, Russell. *The Conservative Mind*. Chicago: Regnery, 1953.

____. *Edmund Burke: A Genius Reconsidered*. New Rochelle, NY: Arlington House, 1967.

Kramnick, Isaac. *Edmund Burke*. Englewood Cliffs, NJ: Prentice-Hall, 1974.

____. *The Rage of Edmund Burke: Portrait of an Ambivalent Conservative*. New York: Basic Books, 1977.

Lambert, Elizabeth. *Edmund Burke of Beaconsfield*. Neward: University of Delaware Press, 2003.

Leffmann, Henry. *The Real Thomas Paine: A Philosopher Misunderstood*. Philadelphia: University of Pennsylvania, 1922.

Lock, F. P. *Edmund Burke*. 2 vols. Oxford: Oxford University Press, 1998 and 2006.

Locke, John. *Second Treatise of Government*. Edited by C. B. Macpherson. New York: Hackett, 1980.

MacCoby, Simon, ed. *The English Radical Tradition*. New York: Kessinger, 2006.

MacCunn, John. *The Political Philosophy of Burke*. New York: Russell & Russell, 1965.

Macpherson, C. B. *Burke*. Oxford: Oxford University Press, 1980.

Mansfield, Harvey. "Burke and Machiavelli on Principles in Politics." Chap. 3 in *Machiavelli's Virtue*. Chicago: University of Chicago Press, 1996.

_____. *Statesmanship and Party Government: A Study of Burke and Bolingbroke*. Chicago: University of Chicago Press: 1965.

McCue, Jim. *Edmund Burke and Our Present Discontents*. London: Claridge Press, 1997.

Meng, John. "The Constitutional Theories of Thomas Paine." *Review of Politics* 8, no. 3 (July 1946): 283-306.

Morley, John. *Burke*. New York: Harper and Brothers, 1887.

_____. *Recollections*. 10 vols. New York: Macmillan, 1917.

Murphey, Dwight. *Burkean Conservatism and Classical Liberalism*. Wichita, KS: New Liberal Library, 1979.

Namier, Lewis. *The Structure and Politics of the Accession of George III*. London: MacMillan & Co., 1929.

Nelson, Craig. *Thomas Paine: Enlightenment, Revolution, and the Birth of Modern Nations*. New York: Viking, 2006.

Newman, Bertram. *Edmund Burke*. London: G. Bell & Sons, 1927.

O'Brien, Conor C. *The Great Melody*. London: Minerva, 1993.

O'Gorman, Frank. Edmund Burke. Bloomington: Indiana University Press, 1973.

Osborn, Annie. *Rousseau and Burke: A Study of the Idea of Liberty in Eighteenth-Century Political Thought*. New York: Russell & Russell, 1964.

Paine, Thomas. *The Complete Writings of Thomas Paine*. 2 vols. Edited by Philip Foner. New York: Citadel Press, 1945.

_____. *Essential Writings of Thomas Paine*. New York: Signet Classics, 2003.

_____. *Life and Writings of Thomas Paine*. 10 vols. Edited by Daniel Wheeler. New York: Vincent Parke and Co., 1915.

___. *Paine: Political Writings.* Edited by Bruce Kuklick. Cambridge: Cambridge University Press, 2000.

Pappin, Joseph, *The Metaphysics of Edmund Burke.* New York: Fordham University Press, 1993.

Parkin, Charles. *The Moral Basis of Burke's Political Thought.* Cambridge: Cambridge University Press, 1956.

Philip, Mark. *Thomas Paine.* Oxford: Oxford University Press, 2007.

Price, Richard. *The Correspondence of Richard Price.* Edited by Bernard Peach. Durham, NC: Duke University Press, 1991.

Purdy, Strother. "A Note on the Burke-Paine Controversy." *American Literature* 39, no. 3 (November 1967): 373-375.

Ritchie, Daniel, ed. *Edmund Burke: Appraisals and Applications.* New Brunswick, NJ: Transaction Publishers, 1990.

Robbins, Caroline. "The Lifelong Education of Thomas Paine: Some Reflections upon His Acquaintance Among Books." *Proceedings of the American Philosophical Society* 127, no. 3 (1983): 135-142.

Rogers, Samuel. *Recollections of the Table Talk of Samuel Rogers.* London: Edward Moxon, 1856.

Rothbard, Murray. "A Note on Burke's *A Vindication of Natural Society.*" *Journal of the History of Ideas* 19 (June 1958): 114-118.

Sloan, Herbert. *Principle and Interest: Thomas Jefferson and the Problem of Debt.* Charlottesville: University of Virginia Press, 2001.

Stanlis, Peter. *Edmund Burke and the Natural Law.* Ann Arbor: University of Michigan Press, 1958.

___. *The Relevance of Edmund Burke.* New York: P. J. Kennedy, 1964.

___. ed. *Edmund Burke, the Enlightenment, and the Modern World.* Detroit: University of Detroit Press, 1967.

Strauss, Leo. *Natural Right and History.* Chicago: University of Chicago Press, 1953.

Strauss, Leo, and Joseph Cropsey, eds. *History of Political Philosophy.* 3rd ed.

Chicago: University of Chicago Press, 1987.

Taylor-Wilkins, Burleigh. *The Problem of Burke's Political Philosophy*. Oxford: Clarendon Press, 1967.

Todd, W. B. "The Bibliographical History of Burke's *Reflections on the Revolution in France*." *Library* 6 (1951): 100-108.

Turner, John. "Burke, Paine, and the Nature of Language." *Yearbook of English Studies* 19 (1989): 36-53.

Vaughan, Charles. *Studies in the History of Political Philosophy Before and After Rousseau*. 2 vols. New York: Russell & Russell, 1925.

Vickers, Vikki. *Thomas Paine and the American Revolution*. New York: Routledge, 2006.

Walpole, Horace. *Horace Walpole's Correspondence*. 48 vols. Edited by W. S. Lewis. New Haven, CT: Yale University Press, 1937.

Washington, George. *The Writings of George Washington*. Edited by Jared Sparks. Boston: Little, Brown & CO., 1855.

Welsh, Cheryl. *Edmund Burke and International Relations*. New York: St. Martin's Press, 1995.

Wecter, Dixon. "Burke's Birthday." *Notes and Queries* 172 (1937): 441.

West, E. G. *Adam Smith*, New York: Arlington House, 1969.

William, Gwyn. *Artisans and Sans-Culottes: Popular Movements in France and Britain During the French Revolution*. New York: Norton, 1969.

Williamson, Audrey. *Thomas Paine: His Life, Work, and Times*. London: Allen and Unwin, 1973.

Woll, Walter. *Thomas Paine: Motives for Rebellion*. New York: P. Lang, 1992.